奎文年鉴

2018 KUIWEN YEARBOOK

山东省潍坊市奎文区人民政府　主办
潍坊市奎文区史志办公室　编

方志出版社
Publishing House of Local Records

图书在版编目（CIP）数据

奎文年鉴. 2018 / 潍坊市奎文区史志办公室编. --
北京：方志出版社，2018.6
ISBN 978-7-5144-3111-7

Ⅰ. ①奎… Ⅱ. ①潍… Ⅲ. ①区（城市）—潍坊—
2018—年鉴 Ⅳ. ①Z525.24

中国版本图书馆CIP数据核字（2018）第138522号

奎文年鉴（2018）

编　　者：潍坊市奎文区史志办公室
责任编辑：王　品

出 版 人：冀祥德
出 版 者：方志出版社
地址　北京市朝阳区潘家园东里9号（国家方志馆4层）
邮编　100021
网址　http：//www.fzph.org
发　　行：方志出版社图书经销中心
电话（010）67110500
经　　销：各地新华书店
印　　刷：山东黄氏印务有限公司

开　　本：889×1194　　1/16
印　　张：25.25
字　　数：448千字
版　　次：2018年8月第1版　　2018年8月第1次印刷
印　　数：0001～1000册

ISBN 978-7-5144-3111-7　　**定　价**：500.00元

奎文区史志编纂委员会成员名单

名誉主任 李　辉

主　　任 高志秀

副 主 任 高登友　李　强　沃付贤　赵同祥　王卫国（特聘）

杨爱群　李晓华

委　　员 （按姓名笔画排序）

王　婷　王玉兴　王庆汉　王国明　王洪忠　石凌峰　庄胜苓　刘加祥

刘会红　刘国梁　刘宝升　刘建明　孙　涛　孙先政　花召军　杜鸿强

李中强　李良军　李福田　李德宝　杨鹤强　吴卫忠　吴侃宗　吴茵政

迟安斌　张立勋　郑　海　宗宝童　赵立果　胡君章　段莉莉　倪海滨

徐世殿　徐金森　梁彩萍　甄延亮　蔺荣华

编纂委员会办公室主任 李晓华（兼）

编纂委员会办公室副主任 孙　涛（兼）

奎文区史志编审人员名单

主　　审 赵同祥　王卫国（特聘）

副 主 审 李晓华

主　　编 孙　涛

副 主 编 张红娟　谭绪刚　姚凤玲　张　颢　吴洪磊

编　　辑 郭晓蕊　范如梦　刘萍萍　李金生　绪　见

奎文荣誉(部分)

KUIWEN HONORS

全国科技进步先进区
全国群众体育先进区
全国城郊经济发展先进区
全国和谐社区建设示范区
国家食品安全示范城市（主城区）
全国社区治理创新十大成果提名奖
第三批全国农村集体三资管理示范县
全国科普示范区（2016—2020 年）
全省教育工作先进区
全省社区服务示范区
全省服务业发展先进区
全省国土资源执法模范区
全省个体经营经济工作先进区
全省创建文明城市工作先进区
全省房改与房地产管理先进区
全省“平安山东”建设先进区
全省城乡低保规范化建设示范区

2017奎文荣誉（部分）

KUIWEN HONORS

全国文明城市（主城区）

全国园林城市（主城区）

十九大维稳安保工作先进区

国家防震减灾示范区

中国纺织商贸名城

山东省重点服务业城区

省级四德工程建设示范区

大学生创新创业工作先进集体

全国五好工商联（区委统战部）

全国检察宣传先进单位（区检察院）

山东省情报信息追逃比武竞赛成绩突出集体（公安奎文分局）

山东省档案工作科学化管理先进单位（区财政局）

全省第二届全民阅读示范单位（区文化旅游新闻出版局）

山东省第七届全民健身运动会先进单位（区体育局）

山东省安全生产先进单位（区供销社）

富民兴鲁劳动奖状（奎文国税局）

山东省地税系统党建工作先进集体、五星级办税服务厅、
税收征管基础建设年活动先进县局（地税奎文分局）

2017年度全国价格宣传报道工作表现突出单位（区物价局）

奎文区城区一隅

COCOPARK

位于奎文辖区的虞河景观带

奎文区
临商银行
奎文

奎文区政务服务中心新址

潍坊市奎文区区域图
图注
①虞中社区
②玄武东街社区
③大虞社区
④赵疃社区
⑤北宫东街社区
⑥龙源社区
⑦北胡社区
⑧胡西社区
⑨凤凰街社区
⑩崇文街社区
⑪南湖社区
⑫中学街社区
⑬苇湾社区
⑭中和园社区
⑮民生街社区
⑯松鹤园社区
⑰文化路社区
⑱西上虞社区
⑲中上虞社区
⑳东上虞社区
㉑涧头院社区
㉒李家社区
㉓潍柴社区
㉔幸福街社区
㉕栾家社区
㉖樱南社区
㉗樱园社区
㉘张家庄子社区
寒亭区
潍坊经济技术开发区
北苑街道办事处
大虞街道办事处
北海路街道办事处
新城街道办事处
东关街道办事处
广文街道办事处
潍州路街道
潍坊市政府
奎文区政府
市经济开发区管委会
潍坊服务区
潍坊立交桥
人民广场
人民公园
富华游乐园
世界风筝都纪念广场
潍坊站
北关街道
西关街道
城关街道
南关街道
寒亭街道
新城街道
北海路街道
北苑街道
大虞街道
东关街道
广文街道
清池
潍坊高新

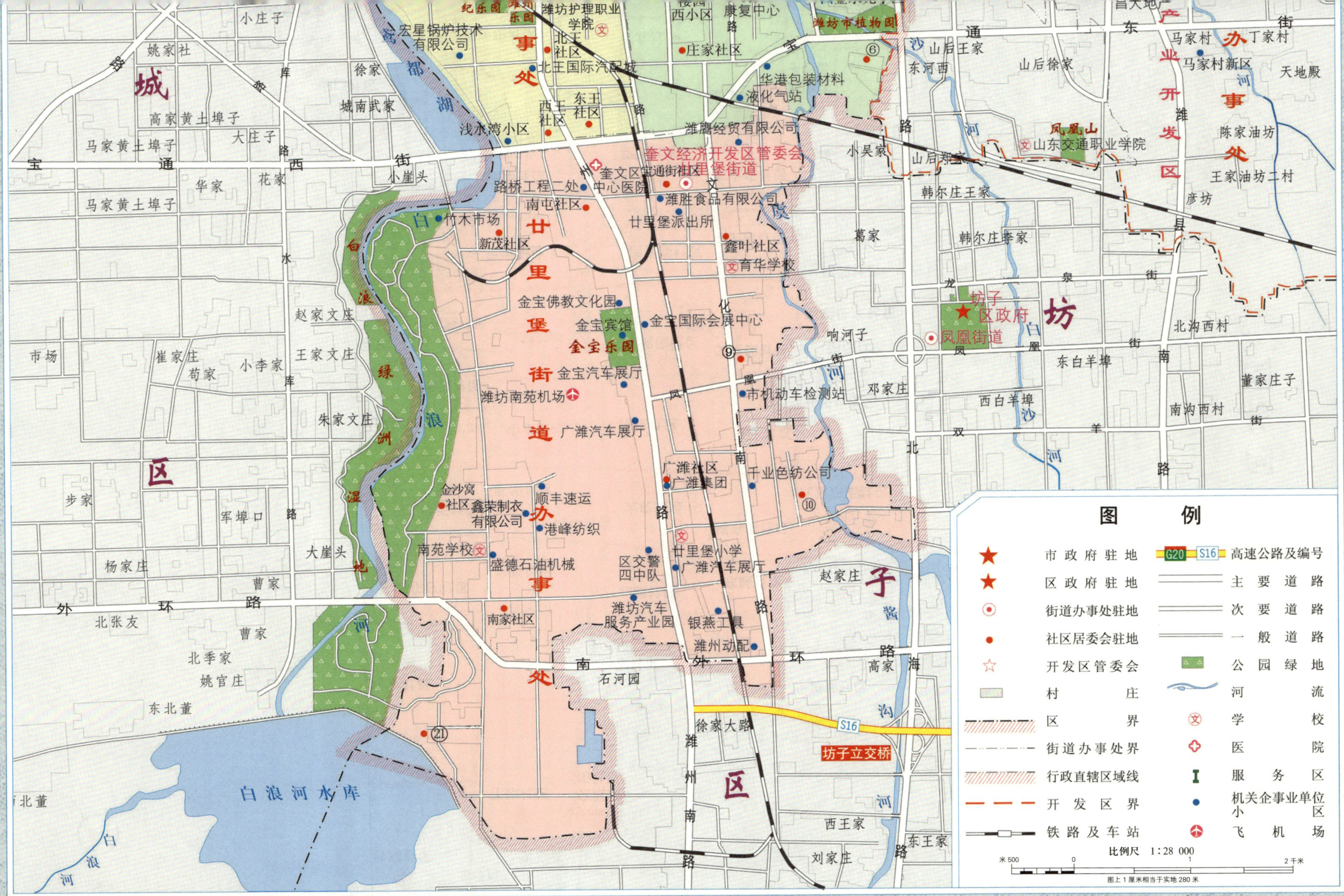

统一书号：1280754 · 302　2011 年 9 月第 1 版　2011 年 9 月第 1 次印刷　2016 年 3 月修订
鲁 SG（2011）047 号

潍坊市奎文区民政局组编　山东省地图出版社编制 · 出版 · 印刷
地址：济南市二环东路 6090 号
电话：0531-88930993　邮编：250014

潍坊市奎文辖区社区网格图

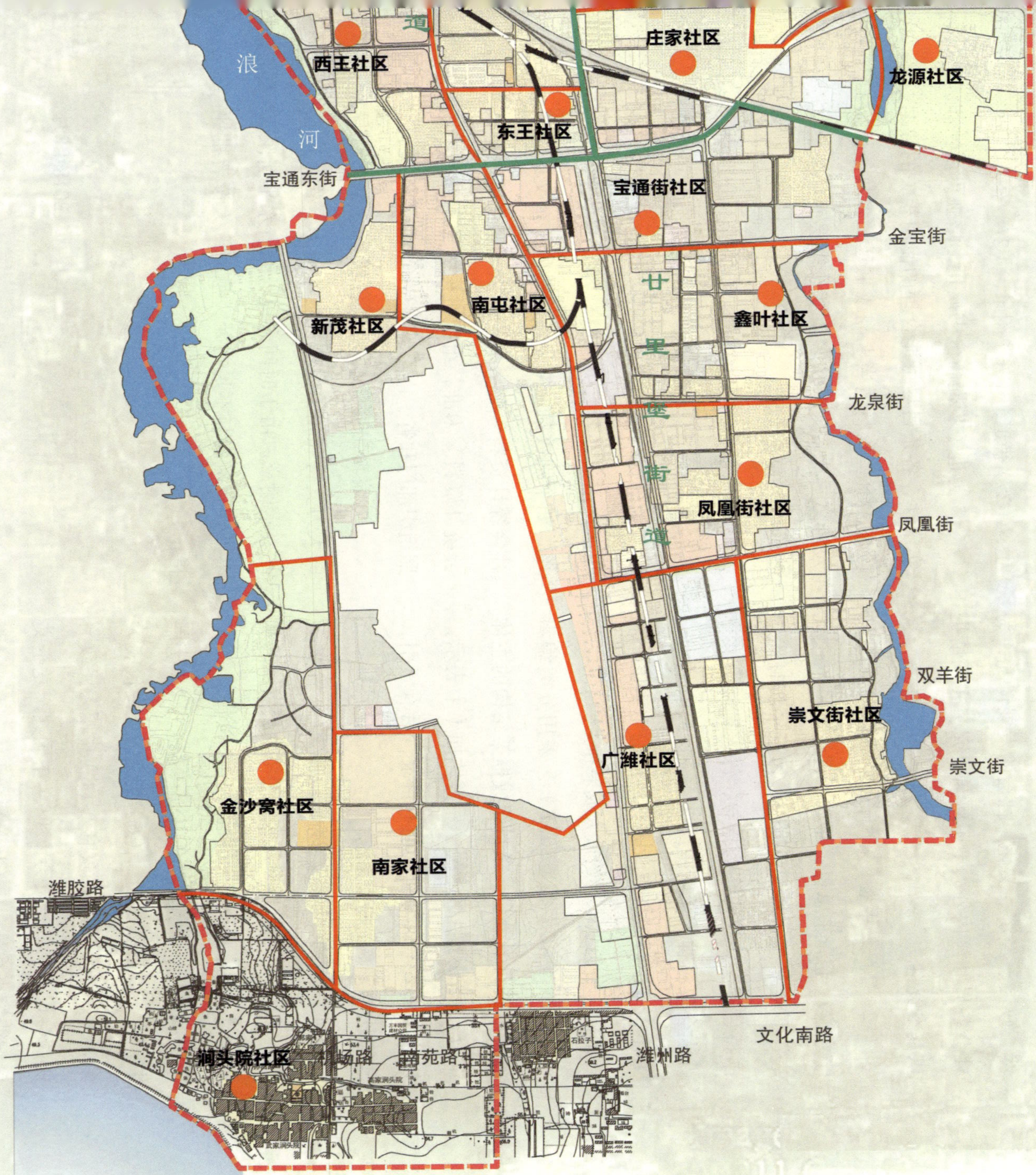

社区网格分布汇总表

街　道	社区数（个）
廿里堡街道	10
大虞街道	9
梨园街道	10
潍州路街道	10
东关街道	9
北苑街道	5
广文街道	6
北海路街道	7
合　计	66

图　例

- 区界线、直辖区界线
- 社区网格区域界线
- 街道区域界线
- 社区居委会所在地
- 铁路线
- 河　流
- 房　屋

编辑说明

Notes to editors

1.《奎文年鉴（2018）》是由中共奎文区委员会、奎文区人民政府主办，奎文区史志办公室编纂，奎文区各部门、各街道、各有关企事业单位共同参与编纂的大型资料性工具书，其宗旨是全面、系统、翔实地载录奎文辖区自然、政治、经济、文化、社会的发展情况，为社会各界和海内外人士了解与研究奎文区情提供基本资料。

2.《奎文年鉴》的编纂坚持以马克思列宁主义、毛泽东思想、邓小平理论、“三个代表”重要思想、科学发展观、习近平新时代中国特色社会主义思想为指导，深入贯彻中共十九大会议精神，紧紧围绕区委、区政府的中心工作，全面反映各级党委、政府的主要工作和各部门、各行业取得的重大成果和主要工作。

3.《奎文年鉴（2018）》采用分类编辑法，以类目、分目、条目组成框架结构的主体部分，全书条目标题统一用黑体加【 】表示，以方便读者查阅。全书前有目录，后有索引，具有比较完整的检索系统。

4.《奎文年鉴》以出版年号为卷次名称，2018年卷主要载录2017年经济社会发展的基本资料，本卷设有27个类目：（1）特载，（2）专记，（3）大事记，（4）区情综述，（5）中国共产党奎文区委员会，（6）奎文区人民代表大会，（7）奎文区人民政府，（8）中国人民政治协商会议奎文区委员会，（9）中国共产党奎文区纪律检查委员会，（10）社会团体，（11）军事，（12）法治，（13）经济监督管理，（14）农业，（15）工业，（16）服务业，（17）商贸 旅游，（18）交通 邮政 通信，（19）建设 环保，（20）财政 税务，（21）教育，（22）科技，（23）文化 卫生 体育，（24）社会民生，（25）街道，（26）附录，（27）索引。

5.为进一步提高全书质量，增强可读性和实用性，各条目尽可能合理的使用相关的数据资料，有些资料适当上溯或下延，多数条目插入随文图片，力求从多角度、多层面反映奎文区的历史发展状况。

6.全书所载录的内容和数据，分别由全区各有关部门、各街道、各有关企事业单位提供，为确保内容和数据的真实性与准确性，在出版之前又经各有关部门、各街道作进一步审核，如个别数据与本年鉴辑录的《奎文区经济社会统计资料》有出入，应以《奎文区经济社会统计资料》为准，组织机构领导干部名单按照组织部门和省、市年鉴编写规范要求选录。

7.编辑出版工作得到各级、各部门领导的大力支持和相关供稿人员的通力合作，谨在此表示谢意。由于时间仓促，编者水平所限，本书如有疏漏与不足之处，恳请广大读者批评指正。

2018年8月

目　录 Contents

大事记
Chronicle of events

区情综述
Situation overview

中国共产党奎文区委员会
The Committee of Kuiwen District, the Communist Party of China

奎文区人民代表大会
Kuiwen District People's Congress

中国人民政治协商会议奎文区委员会

Kuiwen District Committee of the Chinese People's Political Consultative Conference

军 事 Military

法 治 Rule of law

经济监督管理
Economic supervision and management

商贸 旅游 Business Travel

交通 邮政 通信 Traffic Post Communication

建设 环保
Construction Environmental protection

财政 税务
Finance Tax

教 育
Education

街 道
Street

附 录
Appendix

索 引
Indexes

特载

在全区经济工作会议上的讲话

（2017 年 2 月 10 日）

中共奎文区委书记　李　辉

这次全区经济工作会议，主要是贯彻落实中央和省、市经济工作会议精神，总结去年工作，分析当前形势，部署今年经济工作，动员全区上下振奋精神、克难奋进、大干实干，奋力开创现代化中央活力区建设新局面。会上书面印发了全市经济工作会议精神传达提纲，隆重表彰了 2016 年度优秀企业，稍后高区长还要就做好今年工作讲意见，大家要认真学习领会，抓好贯彻落实。下面，根据区党政联席会研究的意见，我讲三个方面的问题。

一、把握形势、加压鼓劲，坚定做好经济工作的信心和决心

2016 年以来，面对复杂的国内外发展环境，全区上下在中央和省、市委坚强领导下，自觉践行新发展理念，扎实做好经济社会发展各项工作，实现了“十三五”良好开局。一是发展态势更加稳健。在全面实施营改增改革、政策性减税影响持续加大情况下，全区经济保持了总体平稳发展态势，完成地区生产总值 238.3 亿元，实现一般公共预算收入 26 亿元。二是转调步伐不断加快。142 个提升市区重点项目进展顺利，重点园区拉动效应初步显现，电商相关企业快速发展，建成各类孵化基地 13 处、入驻企业 2300 余家。三是城市品质显著提升。全面完成“四城同创”任务，实施一批市政基础设施、市场整治项目，打造了一批示范工程；深化“三八六”环保行动，打好环境治理组合拳，交出一份优异成绩单。四是群众福祉稳步增进。去年承诺的民生实事全面完成，教育、医疗等社会事业繁荣发展，扶贫解困工程深入实施，棚改旧改有序推进，居民供暖满意度大幅提高，广大群众在共建共享中有了更多获得感。五是社会治理打响品牌。大力推行党组织领导下的“由民做主”模式，荣获“中国社区治理十大创新成果”提名奖。健全完善信访维稳工作体系，加快建设法治政府，被评为“全省普法依法治理工作先进区”。六是党的建设全面加强。全面落实从严治党主体责任，深入开展“两学一做”学习教育，统筹推进各领域党建工作，圆满完成区级领导班子换届，实现基层党建全面进步、全面过硬。严肃查处侵害群众利益的不正之风和腐败问题，营造了风清气正政治生态。成绩来之不易，在此，我代表区委、区政府，向为全区经济社会发展付出辛勤劳动的广大干部群众和社会各界人士，表示衷心的感谢和崇高的敬意！

2017 年是新一届党委、政府的开局之年，是全面实施“十三五”规划的重要一年，我们还将迎来党的十九大和省、市党代会的召开。做好今年的经济工作，必须准确把握引领经济发展新常态这个大逻辑，准确把握稳中求进工作总基调，准确把握深化供给侧结构性改革重大部署，准确把握加强和改善党对经济工作领导新要求。面对新常态，结合奎文实际，我们应该怎样去认识、怎样去把握，关键要弄清三点：

（一）正确认识我们的优势在哪里。优势主要体现在三个方面：一是发展定位的优势。区第十四次党代会提出了建设现代化中央活力区的奋

斗目标，这是区委、区政府立足区情实际作出的重大战略部署，既是落实上级要求、提升城市首位度的现实需要，也是解决发展短板、提升核心竞争力的战略选择，更是提振信心、凝聚力量的内在要求，得到了全区上下的广泛认可和一致拥护。随着现代化中央活力区建设的全面铺开，奎文发展必将进入增长动力加快转换、发展能级全面提升的崭新阶段。二是中心城区的优势。奎文具有得天独厚的区位优势，教育医疗等公共服务资源全市领先，基础设施更新步伐不断加快，商务楼宇数量众多、配套完善，金融保险、科技研发机构相对集中，人流、物流、信息流、资金流交汇集聚、商机无限，社会治理体系和治理能力现代化水平不断提高，为加快发展提供了重要基础条件和有力支撑。三是发展潜力的优势。近年来我们通过坚持全党抓经济、重点抓项目、突出抓招商、关键抓作风，建设了一批特色园区，搭建了一批创新平台，培植了一批新兴产业，发展潜力将进一步释放和显现，特别是经过群众路线教育实践活动、“三严三实”专题教育、“两学一做”学习教育的洗礼，各级党组织和广大党员干部加快发展的意识、服务发展的理念、推动发展的能力显著增强，为实现新发展积蓄了力量、奠定了基础。

（二）清醒看到我们的劣势在哪里。看不到问题是最大的问题。在肯定成绩的同时，我们要清醒地认识到，当前经济发展还存在一些问题和不足，主要表现为“一小、一弱、一不优”：“一小”即发展空间小，受土地、拆迁等因素制约，成块连片土地紧缺，发展空间受限，难以吸引大型企业入驻，大规模投资设厂、铺摊子难以实现；“一弱”即工业基础薄弱，逆向拉动作用明显，随着退城进园的实施，规模以上工业企业维持在20家左右，主要以机械制造、造纸包装、纺织服装等传统产业为主，技改投入少，市场竞争力不强；“一不优”即产业结构不够优化，虽然服务业占据主导地位，但现代服务业还有较大提升潜力。一方面，生活性服务业多为劳动密集型，面临用工成本上升、网络消费冲击等问题，研发设计、信息服务、文化创意、现代物流、品牌营销等生产性服务业处在起步阶段，拉动作用、规模优势还未完全显现；另一方面，金融保险和房地产占比较大，容易受政策影响，抗风险能力不足。新常态下，发展速度调整是逐步的调整、有前提的调整，而不是放缓、不发展。如果我们在总量不大的情况下，一味找借口歇歇脚，问题不但得不到解决，而且会被先进越拉越大。必须咬定发展不放松，在做大总量中提升质量、进位争先。

（三）深入分析我们的机遇在哪里。从外部环境看，当前，世界经济曲折复苏，新一轮技术革命和产业革命蓬勃兴起。我国进入转型攻坚重要阶段，随着“一带一路”、“中国制造2025”、供给侧结构性改革、“互联网+”行动计划、振兴实体经济等一系列重大举措的出台，新产业、新业态、新技术不断涌现。山东正处于由大到强战略性转变的关键时期，“蓝黄”两区和“一圈一带”战略、环渤海地区合作全面展开。市委、市政府对中心城区建设更加重视，提升市区战略持续推进，这为我们提供了难得机遇和广阔空间。从政策利好看，前段，国务院相继下发了《关于扩大对外开放积极利用外资若干措施的通知》（国发〔2017〕5号）《关于促进开发区改革和创新发展的若干意见》（国办发〔2017〕7号）等文件，其中国发5号明确提出“允许地方政府在法定权限范围内制定出台招商引资优惠政策”，这是62号文下发以来首次授权地方自行制定招商引资优惠政策；国办发7号就促进开发区改革和创新发展提出了5大方面共23条意见，这是我国第一个关于各类开发区的总体指导文件，对于建立促进和规范开发区发展长效机制具有重要意义。省、市也在棚户区改造、发展服务业、促进民间投资、开展招商引资、发展总部经济等方面出台了一系列含金量高的政策措施。我们要深入研究，积极对接，用足用活上级政策，最大限度争取项目、资金。

当前，区域竞争日益激烈，换届后各地都在提速发展，纷纷出政策、抢资源、拼作为，特别是周边县市区迅猛发展、态势咄咄逼人，我们面临不进则退、慢进也是退的严峻形势。使命在肩、不可懈怠，责任在心、必须作为。一要克服消极情绪，树立干事激情。面对复杂发展形势，信心比黄金更重要。要始终保持战略定力，正确认识、科学应对经济下行压力，坚决杜绝畏难发愁、消极逃避情绪，坚定信心、振奋士气，稳中求进、进中求好，化危为机、逆势而上，奋力推动科学发展新跨越。二要克服等靠思想，树立"坐不住、等不起、慢不得"的担当自觉。要时刻认识肩上有沉甸甸的担子、身后有群众热切期盼的眼光，应该做的事，顶着压力也要干；应该负的责，冒着风险也要担。要进一步树立"开局就是决战、起步就要冲刺"意识，坚决杜绝为官不为和"不求过得硬、只求过得去"，拿出大气魄、大胆略、大手笔，撸起袖子加油干，只争朝夕抓落实。三要克服僵化思维，树立革新魄力。惟改革者进、惟创新者强、惟改革创新者胜。现在个别单位不想创新、不愿变通、不会创造性开展工作，循规蹈矩有余、求新求变不足。要大力弘扬改革创新精神，敢于啃硬骨头、涉险滩，勇于冲破思想观念束缚，既当改革促进派，又当改革实干家，坚定不移把改革向纵深推进。

二、突出重点、奋力攻坚，努力推动更大更高水平发展

根据中央和省、市经济工作会议精神，做好今年及今后一个时期的工作，总体思路是"六个一"：一个目标，就是以加快建设现代化中央活力区为目标，着力打造创新创业先行区、高端产业聚集区、城市品质示范区、公共服务样板区；一个中心，就是以提高经济发展质量和效益为中心，突出创新引领，扩大对外开放，加快转型升级，振兴实体经济；一条主线，就是以推进供给侧结构性改革为主线，不断提高供给质量，激发发展新动能；一项硬任务，就是以项目建设为硬任务，以征收拆迁为突破口，以大拆迁促进大发展、以大项目拉动大投资；一个根本着力点，就是以人民群众满意为根本着力点，深化社会治理创新，最大限度提升群众获得感；一个保障，就是以从严从实加强党的建设为保障，夯实基层基础，狠抓纪律作风，营造廉洁勤政、敢于担当的生动局面。总体要求是：全面贯彻党的十八大和十八届三中、四中、五中、六中全会精神，深入学习贯彻习近平总书记系列重要讲话精神，统筹推进"五位一体"总体布局，协调推进"四个全面"战略布局，坚持稳中求进工作总基调，牢固树立和落实发展新理念，围绕"六个一"思路，全面做好稳增长、促改革、调结构、惠民生、防风险各项工作，促进经济平稳健康发展、社会和谐稳定。主要预期目标是：地区生产总值增长7%左右，固定资产投资增长11%左右，社会消费品零售总额增长8%左右，进出口总额增长3%左右，一般公共预算收入可比增长6.5%左右，城镇居民人均可支配收入增长8%左右，全面完成年度节能减排降碳、安全生产等约束性指标。工作中，着力抓好五个方面：

（一）狠抓项目建设，着力增强发展后劲。要把项目建设作为经济工作的主抓手，检验干部能力和作风的"试金石"，深入开展"项目攻坚年"活动，以项目看能力、看政绩、看后劲、看担当，迅速掀起大抓项目、抓大项目、抓好项目的热潮。一是推进重点项目。今年，区里组织实施金融总部、双创总部、智慧流通、文创旅游、医疗健康、城市工业基地和高端地产聚集区、教育提升工程、

智慧奎文建设、美丽家园建设等10类重大项目，总投资680亿元，每类重大项目都涉及多个街道、多个片区，对奎文长远发展具有重要支撑作用。对这些项目，要统筹规划、协调推进、加快实施，确保尽快见效。同时，区里确定了恒信·阳光假日、全影婚庆产业园等50个年内投资过亿元重点项目，总投资345亿元，预计2017年完成投资66亿元。从项目数量看，潍州路街道10个，北苑街道、廿里堡街道各8个，广文街道7个，东关街道、大虞街道各5个，梨园街道4个，北海路街道3个。对这些重点项目，要严格落实责任，实行领导挂帅包靠，每个项目一名区级包靠领导、两名街道科级干部、一名街道工作人员，责任到人、到时、到度，确保快开工、快建设、快投产。要加快发展楼宇总部经济，把楼宇作为立起来的园区，实施商务楼宇发展提效计划，突出抓好17座重点商务楼宇的资源整合、存量盘活、改造提升文章，加快已建、在建各类总部基地建设运营，新培育5座专业特色总部楼宇。二是大力招商引资。把招商引资摆到更加突出位置，建立强有力的工作推进、考核机制，坚持一把手亲自抓，各街道、有条件的部门集中招引1—2个大项目、好项目，力争年内引进到位资金100亿元。要围绕产业链抓招商，重点引进战略性新兴产业项目和国内行业百强、世界500强企业。要推动以商招商，充分发挥企业招商主体作用，依托行业龙头企业和各类商会、行业协会，引进关联配套企业，带动上下游企业发展。要突出总部招商，抓住“营改增”后总部企业汇总纳税机遇，发动各级全力引进一批研发中心、结算中心、运营中心。要完善招商考核办法，以投资规模大、税收贡献高为导向，强化招商激励，调动各级工作积极性。要抓好招才引智，街道、部门要把人才作为招商工作的重要内容，积极引进楼宇经济、新兴产业、园区建设等方面的急需紧缺人才，广大企业要加强管理型、研发型人才引进和培育，为发展提供人才支撑。三是突破奎文经济开发区。奎文经济开发区是全市提升市区的重要板块，也是奎文转型发展的潜力所在。目前，开发区的发展框架已经拉开，产业发展、项目建设初见成效，正处于转型升级、创新发展的关键时期。要以“开发区23条”为契机，进一步完善运营机制，优化园区规划、产业布局，提升基础建设水平，把奎文经济开发区建设成为城市工业发展引领区、开放型经济先行区。要以城市工业、现代服务业为主导，积极发展科教创新、现代物流、文化创意和智能制造等新兴业态，突出打造齐鲁创智园、特色物流产业园、汽车服务产业园、文化创意产业园、滨水生态园“五大园区”。要按照“大项目—产业链—产业集群—产业基地”的发展思路，推动园区内关联度高的产业和企业配套协作，加快产业的链条式组合、园区化布局、集群化发展。要抢抓政策机遇，尽快制定检疃田家、仉王武车站片区的棚户区改造方案，建立明细表、路线图，有序组织实施，年内必须实现突破。要进一步完善基础设施，推进凤凰街、鸢飞路、四平路等重点街路建设，加快引进外部热源，为经济发展创造良好配套环境。四是积极向上争取资源。各级各部门要高度关注对接国家政策调整，积极争资源、争项目、争牌子、争指标、争政策、争机构、争先试先行。要积极做好项目规划论证，包装好一批项目，主动出击，想方设法进入国家、省、市盘子，最大限度争取资金、政策扶持。要抢抓政策性贷款“窗口期”，继续包装一批棚户区、老旧小区改造、重大基础设施建设项目，发挥3家国有资本管理运营公司作用，全力争取各类政策性贷款。要强化财源建设，多措并举协税护税，有效防止税源流失，更大力度抓好潜力大、持续性税源项目，增强收入来源稳定性。五是强化推进措施。要建立重点项目协调推进机制，完善领导包靠、会商解决、动态监管、要素保障、督查考核五项机制，切实解决项目推进中存在的问题。要强化督导，以市、区两级观摩点评为抓手，坚持一月一督查、两月一点评、半年一观摩，做到进度不拖延、问题不搁置、督查不放松。要提高土地利用效率，各街道要列出辖区闲置地块、厂区清单，搞好规划包装，高标准实施二次开发，真正盘活土地存量。

（二）打好征迁攻坚战，着力扫清发展障碍。空间小、拆迁难是目前奎文发展的最大瓶颈制约。今年兄弟县市区纷纷吹响大拆迁、大改造的冲锋号，规模之大，令人震撼。我们虽然拆迁项目不少，但总体推进缓慢，有的因为一两户滞留户，严重影响项目进展。各级必须把拆迁工作牢牢抓在手上，以开展“征迁清零”专项行动为号令，街道、部门分工合作、紧密配合，集中时间、集中人员、集中资源，坚决打赢征收拆迁攻坚战。一是明确任务、压实责任。要突出街道“属地管理”责任，对原来的城中村遗留项目，今年全部重新启动，列入清零重点。区里在各街道提报的基础上，研究确定了50个2017年“征迁清零”专项行动项目，既包括一些久拖不决的拆迁地块，也包括一些道路建设项目，如廿里堡街道的董家、仉王武、东范家棚户区改造，大虞街道的田家、孙家棚户区改造和乐川街、卧龙街拓宽改造，潍州路街道的金御皇廷、水岸公馆项目，东关街道的纺织局宿舍片区、昌大宿舍拆迁，广文街道的老市委党校片区二期、李家城中村改造扫尾，北苑街道的丁家城中村、则尔庄棚户区改造，梨园街道的宝通陆号二期、梨园棚户区改造三期，北海路街道的十里堡回迁安置区、北胡棚户区改造等，所有这50个项目，年内必须全部清零。各街道要制定征收拆迁项目清单，将拆迁任务逐一细化、量化，明确时间节点、进度要求，确保集中用力、全力突破。要积极开展城市违法建设治理行动，坚决落实省、市部署要求，坚持“有违必治”“有违必拆”，消除违建存量，控住新增违建。要落实领导包靠，各常委按照联系街道分工，对联系街道的拆迁总负责，深入项目一线，现场办公、靠前指挥，及时帮助街道协调解决征收拆迁工作中的困难和问题。要强化督导考核，及时掌握、通报工作进度，跟踪督促调度，加大征收拆迁在科学发展综合考核中的权重，年终严格兑现奖惩，以压力倒逼拆迁工作强力推进。二是强化领导、协调联动。区级层面成立领导小组，制定工作方案，统筹协调推进整个拆迁工作。街道要担起拆迁主体责任，配齐配强工作力量，选派有经验、懂政策、熟民情的机关干部，组成专项工作组，充实到工作一线。部门层面，凡是涉及到拆迁征收的事情，都要大开绿灯，该出人的出人，该出力的出力；纪检监察、组织和住建、规划、国土、财政、城管、公检法等部门，要发挥职能作用，全力保障、配合、服务好拆迁工作。社区班子要讲政治、讲团结、讲大局，心往一处想，劲往一处使，坚决杜绝回避矛盾、躲避问题；广大社区党员要带头签协议，发挥好先锋模范作用。各级“两代表一委员”要带头做工作，了解民意、倡树正气。三是宣传引导、营造氛围。要充分发挥电视、报纸、网络、宣传栏等载体作用，加强对征收拆迁工作的政策解释和正面引导，宣传支持征收拆迁工作的先进典型，引导广大群众理解、支持拆迁工作。要讲究方式方法，学会换位思考，带着感情上门沟通，帮群众算清经济补偿账、环境改善账、生活质量账。要注重发动群众，让群众做群众工作，紧紧依靠群众推进征收拆迁工作，要相信群众能够把自己的事情办好。四是把握政策、依法依规。要认真研究相关政策法规，确保所有动作步骤、文件方案有规可依、有章可循，做到程序一步不落、过程阳光透明，全程无死角接受群众监督。要以公平公正为原则，科学制定拆迁安置方案，实现集体、居民、开发商互利共赢。要坚持依法拆迁，对无理取闹、拒不搬迁、阻挠破坏拆迁的，依法依规严肃处理。特别是对个别组织煽动闹事、造成恶劣影响的，有关部门要主动介入，及时掌握信息，固定证据，依法严厉打击。对此，区委、区政府态度十分明确，广大拆迁户的利益必须维护，违法行为必须查处，歪风邪气必须刹住，既不能让无理取闹者占便宜，更不能让老实人吃亏。

（三）构建现代产业体系，着力振兴实体经济。要围绕推进产业结构优化升级，发挥“十个重点产业”协调推进工作组牵头抓总作用，完善产业链，强化创新链，做大做精新兴产业、做活做特优势产业、做优做强传统产业。金融保险业，研究制定进一步加快金融业发展的意见，着力建设总部金融集聚区、互联网金融中心和金融创新产业园等特色金融功能区，创新发展互联网金融、私募基金、消费金融、融资租赁等新兴金融业态，加快引进国内外大型金融机构和央企等战略投资者，年内市级金融机构达到76家，巩固提升区域性金融中心地位。房地产业，推动以人为核心的城市化，适应改善性住房需求变化，促进房地产开发与产业发展、城市发展紧密结合，综合发展商务办公、文化创意、健康医疗、艺术会展、体育休闲等功能性地产，严控零星地块、低品质地块开发，加大中高端住宅地产供给规模，促进房地产市场健康持续发展。电商产业，大力实施“互联网+”产业培育计划，积极推动互联网与实体经济融合，重点打造潍坊电商产业园、中国(潍坊)纺织服装电商产业园等园区，培育全影网、好吃懒做电商平台、母婴3h商城等平台，引导企业将实体店、体验店向社区布局，推动电子商务企业、品牌网商向园区集中。城市工业，坚定不移把发展城市工业作为振兴实体经济的重要着力点，抓紧制定中长期城市工业发展规划，实施高新技术企业成长计划，以智能制造、工业设计、新材料等业态为重点，引进一批新型高端企业，培育扶持一批本土企业，加快推进奎文滨海工业园、潍坊国际创意港等重点园区、项目；抓好传统工业升级，通过加大技改投入、转变生产模式、开发自主产品等方式，提升现有工业企业管理运营能力、产品技术含量，推动城市工业规模、质量不断提升。科技信息业，着力培育发展科技服务、信息技术、现代物流、节能环保、新材料、无人机、机器人等业态，积极推动云计算、大数据、物联网等与现代服务业、先进制造业结合，加快建设全省创新型示范城区。商贸商务业，提质发展对外贸易，培育计算机和信息服务、咨询、研发设计等资本技术密集型服务贸易，以举办新西兰中国潍坊名优商品展览会为契机，引导更多企业更大领域开拓国际市场，争取60%以上的备案企业开展实际外贸活动；抓好传统商贸，做大泰华、万达、新华路等特色商圈，积极引进集聚一批国际国内知名品牌旗舰店，加快营销方式转型，推动传统商贸触网发展。汽车服务业，依托汽车产业园，以潍州路十里汽车长廊为轴线，不断优化业态布局，拓展产业链条，探索汽车后服务市场经营新模式，打造全省汽车服务业龙头基地。文化教育旅游业，大力发展教育培训、文化创意、广告动漫、旅游会展等业态，加快推进潍坊文化广场、1532文化产业园、市旅游集散中心和大学生创业京广产业园等重点项目，打造文化产业发展高地。智慧城市产业，瞄准城市基础设施、社区生活、电子政务等领域，积极发展软件设计、信息服务等相关业态，支持易邻里智慧社区等服务平台建设，让城市生活更便捷。健康医疗养老业，抓好市人民医院医疗健康城、潍坊医学院附属医院片区改造、微医互联网医院等项目建设，着力发展医疗器械、健康养生、保健护理、在线诊疗等业态，打造“健康养老在奎文”品牌。

要按照一个重点产业“一个推进工作组、一名主抓领导、一个实施方案、一套配套政策、一个工作团队”的思路，由区分管领导牵头，各重点产业主管部门主要负责人具体负责，有关部门、街道配合，形成工作合力，共同推进重点产业培育发展。

（四）强化要素支撑，着力增强发展动力。发展成效怎样、能否顺利推进，关键在于如何增强要素保障。要按照“有限资源保重点、集中力量办大事”的原则，进一步优化人才、资金、环境等资源配置，着力保障要素供给。一是实施创新驱动。要学习青岛市北区争取国家部委资源、创新人才引进，打造中国生物科技园、云计算大数据产业园、大健康产业园的做法，深化与复旦、山大、山东理工等高校院所对接合作，打造一批科技创新园区和成果转化基地，着力引进一批院士、千人计划、泰山学者，力争在国字号品牌上实现突破。要加快创新创业孵化器、市级以上科技创新平台建设，鼓励引导企业加大研发投入，完善产学研合作模式，尽快把科技优势转化为产业优势、发展优势。二是全面深化改革。要扎实推进供给侧结构性改革，围绕“三去一降一补”，聚焦重点领域和关键环节，抓好163项责任清单落实，坚定不移把改革推向深入。要把改革试点作为推动改革的突破口，争取更多的改革试点落地奎文；要加快财政金融、城市管理、社会事业、事业单位等重点领域改革，组织实施一批有奎文特色的自主改革事项，有效破解制约科学发展的瓶颈因素。要牢固树立过“紧日子”思想，在财力紧张的情况下，统筹做好增收、节支、开源各项工作，积极探索PPP等市场化投资合作新模式，形成政府投资和社会投资良性互动局面。要积极搭建基金平台，推动更多企业上市和新三板挂牌，大力发展股权融资，着力解决融资难问题。三是提高服务效能。要认真借鉴杭州市全面推行“店小二”式服务的做法，进一步建立更加完善系统的企业服务措施，帮助企业解决生产经营中遇到的问题。要落实好上级出台的关于降低企业水、电、气、社保、物流成本等方面的政策措施，进一步降低制度性交易成本。要加强领导干部与非公有制企业的联系，落实联系服务长效机制，推动建立“亲”“清”新型政商关系。要高度重视企业家队伍建设，落实加强企业家队伍建设的具体措施，抓好企业家培训和青年企业家培养，激发企业家创新热情、创业激情和创造潜能。要引导企业通过成立协会、联盟等形式，促进信息交流、资源共享、优势互补，实现抱团发展、合作共赢。要强化政策扶持、服务指导，在产业发展、招商引资等方面加快构建更加优惠的政策服务体系，让客商引得进、留得住、干得好。四是营造良好环境。要落实市委、市政府《关于实施“十大专项行动”进一步加强和改进城市工作的实施意见》，巩固深化“四城同创”成果，努力建设和谐宜居、富有活力、智慧人文的现代化城区。要建造配套完善的人居环境，在提升城区中部基础设施的同时，进一步加大对城区南部、北部的投入力度，完善路、水、电、气、暖等基础设施，改善居民生产生活条件。要扎实开展城市管理综合整治行动，全面开展七项专项整治，强化市容环境综合执法监管，突出抓好街、路、巷、河区域环境整治。要深入开展群众性精神文明创建活动，扎实推进“诚信奎文”建设，实现市民素质与城市环境同步提高。要继续实施“三八六”行动，积极推进“十大工程”落实，推动生态环境持续改善。要继续开展“基层好干部”“感动奎文·年度十佳先模人物”评选等活动，弘扬新风尚、凝聚正能量。

（五）深化社会治理创新，着力保障改善民生。要坚持以人民为中心的发展思想，创新社会治理模式，大力实施民生工程，确保发展成果普惠共享。一是提升社会治理系统化水平。要强化顶层设计，研究制定推进社会治理系统化的具体方案，逐项明确内容，加快组织实施，打造一批有影响力的亮点品牌。要坚持属地管理与条块管理相结合，进一步明确部门、街道、社区之间职责权限。要抓好“四全一特”社区建设，推进二级网格管理精细化，深化“由民做主”“四社联动”模式，调动社会组织和广大居民参与社区建设管理的积极性。要进一步向街道下放物业管理权限，切实发挥业主委员会作用，探索创新“三无小区”管理模式，提高物业管理水平。要按照转思想、入轨道、大发展“三步走”思路，提高社区集体经济组织管理运营水平，从发展路径、班子建设、经营管理等方面进行综合治理，改变单一的租赁经济模式，通过多元化经营提高盈利能力，确保发展上水平、群众得实惠。要继续深化平安奎文建设，完善社会治安防控体系，强化社会矛盾源头预防和排查化解，推行“1+2+N”社区警务模式，扎实做好安全生产工作，不断提升群众安全感。二是办好为民实事。要优化中小学校布局，加快推进7所中小学校改扩建，尽快解决“大班额”和师资、生源不均衡问题。要抓好市第二人民医院、潍坊眼科医院门诊病房综合楼等项目建设，大力发展社区卫生服务，更好满足群众医疗服务需求。要加大棚户区改造、老旧小区改造、危房改造“三改”力度，抓好9个老旧小区、5条背街小巷的改造提升。要积极发展公共文化事业，继续开展好“社区群众文化艺术节”等群众性文化活动。要加快养老设施建设，扎实办好养老事业，着力构建以居家为基础、社区为依托、机构为补充的多层次养老服务体系。三是做好社会兜底工作。要进一步推进社会救助体系建设，发挥“一门受理、协同办理”社会救助平台作用，加快发展慈善事业，扩大救助覆盖面。要大力推进精准扶贫，做好因病致贫、因病返贫户帮扶工作，做到精准施策、精准帮扶。要抓好就业这一民生之本，实施更加积极的创业就业政策，加强职业技能培训，最大限度扩大就业、支持创业。

三、强化领导、改进作风，为更高层次新发展提供坚强保障

事业发展根本在党、关键在人。要把全面从严治党要求体现在领导经济工作之中，扎实开展“作风建设年”活动，提升素质、增强本领、担当作为，奋力推动大发展、大突破。

一要提境界、争一流。“走在前列”是习近平总书记对山东工作提出的要求，是省、市委确定的奋斗目标。各级各部门谋划和确定今年的工作，都要以“走在前列”来定位目标、提升境界、勇闯新路、争创一流，做到“见第一就争、见牌子就夺、见红旗就扛”。各街区要围绕产业培育、园区建设、征收拆迁、社区经济等方面，找准发展定位、明确主攻方向，敢与强的比、敢同高的争，做到谋划发展有谱气、狠抓落实有胆气，形成比学赶超、奋勇争先工作格局。区直各部门要围绕中心、服务大局，强化责任意识、服务意识，不折不扣地落实区委、区政府决策部署，不遗余力地服务基层、服务企业、服务群众。

*二要凝共识、聚合力。*区第十四次党代会和人大、政协“两会”的胜利召开，为奎文今后的发展奠定了很好的思想和组织基础。经过这段时间的工作，各方面反映都很好，尤其是区级班子的同志担当作为、扎实干事，各街道、部门工作主动、积极跟进，精神面貌为之一变。各级各部门要牢固树立全区“一盘棋”思想，自觉把本单位工作放到全区大局中去思考、定位、摆布，加强沟通、团结协作、统一步调，形成强大合力。企业是经济发展的主力军，既要树立“做大企业、当大老板”的雄心壮志，敢为人先、勇争第一，千方百计把主业做大做强；又要积极主动同党委、政府多沟通、多交流，在发展自身的同时为奎文

经济发展做出更大贡献。

三要说了算、定了办。要大力弘扬求真务实、真抓实干之风，不当端着架子的“背手干部”、纸上谈兵的“挥手干部”、贪图享受的“甩手干部”。要坚持“言必行、行必果”，对区委、区政府做出的决策部署，立说立行，马上就干，干就干好；对年初确定的任务目标，分工到人、挂图作业，定期调度、年终盘点，确保按时序扎实推进。要全面实行“一线工作法”，深入现场、沉到一线，面对面、点对点抓项目推动和工作落实。要加强督查问责，在“督到关键、查到实情、责到痛处”上下功夫，问题不解决不放过、达不到时间节点不放过，切实提高督查实效。对在重点工作中有令不行不作为、推诿扯皮慢作为、违法违纪乱作为的，既要严肃追究当事人责任，又要追究相关领导责任。

四要明导向、重担当。要把管党治党责任作为最根本的政治责任，树立大抓基层鲜明导向，始终以“严”的精神管党治党，不断提升区域化党建工作水平。要进一步强化“重担当、重实干、重基层”导向，以实绩排位次、以贡献论英雄，做到能者上、平者让、庸者下、劣者汰。要建立健全鼓励创新、宽容失败的容错免责机制，旗帜鲜明地支持担当者、鼓励担当者、保护担当者。对干部既要严管也要厚爱，加强正面宣传、正向激励，关心干部身心健康，增强干部认同感、归属感、荣誉感。要坚持把守纪律、讲规矩摆在更加重要位置，严明党的纪律，持续转变作风、纠正“四风”，坚决惩治腐败，形成风清气正政治生态。

同志们，开局之年要有新气象，新常态下要有新作为。让我们紧密团结在以习近平同志为核心的党中央周围，坚定必胜信心、勇于攻坚克难，为在全面建成小康社会进程中走在前列、加快建设现代化中央活力区而努力奋斗！

政府工作报告

——2018年1月16日在潍坊市奎文区第十八届人民代表大会第二次会议上

潍坊市奎文区人民政府区长　高志秀

各位代表：

现在，我代表区人民政府，向大会报告工作，请予审议，并请各位政协委员和其他列席人员提出意见。

一、聚力发展，砥砺攻坚，开局之年实现新突破

2017年，是新一届政府履职的第一年。一年来，区政府在市委、市政府和区委的坚强领导下，在区人大及其常委会、区政协的监督支持下，团结依靠全区人民，攻坚克难，创新实干，较好地完成了区十八届人大一次会议确定的目标任务，为奎文开启现代化建设新征程奠定了坚实基础。

（一）经济发展在转型提升中持续向好。始终坚持发展第一要务，全力打好“双50”工程、“四小镇两园区”、重点产业扶持等政策措施“组合拳”，主要经济指标稳步增长，发展质量持续提升。一般公共预算收入实现25.5亿元，可比增长6.5%。固定资产投资完成年度任务。预计地区生产总值增长7%左右；社会消费品零售总额增长8%左右。“四个城市”建设扎实推进，逐一研究制定了五年规划、三年行动计划，组织实施市级核心项目21个。对10个重点产业，逐一制定推进实施方案、落实“六个一”推进机制，产业转型快中向好。实施金融发展“五大行动”，新引进临商银行、华林证券等金融机构12家，各类基金规模突破150亿元，金融产业聚集区建设迈出坚实步伐。电子商务、共享经济、数字经济竞相发展，成立全市首家文化产业电商联盟，环球车享共享汽车入驻投放，大数据交易中心、华为物联网创新中心、微医互联网医院等建成运营。聚力打造八类楼宇集聚区，重点培育了20栋品质楼宇，推行“楼长制”服务，全区聚集各类总部机构474家，税收过千万元楼宇达35栋。“三大商圈”商业商务繁荣活跃，“中国纺织商贸名城”通过认定，高端商务区带动辐射能力更强。50个重点项目实现投资83.6亿元，完成年度计划的133%；50个征迁清零项目全面突破、实际完成57个，一批影响建设的老大难问题得到彻底解决。“四小镇两园区”规划建设高效推进，累计完成征迁1413户、142.8万平方米。齐鲁创智园、潍坊1532文化产业园一期建成，签约引进企业210家。新增省服务业重点园区1家、重点企业4家，获评省重点服务业城区。

（二）发展活力在改革创新中释放增强。“活力城市”建设成效明显，出台22个改革方案，207项年度改革任务顺利完成，评选出改革创新优质项目16个。“三去一降一补”扎实推进，完成规模以上企业规范化改制12家，全影科技成功挂牌“新三板”，新增齐鲁股权交易中心挂牌企业31家，区级产业基金累计投入23亿元，风险缓释基金为企业发放过桥资金10亿元。在全市率先推行“3零2一”便民助企登记服务举措，“三十一证合一”登记全面实施，新增市场主体1.1万户。平台支撑持续加力，新创建市级工程技术研究中心2家，市级以上重点实验室、企业技术中心等平台增至26家，歌德创业园、智慧产业园等“双创”空间达13处，国际人才创业孵化中心获省级众创空间备案。“三招三引”精准有效，出台社会化、专业化招商激励办法，签约过亿元项目13个；引进山东理工大学研究生院、西安科技大学研究院等院所3处，设立澳大利亚博士沙龙顾问委员会潍坊工作站，新建海外高层次人才工作站4处，成功引进加拿大“两院”院士祝京旭、中国工程院院士石学敏等海内外高层次人才18名。对外贸易态势向好，预计实现进出口总额40亿元，新设海外仓2个，成功举办全市首个境外自办展—新西兰（山东·潍坊）名优产品博览会。

（三）城市品质在建管并举中提档升级。深化美丽家园建设，开展“518+N”生态环境综合整治，城市品质实现新提升。高标准编制南部片区概念性、控制性详细规划，全区实现控制性详细规划全覆盖。探索形成棚改“八步工作法”，改造棚户区、老旧小区29个，受益居民18395户。新改扩建主次干道、背街小巷8条，改造“汽改水”管网40公里。整治雨污混排管网24处、城市内涝点3个。拆除违建453处、20.2万平方米，清理违规广告牌匾3600余处。深度保洁覆盖面持续扩大，新建改建公厕13座。新增绿地面积10万平方米，绿化覆盖率达41.8%。取缔散煤经营网点17家，清洁型煤、节能炉具推广任务全面完成。PM2.5平均浓度下降9%，“蓝天白云、繁星闪烁”天数达到277天。全面落实“河长制”，扎实开展“清河行动”。网格化环境监管体系实现全覆盖。

（四）民生福祉在共建共享中持续增进。紧扣民生第一目标，公共财政用于民生支出的规模持续扩大，占全年总支出的71.9%。城镇居民人均可支配收入增长8%左右。新增就业5285人，新创省级“四型就业社区”6个。养老、医疗、生育等保险扩面四区领先。为全省“证卡合一”试点会议提供了唯一观摩现场。全面开展居民重特大疾病救助，发放各类补贴275万元。顺利通过省级“双拥”模范城创建考评，退役士兵安置和权益保障政策得到有效落实。实施建设现代化教育强区三年行动计划，十中小学部、明德学校、虞园实验学校建成招生，全区中小学起始年级全面消除大班额现象；启动中小学生在校午餐计划，惠及学生3000余名；推行课外活动计划，升级延时看管服务，有效破解“四点半难题”。建成启用第二人民医院门诊病房综合楼，成立全国首家地市级呼吸专科医联体，新设远程诊疗工作站26处。新建室外健身场所18处，新设区图书馆分馆10处、区文化馆分馆8处，被评为省第二届全民阅读示范区。引进市级以上非物质文化遗产项目17个，被授予山东省民间文化艺术之乡。荣获全省“四德工程”建设示范区称号。标准化社区服务中心实现全覆盖，“四社联动”“由民做主”等社区治理模式深化完善，为全国基层社会治理示范培训班、全国社区社会工作规范化建设现场会、全省“两新”组织党建工作现场推进会提供了教学观摩现场。顺利通过国家防震减灾示范区考评验收，高标准完成国家食品安全示范城市创建任务，安全生产形势持续稳定，“破案会战”“打霸治痞”专项行动成效明显，一批信访积案得到有效化解，圆满完成党的十九大安保维稳任务。

（五）自身建设在务实高效中强化提升。将学习贯彻党的十九大精神作为首要政治任务，扎实推动党的十九大精神在奎文落地生根。严格执行区人大及其常委会的各项决议决定，坚持向区政协通报情况，建议、提案办结率均达100%。在全市率先出台政府重大行政决策事项清单和年度目录管理办法，修订政府工作规则，重大行政决策更加规范。主动公开政府信息9000余条，积极预防和化解行政争议。搬迁升级区政务服务中心，公布“零跑腿”“只跑一次”事项178项，区、街道、社区三级网上政务服务平台实现全覆盖。成立新的社会阶层人士联谊会。开展“百企倍增、千干扶企”活动，主动送政策、解难题，与企业家并肩创业、共渡难关。深入开展“作风建设年”活动。党风廉政和反腐败工作扎实推进。

同时，政府大力支持工会、共青团、妇联开展工作，国防动员、民族宗教、外事侨务、妇女儿童、档案、农林、统计、物价、地震、畜牧、供销、史志、老龄、残疾人、对台等工作都有了新进展。

各位代表，过去一年全区经济社会发展取得的成绩，得益于市委、市政府和区委的坚强领导、科学决策，得益于区人大及其常委会、区政协和社会各界的有效监督、大力支持，得益于全区上下的团结一心、拼搏实干。在此，我代表区政府，向理解、信任、支持政府工作的广大干部群众，人大代表、政协委员，各民主党派、工商联、无党派爱国人士，驻区部队、武警官兵、公安干警，离退休老干部、老同志和社会各界人士，向所有关心支持奎文发展的同志们、朋友们，表示衷心的感谢和崇高的敬意！

当前，奎文正处于发展转型、结构优化、动力转换的攻坚期，对照高质量发展要求，我们还面临不少困难和挑战。经济总量不大，产业竞争力不够强，大项目、大企业支撑不足，新旧动能转换任务仍然艰巨；财政刚性支出不断增长，收支矛盾更加突出；城市品质有待提高，教育、医疗、养老等优质公共服务资源供给还不充分，与人民群众对美好生活的需要还有不少差距；个别部门、少数干部的责任意识、担当精神有待增强。对此，我们一定高度重视，认真对待，切实加以解决。

二、抢抓机遇，不懈奋斗，新时代谋求新跨越

2018年是贯彻落实党的十九大精神的开局之年，是改革开放40周年，是决胜全面建成小康社会的关键一年。党的十九大确立了习近平新时代中国特色社会主义思想，明确了新时代的基本方略、奋斗目标、战略安排和工作布局；省委省政府加快新旧动能转换重大工程，市委市政府“四个城市”建设重大决策，都为我们立足新时代、开启新征程，站在新的历史起点、行稳致远走向全新发展，指明了方向、带来了机遇。高标准做好今年的政府工作，既是我们不忘初心、满足人民对美好生活需要的光荣使命，更是我们砥砺奋进、推动经济社会迈向高质量发展的责任担当。

今年政府工作总的要求是：全面贯彻落实党的十九大和中央、省、市经济工作会议精神，以习近平新时代中国特色社会主义思想为指导，坚持稳中求进工作总基调，坚持新发展理念，紧扣社会主要矛盾变化，按照高质量发展的要求，以供给侧结构性改革为主线，围绕区委“一五八二”思路举措，坚定不移推进产业高端化、全域城市化、文化发展融合化、改革项目特色化、社会治理系统化，统筹做好稳增长、促改革、调结构、惠民生、防风险各项工作，努力建设产业高端、文化繁荣、活力迸发、品质卓越的首善之区。

今年经济社会发展主要预期目标是：地区生产总值增长7%以上，一般公共预算收入增长6.5%，固定资产投资增长8%，社会消费品零售总额增长8%，进出口总额增长5%左右，城镇登记失业率控制在3.8%以内，全面完成年度节能减排降碳、安全生产、生态环境等约束性指标。

实现上述目标，必须旗帜鲜明讲政治，把学习贯彻党的十九大精神作为全年工作的灵魂和主线，坚决维护以习近平同志为核心的党中央权威和集中统一领导，自觉在思想上政治上行动上同党中央保持高度一致。必须坚定不移地把发展作为第一要务，聚焦新旧动能转换重大工程、“四个

城市”建设和区委“一五八二”思路举措，立足当前抓创新，着眼长远谋发展，把各项工作与确定的宏伟蓝图、发展目标紧密衔接，运用系统化思维、项目化推进，一件一件抓进度、一项一项求突破，努力在推动高质量发展上走在前列。必须更加自觉地把人民放在心中最高位置，以造福人民为最大政绩，坚持人民想什么、期盼什么，政府就干什么、保障什么，想群众之所想，急群众之所急，努力让人民生活更加幸福美好。必须狠抓作风建设，持续开展“作风建设年”活动，坚持严字当头、实处着力，增强专业能力、专业精神，拉高标杆、勇争一流，时不我待、只争朝夕，努力开创建设现代化中央活力区新局面。

（一）坚定不移推进产业高端化，加快经济发展提质增效

聚焦产业强市，坚持产业兴区、质量强区，以实体经济为着力点，加快产业、产品和服务品牌升级，推动经济发展向高质量转变。

全力做强小镇园区。突出小镇园区集约集聚功能，抓好“1710”重点园区规划建设、特色培育，加快实施精准招引、高端突破，推动优质企业向小镇园区集中，做优产业、做强经济。突出中央商务区核心引领。以建设潍坊CBD为目标，依托胜利东街金融商务主轴，在白浪河、虞河“两河”区域，高起点规划占地3平方公里的中央商务区。年内启动金融核心商务区建设，策划提升泰华城商务园区，通过腾笼换鸟、扩容升级，植入活力创新功能，高标准建设现代金融、商务商贸、文创设计、总部机构聚集的“新载体、新平台”，超前谋划发展智慧型服务产业，加快建设以智慧产业为引领的国际金融中心、高端商务区。加快7个小镇园区规划建设。依托区级三大国有企业，健全“管委会+公司”运行机制，完善“片区+开发+产业”运作模式，全面加速“四小镇两园区”建设，提升齐鲁创智园、潍坊1532文化产业园，精选对接落实一批龙头企业、领先项目。加快青啤活力小镇规划设计，争取尽快开工建设。重点培育10个产业聚集区。坚持政府引导、市场主导、专业化运营，选准产业、找准定位，落实“一园区、一团队、一平台、一政策”工作机制，突出抓好梦想产业园、智慧产业园、金融中介园、国际创意港、医疗健康谷、保险峰汇园、数字科技园、文化生态园、歌德创业园、齐鲁汽车港等10个特色产业园建设，引导业态集聚，形成产业集群。

大力发展楼宇经济。楼宇经济是奎文高质量发展的主引擎。立足做优城区中部楼宇品质，加快城区南北两端楼宇规划建设，打造一批载体高端、总部聚集的“立起来的园区”。实施“2030”重点楼宇培育计划。在抓好富地中心、加州商务大厦等楼宇建设招商的同时，重点打造世纪环球中心创新创业楼、金利大厦金融中介楼、半岛创新谷科技信息楼等20栋品质楼宇，着力改造提升潍坊中心、原齐鲁饭店等30栋存量楼宇，加快推进八类楼宇集聚区建设，切实把楼宇载体数量优势变为品质发展优势；鼓励发展总部型、结算型、虚拟型楼宇经济。创新楼宇服务机制。建设楼宇经济综合服务中心、综合服务大数据平台，全面整合线上线下要素资源，增强政务、金融、人才等服务保障能力；完善“楼长制”服务，以服务标准化、评价绩效化、激励多元化，切实解决楼宇招商运营管理中的难题，为楼宇入驻企业提供优质服务。优化楼宇运营模式。坚持“专业人办专业事”，积极引进高水平楼宇运营企业，以市场化助推楼宇经济高品质发展；强化楼宇经济发展政策扶持，形成覆盖楼宇开发建设、招商运营、入驻企业、管理服务等多层面的政策体系。力争年内税收过千万元楼宇达到40栋、亿元楼宇实现新突破。

致力壮大产业集群。落实“1+6”产业推进机

制，编制更加科学的产业规划，配套更加精准的产业政策，做大培强实体经济，形成区域经济发展新优势。创新发展现代金融业。深入实施“金融+产业”“互联网+金融”战略，积极发展消费金融、供应链金融和多层次资本市场，争创产融合作示范区、金融创新示范区。依托智慧金融产业园，建立孵化器云资本服务平台，规范发展互联网金融。拓展潍坊产权交易中心功能，建设金融创新服务中心，打造潍坊“五板资本市场”。大力引进传统金融总部机构，加快发展产业基金、融资租赁等金融业态，推进普惠金融发展，巩固全市金融中心地位，加快建设半岛地区重要金融产业聚集区。做优商贸商务业。依托智慧城市建设，提升“三大商圈”智能化服务功能，推动传统商圈向智慧商圈转型。加快新型消费业态集聚，发展体验式消费经济，促进线上经济与实体经济融合，繁荣做强商圈经济。发挥“中国纺织商贸名城”品牌引领作用，建设纺织服装电商全产业链服务平台，做强纺织服装流通产业，利用3年时间打造千亿级产业集群。整治提升27处大中型交易市场。大力发展智慧物流，建设壹号仓物流园，提升汽车、医药等专业物流园。鼓励支持检验检测、会计评估、法律咨询、教育培训等专业服务业集聚发展。做大城市工业。突出智能制造、精品制造、柔性制造、绿色制造方向，依托中德智能制造技术转移服务中心等平台，规划建设先进装备、智能制造、柔性生产等产业园区，助推工业企业转型发展。积极对接省新旧动能转换基金，支持企业加大科技研发投入，加快科技成果转移转化，抓好青啤精酿啤酒、长城门窗新材料、浩泰机械缸体精加工、福田装备等技改项目，支持精鹰医疗、海恒科技、金宝旅游装备等企业扩能增产，加快培育行业龙头企业群和“隐形冠军”企业群，推动城市工业再次崛起。

聚力培育新兴产业。坚持“四新”促“四化”，重点实施好20个“四新”产业项目，为经济转型注入新动能、打造新引擎。加快发展数字经济，规划建设中国（潍坊）数字中心，编制全区数字经济发展规划，依托大数据交易中心、华为物联网创新中心等优势平台，超前谋划、积极对接培育一批先导项目，大力引进数据收集、加工、分析、应用等优质企业，率先发力、做大做强数字产业集群。拓展公共服务“互联网+”领域，加快政府信息系统整合，推进医疗、教育、交通、养老等数字化运营，大力发展智能医疗、远程教育、智慧养老、智能交通等新兴业态，加速产业向数字化、智能化、绿色化发展。积极发展健康产业，加快推进高端综合诊疗核心区建设，鼓励医疗机构和行业龙头企业合作开展养老养生、健康诊疗服务，建设生物医药产业基地、州信医疗影像诊断中心，支持医疗专家设立“医生工作室”，延伸丰富健康服务产业链条，打造高端医疗服务高地。

（二）坚定不移推进全域城市化，建设更具品质的美丽家园

聚焦品质城市，坚持以人民满意为目标，深化美丽家园建设，推进城市建设10大工程，开展城市管理10大行动，实现城市让生活更美好。

加速棚户区改造。把城中村、棚户区改造作为决战全域城市化的关键环节。完善棚改旧改、房屋征收政策，年内重点组织实施棚户区改造项目20个、10847套。抓住全市棚改提速有利时机，用好棚改“八步工作法”，集全区之力突破征迁工作，力争上半年全部启动，年内开工建设村民安置房。坚持大片区开发，统筹利用腾出空间，高标准配套教育、医疗等公共服务基础设施，科学安排产业和商住用地，规范发展集体经济，促进集体资产保值增值，努力建最好的小区、盖最好的房子，让老百姓真正享受到棚改“红利”。

完善城市功能配套。大力开展基础设施提升年活动，坚持地上与地下并重，整体推进路网、

管网、公共服务设施建设。打通北宫东街、桐荫街、四平路南段等8条“断头路”，改造提升樱园街、翠湖路、圣荣西巷等15条背街小巷，疏通城市“主动脉”，改善城市“微循环”。开展城市“微治理”，重点治理交通乱点堵点，努力实现道路畅通、市民畅行。改造“汽改水”管网21公里，整治雨污混排管网22处、内涝点7处。高标准提升胜利东街、潍州路、鸢飞路等主次干道绿化。实施麻沟河、白沙河奎文段综合整治工程。突出城市建设文化主题，植入文化元素，新建改建文化公厕23座。改造城市“微空间”，建设街心公园、邻里公园等16处，让城市更具活力和温情。

强化城市精细管理。大力开展城市环境综合整治，重点实施广告牌匾、店外经营、渣土运输、品质围墙提升等专项行动，全力打造最整洁有序城区。加大拆违治违力度，落实严管严控长效机制，消除存量、严控增量，实现违法建设“零增长”。制定城市精细化管理标准，让城市管理有章可循、规范提质。深化城市管理体制改革，着力完善网格化，对70条主次干道推行“路长制”，力争全区80%以上的主次干道和背街小巷达到“门前五包”示范街标准。加强数字城管应用及智慧城市建设，推动城管、治安、交通等并网融合，提高城市运行效率和公共服务水平。探索物业管理与社区管理相融合，规范提升商务楼宇、居民小区物业管理质量，新打造品质社区30个，创建一批物业管理示范小区。规划建设“三纵三横”亮化景观线，打造点线面多层次、立体化的城市夜景亮化体系。

（三）坚定不移推进文化发展融合化，切实增强文化影响力

聚焦文化名市，坚持创新创造、融合互促，繁荣文化事业，发展文化产业，打造文化品牌，以文化软实力铸就发展硬支撑。

完善提升服务体系。高标准建设图书馆、档案馆、方志馆，提升社区综合性文化服务中心10处。支持社区建设“村史馆”“乡史馆”，留住乡愁记忆、传承历史根脉。大力开展全民阅读行动，新设区图书馆分馆8处、“城市书吧”20处，打造“书香奎文”。大力开展以广场文化、社区文化、楼宇文化为核心的群众性活动，打造“文化惠民·精彩奎文”品牌。鼓励社会力量投资建设文化设施，丰富文化产品供给，满足群众不同层次的精神文化需求。

繁荣发展文化事业。大力培育践行社会主义核心价值观，积极弘扬中华优秀传统文化，深化文明城市创建成果，继续开展“感动奎文·年度先模人物”“奎文好人”等评选活动，打响“崇文尚德·大美奎文”文化品牌。提升文化内涵、文化品位，组织开展奎文题材文艺创作活动，生动鲜活地讲好奎文故事，凝聚奎文力量。深入推进东关古城墙、大英烟公司旧址等文物古迹、历史遗存的保护利用，完成东关古城墙修缮工程二期、启动三期工程。提升“非遗一条街”，引导核雕、刺绣、古琴等非物质文化遗产与文化展示、休闲体验的深度融合，铸就奎文历史文化印记。

大力发展文化产业。实施“文化+”战略，推动文化创意、设计服务与装备制造业、建筑业、现代服务业等重点领域融合发展，促进产品和服务创新，提高产品、服务附加值。培育动漫、影视制作、创意设计、数字传媒等文化业态，支持众源文海、发生影视等潜力企业加速成长，打造文化产业新亮点。扶持潍坊1532文化产业园、京广文化广场等重点项目做大做强，打造一批有影响力的文化产业聚集区、特色文化体验区。放大京广传媒、全影科技等龙头企业的辐射带动力，吸引聚集相关上下游企业，打造百亿级文化产业集群。

（四）坚定不移推进改革项目特色化，全面激发创新发展动力

聚焦活力城市，坚持向改革要活力，把改革创新贯穿于经济社会发展各个领域、各个环节，最大限度地释放改革红利、增添创新动力。

更大力度推进各项改革。深化供给侧结构性改革，全面落实各项降费减税政策。加大规模以上企业规范化改制工作力度，新增挂牌企业30家以上。深化投融资体制改革，设立政府投资类项目资金池。深化预算管理改革，完善中长期财政规划编制。扎实推进“放管服”改革，打好“四减一降”攻坚战，扩大“双随机、一公开”覆盖面，全面推行“3零2一”便民助企登记服务举措，最大限度激发市场活力。开展“一窗式”集中行政审批服务改革，深化“多证合一、一照一码”改革，完善“零跑腿”和“只跑一次”事项清单，扩大“互联网+政务服务”范围，努力打造审批事项最少、办事效率最高、服务质量最优的政务环境。

更高水平推进创新创业。优化政策供给，放宽市场准入，强化平台支撑，鼓励创新创业，充分释放全社会发展潜能。实施孵化器提升工程，年内新培育市级以上孵化器、众创空间4家。深入推进大众创业、万众创新，实施“185”创业行动。加强政策引导，重点培育成长型小微企业，力争年内市场主体总量突破6.5万户。实施小微企业“双升”战略，推动“个转企”登记，年内新增规模以上企业35家。突出企业创新主体，推动政策、资源、要素向企业集聚，引导企业加大研发投入，年内新增市级企业技术中心、重点实验室、研发机构5家以上。支持齐鲁创智园争创“潍坊市科教创新园区”。

更深层次扩大对外开放。实施更加主动的开放战略，面向全球对接资源要素，深度融入“一带一路”建设，创新对外投资合作方式，高质量利用外资，培育外贸新业态、新模式，着力塑造开放型经济新优势。鼓励支持企业参加国内外各类展览会、洽谈会，多层次、多领域开展合作。扩大外贸双向开放，打造外贸企业综合服务平台，支持发展跨境电子商务平台。加大“走出去”力度，积极开拓新兴市场，新建海外仓2处。大力发展会展经济，常态化举办汽车文化、商品展销、机械装备等各类展会，以积极的开放姿态提升中心城区发展活力。

（五）坚定不移推进社会治理系统化，构建和谐发展新格局

聚焦共建共治，坚持安全发展理念，推动重心向社区、网格下移，切实提升社会治理实效。

持续深化社区治理。建立区级社会治理综合服务平台，整合力量、归并功能，实现全区社会治理“一网通”，提高社会治理社会化、法治化、智能化、专业化水平。落实社区治理三年行动计划，优化配强社区工作力量，提高社工人员职业能力。深化“由民做主”“四社联动”模式，推动社区自治、德治、法治。积极培育服务性、公益性、互助性社会组织，壮大社区志愿者队伍，通过政府购买服务、健全激励补偿机制等办法，引领推动社会力量参与社会治理，努力形成人人参与、人人尽责的良好局面。加快智慧社区建设，推动“互联网+”与社区治理、服务深度融合，进一步提升社区智慧治理、智慧服务水平。

持续维护社会稳定。强化社会治安综合治理，深入开展平安奎文、法治奎文建设，实施“雪亮工程”二期，深化“1+2+N”社区警务模式，依法严厉打击各类违法犯罪活动。畅通规范基层诉求表达渠道，有效预防和妥善处置各类社会矛盾。建立健全金融风险监测预警、早期干预和应急处置机制，严守不发生系统性、区域性金融风险底线。持续开展“食安奎文”品牌引领行动，确保人民群众“舌尖上的安全”。严格落实安全生产责任制，大力推行社会化隐患排查，强化重点行业、重点领域安全生产、消防安全隐患整治，扎实做

好突发公共事件应急处置和防灾减灾工作。

持续改善生态环境。深入开展“518+N”生态环境综合整治，以铁的决心打赢蓝天碧水绿地保卫战。开展环保监测体系建设与能力建设攻坚，落实环保监管责任，严厉惩治和防范环境违法行为。加大施工现场、工业扬尘等污染源管控力度，全面推行建筑工地视频和扬尘监控，完成燃煤锅炉超低排放改造任务，加大清洁型煤推广力度，严控餐饮油烟污染，不断降低 PM2.5 、PM10 平均浓度。加大水源地、河流保护力度，确保水质条件持续优化。全面完成年度治污减排指标，让天蓝、水清、地绿、景美成为奎文最为靓丽的发展底色。

（六）坚定不移强化保障支撑，积聚更加坚实的发展后劲

聚焦高质高效，坚持扩大投入、强化支撑，以优质载体、精准招商、高端人才、高效服务夯实发展支撑。

强力推进项目建设。深入开展“项目建设年”，组织实施总投资 920 亿元的金融总部、双创总部、医养结合等 6 类重大项目，年内完成投资 100 亿元。开展新一轮“双 50”工程，突出抓好银领国际、德润大厦等 50 个重点项目建设，全力突破胡西、茂子庄等 50 个征收拆迁项目，以持续性攻坚拓展奎文发展大格局。落实“六集中”服务机制、项目包靠责任制，确保每个重点项目都有领导包靠，每个环节都有专人跟进，每个问题都有专人解决。开展集中开工、专项督查、观摩点评等系列活动，形成大抓项目、抓大项目的工作氛围。

着力实施精准招商。坚持全区“一盘棋”，加快招商体制改革，探索建立招商收益分享机制，增强街道之间、街道与部门之间联动协作能力。统筹招商力量，组建专业化招商队伍，推行绩效考核机制，完善社会化、专业化招商激励办法，提高招商引资专业化、市场化水平。以新旧动能转换为主攻方向，明确招商重点，紧盯世界 500 强、行业 100 强，新引进重点项目 20 个，到位资金 100 亿元以上。编制重点招商项目推介目录、产业招商指导目录，突出产业招商，发挥企业招商主体作用，强化开发区、园区承载作用，做好以商引商、中介招商，吸引更多龙头型、领军型项目落地。加大招院引校工作力度，积极引进科研院所和分支机构，争取更多创新资源在我区转化。

突出抓好人才引育。实施人才强区战略，抓住载体和人才两个关键，探索建设院士港、千人计划楼，加大高层次人才引进力度，着力打造一支推动转型、引领发展的人才队伍。实施“金领培育工程”，大力开展柔性引才，吸引各类高层次人才通过挂职、兼职、技术咨询等形式，为奎文发展提供智力支持，年内引进各类高层次人才 20 名以上。发挥新的社会阶层人士联谊会平台载体作用，积极推进实践创新基地、楼宇商会组织建设，汇聚一批新的社会阶层优秀人才。建立健全企业家引进培养、关爱激励机制，继续开展“优秀企业家”评选活动，努力打造一支有国际眼光、创新思维、战略胆识的企业家队伍。

加快提升开发区能级。开发区是奎文经济发展新的增长极。按照“三带、五园、七片区”总体规划，突出抓好空间拓展、园区突破、产业集聚，加快推进产城融合发展。全面启动武家、王家、李东等 14 个旧村征迁改造，拓宽发展空间；加快仉家、检疃、田家等 5 个已完成拆迁旧村的安置楼建设，让群众吃下“定心丸”。加速推进教育、医疗、文化等公共服务项目建设，加快凤凰街、鸢飞路、金宝街等道路改造提升，统筹解决路网、路灯、水电气暖等配套滞后问题，增强园区承载力。创新开发区管理体制和运行机制，构建分工合理、运转高效的工作体系，加快南苑生态科创小镇、虞河文创小镇等重点小镇园区建设

进度，着力招引新材料、智能装备、生物医药、健康养老、文化旅游等战略性新兴业态，努力把开发区建设成为新兴产业的聚集区、创新驱动的主引擎。

提高服务企业水平。加快建立与国际通行营商环境体系相衔接的指标体系，健全完善促进非公有制经济发展的政策措施，形成法治化、诚信化、便利化的营商环境。全面落实激发社会领域投资活力“省29条”，打造公开公平透明的投资环境。用好用活政策清单，兑现降费减负政策，真正为企业减轻负担。扩大中小企业风险缓释基金发放规模，搭建政银企、资本与企业对接平台，以更大力度支持实体经济发展。深入开展“百企倍增、千干扶企”活动，健全问题会商、限时反馈、跟踪督办等制度，切实解决企业生产经营中的实际困难。

（七）坚定不移改善民生，不断满足人民美好生活新期待

聚焦民生福祉，坚持以人民为中心的发展思想，既尽力而为，又量力而行，在幼有所育、学有所教、劳有所得、病有所医、老有所养、住有所居、弱有所扶上取得新进展。

实施优质教育工程。扎实推进建设现代化教育强区三年行动计划，扩大优质教育覆盖面，争创全国义务教育优质均衡发展区。调整完善中小学幼儿园布局规划，建设北苑实验学校、乐川街小学等学校项目8个，提前启动南苑学校、立新小学等13所学校的新建改扩建工作，全面破解中小学“大班额”问题。持续增加国办园、普惠园数量，加快街道“双中心”幼儿园建设，让每一位适龄儿童不但“有园上”、更能“上好园”。实现中小学配餐服务、课外活动计划、课后延时服务全覆盖，推进未来教育体验中心建设，打造“智慧校园”，办好老百姓家门口的每一所学校。

实施就业帮扶工程。加大对灵活就业、创业项目的扶持力度，统筹解决高校毕业生、退伍军人等群体的就业问题，实现更高质量创业就业。组织开展“春风行动”等专题招聘会7次以上，提供就业岗位2万个以上。推行“四单式”培训服务，开展技能培训、创业培训2000人以上，新增就业4400人。落实企业工资指导线和工资集体协商制度，完善劳动关系协调工作机制，加大劳动保障监察执法力度，真正实现劳有所得、得有所保。

实施健康养老工程。深化医疗联合体建设，提升社区卫生服务中心服务能力，让辖区群众就近能看病、看好病。开展国家级“幸福呼吸”公益项目，为慢性呼吸疾病患者提供更优质服务。完善高血压、糖尿病等病种分级诊疗制度，引导广大患者合理、方便就医。推广居民“健康守门人”制度，提高重点人群家庭医生签约服务率。实施“振兴中医”行动计划，提升中医药服务能力。实施全民健身计划，推动全民健身与全民健康深度融合，进一步提高人民群众健康水平。健全完善养老服务体系，引入高端养老服务机构，大力发展居家养老，鼓励社区养老、机构养老，扎实办好养老事业，积极创建医养结合示范区。

实施社会保障工程。深入推进全民参保登记计划，继续扩大养老、医疗、工伤、生育等各项社会保险覆盖范围，努力实现应保尽保。整合民政、工会、妇女儿童等各类帮扶救助信息，建立区综合救助信息平台，有效解决救助重复、救助缺失问题，切实提高救助效率。加快发展慈善事业，健全完善社会综合救助体系，扩大帮扶救助覆盖面，真正为困难家庭撑起“一片天”。坚持“房子是用来住的”理念，建立多主体供给、多渠道保障、租购并举的住房制度，改造提升10个老旧小区，全面完成D级危房整治，让群众在“住有所居”的基础上更能“居有所安”。

同时，组织开展好全国第四次经济普查，持

续做好国防动员、双拥共建、民族宗教、外事侨务、妇女儿童、档案、物价、地震、史志、老龄、残疾人、对台等各项工作。

三、履职尽责，务实清廉，努力建设人民满意政府

各位代表，新时代要有新气象，更要有新作为。发展的重任、人民的厚望，对政府自身建设提出了更新更高的要求。我们将牢固树立“四个意识”，坚定“四个自信”，更加勤勉尽责，厉行法治，强化担当，正风肃纪，始终同人民想在一起、干在一起，努力服务好人民、让人民满意。

坚持依法行政。严格按照法定权限和程序履行政府职能，做到法定职责必须为、法无授权不可为。规范行政决策程序，完善重大决策公众参与、专家论证、风险评估、合法性审查等机制，严格落实重大事项集体决策制度。健全政府法律顾问体系，落实推进法治建设职责清单制度，重视发挥智库作用，推进决策科学化。加强行政执法规范化建设，强化对行政执法全过程监督管理。落实行政执法责任制，发挥行政复议应诉作用，妥善化解行政争议。严格执行区委决策部署、区人大及其常委会的决议决定，自觉接受区人大法律监督、区政协民主监督，落实重大事项向人大及其常委会报告、向政协通报制度，扎实办好人大代表建议、政协委员提案。

坚持务实勤政。持续开展“作风建设年”活动，努力构建作风建设长效机制。大力弘扬务实作风，对决策的事情、承诺的事项，立说立行、坚决兑现。完善政府工作目标责任体系，推行工作项目化、项目清单化、清单责任化，确保各项工作快推进、早达效。坚持问题导向，大力推行“一线工作法”，加强和改进调查研究，摸实情、出实招、解难题。健全督查考核机制，加强政策执行和任务落实情况的跟踪督查，确保政令畅通。完善激励机制和容错纠错机制，弘扬勇于担当精神，树立敢于负责导向，旗帜鲜明地为担当者担当、为负责者负责。

坚持科学理政。规范和深化政府信息主动公开，建立健全政府信息管理动态调整机制，进一步提高政府公信力。发挥政府引导作用，加强社会信用体系建设，大力推进守信联合激励和失信联合惩戒，营造“一处失信、处处受限”的信用惩戒大格局。提升公务人员专业素养、专业能力，倡导研究型工作，切实增强改革创新、科学发展等方面本领。高标准提升政务服务中心功能，完善政府内部运行和部门协调配合机制，增强跨部门、多部门协同办事能力，把对人民群众、企业的深厚感情，体现在政策措施中，落实到具体行动中。

坚持从严治政。严格落实全面从严治党主体责任，认真履行“一岗双责”，坚决执行党内政治生活若干准则、问责条例、党内监督条例。坚持把纪律和规矩挺在前面，让公务人员知敬畏、存戒惧、守底线。认真贯彻落实中央“八项规定”实施细则和省委具体办法精神要求，有效防范“四风”隐形变异问题。深入推进“两学一做”学习教育常态化制度化，扎实开展“不忘初心、牢记使命”主题教育。大力提倡勤俭节约，从紧安排各项开支，把有限财力更多用到保民生、补短板、增后劲上。健全权力监督制约体系，加强对重点领域、重点部门、重点资金的审计监督，严肃查处各类违纪违法案件，坚决整治侵害群众利益的不正之风和腐败问题，确保干部清正、政府清廉、政治清明。

各位代表，使命呼唤担当，实干赢得未来。让我们更加紧密地团结在以习近平同志为核心的党中央周围，在市委、市政府和区委的坚强领导下，不忘初心、牢记使命，锐意进取、埋头苦干，切实担负起新时代赋予的历史使命，为加快建设现代化中央活力区而努力奋斗！

专记

认真贯彻落实中共十九大精神

中共十九大召开之后，区委按照中央和省、市委的统一部署，坚持把学习宣传贯彻中共十九大精神作为当前和今后一个时期的首要政治任务来抓，按照学懂、弄通、做实的要求，高度重视，加强领导，精心组织，周密安排，扎实开展各项学习宣传活动，切实把广大党员干部的思想和行动统一到中共十九大精神上来，推动入脑入心、落地落实。

【学习宣传中共十九大精神】营造“喜迎十九大”的浓厚氛围。中共十九大召开前，区委下发《关于做好迎接中共十九大新闻宣传工作的通知》、区委宣传部印发《喜迎中共十九大宣传标语的通知》，对喜迎十九大系列主题宣传活动进行专门部署。统筹新闻宣传、社会宣传、网络宣传、活动宣传，开展“砥砺奋进的五年”、“四个城市”建设、“作风建设年”等主题宣传，举办“喜看身边变化 礼赞发展成就”“中国梦·党在心中”百姓宣讲等主题实践活动，全面展示了中共十八大以来全区的发展成就，为中共十九大胜利召开营造了良好的社会环境。区委带头迅速传达学习。中共十九大召开期间，区委领导班子集中组织收看了中共十九大开幕盛况，第一时间学习领会中共十九大精神，带动各级各部门党员干部和基层群众开展了形式多样的收听收看和学习研讨活动。中共十九大胜利闭幕后，区委下发《关于认真学习贯彻中共十九大精神的通知》，先后召开区委常委扩大会、全区领导干部会，深入学习中共十九大精神，对全区学习宣传中共十九大精神工作作出部署安排，推动全区各级各部门早下手、早学习、早落实。深入研究贯彻落实措施，为全面贯彻落实中共十九大提出的各项目标任务，2017 年 11 月 17 日，区委先后召开常委会、全委会，讨论、审议《中共潍坊奎文区委关于深入学习宣传贯彻中共十九大精神的决议》，从迅速兴起学习宣传贯彻热潮、以习近平新时代中国特色社会主义思想武装头脑指导实践、加快建设现代化经济体系、持续提高人民群众的获得感幸福感安全感、坚定不移全面从严治党、领导干部做深入学习贯彻中共十九大精神的表率六个方面，作出专题部署，提出具体要求，着力抓好落实。

【领导带头学习】把中共十九大精神作为理论武装的重中之重，坚持领导干部先学一步，学深学透，自觉用党的理论创新成果武装头脑，指导实践。以区委理论学习中心组学习龙头引领，围绕党员领导干部这个“关键少数”，推动领导干部先学深学、学懂弄通。区委印发了《区委理论学习中心组中共十九大精神专题学习研讨实施方案》，明确了学习形式、学习书目、专题学习安排和学习要求等内容，确立了传达学习、专题学习和抓落实促发展三个阶段的安排。区委以区委常委扩大会、中心组学习、辅导报告会的形式，开展 3 次专题学习研讨，区级领导班子成员带头读原文、谈体会、话发展，带动全区上下进一步把思想和行动统一到十九大精神上来，坚定“四个意识”，树立“四个自信”。以领导干部讲党课示范带动，开展“书记第一讲”，区委班子成员各自确定联系点，有针对性地为基层党员干部作辅导。2017 年 11 月 14 日、15 日，区委主要领导先后在区直机关和奎文经济开发区作辅导报告、讲专题党课，把中共十九大精神讲清楚、讲明白。其他区委常委同志也深入包靠联系的街道、社区，讲党课、作报告，共开展宣讲20多场，1500多名干部群众现场聆听。各街道、区直各部门参照区里做法，由主要负责人带头上讲台、带头宣讲，在学习宣传贯彻中共十九大精神上做表率、当先锋。以学习型党组织建设深化拓展，把中共十九大精神的学习纳入全区各级学习型党组织建设的重要内容，重点在健全制度、资料配套、谋划活动上下功夫。全区各党委（党组）均列出了务实管用的学习计划，实现学习的全覆盖、全参与。用足用好中共十九大文件学习辅导读物，确保中共十九大报告、新党章党员干部人手一册，《辅导读本》《学习辅导百问》班子成员人手一册，方便党员干部原原本本学习，确保学到实处、取得实效。全区各级党组织围绕学习贯彻中共十九大精神，开展集体学习、座谈讨论、专题研讨145场次，做到学而信、学而用、学而行。以干部教育培训全面覆盖，发挥区委党校主阵地作用，把中共十九大精神纳入全区干部教育培训重要内容，以中共十九大精神为主题，举办科级干部培训班1期，培训科级干部133人；举办6期党员进党校十九大专题培训班，培训党员770人。结合“两学一做”学习教育，推动各级党组织举办十九大主题党日、主题党课等活动，确保学习常态化、实效化。区委组织部组织全区16956名党员干部参加中共十九大精神测试，14333人通过测试，对未通过或未参加的组织补考，达到了以考促学的目的。加大灯塔党建在线等数字化学习方式的运用，举办了“中共十九大精神学习竞赛活动”，确保中共十九大精神学习在党员中实现全覆盖。

【集中宣讲中共十九大精神】 用好集中宣讲这个推动中共十九大精神学习宣传贯彻的重要举措，在全区掀起学习宣传贯彻中共十九大精神的热潮。上级宣讲“引路”，认真做好中央和省、市委宣讲团宣讲的组织工作，做好中央宣讲团成员、中央政法委秘书长汪永清，省委宣讲团成员、山东师范大学党委书记商志晓宣讲的分会场收看工作，实现区、街道（部门）、社区（基层单位）同步学习，全员覆盖，进一步提高广大党员干部对中共十九大精神的理解和把握。其中，2017年11月9日，商志晓同志在潍坊市宣讲期间，深入辖区东关街道苇湾社区与基层党员干部群众互动交流，对辖区基层学习宣传贯彻中共十九大精神有关工作给予肯定。是年11月22日，市委宣讲团成员、市委副秘书长张志霄来我区作了辅导报告，全区180多名党员干部参加，进一步扩大了宣讲的影响和效果。宣讲团宣讲“带动”，区委《印发了关于做好学习宣传贯彻中共十九大精神宣讲工作的通知》，召开了学习贯彻中共十九大精神宣讲团成立暨宣讲工作动员会，对全区集中宣讲工作进行安排部署。成立了由区委有关领导为组长，有关副县级领导干部、区直有关部门主要负责同志、区委党校专家学者等共22人组成的区宣讲团。通过基层单位“报”，调研座谈“听”，集体论证“研”，确定了10多个宣讲专题，编写宣讲提纲，集中培训、集中备课；同时，组织区宣讲团成员参加全市学习贯彻中共十九大精神理论宣讲骨干培训班暨学习贯彻习近平新时代中国特色社会主义思想研讨会，进一步提升宣讲团成员的能力和水平。在宣讲过程中，宣讲团成员坚持用事例说话、用数字说话，用“场景宣讲”“问答宣讲”“多媒体宣讲”等方式，把中共十九大精神讲清楚、讲明白。共举办区宣讲团集中宣讲30多场，实现了中共十九大精神集中宣讲在各党委部门、街道以及重点社区、学校、企业的覆盖。基层宣讲“融入”，围绕依托百名理论辅导员，开展百场宣讲活动的目标，组织全区理论骨干、党政干部、社科专家、百姓宣讲员等队伍，结合“政策理论宣讲直通车”活动，突出新成就、新时代、新思想、新使命、新目标、新战略、新任务等重点内容，面向基层开展对象化、分众化、互动化宣讲140场次，直接听众近万人，让干部群众更加坚定的以习近平新时代中国特色社会主义思想为指导，认真落实中共十九大确定的各项目标任务。其中，2017年11月24日，省委讲师团副团长张丽来奎文区为基层群众作中共十九大精神专题宣讲，进一步提升了基层党员干部群众对十九大大精神的理解。同时，提升“奎文理论”微信公众号建设水平，搭建学习宣讲平台，开设中共十九大精神学习专栏，推出“区宣讲团集中宣讲”“十九大精神解读”等专题，提高受众范围。

【主题宣传】 制定集中宣传方案，统筹新闻宣传、网络宣传、社会宣传、活动宣传，利用各类宣传阵地，形成强大声势。组织策划新闻宣传，在区属电视、报纸、广播、新闻网站、“两微一端”、社区报、手机报同步开设了“喜迎十九大”“学习贯彻十九大精神”等专题专栏9个，刊发稿件330多条，集中解读十九大精神，宣传全区上下学习贯彻十九大精神的良好局面、具体举措和典型事迹，引导全区各级各部门深入学习贯彻好十九大精神。结合“走转改”活动，推出“十九大时光”等一批贴近基层群众的专题报道，增强了宣传效果。注重强化对外宣传，把学习宣传贯彻十九大精神与展示全区十八大以来的发展成就结合起来，与全区正在推动大事、要事结合起来，宣传好中央和省市委重大决策部署落实的奎文实践，树立良好形象。中央电视台《新闻联播》对奎文教育改革经验做法进行了报道；在大众日报、新华网等刊发《新旧动能转换的“奎文路径”》《山东潍坊奎文区扎实推进十九大精神落地落实》等重点稿件80多篇。其中，2017年11月29日，由人民日报海外网、香港大公文汇传媒集团、山东画报、香港商报、中国日报、中新社、走向世界等7家媒体20多名编辑记者来到奎文，全方位报道奎文区在“文化名市”建设中的系列成就、主要经验、突出亮点，展现了奎文以十九大精神引领发展的良好形象。积极壮大网上宣传，充分发挥政务新媒体覆盖面广、参与性强的优势，打响网上宣传战役，在“奎文发布”政务微信、微博开设“喜迎十九大”“献礼十九大”等专题8个，总阅读量达到15万次。同时，推出融媒体产品，通过图解、互动、在线问答、H5等多种样式，设计制作“十九大”图解2个；制作了“十九大精神”主题互动学习H5，参与学习人数达6045人。广泛开展社会宣传，印发了《奎文区关于印发学习贯彻中共十九大精神宣传标语的通知》《关于进一步加强中共十九大精神社会宣传工作的通知》，围绕学习宣传贯彻中共十九大精神这个主线，科学统筹十九大、“四个城市”建设、“作风建设年”等社会宣传，持续推进重点部位、重要路线、核心区域宣传阵地打造，充分利用LED显示屏、宣传栏、户外宣传牌、建筑围挡等载体，开展大力度、密集化宣传，在各窗口单位、各主次干道商铺显示屏滚动播放宣传标语3万条次，悬挂横幅200多幅，制作各类宣传展板200多块，设立大型宣传栏10多块，营造了铺天盖地的宣传声势。深入推动文化宣传，将学习宣传贯彻中共十九大精神与基层文化建设结合起来，实现良性互动。举办了“翰墨话勤廉·喜迎十九大”大型美术书法作品展，共展出作品108幅。通过开展“结对子、种文化”等方式，依托全区60多支群众文化队伍，以“同庆十九大·社区送文化”为主题，组织开展征文、展览、展演等活动100多场，体现了基层党员干部群众以文聚力、同心向党的情怀。

【理论落实】 坚持学以致用，细

化梳理贯彻落实举措，把十九大的部署要求转化为深入推进现代化中央活力区建设的生动实践。深入调研摸底数，区级领导班子成员把中共十九大精神的学习贯彻与开展“大调研”活动结合起来，深入街道、社区和重点企业，扎实开展调查研究，形成调研报告13篇，明方向、摸底数、谋出路，探索新时代奎文发展的新路径。各街道、区直各部门也围绕贯彻落实十九大精神，立足本单位实际，开展专题调研，形成调研成果40多个，为2018年定好重点、谋划好项目，把十九大精神转化为具体行动。“破解问题”补短板，区委理论学习中心组成员坚持一竿子插到底，带着具体问题走下去，把“破解问题学习”与重点项目建设紧密结合起来，完善区级领导包靠制度，成立破解问题小组，对制约全区发展的“瓶颈”进行深入研究、协调推进解决。围绕学习贯彻十九大精神、加快“四个城市”建设，针对征迁清零、加快新旧动能转换等领域存在的问题，通过学习研究，出台了棚改“八步法”“四小镇两园区”建设、推进社会治理系统化等具体举措，取得了良好成效。全区各级党组织把学习中共十九大精神与各自工作实际相结合，与推进深化改革相结合，涌现出“网格化治理提升为民服务水平”、“幸福奎文居民服务微信平台建设”“‘3零2一’深化‘放管服’改革”等20多个改革创新优质项目，有力服务全区经济社会建设。“学以致用”促发展，着眼于学习水平的提高、学习成果的运用，把学习宣传贯彻十九大精神中一些成功做法转化为制度措施，把好的经验转化为长效机制，推动全区经济社会持续健康发展。通过深入学习，区委进一步把贯彻中共十九大精神确定为2018年工作的灵魂和主线，牢牢抓住“四个城市”建设的总抓手，着力推进全域城市化、产业高端化、社会治理系统化、城市管理精细化、改革特色化“五化并举”，重点实施项目建设、扩大消费、对外开放、人才引进、金融创新、创新创业、营商环境“七大举措”，夯实作风建设、全面从严治党“两大保障”，把十九大作出的战略部署转化为一项项具体工作任务，努力实现奎文更高质量新发展。

奎文区新旧动能转化重大工程

【概况】2017年，奎文区深入贯彻落实全市经济工作会议精神，持续推进新旧动能转换重大工作，以“四新”促“四化”，全力加快现代化中央活力区建设，全区固定资产投资额完成93.7亿元，比上一年增长9.5%，规模以上工业主营业务收入完成36.1亿元，比上一年增长10.4%。2017年3月24日，潍坊市召开新旧动能转换重大工程暨“四个城市”建设推进会议，根据会议精神要求，奎文区成立新旧动能转换重大工程工作领导小组，在区发改局设办公室，抽调人员到指定地点集中办公、开展工作，明确办公室的综合、协调、调度职能。各工作组任务分工明确，工作开展迅速准确。按照市、区两级的统一部署，奎文区开展《奎文区新旧动能转换重大工程实施方案》编制工作。方案编制围绕市、区党代会精神和作风建设年要求，结合全市新旧动能转换工作思路，在充分调研、反复沟通和多次专题座谈会研讨的基础上，不断调整充实和修改完善，于2017年6月在全区印发。分阶段、分类别推进奎文区已纳入市级盘子的2个项目、需积极申报的28个项目，确定首批新旧动能转换重大工程推进落实。

【打造重大项目】 筛选102个项目建立奎文区新旧动能转换重点项目库，编制、完善项目建设台账，其中10个重点项目列入市级新旧动能转换项目库。突出市级项目带动，奎文区的潍坊国际创意港项目、SAP工业4.0（潍坊）创新中心项目2个项目入选第一批市级项目，及时做好跟进服务工作，确保扎实推进项目建设进度。突出区级项目打造，将新旧动能转换工作与奎文区双创总部基地、智慧流通基地、文创旅游基地、医疗健康基地、城市工业基地、智慧奎文建设等“十大类”重大项目相结合，筛选确定齐鲁创智园、互联网金融中心、中国（潍坊）纺织服装电商产业园、微医互联网医院等首批区级重点项目进行重点打造。突出重点领域项目支撑，在金融创新发展领域、科技创新领域、工业转型升级领域均筛选确定重点支撑项目。

【考核评估办法】 突出项目导向，统筹项目谋划、引进、建设及体制机制改革等任务，强化专项督查、日常调度，完善重点项目考核奖励机制。将新旧动能转换纳入全区科学发展综合考核指标，设置考核权重60分，考核工作由区发改局牵头组织实施，督促全区新旧动能转换工作有力推进。

“四个城市”建设

【产业强市方面】 **建小镇兴产业** 2017年，研究制定区级特色小镇（园区）建设意见，确立虞河文创小镇、齐鲁创智小镇、南苑生态科创小镇、鸢都湖康养小镇、青啤活力小镇5个特色小镇和潍坊国际金融中心、潍坊1532文化产业园2个产业园区，形成“五小镇两园区”的共建格局。积极引导发展互联网经济、文化创意、现代金融、智能制造、现代物流等新兴产业，力争3年时间全部建成。每个特色小镇均设定发展目标，即引进世界500强企业1家以上、全国100强企业2家以上、全省100强企业3家以上，完成投资额50亿元以上，实现税收1亿元以上；着力推进特色小镇管理体制创新，全面落实管委会负责制，由区级领导兼任管委会主任、副主任，全权负责小镇建设。

抓楼宇聚产业 梳理全区112幢商务楼宇，实行一楼宇一档案，逐一明确入驻率、企业数、税收数、企业总部数等相关指标，着力盘活63万平方米闲置楼宇存量，引进大企业集团区域总部、营销中心、结算中心等总部机构，加速形成一批集团总部型、文化创意型、中介服务型、科技研发型、金融服务型楼宇，2017年税收过1000万元楼宇达到30幢以上、总部机构突破474家。

育龙头带产业 以市级“10•30•100”项目为龙头，抓好总投资额680亿元的金融总部等10类重大项目；“双50”工程进展迅速，50个重点项目完成年度投资计划的125.1%。开展“百企倍增、千干扶企”活动，分行业建立骨干企业梯次培育名录，筛选确定100家初创型、成长型、龙头型骨干企业，“一企一策”制定龙头企业培育计划，力争每个行业形成1至2家龙头企业，助力产业发展壮大。

【文化名市方面】 **文化产业壮大工程** 实施“文化+”战略，大力发展创意策划、文化传媒、文创设计、教育培训、影视动漫、艺术制作等文化产业，培育一批骨干文化企业和文化品牌。推动文化旅游融合发展，促进优势旅游资源与周边资源有机整合，打响近郊游、生态游、民俗游和休闲游品牌。建设潍坊1532文化产业园、潍坊文化教育创意产业园等6大特色文化产业集聚区，汇集企业1500多家，全区文化产业增加值13.07亿元。推动全影网络科技完成新三板挂牌，成为全国婚嫁行业平台第一股；引导京广传媒等重点文化企业搭建创新平台。

市民素质提升工程 加强社会主义核心价值观教育，扎实开展“四德”教育，深入开展“感动奎文先模人物”“基层好干部”“党员中心户”等评选活动，弘扬新风尚，凝聚正能量，在全社会倡树崇尚美德之风。完善公共文化服务体系，有序抓好“三馆”、社区文化服务阵地建设，举办各类文化活动、公益电影放映1000多场次，受益群众30万多人。

文化品牌创建工程 培育“崇文尚德·大美奎文”城市文化品牌，充分利用奎文门、东关古城墙、庄龙甲故居、潍县集中营旧址等历史文化资源，打造历史文化街区和爱国主义教育基地。加强对雕刻、红木嵌银等民间技艺的保护和发展，规划建设民俗工艺特色街区，尽快形成规模、品牌。

【活力城市方面】 **行政服务改革** 加大简政放权力度，梳理入驻行政审批事项211项、服务事项467项，推行“一窗受理、全科服务”模式，探索“3零2一”（入园企业零上门、个体登记零材料、群众办事零障碍和最多跑一次、最多查一次）便民助企改革、项目审批网上备案办结等创新做法，新登记市场主体数量在潍坊市四个区位列第一。

机制创新引领 打造一批市级以上重点实验室、工程实验室、工程技术研究中心、制造业创新中心，突出抓好华为（潍坊）物联网创新中心、半岛创新谷等项目。提升市、区两级“双创”平台运行质量，依托市科技孵化中心、阳光100凤凰社等13处创新创业孵化器，完善“创业苗圃—孵化器—加速器—产业园”无缝对接模式。实施“个转企”工程，推动条件成熟的民营企业实现产权结构向股份化转变，降低企业制度性成本，加快建立现代企业制度。

三招三引助力 健全招商“五库一图”，发挥行业协会、企业主体作用，开展以商招商、产业链招商、定向招商，提高招商成效。瞄准北京产业疏解名录中的重点园区，争取大企业集团来奎文区发展，重点依托“四大片区”抓好与二冶、中建等大型央企的对接合作。充分发挥全省首个省高层次人才发展促进会县级代表处、奎文高层次人才发展俱乐部等机构作用，加强与高校院所的合作对接，努力实现引进一批人才、拉动一方发展。

【品质城市方面】 **城市建设档次提升** 对“四大片区”改造涉及的21个城中村，严格按照“八步工作法”，力争2018年6月月底前完成征迁任务；坚定不移推动50个“征迁清零”项目，至2017年年底完成57个，完成年度计划的114%。城市生态环境稳步提升，抓好水气污染治理，加大城市绿化投入力度，绿化覆盖率达到41.7%。

城市管理能力提升 加强智慧城市建设，推进城市双修，进一步理顺城市管理体制，开展市容环境、雨污混排、渣土运输等7项专项整治行动，3年内整治提升30条街巷，取缔占道商贩、户外烧烤等非法经营行为，创建物业服务样板项目。

社会治理水平提升 以中共中央、国务院《关于加强和完善城乡社区治理的意见》为指导，深化党组织领导下的“由民做主”社区协商模式，全面实施“四社联动”，完善社区二级网格运行机制，推行“1+2+N”社区警务模式，加强以政府诚信、企业诚信和个人诚信为主要内容的社会诚信体系建设。

全面深化改革

2017 年，是全面深化改革向纵深推进的关键一年。奎文区委全面贯彻落实中共十八大、十八届历次全会和中共十九大精神，深入学习贯彻总书记习近平新时代中国特色社会主义思想，全面落实中央改革部署和省、市委工作安排，紧紧围绕“五体一体”总体布局、“四个全面”战略布局，科学谋划和扎实落实各项改革任务，全面深化改革取得新突破，为推动高质量发展提供有力保障。

【强化主体责任落实】 奎文区委组织深入学习贯彻习近平总书记系列重要讲话特别是关于全面深化改革的重要讲话精神，切实增强“四个意识”，更加自觉地团结在以习近平为核心的党中央周围，更加自觉地把上级各项决策部署落到实处。中央和省、市委全面深化改革领导小组会议召开之后，奎文区委第一时间召开会议进行传达贯彻，研究改革思路，谋划改革举措，听取改革汇报。2017 年，党政主要领导先后开展 34 次改革调研、23 次改革督察，召开 10 次领导小组会议、15 次区委常委会议、4 次区政府常务会议，研究通过《新旧动能转换重大工程实施方案》《推进潍坊市中小学依法自主办学试验区工作实施方案》《关于建立区委巡察制度的实施意见》等 42 个改革文件。

【加强统筹谋划部署】 聚焦经济社会发展中的体制机制问题，着力在关键性改革上持续用力。制定出台区委深改组 2017 年工作要点，确定 207 项改革任务。推行“项目化”管理机制，建立改革任务台账、监控台账、重点改革事项台账、市委深改组会议通过文件落实台账“四本台账”，将改革事项细化分解，逐项明确牵头单位、参与单位、改革目标、工作措施和完成时限，定期调度推进，做到有路线图、有时间表、有硬措施，牢牢把握改革工作主动权。

【健全改革推进机制】 推行“重点事项申报”机制，从各级各部门报送的重点改革事项和区委、区政府重点推进的工作中，每季度选取有特色的改革举措纳入全区重点改革事项，共确定供给侧结构性改革、依法自主办学、金融业发展、中介招商、二级网格建设等 15 项重点改革事项，以重点突破带动改革落实。推行“寻标对标”机制，每月选取全省改革典型案例，区全面深化改革领导小组先后组织区科技局、区政务服务中心等 9 个部门，学习“新泰市标准化 + 政务服务”“郓城县容缺审批改革试点”等外地经验，提升改革质量。推行“创先争优”机制，开展“改革创新优质项目”评选活动，评选出棚户区改造“八步工作法”、构建互联网 + 婚嫁产业共生模式、“多证合一”登记改革等“改革创新优质项目”16 个。

【推进改革任务落实】 加快推进新旧动能转换，出台新旧动能转换重大工程实施方案。深入推进“放管服”改革，公布第一批“零跑腿”和“只跑一次”事项 178 项，启用 1.8 万平方米的新政务服务大厅，推行“审批服务 100% 集中办理”“一窗受理、集成服务”。推行行政审批服务“3 零 2 一”改革，出台 20 项便民服务举措，被省、市工商局推广。率先推行“三十一证合一”改革，办理“三十一证合一”执照 3968 份，全区新登记市场主体 1.1 万户。推进“互联网 + 实体”全产业链叠加模式，被中国纺织工业联合会授予“中国纺织商贸名城”称号。推进社区集体经济组织规范化建设，荣获第三批全国农村集体“三资”管理示范县（市、区）。率先成立文化产业电商联盟，举办文化产业电商联盟企业交流会。深化社区治理体系创新，完善“由民做主”“四社联动”模式，2 个社区被评为全国社会工作服务标准化示范社区，为全国基层社会治理示范培训班提供 4 个观摩现场。深化教育综合改革，探索构建“中央厨房”“延时看管”服务模式。深化医疗卫生体制改革，成立全国地市级首家呼吸专科医联体，有 111 家医疗机构签约。推进创业型城市建设，6 个社区被评为全省首批省级“四型就业社区”，为全省“证卡合一”试点工作会议提供唯一现场。全面推行河长制，建立区、街道、社区三级河长组织体系。深入推进城市党建标准化建设，为全省“两新”组织党建工作推进会提供 5 个现场，为全省个体私营企业党建工作推进会提供 2 个现场，被确定为潍坊市中小学校党建创新先行区。

【加大督察考核力度】 充分发挥督察在打通关节、疏通堵点等方面的作用，制定《关于进一步加强专项小组改革督察工作的通知》，通过全面督察、专项督察相结合的方式，及时跟踪改革进展情况。2017 年，开展改革全面督察 4 次，专项督察 14 次，承接省委改革办督察 1 次和市委改革办督察 10 次。进一步修改完善街道、部门考核评价细则，突出日常督察和创新性工作的比重，提升各级改革积极性和主动性。

【强化改革宣传引导】 加大宣传力度，组织各级各部门在各级媒体上及时宣传改革经验做法，并通过微信公众号、手机报等形式，大力宣传改革工作进展和成效，进一步营造全面深化改革的良好氛围。2017 年，编发区改革工作简报 10 期，在省级媒体宣传报道 139 次，市级媒体宣传报道 385 次，教育工作经验登上央视《新闻联播》，中小学校党建课程化相关做法在《人民日报》、教育部《人民教育》等宣传媒体报道。

开展“两学一做”学习教育

【“两学一做”学习教育常态化制度化】 加强过硬支部建设，印发《创建过硬支部实施意见》，分领域细化创建标准，组织基层支部对照“五个过硬”进行自评，681 个基层支部全部建立《支部建设自评清单》，按示范、过硬、合格、不合格四类评星定级，全区 30% 以上基层支部达到过硬标准，评选表彰“十佳过硬支部”。严实党内政治生活，印发《支部生活日工作规范》，建立健全“一会一记实一报告一备案”制度，配发基层支部“党建工作箱”。创新“支部生活日 +”载体，组织开展“青春梦想聚奎文”“退休不褪色、最美夕阳红”“服务群众当先锋”等主题实践活动，取得良好效果。开展万名党员进党校培训，建立市、区、基层单位三级师资课程库，完善教学评价机制和学员考核管理机制，评选“十佳精品课程”，表彰“百名先进教师”“千名优秀学员”，举办培训班 22 期，参训党员 5400 多人次，完成全年目标的 110%。锤炼党员过硬作风，在 66 个社区、20 个“两新组织“党建示范点，及市场监管、教育、卫计等 7 个单位推行党员积分制管理。深入推进第四批包居联户和选派挂职社区书记工作，共确定实事项目 300 多件，联系群众1.8万多户。发挥先进典型示范带动作用，评选“基层好干部”11人，表彰“身边好党员”“优秀党员中心户”等优秀党员572人、优秀党组织或团队87个。

【管理创新和素质提升】 全面推行一线考察使用干部 结合“作风建设年”活动，研究制定《奎文区关于实行一线考察使用干部的意见》，配套建立双向激励机制，每月至少一次到项目现场进行跟踪考察，全程了解干部表现情况，给予在一线工作取得突出成绩的31名同志记三等功一次。

选优配强街道、部门领导班子 挑选年富力强、有上进心的干部充实到街道领导班子，对专业型干部不足的班子和搭配不尽合理的部门班子进行理顺，对部分不适应现职工作的干部免去职务保留原职级，街道女干部、年轻干部的配备比例分别提升28%和35.71%，政府工作部门中女干部和党外干部的配备比例分别提升12.5%和25%。公开选拔年轻副科级领导干部14名，进一步充实街道干部力量。

构建“1+5”干部选拔任用制度体系 研究制定《关于进一步规范干部选拔任用工作的意见（试行）》及动议、民主推荐、考察、讨论决定、任职管理五个配套办法，有力提升干部选任工作的群众公认度和满意度，全年调整干部4批290人次，实现“零信访”。

公务员职务与职级并行制度试点工作 成立领导小组，筹建公务员管理科，明确1名科级干部牵头负责试点工作，对公务员、参照管理人员及军转干部等情况进行摸底。制定试点工作实施方案、职级设置方案、职级套改方案、职级晋升办法，对符合条件的人员稳妥开展职级套改。

深入推进干部考核 持续实施科级干部德廉才绩量化考核和一般干部全员绩效考核，年初明确任务目标，年中加强日常考核跟踪问绩，年末进行公开述职测评，一月一评分、一季一通报、半年一点评、全年总排名，根据实绩确定优秀等次人员176名。

强化干部日常监督 完善领导干部廉政体检档案，收集干部廉政体检信息32条。组织开展领导干部个人有关事项填报，对48名县级领导干部的个人有关事项内容进行审核。对26名部门（单位）主要负责人进行离任审计，对3名部门主要负责人进行任中审计。建立100人的干部口碑监督员队伍，加强对干部“生活圈”“社交圈”的监督。

加强干部信息化管理 建立干部人事档案联络员制度，规范干部档案日常管理，办理区管干部档案查借阅1960多人次。突出干部提拔、重用、公务员调任等重点环节，严格干部档案审核，收集干部档案材料1600多份。认真维护全国公务员管理信息系统、干部信息管理系统，形成干部信息6万多条。

【干部教育培训工作】 加强干部教育培训，举办青年干部培训班，采取“3+1”模式，即在区委党校进行为期3周的理论学习，赴清华大学接受为期1周的能力提升培训，全面提升青年干部能力素质，共培训学员52名。做好上级调员工作，组织参加各类专题培训班103人次。全力推进党性教育基地建设，重点打造潍县乐道院党性教育基地，成立专门工作小组，制定《潍县乐道院党性教育基地打造提升工作方案》，积极做好资料挖掘和展馆设计工作。

“五小镇两园区”建设

全市新旧动能转换重大工作暨“四个城市”建设推进会议召开后，奎文区结合辖区产业基础和资源禀赋，坚持高端谋划、突出重点，加快特色小镇和园区建设，充分发挥特色小镇在扩大有效投资、集聚高端要素、推进产业强市建设等方面的作用。目前，已引进山东理工研究生院等院所3处，引进院士祝京旭、石学敏等高级人才117名，新增省市级“双创”平台9处。

【高端谋划特色小镇建设】 树立片区化开发思路，学习借鉴杭州梦想小镇建设经验，结合棚户区改造，突出特色产业功能，保障征迁安置群众利益，同步推进产业、文化、旅游“三位一体”和生产、生活、生态“三生融合”，打造产业特色鲜明、功能集成完善、示范效应明显的特色小镇（产业园区）。

【明确细化小镇建设任务目标】 通过印发《奎文区特色小镇和园区建设工作意见（试行）》，明确小镇建设过程中“城中村”改造完成时间、龙头企业引进数量、招商引资导向、投资规模和税收效益，按照“一年初见成果、两年基本完成、三年全面见效”的总体要求，力争通过3年努力，完成建设任务。

【率先打造五小镇两园区】 结合“四大片区”开发，确定第一批5个区级特色小镇和2个区级产业园区，总占地面积达13平方公里。

虞河文创小镇　位于金宝街以南、凤凰街以北、坊子支线以东，规划占地3.3平方公里，园区提炼整合现有文化资源，加速集聚、提升、融合创意文化资源，打造以优越的生态环境、独特的建筑环境为依托，以多样城市文化为内核，以文化艺术金融为特色，以多元创意产业为支撑的文创小镇。5月份该小镇已完成规划设计，产业用地6月份完成拆迁。

齐鲁创智小镇　位于奎文区廿里堡街道，总投资30亿元，总建设面积2平方公里，建设工期5年，以工业软件、智能传感、检验检测、3D打印、工业及服务机器人、工业设计等产业为重点，打造集科技创新研发中心、创新孵化加速区、企业转型发展区、大数据中心、现代科技服务中心于一体的国家级产业创新和研发智能园区。目前齐鲁创智园楼宇已建设完成，正在进行绿化工程。

潍坊1532文化产业园　总占地334.5亩，总建筑面积10万余平方米，在保持大英烟公司旧址工业风格的基础上对园区进行提升改造，打造集特色旅游、文化创意、物流仓储、商务展示、时尚发布于一体的城市会客厅，争创国家级文化产业园。目前一期已完工，引进项目170个，二期正在建设。

南苑生态科创小镇　占地9300亩，积极引入智慧产业、互联网科技、大数据、文化旅游、康体养老、农业观光、体验农业等项目，打造集特色产业、医养健康、休闲宜居于一体的特色小镇。目前已完成2个旧村征迁，正加快招商，年内完成剩余8个旧村征迁。

鸢都湖康养小镇　占地3100亩，充分发挥鸢都湖、潍州乐园的生态优势，依托潍坊护理职业学院潍坊校区、潍医医院等优势资源，精心打造集现代服务业、高端商贸、生态宜居、健康养老、婚庆服务、观光旅游于一体的康养小镇。目前一期规划完成，5月份动工建设。

潍坊国际金融中心 总投资60亿元，总建筑面积120万平方米，培育壮大金融产业及新兴金融业态，引入银行、保险、证券、信托、基金、融资租赁、金融服务外包及其他关联企业或文化传媒产业企业、高端总部企业，打造市级产业金融聚集区、省级产业金融示范区、半岛地区重要金融产业聚集区及高端商务区。上半年完成东院片区房屋征收，年内一期开工。

青啤活力小镇 占地960亩，总投资60亿元，按照“产业+休闲+文旅+医养”模式，以青岛啤酒为产业核心，以青啤企业文化为先导，引入世界啤酒文化体验，建设集产业、旅游、商业、购物、美食、文化、医养、特色街区等于一体的北部城市商业复合体，建成后年可实现税收5亿元以上。目前已与青啤总部签订协议。

【主要工作措施】 组织保障方面，建立健全组织架构，原则上每个区级特色小镇（产业园区）成立一个管委会，设立必要的功能部门，全权负责小镇建设。政策服务方面，成立特色小镇（产业园区）建设政策服务组，统筹协调财政、规划、国土等部门，随时解决各区级特色小镇（产业园区）建设过程中遇到的资金、土地、规划等问题。招商引资方面，加强沟通，理顺投融资体制，搭建特色小镇投融资信息交流平台，扩大有效投资，加大政策处理力度，以精准招商为内容，积极引进有利于小镇建设的优质项目，合力推进特色小镇建设。

“双50”工程

2017年，奎文区聚焦“四个城市”建设，将重点项目、征迁清零“双50”工程作为关键抓手，以“作风建设年”深入推进为关键保障，转变工作思路、创新推进机制、调整考核导向，动员全区力量集中攻坚、集中突破，取得明显成效。首批“双50”工程中50个拆迁清零项目超额完成，实际完成57个，完成年度计划的114%；50个投资额过1亿元项目实际完成投资额占全年计划的133%。

【工作梳理和分析】 2017年，奎文区为确保在日趋激烈的区域竞争中取得先发优势，找准工作难点、问题点，确保有的放矢、精准破解，对2016年工作进行全面梳理和认真分析：项目开工慢、建设慢，形成不了实物工作量，是固定资产投资增幅连续在历史低位徘徊的根本原因；项目投产达产少，不能充分发挥效益，是造成财政收入累计增长乏力的主要因素。为破解新建项目开工慢、续建项目进展慢、建成项目达效慢的难题，奎文区转变工作思路，将影响项目建设的拆迁慢、推进慢等老大难问题作为工作的着力点，在全区大力实施“双50”工程三年行动计划，明确每年至少完成50个项目的拆迁清障、推动50个投资额过1亿元重点项目，以连续性攻坚助推经济高质量发展。2017年实施的“双50”工程中第一个“50”，着重抓好浙鑫广场、恒信·阳光假日等50个年内投资额过1亿元项目建设，加快推进金融总部、双创总部、智慧流通、文创旅游等10类重大项目；第二个“50”，以50个征收拆迁项目为重点，开展“征迁清零”行动，将已经启动的城中村改造、重点道路拆迁等历史遗留项目，列入清零重点，年内全部清零，助推项目早开工。

【政策创新】 **落实阳光公开政策** 征迁难在利益分配，难在一碗水端平。奎文区坚持阳光拆迁、依法拆迁、不与民争利的原则，一把尺子量到底、一个政策落到底，一个标准补到底，让群众得到依法应得的实惠。在“征迁清零”专项行动中，各部门、各街道通过入户讲解、集中动员等方式加大政策宣传力度，真正让每位拆迁群众都心里“有谱”；严格执行征迁补偿政策，由专业评估公司评估核定补偿结果，相关征收文件、征拆数据和兑付程序全部公开公示，全程接受群众监督。在拆迁过程中，既严守政策不开口子，又根据实际情况帮助住户解决实际问题，真正用“让所有人满意的服务”“让所有人安心的政策”推动“征迁清零”工作顺利实施。

建立清零奖补政策 为让实干者得到实实在在的实惠，奎文区制定清零奖补政策，对按时完成“征迁清零”工作任务的街区，每个项目给予20万元工作补助，同时授予征迁工作先进单位称号。小奖励换来大变化，全年完成清零项目57个，完成年度计划的114%。凤凰街、鸢飞路、乐川街、卧龙东街、玉清东街、金宝街等13条道路的清障工作顺利完成，影响道路建设最多长达15年的路障被清除；共动迁居民（单位）1299户、拆除各类房屋面积27.6万平方米、腾空土地103.57公顷，为总投资额355亿元的44个项目及时提供满意的建设场地，当年撬动投资额超过15亿元。

强化考核激励政策 为提升全区上下抓项目建设的积极性，奎文区继续加大项目建设在干部绩效考核中的权重，特别是把新兴产业项目、竣工投产项目、“征迁清零”项目作为考核的重要内容，对表现突出的，大胆启用、大力褒奖，让他们各展所能、有为有位；对为官不为、欺上瞒下、消极懈怠的，加大调整力度，以此营造大干快干、奋勇争先的干事创业氛围。鲜明的用人导向激发出党员干部干事创业的积极性，在全区迅速掀起追赶超越、干事创业热潮，相继啃下一块块“硬骨头”，打赢一场场攻坚战。2017年12月，区委、区政府对在“双50”工程中表现突出的31人给予记三等功奖励，勇于担当、勇于攻坚、勇于争先的工作导向得到进一步强化。

【创新工作模式】**创新“由民做主”举措** 探索形成八步工作法。将棚户区改造的全部流程细化分解为“调查摸底”“成立自改委”“确定安置位置”“制定征迁安置方案”“确定规划方案”“实施征迁”“安置房建设”“安置房分配”等八个操作步骤、106项具体任务，形成环环相扣、细致入微、方便高效的工作模式。2017年，郭家、南家北、仉家、田家、检疃等已通过“八步工作法”，实现整村征迁。充分发挥基层社区居民自治作用。对多年未完成征迁的“城中村”改造项目，发动群众组织成立“自拆促进委员会”。发挥“自拆委”优势，通过群众做群众的工作，广泛发动征迁户社会关系，做到以情动人、以理服人，在较短的时间完成西河西村、梨园村等城中村的征迁扫尾，躲迁10年之久的居民终于实现整体回迁安置的夙愿。以法律手段助推征迁清零。对拒不配合清零的被征迁户，依法履行司法程序，启动“征迁清零”的法律手段，推动“征迁清零”的顺利开展，凤凰街、鸢飞路、梨园路、桐荫街、水岸名居二期等项目通过司法介入实现快速“清零”，保障了项目的顺利实施。

创新工作推进模式 实施“三公开”工作机制。为确保“双50”工程建设取得实效，区政府按照“工作项目化、项目清单化、清单责任化”，将具体工作进行细化分解，与每个责任单位签订《责任书》，并向社会公开项目清单、工作目标、包靠领导及联系方式，以“三公开”助推重点工作提质增效。实施挂图推进机制。各责任单位主动担责、自我加压，对照项目建设年度目标、阶段计划，把任务分解到每个月、量化到每个周、明确到每个人，精心安排部署，集中力量实施，真正挂起工作图、列出时间表、立下军令状，能快则快、能超则超。实施部门联动机制。街道作为项目推进工作的主体，统筹辖区力量，强力推进；纪委、宣传、政法、人事、公安、住建、规划、国土、城管等部门主动服从大局，破除部门观念，立足各自职责，相互配合、相互支持，形成强大的工作合力，“双50”工程实现天天有变化、周周有进度、月月出形象。

创新服务企业模式　为推动项目加快建设，支持企业做优做强，推动产业优化升级，组织开展“百企倍增、千干扶企”活动，用“四到”服务新模式助推项目加快建设。责任单位和包靠干部为企业服务时，既“定期访到、不叫不到”，主动掌握企业实情的同时最大限度减少对企业经营活动的干预和影响，又“随叫随到、服务周到”，及时受理企业诉求，服务企业发展，做到无微不至、关怀备至。“四到”服务新模式为企业发展营造出安心发展、专心经营的发展环境，充分调动和保持了项目、企业加快发展的积极性和主动性，各重点项目、重点企业纷纷迎难而上，追加投入，全区掀起加快建设的新热潮。

【创新工作机制】 建立领导包靠机制　为加强统筹协调，促进“双50”工程快速、有序推进，提高项目建设管理力度和综合水平，成立了“双50”工程建设协调推进委员会，确立“一个项目、一名包靠领导、一套工作班子、一套工作方案”的工作推进机制。区级领导深入一线、靠前指挥；包靠小组成员现场办公，全天、全程靠到项目上，集中解决好资金、征迁清障、建设用地、设施配套等问题，确保项目高强度、快速度推进，全区上下形成打好“双50”工程攻坚战的浓厚氛围。

强化调度督促机制　建立“月调度、季督查、年考核”的综合督导考核机制。区委、区政府每月定期召开“双50”工程专题调度会议，听取各常委和责任单位包靠项目进展情况汇报，共同研究分析项目推进中存在的问题和具体困难，及时制定推进方案。区委、区政府督查室不定期开展现场督查，每季度组织开展一次集中专项督查，对行动迟缓、工作推进不力的，下达督办单，限期整改提升。在年末，区委、区政府组成“双50”考评组，通过听取汇报、现场询问、实地查看等方式，对各街道、各部门工作开展情况进行达标验收，考评结果作为部门、街道综合考核的重要内容。科学调度，强力督查，确保“双50”工程高质高效加快推进。

建立容错纠错机制　为支持和鼓励全区党员干部想干事、敢干事、干成事，进一步激发改革创新活力和干事创业激情，建立了容错纠错机制，对“双50”工程等重点工作推进中的非原则性错误，对责任单位和个人，不留案底、不追责、不影响单位政绩和个人以后的进步。通过建立容错纠错机制，在全区树立起支持干事创业的大旗，营造起鼓励干事创业和改革创新的良好氛围，最大限度调动起广大干部的积极性、主动性、创造性。

楼宇总部经济发展工作

【实施“楼长制”】 2017年，全区上下贯彻落实全市“四个城市”战略部署，围绕推进新旧动能转换，实现楼宇总部经济提质增效的目标定位，制定印发《奎文区关于加快楼宇经济发展的实施意见》，以品质楼宇建设为总抓手，以扩大总量、提升品质、业态集聚、强化支撑为重点，实施“楼长制”管理服务机制，广泛调研，科学部署，扎实推进，有力推动了全区楼宇总部经济面貌质量、速度和效益的全面发展。全区在建和建成楼宇112幢，商业商务面积470万平方米，其中，建成楼宇88幢，商业商务面积282万平方米；在建楼宇24幢，商业商务面积188万平方米。2017年，阳光100二期、世博国际大厦、众城保险峰汇园等一批大体量、高品质的商务楼宇投入使用，招商入驻率约50%。

【机构设置】 为加快奎文区楼宇经济发展，2012年5月16日，区政府成立奎文区楼宇经济发展工作领导小组，为临时性议事协调机构，下设办公室，隶属奎文区政府办公室，从街道、部门抽调2名领导干部和3名工作人员组成工作队伍，具体负责全区楼宇经济规划引导、政策激励、考核评价等工作。是年11月30日，经区政府研究决定，成立奎文区总部经济发展领导小组，为临时性议事协调机构，下设办公室，办公室设在区财政局，同时成立区总部经济发展办公室，与区楼宇办合署办公，负责全区总部经济的布局规划、政策制定和考核等工作。为适应新时期、新任务，进一步推动奎文区楼宇经济创新发展，2017年8月28日，经区编委会研究决定，成立潍坊市奎文区楼宇经济发展办公室，为区政府直属公益一类事业单位，正科级规格，核定事业编制8人，配备主任1人，副主任1人，设置综合科、发展规划科2个科室，具体负责全区品牌楼宇建设及楼宇经济发展相关工作。是年11月27日，根据潍坊市编办《关于奎文区部分事业单位增配科级领导职数的批复》（潍编办〔2017〕145号）文件精神，经区编委会研究同意，为奎文区楼宇经济发展办公室增配副主任1人，调整后，区楼宇经济发展办公室领导职数配备为1正2副。

【招商成效】 截至2017年底，全区入驻楼宇企业达到6720家，较年初增加1000多家。其中，纳税企业2158家，税收过10万元企业330家。新引进临商银行等企事业总部及分支机构81家，全区聚集各类总部达到529家。连续四年在全市考核排名中名列首位。全区楼宇总部企业税收达到11.4亿元，培育税收额超过1千万元楼宇35幢。

【服务网络】 各街道建立由主要领导负总责，一栋楼宇、一名班子成员主抓、一个管理团队负责、一套方案计划落地的工作机制。成立楼宇经济发展办公室，建立领导包靠制度，设立专职楼宇联络员。组成管理服务团队，实现涵盖基层党建、政策宣传、企业登记、劳动保障、生活服务的综合性服务功能，初步形成“功能网格化、布点区域化、服务社区化”的楼宇经济服务模式。

【推进措施】 召开全区楼宇经济发展会议。把楼宇经济摆上经济工作更加重要位置，明确提出打造三大管理服务平台、规划建设八大特色产业楼宇集群，实现五个提升的楼宇经济发展思路和目标。大力实施品质楼宇创建工程，创新推出街道为主、部门包靠重点楼宇的“楼长制”管理服务机制。筛选确定20幢重点打造品质楼宇和30幢提升优化存量楼宇，明确楼宇功能定位和招商运营任务目标。组织开展全区楼宇经济调研摸底工作。对全区在建、建成楼宇进行逐楼、逐户信息登记造册，建立“一企一表、一楼一档”楼宇数据库。加快完善楼宇经济服务体系。完成楼宇经济综合服务中心建设方案制定和选址工作，制定楼宇经济信息管理服务平台改造升级方案，加快推动线上线下“双平台”高效运行。调整完善楼宇总部经济考核激励办法，细化分解发展计划目标任务和工作任务，强化对楼宇运营管理主体的评定激励，调动发挥多方积极性和主动性，进一步增强了楼宇经济发展合力。

国有投资公司

【潍坊恒建资产经营管理有限公司】 2017年，潍坊恒建资产经营管理有限公司（以下简称潍坊恒建公司）升级融资、建设、运营、管理“四位一体”的运营管理模式，构筑善作善为的生态发展平台，打造奎文南部产城融合示范区。2017年，潍坊恒建公司获“奎文区协税护税先进单位”“楼宇经济发展示范企业”“突出贡献企业”等称号。

奎文南部产城融合示范区 推动文化南路片区建设发展，打造虞河文创小镇、齐鲁创智小镇两个特色小镇和潍坊1532文化产业园，实现项目突破，抢抓新旧动能转换新机遇。

齐鲁创智小镇项目 项目位于奎文经济开发区凤凰大街以南、潍胶路以北、虞河以西、坊子货运支线以东，占地面积约200公顷。潍坊恒建公司通过整合资金、技术、人才、载体、平台等要素，依托区位优势，以打造智能制造创新中心、科研培训中心、四新产业集聚高地、全球第四代科技型产业园区为目标，以工业软件、智能传感、检验检测、3D打印、工业及服务机器人、工业设计等产业为重点，实现以科技创新研发中心、创新孵化加速区、企业转型发展区、大数据中心、现代科技服务中心于一体的国家级产业创新和研发智能园区。2017年，潍坊恒建公司已规划中德智能智造产业园项目及中国（潍坊）数字中心，占地面积18.66公顷，以建设工业4.0产业园为目标，发展智能制造，推进信息化和工业化深度融合；规划生物医药产业园项目，占地面积3.3公顷，借助医药物流园的产业基础与智慧半岛的孵化培育，形成完整的生物医药产业链；园区智慧半岛项目，主体已经完工，正式签约研发总部类企业10家，招院引所签约3家，招院引校确定1家，其他意向签约26家。

奎文经济开发区“齐鲁创智小镇·智慧半岛”项目规划鸟瞰图

虞河文创小镇项目 项目位于凤凰大街以北、宝通东街以南、虞河路以东、铁路支线以西，占地面积300公顷。以潍坊1532文化产业园的开发建设作为启动区与引爆点，整合铁路文化、建筑文化、烟草文化、工业文化、汽车文化等自有文化资源，融合集聚潍坊多元、独特的城市文化资源，打造一个以多元创意产业为支撑的“三生相融”（生产、生活、生态）、“四位一体"（产业、文化、旅游、社区功能）的艺创小镇。虞河文创小镇有文化创意城市会客厅、福田工业文化区、啤酒文化创意街区、1532文化创意产业园、育华学校教育拓展区、文化创意核心发展区、商业服务区等七大支撑板块。

原为大英烟公司办公及居住使用的房屋，现为潍坊1532文化产业园的组成部分

潍坊1532文化产业园项目 项目位于奎文经济开发区1532老烟厂内，占地面积22公顷，是潍坊市委、市政府大力推进文化产业发展，打造休闲宜居"生态之城"，提升城市功能品味的重要载体和基地。项目以文创产业为核心，发展雕塑、陶瓷设计、艺术教育、油画及婚纱摄影等形态，形成文化产业聚集区，打造集旅游、文化、商务、展示、交流于一体的城市会客厅。潍坊1532文化产业园投资额5000万元，项目一期工程提前建成，园区道路、仓库改建、绿化、亮化、管网、地道修缮等基本完成，签订入驻客户76家，入住率达到100%。

南部供暖管道改造项目 根

廿里堡烤烟厂于20世纪50年代搭建的16座鸳鸯库房中的第9号鸳鸯库，现为潍坊1532文化产业园区百年烟草历史展馆

据《奎文区政府〔2017〕第43期会议纪要》要求，自2017年9月20日，潍坊恒建公司开始对奎文南部片区集中供热区域进行“汽改水”管网施工。新铺设鸢飞路、金宝街、文化南路、蓝翔街等高温水供热管网约3.3万米，新建供热首站、廿里堡街办换热站、天润清源等高温水换热站23处，供热改造工程于2017年11月5日完成。

【潍坊城市投资控股（集团）有限公司】 2017年，潍坊城市投资控股(集团)有限公司（以下简称潍坊城投公司）履行国企责任，抓住“四个城市”和“现代化中央活力区”建设的机遇，加快新旧动能转换。围绕产品品质做强、城市建设品质做优、生态环境品质做美的目标，不断发展，逐步走上规范化、规模化快速发展的轨道。全年完成投资额8.5亿元，资产规模从4亿元增加到15亿元，纳税额超过2000万元。

潍坊国际创意港项目 项目位于东临虞河路，西至虞河公馆，北靠张面河，南临院校街，土地总面积约7.34公顷，有各类现状楼房19幢，面积约17万平方米。片区一期拆迁工作已进入尾声，二期拆迁工作已进行入户调查。片区拟规划建设成以“五馆”为核心的文化创意设计示范园区和高端住宅的高品质国际社区。

鸢都湖康养小镇项目 项目位于潍州路街道辖区，涉及东王、北王、西王、马少野4个片区（简称“三王一马”片区）。2017年，项目整体规划、启动区城市设计已完成，是年10月25日，通过专家评审会和潍坊市规划局审批，拨付拆迁资金9055万元，拆迁工作已全面展开。

奎文（滨海）飞地工业园项目 2017年，配合恒建公司办理绿化工程验收、消防备案等竣工验收手续，做好奎文（滨海）飞地工业园项目后续工作，为打造“飞地经济”提供招商载体。

棚户区改造项目 2017年，参与梨园片区、西河西片区、东范家片区、外贸土产片区、马少野片区及市委党校老片区6大片区棚改项目的融资和建设，为项目争取棚改资金7.17亿元。

世博国际大厦项目 2017年7月，入驻世博国际商务大厦，指导建立楼宇服务中心，为入驻企业提供全方位服务。招引龙元建设、山东建工集团、中国核建集团、山东煜能电力、中武规划设计院、筑营规划设计院等17家大型企业入驻楼宇，助推楼宇经济发展。

大班额学校建设项目 2017年，争取大班额改造资金1.2亿元，资金到位4000万元，全部投入潍坊十中小学部、十里堡小学的项目建设，为学校的改建、扩建工作提供有力的支持。

【潍坊创新投资集团有限公司】

棚改项目融资 2017年，潍坊创新投资集团有限公司（以下简称潍坊创投集团）融资授信额度17.7亿元，到位资金额8.7亿元。根据全区棚改工作部署，完成胡西片区、马少野片区（邦泰项目）、汽车站南片区、老市府东院片区、则尔庄片区、丁家片区、田家片区一期、通亭街昌大宿舍区的棚改融资工作；全年完成安置第二批棚改数量1550户，农发行棚改授信审批专项资金额9.5亿元，到位资金额7亿元；棚改项目投出资金额2.5亿元；中小企业风险缓释基金滚动投放资金额9.7亿元，全年滚动投放资金额10亿元以上；对接投资机构，设立股权基金和产业基金，参与设立资金总规模15亿元的以太战略新兴产业基金；跟进拟上市企业、互联网及高新技术企业等有较大增值空间的优质项目，开展担保、融资租赁、P2G等新业务，建设金融合作平台。

产业平台建设 奎文门美食文化街建设，2017年，潍坊创投集团累计投入资金额达130

万元，用于举办特色文化活动、提升街区绿化环境、改造停车场及其他服务设施，提升奎文门美食文化街的管理服务品质，奎文门美食文化街获“奎文区创业孵化示范园区”称号；金融创新产业园建设，通过组建专业运营公司，在阳光100项目13号楼11层至14层（建筑面积约4082平方米）打造潍坊金融创新产业园，园内入驻潍坊产权交易中心、齐鲁股权交易中心潍坊营业部、大公国际信用评级、供应链管理等机构，成为潍坊市“五板”市场、政银企服务中心；潍坊智慧金融产业园升级，智慧金融产业园引进微医智能医疗中心、大数据中心、华为物联网创新中心、美的智能家居中心等优质项目，承办潍坊创业大学奎文分校，举办讲座和活动30多次，引进59家投资、基金、网络科技、跨境商贸、文化传播、现代服务、高新技术等行业企业，例如天风证券、小狮王母婴电商平台、支付宝口碑等，入驻率超过90%，截至2017年11月完成税收1041万元。

特色项目 潍坊国际金融中心位于胜利东街以南、行政街以北、虞河以西、潍州路以东，占地面积18.4公顷（不含D区），总建筑面积117万平方米，地上建筑面积74万平方米（综合商务楼宇54万平方米、住宅楼宇20万平方米；其中2幢超高层建筑楼宇，1幢高149米、楼层数为36层，1幢高238米、楼层数为58层），地下建筑面积43万平方米，停车位9161个；引入金融机构及高端企业总部、现代服务业企业，包括银行、保险、证券、信托、基金、融资租赁、金融服务外包、中介服务企业及其他关联企业，引进一批优质创新性金融项目，聚集一批高端金融资源和金融精英，形成以新金融中心为核心，以产业金融产业园、金融中介产业园、金融服务外包产业园等为支撑的“一核多园”金融聚集创新发展格局；老市府片区（潍坊国际金融中心）由上海同济城市规划设计研究院、清华大学建筑设计研究院、中国建筑技术集团3家设计单位进行潍坊市金融中心修规方案编制，经中国建筑科学研究院深化，已完成修规方案、交通影响评价、日照阴影分析复核、东院回迁住宅及商业部分户型与交房标准材料，潍坊国际金融中心已完成拟定招商扶持政策，并与多家金融机构对接洽谈入驻事宜；南苑生态科创小镇，位于廿里堡街道辖区内，规划占地面积600公顷，通过棚户区改造、土地整理、产业引进、统筹运营，引入高端制造、文化旅游、康体养老、特色农业等项目，打造创

奎文区南苑生态小镇详规鸟瞰图

潍坊国际金融中心设计效果图

新现代产业区、生态精品住宅区、教育区、颐养区、田园绿色创意农业区等特色区域，提升城市建设和功能水平，南苑生态科创小镇概规、安置区修规、11.2公顷工业地块修规分别由中国建筑科学研究院、中建设计集团、华诚博远工程技术集团有限公司进行规划编制，安置区修规方案已报送市、区规划局审核与深化修改，南苑生态科创小镇安置区建设方面与中铁十八局签订施工合同，已完成项目启动奠基仪式并进场施工。

滨海园区建设

【概况】2017年，区滨海园区转型升级，建设优质高端载体，打造一批经济隆起带，拉开全域发展框架。实施服务业提升，优先发展现代服务业，加快互联网与实体经济融合，培育现代金融、商贸商务、文创旅游、科技信息、健康医疗、中介服务等特色产业。推动生产性服务业向专业化、价值链高端延伸；生活性服务业向精细化、品质化提升。创新发展城市工业，研究制定中长期城市工业发展规划，培育智能制造、工业设计、新能源、新材料、智能装备等战略性新兴产业，一批技术创新战略联盟建立。培育高新技术企业、科研机构，实现城市工业高质量崛起。2017年，完成投资额5920万多元，竣工厂房面积16万平方米，签约落户园区企业4家，竣工投产项目5个，实现纳税额348万多元。

【园区（中韩工业园）落户项目】滨海中韩工业园位于滨海经济技术开发区北海支路以西、汉江西一街以北，由奎文区政府投资。园区占地15.33公顷，建有高标准厂房、办公楼9幢，建筑面积10万多平方米，是一个设计新颖、配套齐全的高标准工业园区。园区主要面向韩国企业和国内高科技企业，发展先进制造业和信息产业，重点引进新能源、新材料、生物医药等高成长性企业，打造战略新兴产业孵化基地。2017年，新签约山东一诺海牧生物科技有限公司、山东乐骏新能源科技有限公司和山东腾骏机械科技有限公司等3家企业入驻中韩工业园。截至2017年年底，进入设备安装和调试阶段。

【园区项目投产】2017年，区滨海园区竣工项目投产（试生产）5个，完成主营业务收入1.09亿多元，实现纳税额348万多元。其中，京泰新型建材项目完成主营业务收入8085万多元，实现纳税额265万多元；2017年6月，潍坊秀隆新材料有限公司项目投产，至年底，完成主营业务收入2769万多元，实现纳税额83万多元。截至2017年年底，金宝旅游装备项目、英鸿光大纳米科技设备制造项目和友联机电农业装备生产项目进入试生产阶段。

【实际投资情况】2017年，区滨海园区完成实际投资额5920万多元。其中，金宝旅游装备项目完成投资额770万多元，中韩工业园机械加工项目完成投资额50万多元，英鸿光大科技有限公司纳米项目完成投资额1500万多元，秀隆新材料有限公司新材料项目完成投资额1100万多元，山东一诺海牧生物科技有限公司水产养殖服务一体化项目完成投资额1300万多元，山东乐骏新能源科技有限公司LNG装备安全服务中心项目和山东腾骏机械科技有限公司真空系统、半导体系统集成项目完成投资额1200万多元。

大事记

1月

4日 山东省政府副省长赵润田到泛海实业股份有限公司调研企业运营情况。听取主要负责人关于企业有关情况的汇报，并观看泛海集团三十周年资料片。潍坊市委副书记、市政府市长刘曙光，市政府副市长刘建国，区领导李辉、高志秀参加活动。

11日 区委书记李辉走访慰问困难群众，让群众感受到来自党和政府的温暖。区委常委、区委办公室主任李强参加活动。

14日～16日 中国共产党潍坊市奎文区第十四次代表大会在鸢飞大酒店召开。

16日 中国共产党潍坊市奎文区第十四届纪律检查委员会第一次会议在鸢飞大酒店召开。

19日～22日 中国人民政治协商会议第六届潍坊市奎文区委员会第一次会议在富华国际会议中心召开。

20日～23日 潍坊市奎文区第十八届人民代表大会第一次会议在富华国际会议中心召开。

24日 潍坊市政府副市长刘建国一行到奎文区对春节期间食品安全工作进行检查。市政协副主席、市食品药品监督管理局局长李平，区委副书记、区政府区长高志秀参加活动。

25日 区委书记李辉走访慰问部分节日坚持工作的一线干部职工。区领导高志秀、高登友、李强、曹瑞升、刘向东等参加走访。

2月

10日 全区经济工作会议在区直机关服务中心召开。区委书记李辉出席并讲话。区委副书记、区政府区长高志秀主持会议。区委副书记高登友宣读《关于表彰2016年度优秀企业的通报》。刘良嘉、冯天韬等区级领导班子成员出席会议。

24日～27日 出席潍坊市十七届人大一次会议的奎文代表团分别审议市政府工作报告、市人大常委会工作报告和市“两院”工作报告。市委常委、市委宣传部部长、高新区党工委书记初宝杰，区领导李辉、高志秀、冯天韬参加审议。

3月

2日 区委副书记、区政府区长高志秀现场调度齐鲁创智园建设工作。区委常委、区政府副区长沃付贤，区政府副区长赵同祥、吴振山参加活动。

是日，奎文区2017年重点项目春季集中开工仪式在北苑街道恒信·阳光假日项目现场举行。区委书记李辉出席并致辞。区委副书记、区政府区长高志秀主持开工仪式。区领导高登友、刘良嘉、冯天韬、李强、刘华东、李光明、沃付贤、权文松、陈香萍等出席活动。

6日 区委书记李辉到奎文规划分局调研城市规划情况。区领导李强、沃付贤，奎文经济开发区、相关部门主要负责人参加调研。

7日 区委副书记、区政府区长高志秀到潍坊市人民医院调研发展规划情况。区政府副区长赵同祥及区直有关部门负责人参加调研。

9日 区委书记李辉到齐鲁创智园调研工作。区委常委、区委办公室主任李强，相关街道部门负责人参加调研。

11日 奎文区召开全区环境空气质量整治会议。区委副书记、区政府区长高志秀出席会议并讲话，区领导刘向东、王秀刚、吴振山及各街道、区直相关部门主要负责人参加会议。

13日 区领导李辉、高志秀、高登友、刘良嘉、冯天韬等班子成员及各街道、区直各部门、各社区干部职工1000多人到奎文区义务植树基地参加春季义务植树。

16日 根据潍坊市委的统一安排，市委宣讲团到奎文区宣讲市第十二次党代会精神。区领导李辉、高志秀、高登友、刘良嘉等班子成员出席，市委宣讲团成员、市发改委党委副书记王辉作专题辅导报告。区委常委、区委宣传部部长李光明主持报告会。

是日，奎文区职工志愿者“四季关爱”特色活动启动仪式举行。区委书记李辉，区人大常委会副主任、区总工会主席任祥出席并分别讲话。区委常委、区委办公室主任李强，区政协副主席张洪军参加活动。

17日 奎文区中央商务区核心区规划编制工作会议在区级机关综合服务中心召开。区委书记李辉出席并讲话。区委副书记、区政府区长高志秀、区委副书记高登友，区委常委、区政府副区长沃付贤出席会议。

是日，潍坊优势产业电商产业园框架协议签约暨产业园启动仪式在恒易宝莲金融中心举行。区委书记李辉出席并讲话，区委常委、区委办公室主任李强、区政府副区长王秀刚及有关部门领导参加活动。

21日 区委书记李辉带领区直有关部门主要负责人调研全区教育工作。区委常委、区委办公室主任李强，区政府副区长赵同祥参加调研。

是日，山东省关工委常务副主任赵玉兰带领调研组到奎文区进行现场调研。潍坊市关工委主任赵兴涛、区委书记李辉、区委副书记高登友陪同调研。

23日 山东省农业厅副巡视员于永德在潍坊市农业局主要负责人陪同下带领全省农村经管工作暨农村集体产权制度改革交流会与会人员到奎文区进行现场观摩。区委书记李辉、区委副书记高登友、区政府副区长王秀刚陪同活动。

是日，枣庄市薛城区考察团一行到奎文区考察社区发展情况。潍坊市政府副市长、市公安局局长吴磊，区委书记李辉，区委常委、区委办公室主任李强，区政府副区长、公安奎文分局局长刘向东陪同考察。

28日 奎文区组织收听收看全国医改工作电视电话会议。区委书记李辉，区委副书记、区政府区长高志秀，区政府副区长赵同祥出席奎文分会场会议。

是日，全区教育工作会议召开。区委书记李辉出席并讲话。区委副书记、区政府区长高志秀主持会议。区委副书记高登友宣读中共潍坊市奎文区委、区人民政府《关于印发〈建设现代化教育强区三年行动计划〉的通知》。区领导李强、李光明、曹瑞升、翟福生、赵同祥、吴振山、刘广斌及各街道、部门相关负责人出席会议。

30日 创新城（北京）科技有限公司到奎文区就共同建设“创新城——潍坊国际协同创新基地”事宜进行交流洽谈。区委副书记、区政府区长高志秀，区政府副区长吴振山出席活动。

4月

6日 奎文核心区南部片区概念性发展规划初步成果汇报会在奎文经济开发区召开。区委书记李辉出席并讲话。区领导高志秀、高登友、李强、沃付贤、王秀刚出席。潍坊市规划局负责人到会指导。相关街区、区直部门、单位负责人参加会议。

是日，全区安全生产工作会议在区直机关服务中心召开。区委副书记、区政府区长高志秀主持并讲话。区领导高登友、沃付贤、郜风琴、赵同祥、刘向东、王秀刚、吴振山出席会议。

12日 区委副书记、区政府区长高志秀对胶济铁路沿线环境综合整治进行调度。区委常委、区政府副区长沃付贤及相关部门负责人参加活动。

是日，德州市政协副主席、市工商联主席、市社会组织联合会会长辛志才带领考察团一行14人，到奎文区学习考察社会组织统战工作。潍坊市委统战部相关负责人、奎文区委副书记高登友陪同考察。

14日 区委书记李辉到微医集团（潍坊）互联网医院调研

企业发展情况。潍州路街道、区直相关部门负责人参加调研。

是日，奎文区召开中央商务区核心区规划设计初步方案汇报会。区委书记李辉出席并讲话。区委副书记、区政府区长高志秀，区委副书记高登友，区委常委、区政府副区长沃付贤出席会议并对设计方案提出意见建议。

18日 加快奎文经济开发区发展暨廿里堡街道拆违试点工作会议在奎文经济开发区召开。区委副书记、区政府区长高志秀出席并讲话，区领导沃付贤、郜风琴、赵同祥、王秀刚参加会议。

25日 滕州市委书记邵士官，滕州市委副书记、市政府市长刘文强带领党政考察团一行63人，到奎文区考察城市发展、社区建设、经济开发区发展及河道治理工作。奎文区委书记李辉，区委常委、区委办公室主任李强，区委常委、区政府副区长沃付贤陪同考察。

26日 奎文区委全面深化改革领导小组第十五次会议在区级机关综合服务楼召开。区委书记李辉主持会议。区领导高志秀、高登友、李强、刘华东、沃付贤、权文松、曹瑞升、刘向东、吴振山出席会议。

27日 全区开展“作风建设年”活动动员大会召开。区委书记李辉出席并讲话。区委副书记、区政府区长高志秀主持会议。区领导高登友、冯天韬、李强、刘华东、沃付贤、权文松、曹瑞升、郜风琴等出席会议。

5月

8日 区委副书记、区政府区长高志秀到奎文区虞园实验学校就项目工程进展情况进行调研。区政府副区长赵同祥及相关部门负责人参加调研。

11日 区委书记李辉到奎文经济开发区调研片区和园区建设情况。李辉在1532文化产业园举行的座谈会上，听取与会单位和有关部门在片区建设、园区建设及招商引资等情况的汇报。区委常委、区委办公室主任李强参加调研。

17日 市政府副市长、市公安局局长吴磊到奎文区司法局廿里堡司法所对社区矫正工作进行现场调研。区委书记李辉，市司法局局长王立杰，区委常委、区委办公室主任李强，区委常委、区委政法委书记曹瑞升，区政府副区长、公安奎文分局局长刘向东参加调研。

18日 市委常委、市委统战部部长王兆辉到奎文区指导“作风建设年”活动。王兆辉一行先后实地查看南屯社区、广潍集团、齐鲁创智园、1532文化园等示范点和重点项目建设情况。区领导李辉、高登友、李强、权文松参加活动。

22日 市政府副市长马清民到恒易宝莲金融中心调研。马清民一行首先听取恒易宝莲金融中心运营情况汇报，随后参观考察恒易宝莲和中心入驻小微企业并进行座谈。区委书记李辉，区委副书记、区政府区长高志秀参加调研。

31日 奎文区设分会场组织收听收看全省安全生产紧急电视会议。区委副书记、区政府区长高志秀出席并讲话，区领导高登友、李光明、赵同祥、刘向东、王秀刚、吴振山出席会议。

6月

1日 区委书记李辉，区委副书记、区政府区长高志秀分别带队到部分小学和幼儿园走访慰问少年儿童，向全区少年儿童送上节日的祝福。区领导刘良嘉、冯天韬、李强、侯卫平、赵同祥、刘广斌分别参加走访慰问。

3日 山东省环境保护督察组第一组督察潍坊市情况反馈视频会议召开。区领导李辉、高志秀、高登友、冯天韬等在奎文分会场出席会议。

5日 全区开展生态环境综合整治深化美丽家园建设动员大会在区直机关服务中心召开。会议主要贯彻落实全市生态环境综合整治动员大会精神，安排部署全区生态环境综合整治工作，深入推进美丽家园建设。区委书记李辉主持会议。区委副书记、区政府区长高志秀出席并讲话。区领导冯天韬、沃付贤、郜风琴、刘向东、王秀刚、吴振山、张洪军出席会议。

是日，市政府副市长马清民到奎文区调研文化旅游产业发展情况。区委副书记、区政府区长高志秀，区委常委、区政府副区长郜风琴陪同调研。

是日，济南出版有限责任公司董事长崔刚一行由市直有关部门负责人陪同到奎文区考察交流潍坊数字产业园建设等事宜。区委副书记、区政府区长高志秀陪同考察。

12 日 奎文区政府全体会议召开。主要任务是贯彻落实市政府全体（扩大）会议暨廉政工作会议精神，安排部署政府系统廉政建设任务及对当前经济工作进行调度，确保各项工作任务圆满完成。区委副书记、区政府区长高志秀主持会议并讲话，区委常委、区政府副区长沃付贤，区政府副区长赵同祥、刘向东、王秀刚、吴振山出席会议并就各自分管领域的重点工作发表意见。

15 日 市政府副市长田民利带领全市总部经济工作会议与会人员到奎文区现场观摩。区委常委、区政府副区长沃付贤、区政府副区长吴振山陪同观摩。

19 日 贵州铜仁市万山区委副书记罗钧贤带领考察组到奎文区考察教育教学工作。区委副书记高登友陪同考察。

21 日 奎文区工商业联合会第五次代表大会在富华国际会议中心召开。区委书记李辉出席并讲话。区政协主席刘良嘉，区人大常委会主任、党组书记冯天韬，区委常委、区政府副区长郜风琴，区政协副主席李莉出席会议。区委常委、区委统战部部长陈香萍主持会议。

26 日 ~ 29 日 区委书记李辉带领奎文区党政考察团赴杭州、南京、济南等地进行对标考察学习，重点学习先进地区在特色小镇、楼宇经济、园区建设、新旧动能转换、城市规划建设、棚户区改造、机制体制创新等方面的先进理念、经验和做法。区委副书记高登友，区政府副区长吴振山参加考察。

29 日 山东省政府安委会安全生产第二巡查组到奎文区进行安全生产巡查。区领导高志秀、沃付贤参加活动。

7 月

5 日 潍坊市解决大班额工作观摩点评会议与会人员到奎文区虞园实验学校、十里堡学校观摩。区委书记李辉参加活动。

6 日 潍坊市人大常委会副主任范福生带队到奎文区进行中小学幼儿园规划建设管理情况调研。区领导李辉、冯天韬、郜风琴、翟福生参加调研。

是日，山东省委老干部局调研组到东关街道奎文门社区调研离退休老干部工作。调研组一行听取党建工作情况汇报并参观奎文门社区“雷锋党支部”。区委书记李辉，区委常委、区委组织部部长权文松陪同调研。

10 日 奎文区 2017 年“慈心一日捐”活动启动。区领导李辉、高志秀、高登友、冯天韬等班子成员在启动仪式现场带头捐款。

12 日 十四届区委第一轮巡查工作动员部署会议召开。区委常委、区纪委书记刘华东出席并讲话。区委常委、区委组织部部长权文松主持会议。

19 日 区委书记李辉带队到潍北靶场走访慰问参加演练的解放军某部官兵。区领导李强、侯卫平、王秀刚、张洪军参加慰问。

21 日 奎文区开展“作风建设年”活动现场推进会议召开。深入贯彻落实全市开展“作风建设年”活动现场推进会议精神，观摩点评街道重点项目，总结交流工作，安排部署任务。区委书记李辉出席并讲话。区委副书记、区政府区长高志秀主持会议。区领导高登友、刘良嘉、冯天韬等班子成员出席。

22日 湖南省岳阳市委副书记李爱武带领考察团由市直有关部门负责人陪同到奎文区考察农村集体产权制度改革工作。区委副书记、区政府区长高志秀陪同。

25日 山东省政协副秘书长、机关党组成员曲伟带领督察组到奎文区开展加强与委员联系的办法专项督查。潍坊市政协副主席李传恒，区委书记李辉，区委副书记高登友，区政协主席刘良嘉参加活动。

26日 民政部基层政权和社区建设司副司长汤晋苏带领调研组由山东省民政厅相关负责人陪同到奎文区对社区治理工作进行调研。潍坊市政府副市长李平，区委书记李辉，区委常委、区政府副区长沃付贤参加调研。

29日 山东省委统战部副部长张静带领调研组一行3人，到奎文区对社会组织统战工作进行现场调研。市委常委、市委统战部部长王兆辉，区委副书记、区政府区长高志秀，区委常委、区委统战部部长陈香萍参加调研。

31日 在中国人民解放军建军90周年之际，区领导李辉、高登友、刘良嘉等班子成员分别走访慰问驻潍部队官兵。

是日，市委常委、市委组织部部长林红玉带领参加全市组织工作半年总结会议的与会人员到奎文区东关街道工福街社区参观。区委书记李辉，区委常委、区委组织部部长权文松参加活动。

8月

3日 潍坊市政府副市长、市公安局党委书记、局长吴磊带领全市公安机关基层基础建设攻坚现场推进会与会人员到奎文区现场观摩。区领导李辉、曹瑞升、刘向东参加活动。

5日 奎文区“2017·青年企业家联谊会”会员大会在潍坊国际金融大酒店召开。潍坊市委统战部领导、团市委负责人和区领导共同为青年企业家代表授牌，大会还选举产生2017青年企业家联谊会会长和两位秘书长。区委书记李辉出席并讲话。区领导李光明、陈香萍、侯卫平、李莉出席。

7日 潍坊市政府副市长李平带领调研组到奎文区对社区治理工作进行调研。区委书记李辉，区委副书记高登友，区政府副区长王秀刚等参加调研。

8日 潍坊市政府副市长李平到奎文区检查调度校园安全工作。区委副书记、区政府区长高志秀，区政府副区长赵同祥等参加活动。

是日，潍坊市城建领域安全生产大检查及工作调度会议召开。会议期间，潍坊市政府副市长田民利带队到奎文区检查调度城建领域安全生产工作。区委副书记、区政府区长高志秀，区委常委、区政府副区长沃付贤参加活动。

10日 奎文区设分会场组织收听收看中央第三环境保护督察组督察山东省工作动员会议。区领导李辉、高志秀、高登友、冯天韬、吴振山等出席分会场会议。视频会议结束后，区委书记李辉与有关街道、部门分别签订《奎文区迎接环保督察推进全面整改建立长效机制责任书》。

是日，市委常委、市政府常务副市长邹庆忠带领市直有关部门负责人到奎文区对金融审判工作开展情况进行现场调研。区领导李辉、李强、吴振山参加调研。

16日 山东省民政厅副巡视员蒋德生由市民政局主要负责人陪同到奎文区对社会治理工作进行现场调研。区委书记李辉、区委副书记高登友陪同调研。

18日 潍坊市人大常委会副主任张新强一行到奎文区对人才环境进行专题调研。区领导高登友、冯天韬、任祥、吴振山参加调研。

23日 中关村领创空间科

技服务有限责任公司考察组在市直有关部门负责人带领下到奎文区对相关产业进行考察。区委副书记、区政府区长高志秀，区政府副区长赵同祥陪同考察。

24日 奎文区委副书记、区政府区长高志秀，区委常委、区政府副区长沃付贤到市政务服务热线受理中心协调解决群众反映问题，“真正零距离贴近民生，精准化服务群众”。

29日 奎文区促进非公有制经济发展暨楼宇经济发展会议在区直机关服务中心召开。区委副书记、区政府区长高志秀出席并讲话。区委常委、区委统战部部长陈香萍主持会议。区政府副区长赵同祥、王秀刚、吴振山出席会议。

30日 全市金融审判庭设立工作现场会议在奎文区召开。市委常委、市政府常务副市长邹庆忠主持并讲话，市中级法院院长姜树政出席并讲话。区领导高志秀、高登友、曹瑞升、吴振山等出席会议。

31日 参加全国基层社会治理示范培训班的300多名学员到奎文区参观社会治理工作。民政部基层政权和社会建设司副司长黄观鸿，山东省民政厅副厅长冯建国，潍坊市政府副市长李平，区领导李辉、李光明、沃付贤、权文松参加活动。

9月

6日 在第33个教师节来临之际，李辉、冯天韬、李强、李光明等区领导，分组走访慰问在教育一线的教职工。

7日 全区庆祝第33个教师节暨表彰大会在区直机关服务中心召开。区委书记李辉出席会议并讲话。区委副书记高登友主持会议。区领导冯天韬、李强、刘华东、李光明、陈香萍、郜风琴、赵同祥、陈立宝出席会议。

11日 山东省委组织部检查组由潍坊市委组织部相关负责人陪同到奎文区检查指导两新组织党建示范点建设工作。检查组一行先后到山东广潍集团、德润国际学校等地进行现场查看，对两新组织党建工作取得的成绩给予高度评价。区委书记李辉，区委常委、区委组织部部长权文松参加活动。

12日 潍坊以太战略新兴产业基金与智慧城市建设战略合作签约仪式在奎文区恒易宝莲金融中心举行。潍坊市政府副秘书长、市智慧城市建设推进办公室主任张宝庆，区委书记李辉，区政府副区长吴振山出席活动，相关部门、企业负责人参加签约仪式。

是日，奎文区工会第三次代表大会在鸢飞大酒店开幕。区委书记李辉出席开幕式并讲话。区领导高登友、刘良嘉、冯天韬、李强、李光明、沃付贤、曹瑞升、陈香萍出席开幕式。区人大常委会副主任、区总工会主席任祥出席并作工作报告。

13日 潍坊市关工委主任赵兴涛带领调研组到奎文区调研关心下一代工作开展情况，并为潍坊市青少年法制教育基地揭牌。 区领导李辉、高登友、李强及各部门负责人参加活动。

14日 潍坊市两新组织党建工作现场推进会在奎文区举行，由市委组织部有关领导、各县市区委组织部部长、分管副部长组成观摩团，分两个小组对奎文区9个两新组织党建示范点进行现场观摩。区领导李辉、高登友、权文松分别参加活动。

是日，潍坊市档案局调研组对奎文区档案馆筹建工作情况进行调研。区委书记李辉，区委常委、区委办公室主任李强参加活动。

是日，山东省公安厅副厅长王金城带领督导组到奎文区督导中共十九大安保维稳工作。对奎文区的安保维稳工作给予充分肯定。市政府副市长、市公安局局长吴磊，区委书记李辉，区政府副区长、公安奎文分局局长刘向东参加活动。

15日 市委常委、市委统战部部长王兆辉带领市委督导组到奎文区对中共十九大安保维稳工作进行督导。市委督导组对奎文区安保维稳工作给予充分肯定。区领导李辉、高登友、曹瑞升、陈香萍参加活动。

19日 山东省民委主任、省民族宗教事务局局长马传凯一行3人，对奎文区贯彻落实中央、省委关于民族宗教工作重大决策部署情况进行调研督导。市政府副市长吴磊，区领导李辉、陈香萍、赵同祥参加活动。

20日 奎文区妇女第四次代表大会在鸢飞大酒店召开。区委书记李辉出席开幕式并讲话。区领导刘良嘉、冯天韬、李强、刘华东、沃付贤、陈香萍、侯卫平、王秀刚、刘广斌出席开幕式。全区各行各业妇女代表、特邀代表180多人出席会议。全区各街道、区直各部门主要负责人列席会议。

10月

9日 奎文区委副书记、区政府区长高志秀主持召开四大片区开发建设工作座谈会。会上，区领导分别听取各相关街道、部门和单位对相关片区土地征收、规划建设等情况的汇报，并对工作中存在的困难和问题进行现场调度。区委常委、区政府副区长沃付贤及各街道、相关部门负责人参加会议。

11日 市委常委、市委统战部部长王兆辉带领督导组到奎文区就中共十九大安保维稳工作进行督导，并走访工商联会员企业。区领导李辉、高登友、李强、陈香萍参加活动。

13日 山东省委省政府中共十九大安保维稳工作第二专项督导组副组长、省司法厅厅长王本群带领督导组在潍坊市委副书记、市政府市长李宽端陪同下，到奎文区督导检查安保维稳工作。潍坊市委常委、市委政法委书记孙起生，区委书记李辉，区委副书记高登友参加活动。

24日 区领导李辉、高志秀会见威高集团副总裁陈林一行，李辉在座谈会上详细介绍全区医疗健康产业发展和项目建设情况。区政府副区长吴振山参加活动。

26日 临商银行潍坊分行开业庆典暨政银企战略合作签约仪式在奎文区举行。仪式上，潍坊市金融办主任刘锡田和临商银行相关负责人为潍坊分行揭牌，奎文区政府、潍坊部分企业分别与临商银行签订战略合作协议。区领导李辉、高志秀、李强、吴振山出席活动。

27日 奎文区委常委（扩大）会议召开，专题学习研讨中共十九大精神。区委书记李辉主持会议并讲话，区领导高志秀、高登友、刘良嘉、冯天韬等出席会议。

是日，奎文区领导干部会议召开。会议传达省、市领导干部会议精神，对学习宣传贯彻中共十九大精神作安排部署。区委书记李辉出席会议并讲话。区委副书记、区政府区长高志秀主持会议。高登友、刘良嘉、冯天韬等区级领导班子成员及各街道、部门负责人出席会议。

30日 山东省关工委常务副主任张少军带领调研组到奎文区调研关心下一代工作。调研组对奎文区工作取得的成绩给予充分肯定。潍坊市关工委主任赵兴涛，区委书记李辉，区委副书记、区关工委主任高登友参加调研。

11月

2日 中组部老干部局副局长杨保平一行到奎文区调研离退休干部党建工作。调研组一行到奎文门社区“雷锋党支部”进行实地调研，听取情况汇报。山东省委组织部副部长、省委老干部局局长厉彦林，潍坊市委常委、市委组织部部长林红玉，区委书记李辉，区委常委、区委组织部部长权文松参加调研。

4日 潍坊市委书记、市人大常委会主任刘曙光，市委副书记、市政府市长李宽端带领全市重点项目观摩点评与会人员到奎文区进行观摩点评。先后到潍坊智慧产业园、潍坊1532文化产业园等地进行现场观摩，对奎文区各项工作中取得的成绩给予高度评价。区领导李辉、高登友、刘良嘉、冯天韬等参加观摩。

13日 山东水总有限公司与奎文区签订滨海飞地产业园区战略合作协议。潍坊市政府副市长王树华、区领导李辉、吴振山、相关街道及部门负责人出席签约仪式。

14日 奎文区举行学习贯彻中共十九大精神辅导报告会。区委书记李辉作辅导报告，区委副书记、区政府区长高志秀主持会议，刘良嘉、冯天韬、刘华东、曹瑞升、部风琴、李全吉等区级领导班子成员参加报告会。

16日 山东省双拥模范城年度检查考评组一行10人，在潍坊军分区和市直有关部门负责人陪同下，到奎文区检查考评双拥模范城（县）创建工作。考评组对奎文区双拥工作取得的成绩给予充分肯定。区领导高志秀、王秀刚及相关部门负责人参加活动。

16日～17日 奎文区组织对各街区2017年经济社会发展情况、重点项目建设情况进行现场观摩。李辉、高志秀、高登友、刘良嘉、冯天韬等区级领导班子成员参加观摩。

22日 奎文区举行学习贯彻中共十九大精神辅导报告会。潍坊市委宣讲团成员、市委副秘书长张志霄作专题辅导。区委书记李辉主持并讲话，高登友、刘良嘉等区级领导班子成员参加报告会。

23日 奎文区新的社会阶层人士联谊会成立大会在潍坊1532文化产业园举行，标志着全区新的社会阶层人士统战工作进入新的发展阶段。区领导李辉、高登友、权文松、陈香萍、赵同祥及各街区分管负责人、区新的社会阶层人士联谊会会员共200多人参加会议。

是日，全影婚嫁产业园揭牌仪式在奎文区举行，区委书记李辉出席并为产业园揭牌，区领导李强、赵同祥参加活动。

是日，青啤集团到奎文区对接洽谈青啤文化小镇项目概念性规划工作。区委书记李辉、区政府副区长吴振山及相关街道、部门负责人参加活动。

28日 市政府副市长田民利带领调研组到奎文区调研城建重点工作和城市环境综合整治工作。调研组一行充分肯定奎文区在城市建设和城市环境综合整治工作中取得的成绩，并就下步工作提出要求。区委书记李辉，区委常委、区委办公室主任李强，区委常委、区政府副区长沃付贤参加活动。

29日 国家防震减灾示范县（市、区）考评验收工作会议在奎文区召开。奎文区顺利通过国家防震减灾示范区考评验收。国家地震局震害防御司副司长黎益仕主持会议，区委书记李辉，区委常委、区政府副区长沃付贤及各申报县（市、区）分管负责人参加会议。

12月

8日 奎文区召开社区“两委”换届选举工作动员部署会议。标志着全区社区“两委”换届选举工作正式启动。区委书记、区社区“两委”换届选举工作领导小组组长李辉出席并讲话，高志秀、高登友、刘良嘉、冯天韬等区级领导班子成员参加会议。

是日，奎文区推开国家监察体制改革试点工作动员部署会议召开。区委书记、区深化监察体制改革试点工作小组组长李辉出席并讲话，区委常委、区纪委书记刘华东主持会议，区领导权文松、曹瑞升出席会议。

11日 山东省个体私营企业党建工作推进会与会人员到奎文区进行现场观摩。区委书记李辉，区委常委、区委组织部部长权文松陪同观摩。

13日 中国共产主义青年团潍坊市奎文区第七次代表大会开幕。区委书记李辉出席开幕式并讲话。潍坊市团市委书记刘艳芳到会祝贺，区领导高志秀、冯天韬、李强、沃付贤、权文松、陈香萍、郜风琴、李全吉出席开幕式。

是日，吉林省吉林市委副书记、市政府市长刘非带领考察团一行15人到奎文区考察智慧城市建设工作。考察团一行到潍坊智慧产业园现场查看华为（潍坊）物联网创新中心、潍坊大数据中心，听取关于智慧停车、智慧校园、智慧农业和智慧制造等应用的情况介绍。潍坊市政府副市长马清民，区委副书记、区政府区长高志秀陪同考察。

14日　山东省委常委、省委统战部部长邢善萍带领督查组一行10人到奎文区对贯彻落实省委、省政府印发的《关于支持非公有制经济健康发展的十条意见》情况进行专项督查。市、区领导李宽端、王兆辉，李辉、陈香萍参加活动。

18日　市政府副市长田民利带领调研组到奎文区调研城市环境综合整治工作。田民利对奎文区的城市环境综合整治工作给予肯定，对下步城市环境整治工作提出要求。区委副书记、区政府区长高志秀，区委常委、区政府副区长沃付贤参加调研。

22日　山东省司法厅律师管理处处长刘玉国一行3人到奎文区验收评估公共法律服务示范基地创建工作。区委书记李辉，区委常委、区委政法委书记曹瑞升参加活动。

26日　奎文区残疾人联合会第七次代表大会开幕。区委书记李辉出席开幕式并讲话。区领导刘良嘉、冯天韬、李强、李光明、曹瑞升、陈香萍、郜风琴、李全吉、侯卫平、王秀刚、陈立宝分别出席开幕式和闭幕式。

27日　奎文区组织收听收看中央第三环境保护督察组督察山东省情况反馈会议。李辉、高志秀、高登友、刘良嘉、冯天韬等区级领导班子成员出席奎文分会场会议。

区情综述

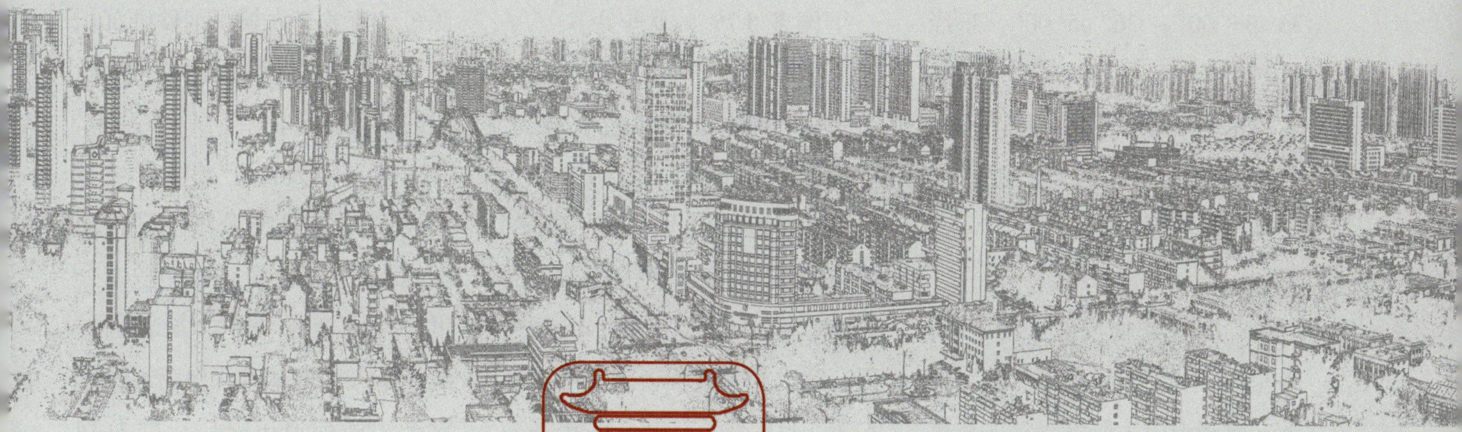

自然地理

【地理环境】 奎文区位于世界风筝都——山东省潍坊市的中心城区，是全市的政治、金融、商贸、文化中心，因区境内有始建于清代的“奎文门”而得名。辖区位于山东半岛偏西部、渤海莱州湾南部，地处北纬36° 35′ 00″ ~ 36° 45′ 00″、东经119° 03′ 45″ ~ 119° 18′ 45″之间。北、东北毗邻寒亭区，南、东南与坊子区接壤，西以白浪河为界，与潍城区相望。

【气候】 奎文境内地势较平坦，略呈南高北低状，平均海拔26米。属暖温带大陆性半湿润季风气候，冬冷夏热，四季分明，阳光充足，年平均气温12.3℃，全年日照总时数2528.5小时，日照率58%。无霜期年平均197天，生长期年平均240.2天。年平均降水量654毫米，历年极端降水量1210.6毫米。降水主要集中在夏季，秋季次之。冬季雨雪少，故有“春旱、夏涝、晚秋又旱”的气候特点。

2018年1月17日，潍坊市气象局公布2017年全市天气数据，其中降水较常年偏多，奎文区夏季降水量为53年来最多。2017年气温偏高，奎文区年平均气温14.3℃。2017年全年奎文区平均降水量614.4毫米，较上一年偏多8.7%。夏季奎文区平均降水量445.7毫米，秋冬季奎文区平均降水量61.1毫米，较上一年偏少48.6%。是年8月2日至4日，受第10号台风“海棠”减弱的低压环流和冷空气的共同影响，奎文区出现强降水天气过程。此次暴雨过程奎文区平均降水量109.8毫米。奎文区年平均气温14.3℃，较常年偏高1.3℃。发布高温预警10期，其中高温黄色预警信号6期，橙色预警信号4期。

【河流】 辖区境内河流有白浪河、虞河、张面河。其中，白浪河、虞河向北流入渤海，张面河从东风东街南侧流入虞河。

白浪河　是流经区境的主要河流，发源于昌乐西南部之大鼓山。全长127公里，平均河宽200米，流域面积1327平方公里，最大流量800立方米/秒。流经奎文区境从白浪河大坝至北苑街道沙窝村长度为17.5公里，流域面积22.4平方公里。因其源短、流急，大量粗细砂砾沉积于河口扇，故形成沿河地带的砂质或夹砂潮土。

虞河　发源于潍坊市坊子区灵山，全长70公里，平均河宽60米，流域面积889平方公里，最大流量567立方米/秒。流经奎文区境从廿里堡街道董家村至大虞街道田家村长度为14公里，流域面积35.8平方公里。冲积物多含细砂和黄土，沿河冲积平原多砂壤和轻壤。

张面河　是虞河的一条支流，发源于潍坊市坊子区石埠山，全长14公里，平均河宽50米，流域面积24平方公里，流经奎文区境从北海路至虞河路长度为3公里，流域面积7.4平方公里，最大流量200立方米/秒。

自然资源

【土地资源】 2017年，奎文区土地总面积5750公顷，其中，农用地865.94公顷，占全区总面积的15.04%；建设用地4676.41公顷，占全区总面积的81.2%；未利用地（河流）216.63公顷，占全区总面积的3.76%。人均耕地面积0.001公顷。严格执行《潍坊市奎文区土地利用总体规划（2006—2020年）》，开展土地利用总体规划调整完善工作，调整完善方案逐级上报审批。认真落实土地利用计划，计划执行率100%；依法履行耕地保护职责，制定全区耕地保护工作方案和工作计划，区、街道、社区（村）逐级签订《耕地保护目标责任书》。全年耕地面积减少2.05公顷，落实异地补充耕地2.05公顷，实现耕地占补平衡，圆满完成耕地保护目标任务。基本农田划定69.69公顷，占耕地总面积的15.71%，基本农田保护率15.71%；完成年度土地变更调查工作。奎文区耕地后备资源调查评价成果通过山东省国土资源厅验收。查清青银高速公路改扩建工程涉及的沙窝村等权属边界，做到土地权属清晰，界线明确。

【水资源】 奎文区地处冲积平原，地下含水原本较为丰富，境内白浪河、虞河、张面河都有一定的流量。随着城市建设的扩展和工农业用水的猛增，自1994年建区始，水资源就出现不足的问题。水资源总量，历年白浪河、虞河平均径流量（按3个流量计算）为9460万立方米。由降水、河流补给年平均地下水补给量为1345万立方米，除去蒸发等诸因素，水资源总量10805万立方米。按全区耕地面积计算平均每公顷占有地表径流量10350立方米。

【植物资源】 奎文区境内植物资源以农作物和林木为主，包括粮食和绿化树木。

粮食作物品种主要有小麦、玉米，已全部良种化。1994年奎文建区之初，粮食主要在南部的梨园街道、廿里堡街道和北部的大虞街道、北苑街道等区域种植，2000年，主要在辖区南部种植。2017年，小麦种植面积120多公顷。

经济作物种植主要是芦笋，在南部廿里堡街道（原南苑街道）南家北、高家、刘东等村种植，1997年达到66.67公顷。此后逐渐减少，至2017年只有个别农户小面积种植，不成规模。

区境内蔬菜种类主要有大白菜、黄瓜、番茄、菠菜、葱等，主要分布在廿里堡街道茂子庄村和梨园街道庄家村。由于城市发展等原因，蔬菜种植面积逐年减少，至2017年，只有部分农户零星种植。

奎文区境内林果树种多达98个，分属48个科，78个属。其中用材树以毛白杨、刺槐、泡桐、柳、榆为主。经济树种以苹果、山楂、梨、桃、杏、葡萄、樱桃为主，至2017年，区境内未有大片果园，只有零星栽种。观赏和绿化树种以悬铃木、雪松、青桐、柏类、冬青为主。古稀危奇树种有银杏、金银木、杜仲等。

奎文区境内有药用价值的人工栽培和野生植物达45种。以人工栽培车前子、枸杞、半夏、苍耳、远志、地丁、蒲公英、薄荷的较多，其中，车前子最为著名。至2017年，区境内只有极少人工栽培，野生的已很少见到。

【动物资源】 奎文区境内无野生大型猛兽及野生大型植食性动物，以饲养家畜家禽为主。饲养的大型家畜主要有牛、马、驴、骡、羊、猪等，小家禽有鸡、鸭等，并养殖有水貂、狐狸、梅花鹿等特种动物。2017年，辖区特种动物饲养量约27万只。

建置沿革

【建置形成】 奎文区古属东夷文化的发祥地。远在五千年前就有人类在此居住，记载有原始社会大汶口文化、龙山文化遗址。据历史记载，奎文境域历史上不同时代管辖归属不同。夏属三寿国，商属莱国，周为齐国属地，秦属胶东郡（一说齐郡），汉属青州北海郡胶东国(公元596年)分北海郡置潍州。隋大业三年（公元607年）州废，复置北海郡。唐武德二年（公元619年），复置潍州。明洪武十年(公元1377年)潍州降为县，属莱州府。潍县之名由此确定，并一直沿用。

【政区沿革】 1948年潍县解放，成立潍坊特别市（省直辖）。1949年6月潍坊特别市改称潍坊市，仍为省辖市。1950年，撤销潍坊市。1951年重建潍坊市，为县级市，隶属昌潍专区（先后沿革为昌潍地区和潍坊地区）。1983年10月，撤销潍坊地区和县级潍坊市，改设地级潍坊市，实行市管县体制。市区设潍城区、坊子区、寒亭区。1994年以白浪河为界将原潍城区划分成两个区，河东设立奎文区，河西为潍城区。

行政区划、人口民族

【行政区划】 奎文区行政区划面积187.78平方公里，边界线长130.41公里，其中，直辖面积57.6平方公里（其他区划面积由潍坊高新技术产业开发区与潍坊经济技术开发区管辖），直辖8个街道、66个社区。

【人口】 2017年，奎文区常住户数为11.90万户，常住人口为35.33万人。其中，常住人口中共有家庭户11.64(含集体户)万户，家庭户人口34.54万人，平均每个家庭户的人口为2.97人。全区常住人口中，男性为174573人，占总人口的49.39%；女性为178915人，占总人口的50.61%。总人口性别比（以女性为100，男性对女性的比例）97.57∶100。人口出生率20.67‰，自然增长率4.08‰；已婚育龄妇女104525人，占总人口的29.68%。2017年度，全区迁入人口3765人，迁出人口2327人，迁入比迁出人口多1438人。全区常住人口中，具有大学(指大专以上)受教育程度的为16.60万人，每10万人具有大学受教育程度的人数为4.70万人；具有高中(含中专)受教育程度的为5.90万人；具有初中受教育程度的为9.50万人；具有小学受教育程度的为3.20万人（以上各种受教育程度的人包括各类学校的毕业生、肄业生和在校生）。

【民族】 奎文辖区民族构成以汉族为主。2017年年底，全区有23个少数民族（满族、回族、朝鲜族、蒙古族、壮族、维吾尔族、黎族、仫佬族、藏族、侗族、鄂伦春族、瑶族、土家族、高山族、俄罗斯族、苗族、白族、锡伯族、傣族、达斡尔族、彝族、傈僳族、畲族），共1528人，占全区人口总数的0.1%。其中，人数较多的有满族134人、回族127人、蒙古族51人、朝鲜族50人。

组织机构及负责人

中共奎文区委员会

区委书记	李　辉
区委副书记	高志秀（女）
	高登友
区委常委	李　辉
	高志秀（女）
	高登友
	李　强
	刘华东
	李光明
	沃付贤
	权文松
	曹瑞升
	陈香萍（女）
	王　勇（任至2017年1月）
	潘　杰（2017年12月任职）
	郜风琴（女，2017年3月挂任）
	李全吉（2017年10月挂任）

奎文区人民代表大会常务委员会

主任、党组书记	李　辉（任至2017年1月）
	冯天韬（主任，于2017年1月任职）
第一副主任	冯天韬（任至2017年1月）
副主任、党组副书记	陈民亭
副主任	王颖红（女）
副主任、党组成员	翟福生
副主任、党组成员	侯卫平
副主任、党组成员	任　祥（2017年1月任职）
党组成员	王万堂（任至2017年3月）
	卫清涛
	邢　杰

奎文区人民政府

区　长、党组书记	高志秀（女）
副区长、党组副书记	沃付贤
副区长、党组成员	任　祥（任至2017年1月）
副区长	赵同祥（2017年1月任职）
副区长、党组成员	刘向东（2017年1月任职）
副区长、党组成员	王秀刚（2017年1月任职）
副区长、党组成员	吴振山（2017年1月任职）
副区长	郜风琴（女，2017年5月挂任）
副区长	张佩珩（挂职）

中国人民政治协商会议奎文区委员会

主　席、党组书记	刘良嘉
副主席	陈立宝
副主席	郭文君（任至2017年1月）
副主席	李　莉（女）
副主席、党组成员	张洪军
副主席、党组成员	王　巍

副主席　刘广斌（2017年1月任职）

党组成员　王春雷

李建文

刘占清（任至2017年3月）

于　波（任至2017年3月）

高殿臣（任至2017年3月）

中共奎文区纪律检查委员会

书　记　刘华东

人民武装部

党委书记、政委　王　勇

党委副书记、部长　潘　杰（2017年6月任职）

人民法院

院　长　杨培锋

人民检察院

检察长　徐　军

区委工作机构

中共奎文区委办公室

主　任　李　强

组织部

部　长　权文松

宣传部

部　长　李光明

统战部

部　长　陈香萍（女，2017年1月任职）

政法委员会

书记、区维稳办主任　曹瑞升（2017年1月任职）

机构编制委员会办公室

主　任　王玉兴（任至2017年3月）

许荣军（2017年3月任职）

区直机关党工委

书　记　王宣东（任至2017年3月）

周岳胜（2017年3月任职）

信访局（群工办与其合署）

党支部书记、局长　刘　军

台湾事务工作办公室

主　任　刘洪忠（任至2017年3月）

梁　松（2017年3月任职）

老干部局

局　长　高培权（2017年3月任职）

奎文区人大常委会办事机构

办公室

区人大常委会党组成员、办公室主任

谭立业（2017年3月任职）

调查研究室

主　任　张同良

人事代表工作委员会

主　任　谭立业（任至2017年3月）

孙　军（2017年5月

任职）

预算工作委员会

主　任　　孙　军（任至2017年5月）

考林绪（2017年5月任职）

内务司法委员会工作室

主　任　　彭丽华（女，2017年7月任职）

教育科学文化卫生委员会工作室

主　任　　马宇清（2017年7月任职）

城乡建设与环境资源保护委员会工作室

主　任　　王文成（2017年3月任职）

奎文区人大各专门委员会

奎文区人大内务司法委员会

主任委员　　侯卫平（2017年1月任职）

奎文区人大财政经济委员会

主任委员　　任　祥（2017年1月任职）

奎文区人大农业与民族侨务外事委员会

主任委员　　王颖红（女，2017年1月任职）

奎文区人大城乡建设与环境资源保护委员会

主任委员　　邢　杰（2017年1月任职）

奎文区人大教育科学文化卫生委员会

主任委员　　翟福生（2017年1月任职）

区政府工作机构

办公室

区政府党组成员、办公室主任　　李晓华

发展和改革局

党组书记、局长　　徐世殿

经济和信息化局

党委书记、局长　　宋晓梅（女，任至2017年3月）

张立勋（2017年3月任职）

教育局

党委书记、局长　　吴茵政

科学技术局

党组书记、局长　　倪海滨

知识产权局局长　　梁振斌

监察局

局　长　　杨鹤强

民政局

党组书记、局长　　张克成（任至2017年3月）

李中强（2017年3月任职）

司法局

党组书记、局长　　王　婷（女，任至2017年3月）

杜鸿强（2017年3月任职）

财政局

党组书记、局长　　蔺荣华

人力资源和社会保障局

党委书记、局长　　谭小平（任至2017年3月）

赵立果（2017年3月任职）

住房和城乡建设局

党委书记、局长、城市管理行政执法局奎文分局局长　　胡君章

交通运输局

党委书记、局长　　李福田

农林局

局　长　　段莉莉（女）

商务局

党委书记、局长　　周岳胜（任至2017年3月）

刘国梁（2017年3月任职）

党委委员、奎文区国际商会会长　　赵传山

文化旅游新闻出版局

党组书记、局长　孙先政（任至2017年3月）

王　婷（女，2017年3月任职）

卫生和计划生育局

党委书记、局长　甄延亮（任至2017年3月）

吴侃宗（2017年3月任职）

审计局

党组书记、局长　徐金森

统计局

党组书记、局长　张立勋（任至2017年3月）

吴卫忠（2017年3月任职）

安全生产监督管理局

局长　杜鸿强（任至2017年3月）

解鲁新（2017年3月任职）

政府法制服务局

局　长　花召军

民族宗教事务局

局　长　王先荣

市场监督管理局

党委书记、局长　李中强（任至2017年3月）

孙先政（2017年3月任职）

金融工作办公室

主　任　陈红萍（女）

环境保护局

党委书记、局长　孙世成

区政府派出机构

政务服务中心管理办公室

党委书记、主任、区公共资源交易管理办公室主任　赵吉昌（任至2017年2月）

王国明（2017年3月任职）

奎文区政协工作机构和专门委员会

办公室

区政协秘书长、党组成员、办公室主任

辛玉福

专门委员会办公室（2017年3月更名为研究室）

主　任　丁　凯（任至2017年3月）

研究室（2017年3月设立）

主　任　丁　凯（2017年6月任职）

基层工作室（2017年3月更名为政协委员联络工作室）

主　任　李端亮（任至2017年3月）

政协委员联络工作室（2017年3月设立）

主　任　杜　涛（2017年5月任职）

专门委员会工作一室（2017年3月设立）

主　任　王贵刚（2017年6月任职）

专门委员会工作二室（2017年3月设立）

主　任　管大勇（2017年6月任职）

提案委员会

主任委员　唐军生（2017年3月任职）

经济委员会

主任委员　王致奎（2017年3月任职）

人口资源环境委员会

主任委员　邢志远（2017年3月任职）

宁学庆（2017年3月任职）

科教文卫体委员会

主任委员　庞立雁（2017年3月任职）

社会法制委员会

主任委员　张登阁（2017年3月任职）

刘尚波（2017年3月任职）

文史资料委员会

主任委员　刘四海（2017年3月任职）

区政法部门

人民法院

院　长、党组书记　杨培锋

人民检察院

检察长、党组书记　徐　军

奎文公安分局

党委书记、局长、督察长　刘向东

党委副书记、政委　邱玉才

党委副书记、副调研员　叶建平

奎文区社会团体

奎文区总工会

主　席　任　祥

党组书记、常务副主席　华晓梅（女，任至2017年3月）

甄延亮（2017年3月任职）

共青团奎文区委员会

书　记　林　琳（女）

妇女联合会

主席、党组书记　梁彩萍（女）

科学技术协会

主　席　王艾君

工商业联合会

主　席　李　莉（女，2017年6月任职）

党组书记、副主席　韩素国

残疾人联合会

党组书记、理事长　徐景泉

驻奎文区上属单位

奎文国家税务局

党组书记、局长　曹　斌

地税奎文分局

党组书记、局长　王兆生

国土资源局

党组书记、局长　王伟东

规划分局

党支部书记　季素萍（女）

局　长　谭　军

公路局

党支部书记、局长　郝文琦（女）

烟草专卖局（营销部）

党支部书记、局长、经理　李法亮

住房公积金奎文中心管理部

党支部书记　刘心爱

主　任　赵焕军

奎文交警大队

党委委员、大队长　王　浩

教导员　陈　磊

刘　颖（女，2017年1月潍坊交警支队下派奎文交警大队挂职锻炼）

奎文消防大队

党委书记、教导员　唐俊然

党委副书记、大队长　张　元

区委、区政府直属事业单位

党　校

校　长　李　辉

常务副校长、党委书记　杨焕民

档案局（馆）

党支部书记、局（馆）长　王洪忠

水利局

党总支书记　刘壬珅

党总支副书记、局长　李茂山

体育局

党支部书记、局长　徐兰海（任至2017年3月）

刘家祥（2017年3月任职）

地震局

党支部书记　杨爱群

党支部副书记、局长　牟建新

招商局

党支部书记　臧洪升

党支部副书记、局长　武际恩

机关事务管理局

党支部副书记、局长　陈俊华

供销合作社联合社

党委副书记、主任　徐传青

白浪河生态林场管理委员会

党支部书记　张登阁（任至2017年10月）

胡君章（2017年10月任职）

主　任　王秀刚（任至2017年10月）

蔺荣华（2017年10月任职）

潍坊汽车服务产业园服务中心

党支部副书记、主任　梁　松（任至2017年3月）

武林生（2017年3月任职）

滨海园区管理办公室

主　任　王文成（任至2017年3月）

李端亮（2017年3月任职）

区城市发展推进办公室

主　任　（空缺）

副主任　范曙光（2017年6月任职）

乔　飞（2017年6月任职）

楼宇经济发展办公室

负责人　孙　涛（兼）

奎文区各街道

廿里堡街道（奎文经济开发区）

奎文经济开发区管理委员会党工委书记

任　祥（兼任至2017年10月）

李　强（2017年10月兼任）

奎文经济开发区管理委员会主任

王松春

党工委书记、奎文经济开发区管委会副主任

庄胜苓

党工委副书记、办事处主任　周晓东

大虞街道

党工委书记　石凌峰

党工委副书记、办事处主任　吕世辉

梨园街道

党工委书记　王庆汉

党工委副书记、办事处主任　谭立权

潍州路街道

党工委书记　李德宝

党工委副书记、办事处主任　王　磊

东关街道（泰华城商务园区）

党工委书记、潍坊市泰华城商务园区党工委书记

郑　海

党工委副书记、办事处主任　尹昌洲

潍坊市泰华城商务园区管委会主任

刘法伟

北苑街道

党工委书记　刘会红（女）

党工委副书记、办事处主任　陈国玺

广文街道

党工委书记　迟安斌

党工委副书记、办事处主任　李　飞

北海路街道（北海路商贸经济发展区）

党工委书记　李全吉（2017年10月挂任）

党工委书记、北海路商贸经济发展区管理委员会党工委书记　李良军

党工委副书记、办事处主任　孙宝春

党工委副书记、北海路商贸经济发展区管理委员会主任　窦科增

2017 年潍坊市奎文区
国民经济和社会发展统计公报

2017 年，在区委、区政府的正确领导下，认真贯彻落实中共十九大会议精神，统筹推进“五位一体”总体布局，协调推进“四个全面”战略布局，坚持稳中求进工作总基调，主动适应经济发展新常态，牢固树立和落实发展新理念，聚焦聚神聚力“中央活力区”的奋斗目标，锐意进取、争先创优，全面做好稳增长、促改革、调结构、惠民生、防风险各项工作，全区经济保持平稳健康发展，社会事业全面进步，建设小康社会步伐加快。

一、综合

国民经济保持较好态势发展 初步核算，2017 年，全区实现地区生产总值 266.29 亿元，按可比价格计算，比上一年增长 8.3%。其中，第一产业增加值完成 0.09 亿元，比上一年下降 76.9%；第二产业增加值完成 24.76 亿元，比上一年增长 7.8%；第三产业增加值完成 241.44 亿元，比上一年增长 8.5%。第三产业对经济增长的贡献率达到 92.84%，拉动 GDP 增长 7.72 个百分点。三次产业构成由上一年的 0.17 : 8.93 : 90.9 调整为 0.03 : 9.3 : 90.67，第一产业和第三产业比重分别下降 0.14、0.23 个百分点，第二产业比重提高 0.37 个百分点。全区公共财政预算收入占 GDP 比重达 9.59%，国地两税占二、三产业增加值比重达 14.93%。

非公有制经济较快发展 2017 年，全区非公有（民营）经济单位 58054 户，比上一年增加 8506 户，增长 17.2%；从业人员 21.5 万人，比上一年增长 12.5%；纳税金额 22.9 亿元，比上一年下降 3.4%，占全部税收比重达 57.7%。其中，私营企业 22863 家，比上一年增加 4380

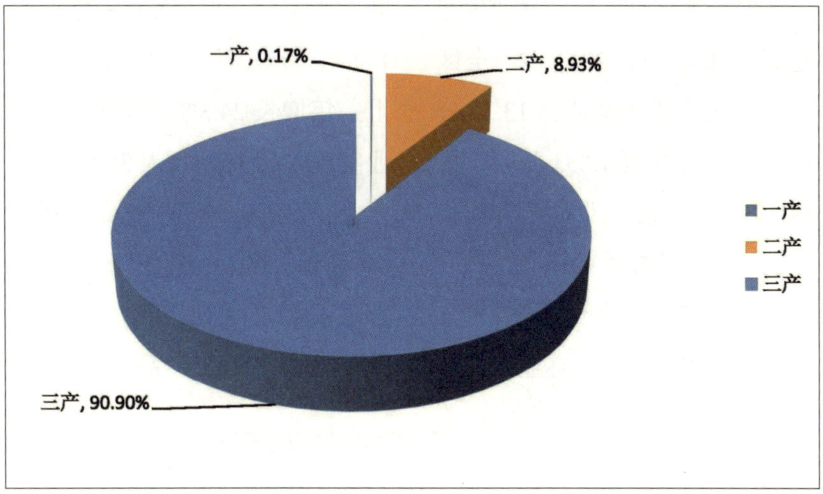

2016 年三产比重（%）

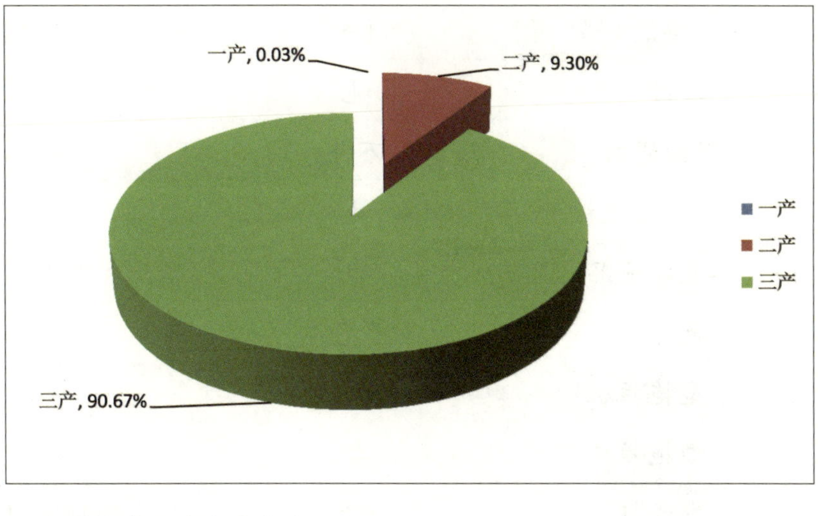

2017 年三产比重（%）

家，增长23.7%；从业人员8.4万人，比上一年增长12.%；注册资本1023亿元，比上一年增长32.3%；个体工商户35077户，比上一年增加4084户，增长13.2%；从业人员7.6万人，比上一年增长21.8%。

二、农业

农林牧渔业经济总体平稳 2017年，全区粮食直补18.2万元，农机跨区作业实现收入50万元，小麦、玉米机收率均达100%。国家、省、市级龙头重点涉农企业达到6家，林业生态建设进展顺利。2017年，全区郊区绿化完成更新造林13.33公顷，退化林修复13.33公顷，植树10万棵，累计投入资金额12万元，配备防控设备药品，采取综合防治措施有效预防悬铃木方翅网蝽、美国白蛾等林业有害生物在奎文区的大面积爆发。2017年，全区水貂、狐狸特种动物饲养量2.2万只，全区肉蛋奶总产量738.4吨，全年生猪出栏4691头、存栏726头，家禽存栏3.1万只。

三、工业和建筑业

工业经济平稳运行 2017年，全区实现工业总产值58.8亿元。其中，21家规模以上工业企业完成工业产值28.6亿元，比上一年增长1.3%。规模以上工业主导产品产量中，啤酒108119千升，比上一年增长1.4%；针织服装834万件，比上一年增长24.3%。规模以上工业实现主营业务收入38.8亿元，比上一年增长7.6%；实现利润0.8亿元，比上一年下降39.6%；实现利税2亿元，比上一年下降12.4%；工业产品产销率达98.54%，比上一年提高0.62%。

建筑业市场保持较快增长 2017年，全区资质以上建筑业企业55家，新增14家，完成总产值26.8亿元，比上一年增长21.3%。其中，新增建筑业企业完成产值6.7亿元，正向拉动建筑业总产值增长30.3个百分点。全年建筑工程产值完成20.9亿元，比上一年增长7.6%；安装工程产值完成3.6亿元，比上一年增长52.4%。

四、固定资产投资

固定资产投资平稳增长 2017年，全区在建固定资产投资项目136个，比上一年增加23个，其中，新入库项目60个，比上一年增加21个，完成投资额96.9亿元，比上一年增长8.6%。其中，完成服务业投资额94.7亿元，比上一年增

奎文区规模以上工业主要产品产量统计表

表1

产品名称	计量单位	产量	比上年增长（%）
啤酒	千升	108119	1.4
纱	吨	5999	-2.3
针织服装	万件	834	24.3
机制纸及纸板	吨	15040	-14.5
单色印刷品	令	21630	-37.4
多色印刷品	对开色令	868275	-14.3
中型拖拉机	台	261	-32.0
小型拖拉机	台	15914	-34.6
发动机	千瓦	160621	—

长 11.8%，占固定资产投资的 97.77%，比上一年提高 2.72 个百分点。

房地产销售市场保持增长　2017 年，全区房地产开发投资额 75.6 亿元，比上一年增长 3.1%，占固定资产投资的 77.99%。商品房施工面积 745.7 万平方米，比上一年增长 23.8%；竣工面积 145.6 万平方米，比上一年增长 193%；销售面积 146.1 万平方米，比上一年增长 36.4%；销售额 79.9 亿元，比上一年增长 40.3%。

五、国内外贸易

国内消费市场健康平稳　2017 年，全区社会消费品零售总额完成 183.3 亿元，比上一年增长 8.9%。分行业看，批发零售业零售额 158.1 亿元，比上一年增长 8.6%；住宿餐饮业零售额 25.2 亿元，比上一年增长 10.9%。75 家限额以上消费品企业实现零售额 70.5 亿元，比上一年增长 2.1%，其中，化妆品类商品零售额比上一年增长 39.8%，家用电器和音像器材类比上一年增长 18.5%，书报杂志类比上一年增长 15.2%，中西药品类比上一年增长 11.2%，家具类比上一年增长 0.5%，汽车类比上一年增长 0.4%。

对外贸易增势平稳　2017 年，全区进出口总额 40.4 亿元，比上一年增长 4.5%。其中，出口总额 36.3 亿元，比上一年增长 4.8%，正向拉动进出口总额增长 4.3 个百分点；进口总额 4.1 亿元，比上一年增长 1.6%。合同利用外资 5.4 亿元，比上一年下降 18.3%；实际到帐外资额 1359 万元，比上一年下降 96.2%。境外实际投资额 3234 万美元，比上一年下降 35.2%。

六、交通运输、公路建设

现代交通运输体系改善　据交通部门统计，2017 年，全区共拥有客货营运车辆 5350 部，比上一年增长 9.1%，其中出租车 527 辆。全年共完成货运量 1317 万吨，比上一年增长 13%。完成客运量 258.1 万人，比上一年下降 0.34%。对全区出租、长途客运和危险品车辆全部安装 GPS 卫星定位系统，实现全时跟踪监控，有效保障人民群众生命财产安全。全面推进绿色交通建设，对全部出租车进行油改气。

交通基础设施建设平稳　2017 年，全区完成公路建设工作量 87 万元（县乡村公路），公路通车里程 86.6 公里（县乡村公路），公路密度每 100 平方公里达 151.9 公里（县乡村公路）。公路养护质量不断提高，扩建、改造、修复城市道路面积 0.18 万平方米（县乡村），里程碑、百米桩等沿线附属设施均完整、标准。综合好路率国道、省道均达到 100%，县乡公路达到 97.9%。

七、财政

财政收入平稳增长　2017 年，全区财政总收入完成 38 亿元，比上一年增长 8.5%。其中，一般公共预算收入完成 25.5 亿元，比上一年增长 6.5%。一般公共预算收入中，税收收入完成 19.3 亿元，比上一年增长 13.2%，占一般公共预算收入的比重达 75.75%，比上年提高 4.48 个百分点。从四大主体税种看，增值税完成 7.7 亿元，比上一年增长 64.6%；企业所得税完成 1.3 亿元，比上一年增长 41.3%；个人所得税完成 1.6 亿元，比上一年增长 24.4%；营业税完成 0.1 亿元，比上一年下降 95%。

民生支出重点倾斜　2017 年，全区一般公共预算支出完成 18.5 亿元，比上一年增长 3.9%。民生支出完成 13.3 亿元，比上一年增长 4.3%。其中，教育支出 5.1 亿元，比上一年增长 7.7%；社会保障和就业支出 2.9 亿元，比上一年增长 25.5%；医疗卫生与计划生育支出 1 亿元，比上一年下降 25.1%；城乡社区支出 2 亿元，比上一年下降 26.2%。

八、科学技术和品牌建设

科技创新能力不断增强　2017 年，全区大力优化创新创业环境，齐鲁创智园建设进展顺利，潍坊市科技孵化中心建设日臻完善，众创空间建设水平不断提高，各项科技事业不断发展。全区共安排和承担各类科技计划项目44项，其中市级以上项目26项，安排区科技计划项目18项。获市级以上科技进步奖4项。当年全区申请专利1230件。当年通过市级认定的工程技术研究中心2家，市级重点实验室2家。

高新技术产业茁壮成长 2017年，全区以通用设备、新材料等为主导产品的高新技术产业企业6家，比上一年增加2家，其中，工业产值过亿元的1家。全区完成高新技术产业产值9.5亿，比上一年增长41.3%，占规模以上工业产值比重达33.42%。

品牌创建工作进一步加强 全区累计获得中国名牌1个，山东名牌6个，山东服务名牌20个，山东省省长质量奖1个，潍坊市市长质量奖1个。标准化良好行为AAAA级企业2家，标准化良好行为AA级企业8家，计量合格确认企业14家。组织开展安全防护类和环境保护类计量器具专项检查；推进标准化工作水平，全区共有162家企业在“潍坊标准信息公共服务平台”发布企业标准834项。

九、城市建设与环境保护

城市基础设施建设不断加快 2017年，全区开工建设玉苑路、蓝翔街西段、龙甲路等6条背街小巷改造。改造旧小区10个，改造楼房401幢，改造面积125万平方米。完成棚户区改造项目19个，3205户，开工率100%。完成“征迁清零”专项行动计划57个，搬迁滞留户1299户，拆除房屋建筑面积27.6万平方米，腾空土地103.57公顷。完成“汽改水”管网建设39.1公里，计划完成率112%；改造换热站129个，置换供热面积560万平方米。

“四化”工程建设力度加大 2017年，全区投资3600万元，栽植乔灌木265万棵，新增绿化面积10万平方米，主要道路、背街小巷和游园绿地共补栽各类乔灌木65万多棵，新建居住小区、单位庭院共栽植各类乔灌木200多万棵，绿化带边沿裸露地种植麦冬草30吨，城区绿化覆盖率达到41.8%，人均占有公共绿地面积18.1平方米，树木成活率和保有率均达到95%以上。牵头开展铁路沿线综合治理，2017年7月顺利通过省级验收；深度保洁工作取得成效，东风东街、胜利东街等5条市级深度保洁示范路顺利通过省级道路深度保洁道路验收。全年新采购5吨洗扫车2辆，8吨高压冲洗车2辆；5座公厕和5座转运站分别被评为星级公厕和星级转运站；881家餐饮单位餐厨废弃物纳入统一回收和处置，比上一年增加215家；新增生活垃圾直运单位56家，直运率达90%以上，生活垃圾收运量达18万吨。

“城中村”改造进程加快 2017年，田家村、西河西村等12个城中村开工面积55万平方米，竣工面积16万平方米。已实施的城中村改造项目，商业性建筑面积占总建筑面的比重达8%以上。

生态环境质量持续改善 2017年，全区环境保护总投资额2亿元。工业废水处理率、燃料燃烧中废气处理率、工业废气消烟除尘率、烟尘控制区覆盖率均达到100%，工业固体废物综合利用率达到99%，区域环境噪声达标区覆盖率达到84.6%，PM2.5平均浓度下降9%。严格建设项目环境影响评价审批，建设项目环评执行率达到100%。

十、教育、文化、卫生计生、体育

教育均衡化程度提高 2017年，全区共有普通小学23所（不含分校），在校生30835人；普通中学8所，在校生8227人；特殊教育学校1所，在校生94人。各类学校共拥有在职教职工2746人，其中专任教师2596人。共有幼儿园74所，在园儿童14770人，3周岁至6周岁儿童入园率达到99%。适龄儿童入学率100%，在校生巩固率小学、初中均为100%。全区市级以上规范化学校27所，占中小学总数的87.1%。社会力量办学发展到103家，在校生达到12058人。

文化旅游事业蓬勃发展　2017年，全区新设区图书馆分馆10处、区文化馆分馆8处，被表彰为省第二届全民阅读示范区；引进市级以上非物质文化遗产项目17个，被评为山东省民间文化艺术之乡。全区市级以上文化产业示范基地5家。旅游品牌渐成规模，白浪绿洲湿地公园晋升为国家AAAA级景区。文化市场综合执法工作进一步加强，深入开展“扫黄打非”行动，整治图书市场和印刷市场，依法取缔无证出版物经营摊点26个，查处出版物经营单位29家。

卫生服务体系不断完善　2017年，全区拥有医疗卫生机构293处，床位2612张，卫生技术人员3878人；社区卫生服务中心5处，社区卫生服务站21处。积极开展家庭医生签约服务，已签约居民25.5万人；为辖区老年人提供免费体检、健康评价和健康指导达3.2万人。全区儿童免疫规划“八苗”接种率达90.5%以上。全区2017年无甲类传染病及死亡传染病病例发生；乙类传染病报告发病率117.65/10万，比上一年下降17.74%；丙类传染病5种1433例，报告发病率411.19/10万。认真落实全面两孩政策，全区共出生人口5755人，比上一年增加275人，增长5%；出生人口性别比103.7，比上一年回落1.5个百分点；人口出生率为16.05‰，比上一年提高0.62个千分点；人口自然增长率为6.37‰，合法生育率为99.5%。

体育事业健康有序发展　2017年，全区共参加市级以上比赛项目8个，获金牌44枚，银牌31枚，铜牌37枚。广泛开展丰富多彩的健身活动，全年举办群众性健身活动30多项次，参加人数达2万多人。加强体育健身设施建设，新建健身工程6处，总价值6万元。

十一、人民生活与社会保障事业

全面提高社会救助水平，不断推进社会事业发展　2017年，全区城镇居民人均可支配收入40687元，比上一年增长7.7%。城市低保标准由每人每月520元提高到530元，发放城市低保金732万元，为782户，1438名贫困居民提供生活保障，为349户患大病的城市低保户报销医药费70.2万元。集中供养五保老人26人，集中供养率达68%，集中供养标准每人每年1.2万元。积极组织“慈心一日捐”捐助活动，共募集捐款80.6万元。全面实施“银铃安康工程”，免费为48783名老人进行投保；为20名孤儿发放生活费35.5万元，为40名城市三无人员发放生活费44.3万元。

社会保障体系更加完善，保障能力进一步增强　全区新增企业养老保险参保职工4326人，共有1560家企业单位的48518名在职职工参加养老保险，收缴企业养老保险费42646万元。为13400名企业离退休人员发放离退休费34728万元，社会化发放率始终保持100%。机关事业单位收缴养老保险金12351万元，收缴率达97.75%，为2960名离退休人员发放养老金16243万元，全部按时足额发放。城镇居民社会养老保险当年收缴保险费3386万元，为14208名达到领取年龄的参保居民发放养老金2850万元。失业保险当年收缴1999万元，发放失业金9212人次，发放失业保险金932万元。就业再就业工作全面提升。全年举办专题招聘会8次，组织参加市招聘会17次，提供就业岗位2.5万个，城镇新增就业5285人，城镇登记失业率为2.25%。全区共开发公益性岗位680个，省级“四型就业社区”达到6家，市级以上充分就业和谐社区达到37家，市级以上创业孵化示范载体达到4处、市级以上创业型街道、社区达到10家。

注：1.公报所列GDP、增加值指标按当年价格计算，增速

按可比价格计算。

2. 本公报部分数据为年快报数或初步统计数，使用时请以年鉴为准。

3. 规模以上工业指年主营业务收入2000万元及以上的工业企业。

4. 固定资产投资指计划总投资500万元及以上的投资项目。

5. “四化”工程：城市绿化、亮化、净化、美化工程。

6. “三无”人员：市区内无家可归、无依无靠、无生活来源的孤寡老人、残疾人、未成年人、精神病人。

东苑公园一角

中国共产党奎文区委员会

KUIWEN

重要会议

【全区经济工作会议】 2017年2月10日，区委、区政府召开全区经济工作会议。参加会议的有区级领导班子成员；区法院院长、区检察院检察长；区纪委常委；区委办公室、区政府办公室各副主任；区纪委、监察局各派驻纪检组（监察室）书记（主任）；各街道、奎文经济开发区、泰华城商务园区、北海路商贸经济发展区党工委书记、办事处（管委会）主任；区直各部门（单位）主要负责人；受表彰企业主要负责人；各社区党组织书记、居委会主任、社区集体经济组织董事长（由所在街道负责通知并组织与会）；部分重点企业主要负责人，区政府区长高志秀主持会议。会议贯彻落实中央和省、市经济工作会议精神，总结上年工作，分析当前形势，部署全年经济工作，动员全区上下振奋精神、克难奋进、大干实干，奋力开创现代化中央活力区建设新局面。会议要求把握形势、正确认识发展定位、中心城区、发展潜力优势，清醒看到“一小、一弱、一不优”劣势，深刻把握外部环境、政策利好机遇，克服消极情绪、等靠思想、僵化思维，树立干事激情、担当自觉、革新魄力，坚定做好经济工作的信心和决心；要突出重点、奋力攻坚，狠抓项目建设，打好征迁攻坚战，构建现代产业体系，强化要素支撑，深化社会治理创新，着力增强发展后劲、扫清发展障碍、振兴实体经济、增强发展动力、保障改善民生，努力推动更大更高水平发展。

2017年2月10日，全区经济工作会议在区综合服务中心会议室召开

【加快社区经济发展工作会议】 2017年3月24日，区委、区政府召开加快社区经济发展工作会议。会议贯彻落实全国“两会”和市、区党代会、经济会、“两会”精神，坚持问题导向，研究部署加快社区经济发展的任务措施。会议要求：深化认识、统一思想，高度重视社区经济发展，明确当前存在突出问题，增强加快社区经济发展的紧迫感、责任感，着力推动社区经济大发展、大突破；突出重点、把握关键，树立发展导向、问题导向、为民导向，按照转思想、入轨道、大发展“三步走”部署，实施合作社经济发展三年行动计划，不断探索新途径、新办法、新模式，因地制宜、多措并举，分类指导、统筹推进，推动社区经济规模壮大、结构优化、效益提升，为现代化中央活力区建设提供重要引擎；明确责任、加强领导，加强队伍建设，强化督导考核，层层传递压力，着力凝聚合力，确保任务举措落到实处。

【全面深化改革领导小组会议】2017年4月26日，区委召开全面深化改革领导小组会议。会议传达学习中共中央总书记习近平在中央全面深化改革领导小组第三十三次会议上的重要讲话精神、市委书记刘曙光在市委全面深化改革领导小组第二十二次会议上的讲话精神，审议有关改革文件，听取各专项小组工作打算，对做好2017年改革工作作出安排部署。会议要求：坚持有力有序，准确把握全面深化改革新阶段新要求，围绕深化重点领域和关键环节改革，围绕全面深化改革扩大开放、增强发展动力活力，坚定改革信心，增强改革定力，科学把握改革序时进度，确保中央和省、市委改革部署落实落地，为全面实现市、区党代会提出的各项目标任务提供动力和保障；坚持聚焦发展，明确改革任务，坚持问题导向，突出关键环节，做到缓急有序，逐项研究落实，切实提高改革落地深度；坚持质量优先，把好改革方案关，用好改革试点，增强法治意识，强化改革设计精度，在执行中统一思想认识，凝聚改革共识，形成改革合力；坚持压力传导，主要负责人要亲力亲为抓改革，改革工作班子要高效协调运转，部门要成为改革的主力军，切实加大改革落实力度。

【“作风建设年”活动动员大会】2017年4月27日，区委、区政府召开全区开展“作风建设年”活动动员大会。参加会议的有区级领导班子成员；区法院院长、区检察院检察长；区纪委常委，区委办公室、区政府办公室副主任，区委组织部副部长；各街道、奎文经济开发区、泰华城商务园区、北海路商贸经济发展区党工委书记、办事处（管委会）主任；区直各部门（单位）主要负责人；区纪委、区监察局各派驻纪检组（监察室）书记（主任）；部分重点企业主要负责人。各社区党组织书记、居委会主任、社区集体经济组织董事长，区政府区长高志秀主持会议。会议贯彻落实全市开展“作风建设年”活动动员大会精神，动员全区上下以“主动作为、主动担当、依法作为”为主题，以“汇集正能量·展现新作为”为主线。会议要求：抓住“人”这个关键，针对“懒”“庸”“诿”“慢”“浮”“散”问题，树立大局意识、危机意识、实干意识，把握目标定位新任务、区域竞争新态势、对标赶超新要求，点燃干事创业激情，保持“作风建设永远在路上”的清醒认识，增强深化作风建设责任感、使命感；抓住“事”这个根本，把心思集中在“想干事”上，把胆识体现在“敢干事”上，把能力展现在“会干事”上，把目标落实在“干成事”上，在大事、要事上转作风、比担当，在急事、难事上转作风、比魄力，在实事、好事上转作风、比服务，在重点工作推进中攻坚克难、展现作为；抓住“责”这个保障，健全责任分解机制，完善督查调度机制，严格考核问责机制，创新选人用人机制。

【推进“两学一做”学习教育常态化制度化工作座谈会】2017年5月15日，全区召开推进“两学一做”学习教育常态化制度化工作座谈会。会议深入学习贯彻中共中央总书记习近平关于推进“两学一做”学习教育常态化制度化的重要指示和中央、省、市委部署要求，对全区推进“两学一做”学习教育常态化制度化作出安排。会议要求：旗帜鲜明讲政治，将推进“两学一做”学习教育常态化制度化作为一项重大政治任务，进一步统一思想认识、增强行动自觉，切实增强推进“两学一做”学习教育常态化制度化的责任感使命感，为加快建设现代化中央活力区汇聚强大正能量；把加强思想政治建设作为首要任务，打牢“学”这个基础，推动学思践悟、立根固本成为常态，抓实“做”这个关键，推动践行“四个合格”成为常态，扭住党支部建设这个重点，推动"一切工作到支部"成为常态，在真学实做、知行合一上形成常态、抓出长效；把抓好党建作为最大政绩，聚焦寻标对标提标，聚焦推动全区经济工作突破发展，聚焦全面提升基层基础工作水平，聚焦党员干部作风建设和能力素质提升，切实把学习教育成效体现到做好改革发展稳定各项工作上，在融入中心、服务大局上形成常态、抓出长效；把加强组织领导作为重要保障，发挥"关键少数"带动效应，建立严格督导督查机制。

【"四个城市"部署暨经济形势分析会议】 2017 年 8 月 11 日，全区召开"四个城市"部署暨经济形势分析会议。参加会议的有区级领导班子成员；区法院院长、区检察院检察长；区纪委常委，区委办公室、区政府办公室副主任；各街道、奎文经济开发区、泰华城商务园区、北海路商贸经济发展区党工委书记、办事处（管委会）主任；区直各部门（单位）主要负责人；区纪委、区监察局各派驻纪检组（监察室）书记（主任），区委各巡察组组长；部分重点企业主要负责人。各社区党组织书记、居委会主任、社区集体经济组织党组织书记、董事长，区政府区长高志秀主持会议。会议贯彻落实全市"四个城市"建设动员大会、全市经济形势分析暨促进金融稳健发展工作会议精神，动员全区进一步统一思想、明确目标，以"四个城市"建设为统领，推进各项重点任务落实。会议要求：围绕产业强市部署，加快新旧动能转换步伐，提升经济发展能级；围绕文化名市部署，发挥好资源禀赋优势，促进文化大发展大繁荣；围绕活力城市部署，深化改革创新，释放区域发展活力；围绕品质城市部署，进一步提升城市品位档次，加快建设美丽家园；围绕当前经济工作，突出主题主线，明确任务、担当作为，努力走在"四个城市"建设前列，确保完成全年任务目标。

【区委十四届四次全体会议】 2017 年 11 月 17 日，区委召开十四届四次全体会议。参加会议的有区委委员、区委候补委员。区委书记李辉主持会议。会议深入学习贯彻中共十九大精神，传达学习省委十一届二次全会、市

2017 年 8 月 11 日，全区"四个城市"部署暨经济形势分析会议在区综合服务中心会议室召开

2017 年 11 月 17 日，区委召开十四届四次全体会议

委十二届四次全会精神，审议通过《中共潍坊市奎文区委关于深入学习宣传贯彻党的十九大精神的决议（草案）》，对学习宣传贯彻中共十九大精神作出全面安排部署。会议要求：以新思想凝聚高度共识，重点从理论飞跃、维护核心、内涵丰富、行动指南四个方面加深理解和认识中共十九大精神，准确把握中共十九大精神实质；坚持用习近平新时代中国特色社会主义思想武装头脑、指导实践、推动工作，做到抓棚改促全域城市化、抓转型促产业高端化、抓统筹促社会治理系统化、抓整治促城市管理精细化、抓试点促改革特色化，实现思想境界提升、发展质量提升、治理能力提升、城市品质提升“四个提升”；把握新时代党的建设总要求，把政治思想建设摆在首位，全面从严治党，打造高素质专业化干部队伍，加强基层组织建设和作风建设。

政策研究

【寻标对标活动】 到杭州、南京、济南和青岛、烟台等地市中心区寻标对标，重点对特色小镇、棚户区改造、体制机制创新、办公室“三服务”工作等方面考察学习，起草形成《关于奎文区党政考察团到杭州、南京、济南三市八区对标考察学习情况的报告》《关于赴青岛、烟台、济南、淄博中心城区对标学习党委办公室工作的报告》2 篇考察报告，其中《关于奎文区党政考察团赴杭州、南京、济南三市八区对标考察学习情况的报告》上报市委、市政府并印发至全区各级各部门。

【文稿起草】 全年组织起草全区经济工作会议、加快社区经济发展工作会议、全区推进“两学一做”学习教育常态化制度化工作座谈会、全区领导干部会议、全区开展“作风建设年”活动动员大会、全区“四个城市”部署暨经济形势分析会议、区委十四届四次全体会议等会议领导讲话材料 60 多篇，约 40 万字，校对 200 万多字；向市委、市政府汇报材料 30 多篇，约 19 万字、校对 90 万多字。平均每个工作日起草文字2500多字、校对1.2万字。

【调查研究】围绕区委工作重点、领导关注焦点、群众反映热点，到街道、园区、项目、社区等一线，做好中心城区核心竞争力、社区集体经济、重点项目等重点课题调查研究，起草形成的《奎文未来发展竞争力的分析与研究》，为区委决策提供依据参考。构建全区大调研机制，组织提报双“50”工程、特色园区建设、招商引资、社会治理系统化、全面从严治党等重点课题35个，分别明确责任单位、牵头负责人、具体承办人和完成时限，同时和区政府办公室、区发改局等多次组成联合调研组。

【宣传工作】通过编发《奎办通报》《学习与交流》《调查与参考》《参阅件》等区级党刊，宣传区委决策部署、领导讲话精神和各级各部门创新做法，全年编辑党刊33期。在《大众日报》上发表《奎文区推进“四大片区”开发带动转型升级》一文，在《山东通讯》上发表《突出“人事责”，转作风勇担当促落实》一文，在《潍坊通讯》《潍坊日报》上发表《加快建设现代化中央活力区》《四大片区起宏图、实干作风谋跨越》等文章11篇。

【公文处理】落实《党政机关公文处理条例》和《山东省〈党政机关公文处理条例〉实施办法（试行）》，严格把握公文政治关、政策关、文字关和格式关，提高公文处理规范化水平，全年处理各类公文380个，比上一年增长64.5%。创新实施综合文稿校对机制，统筹力量对公文进行集体校对，参与人数根据文稿数量、篇幅灵活确定，原则上每个材料至少有2名工作人员通过“校对五步法”进行校对，确保会议印发文件准确无误。

【方法创新】创新区委办公室综合文字工作风险点及防控措施，建立综合文稿校对、公文处理工作检查、不合格文稿退回、责任追究等“四大机制”，最大限度避免文字风险。创新调研工作办法，采用联合调研、“外脑”调研等方式，发挥以文辅政作用。建立宣传联动机制，与区委宣传部、区政府办公室密切合作，加大对上协调沟通力度，多渠道宣传全区重点工作。创新每天“半小时”工作法，在处理日常工作任务的同时，坚持每天挤出半个小时搜集城市竞争力调研资料，研究分析相关内容。

组织工作

【干部教育培训】举办青年干部培训班，采取“3+1”模式，即在区委党校进行为期3周的理论学习、到清华大学接受为期1周的能力提升培训，共培训学员52人。做好上级调员工作，组织参加各类专题培训班103人次。建设党性教育基地，重点打造潍县乐道院党性教育基地，成立专门工作小组，制定《潍县乐道院党性教育基地打造提升工作方案》，做好资料挖掘和展馆设计工作。

【队伍建设】结合“作风建设年”活动，研究制定《奎文区关于实行一线考察使用干部的意见》，配套建立双向激励机制，每月至少一次到项目现场跟踪考察，全程了解干部表现情况，给予在一线工作取得突出成绩的31人记三等功各一次。挑选年富力强、有上进心的干部到街道领导班子，对专业型干部不足的班子和搭配不尽合理的部门班子进行理顺，对部分不适应现职工作的干部免去职务保留原职级。

街道女干部、年轻干部的配备比例分别提升28%和35.71%，政府工作部门中女干部和非中共党员干部的配备比例分别提升12.5%和25%。公开选拔年轻副科级领导干部14名。研究制定《关于进一步规范干部选拔任用工作的意见（试行）》及动议、民主推荐、考察、讨论决定、任职管理5个配套办法，全年共调整干部4批290人次，实现“零信访”。成立领导小组，筹建公务员管理科，明确1名科级干部牵头负责试点工作，对公务员、参照管理人员及军转干部等情况进行摸底。制定试点工作实施方案、职级设置方案、职级套改方案、职级晋升办法，对符合条件的人员开展职级套改。实施科级干部德廉才绩量化考核和一般干部全员绩效考核，年初明确任务目标，年中加强日常考核跟踪问绩，年末进行公开述职测评，确定优秀等次人员176人。完善领导干部廉政体检档案，收集干部廉政体检信息32条。组织开展领导干部个人有关事项填报，对48名县级领导干部的个人有关事项内容进行审核。对26名部门（单位）主要负责人进行离任审计，对3名部门主要领导进行任中审计。建立100人的干部口碑监督员队伍，加强对干部“生活圈”“社交圈”的监督。建立干部人事档案联络员制度，规范干部档案日常管理，办理区管干部档案查借阅1960多人次。突出干部提拔、重用、公务员调任等重点环节，严格干部档案审核，收集干部档案材料1600多份。维护全国公务员管理信息系统、干部信息管理系统，形成干部信息6万多条。

【基层党建】 社区“两委”换届　组织召开全区社区“两委”换届选举工作动员部署等会议，制定实施办法、工作流程和实施细则等12个指导性文件，为换届提供基本遵循规程。抓好换届综合协调和督促整改，下发整改函3次，开展选情分析、入户调查、现场指导等20多次。编发简报17期，在市换届办简报刊发经验信息3次。社区党委换届全部完成，人员素质和“一人兼”“交叉任职”比例大幅度提升。

基层党建　组织实施“抓党建促发展攻坚项目”78个，推动基层党建“一岗双责”责任落实。推进区委书记抓基层党建突破项目“社区专职工作者职业化发展体系”，健全社区工作者定编管理、公开招聘、生活补贴三项制度，按事业单位人员工资标准为社区专职工作者落实生活补贴，3名社区党委书记荣获“全国专业社会工作领军人才”“中国最美社工”等荣誉称号，社区持证社工比例为41%。

城市基层党建　制定城市基层党建标准55条，实施品质社区建设三年行动计划，建设社区二级网格“党群微家”工作站386个，2个社区被评为“全国社会工作服务标准化示范社区”，为全国基层社会治理示范培训班提供教学点4个。创新两新组织党建模式，建设区域性党群服务中心18个，打造“创客天下·旗帜领航”等党建品牌22个，为全省两新组织党建工作推进会提供5个观摩现场，为全省个体私营企业党建工作推进会提供2个观摩现场。创新推进中小学校党建工作，党建课程化相关做法在央视新闻联播、人民日报等媒体报道，被国家教育部《人民教育》作为中共十八大之后中小学党建述评的重要内容进行推广。“细化网格治理，提升为民服务水平”和“创新工作模式，激活两新党建”2项工作被评为“全区改革创新优质项目”。

合作社党建　制定社区集体经济组织党建工作指导意见和提升方案，保障合作社党组织的领导核心地位，深化党组织领导下的“由民做主”议事决策模式，完善合作社“四议两备案两公开”重大事项决策制度，加大党务财务居务公开力度，夯实社区集体经济组织党建基础。

“互联网+党建”　做好“灯塔—党建在线”综合管理服

务平台工作，完成928个党组织、16853名党员基本信息采集，798个基层党支部开通山东e支部，党员实名注册率为100%。建成覆盖三级（区、街道、社区）的可视基层管理服务系统，建立管理员队伍，举办专题业务培训班，培训各级管理员117人。做好“三务”网络数字电视公开工作，注册开通账户2610个，实现66个社区全覆盖。完成城市社区“两委”成员专科学历教育工作，24名“两委”成员全部录取。报送典型事迹片《我的生活我的金都我的家园》和工作案例片《党建课程化激发教育新活力》，其中《我的生活我的金都我的家园》获全市优秀作品奖。

机构编制工作

【改革推进】 奎文区印发综合行政执法体制改革方案，全面完成综合执法基层工作力量下沉工作，将现有在编执法队员70%下沉到街道开展工作，建立管理、服务、指挥、监察、执法“五位一体”的综合执法管理模式，实现综合执法的“奎文”样板。在全市公办中小学探索成立以街道为主的“大学区”理事会，成立育才、广文、育华“大学区”理事会3家，4所学校列入潍坊市2016年依法自主办学试点学校，1所学校荣获“潍坊市教育改革创新鼓励奖”，奎文区被确定为“潍坊市推进中小学依法自主办学试验区”。打造“精编简政”的机构编制品牌，在调研成果转化中，《中小学大班额影响因素分析》在全市机构编制系统科研成果创新评选中荣获二等奖。

【行政审批制度改革】 2017年，承接上级下放事项2项、调整权力事项325项，其中新增事项135项，取消事项59项，调整事项31项。清理规范审批服务收费，1项中介服务收费项目不纳入清单管理。将8120项三级公共服务事项和5819项权力事项按要求录入省、市行政权力动态管理系统。组织全区30个部门（单位）编制随机抽查事项159项，建立检查对象名录库和执法检查人员名录库、制定随机抽查工作细则。完成三级公共服务事项清单编制，46个区直部门纳入服务事项603项、8个街道纳入840项、67个社区纳入6633项，服务事项和办事指南通过政府门户网站对外公布，方便群众查询使用。组织全区57个部门（单位）对年检及和政府指定培训等进行清理规范，对于没有法定依据设定的年检及培训事项一律取消，最终保留奎文区年检事项33项，政府指定培训15项，形成《奎文区年检事项目录》和《奎文区政府指定培训目录》，向社会公开。深化“最多跑一次”审批服务改革，组织52个区直部门（单位）梳理编制“零跑腿”和“只跑一次”事项清单，将对企业和群众通过网上、信函或自助终端等方式即可办理的事项纳入“零跑腿”事项清单，共纳入12个部门26项事项；对企业和群众只需到部门（单位）跑一次即可办结的事项纳入“只跑一次”事项清单，共纳入25个部门152项事项。

【机制创新】 设置奎文区城市发展推进办公室、巡查办和巡查组、职能办、政协专委会办事机构、大虞街道事业单位、节能办、楼宇办、产业发展办公室等相关机构和科级职数。做好“僵尸”事业单位清理工作，通过“撤并转”等方式，加大“僵尸”事业单位清理力度，撤销竞技体校、农广校、三电办、房屋安全鉴定所、交通工程处等职能弱化事业单位，将有限的机构编制资源向保障民生和重点领域倾斜，发挥机构编制资源的最大效用。完成机构编制云平台信息录入工作基础上，将290个党政机关和事业单位的三定方案信息与权责清单信息、行政审批项目信息、部分可公开的实名制信息进行关联，科学评估各部门（单位）履职、机构设置、人员编制配备等情况，探索“用数据说话、用数据决策、用数据管理、用数据创新”的机构编制管理新机制。完善编办与区组织部、区人社局、区财政局等部门的协作配合机制，做到机构编制、实有人员、工资统发三统一，执行机构编制审批制度和程序。建立人员编制预警机制，对超编、满编、空编单位分别按照“红、橙、绿”三级预警进行管理，按照“红色一票否决、橙色先出后进、绿色严格控制”的原则进行提前管控。

【事业单位监管】 开展事业单位法人治理结构建设，全区纳入改革范围的3家公立医院，全部建立理事会，制定外部理事、外部监事管理办法等配套制度，完成外部监事派驻工作。评选出2016年度事业单位绩效考评A级单位16家和信用等级评定A级单位10家，并将16家绩效考评先进单位纳入全区科学发展大表彰。重新修订2017年考评方案和检查细则，增强考评的有效性。全面完成全区95家事业单位法人的年报公开；为40家单位办理事业法人登记信息变更，为20家单位办理统一社会信用代码变更，根据机构调整情况，按程序收缴有关事业单位印章。

人才工作

【海外人才引进】 新建新西兰、澳大利亚2处海外高层次人才工作站，聘任海外引才顾问6人。建成澳大利亚中国博士沙龙潍坊工作站。引进美国加州大学终身教授、美国技术与管理咨询公司总裁、加拿大皇家学院院士、新西兰工程院院士等海外人才到奎文区创新创业。

【重点人才引进】 建立《奎文区重点企业引才目录》，发挥企业引才用才主体作用，引进中国工程院院士、国务院特殊津贴专家、长江学者特聘教授等顶尖人才10人。应邀参加2017年全球智能工业创新大会，建立引进海外高层次人才北京联络站。

【人才政策体系构建】 构建以《关于落实“十三五”规划，加快构建“中央活力区”人才发展体系的实施意见》为统领，以“奎文英才”系列管理办法、社会化招商奖励办法等为配套的“1+N”人才政策体系，设立“奎文引才伯乐奖”“奎文英才勋章”，出台《关于深化科技人才副职选聘工作的实施意见》，促进人才、技术、项目等要素加速集聚。

【本土人才培育】 新增泰山学者1人、鸢都产业领军人才2人、全国专业社会工作领军人才1人、全国特级优秀人民警察1人、齐鲁文化之星1人。入选齐鲁金融之星4人、山东省金融高端人才1人。推荐“千人计划”1人，推荐国家“万人计划”教学名师1人。

宣传工作

【理论宣传工作】 把学习宣传中共十九大精神作为首要政治任务，认真贯彻省、市、区党代会精神，引导广大党员干部群众用科学的理论武装头脑、指导实践、推动工作。制定下发《关于做好学习宣传贯彻党的十九大精神宣讲工作的通知》，认真做好中央和省委宣讲团宣讲的组织工作，成立由区委有关领导为组长，副县级干部、区直部门负责人、区委党校专家学者等22人组成的区宣讲团，从2017年11月中旬开始，分赴各街道、区直有关部门，以及部分社区、学校、企业开展宣讲30多场，引导各级更好地用中共十九大精神武装头脑、指导实践、推动工作。加强理论中心组学习规范化制度化建设，制定出台《区委中心组2017年理论学习安排意见》《区委理论学习中心组党的十九大精神专题学习研讨实施方案》等文件。结合中共十九大、省市区党代会、“作风建设年”“四个城市”等工作，区委中心组组织集体学习13次，举办专题理论辅导报告会8次。中心组成员16篇理论文章、典型案例入选全市党委中心组优秀研究文集。开展学习型党组织示范点创建活动，全区市级学习型党组织达到15个。实施“政策理论宣讲直通车”工程，通过建立基层理论驿站、打造理论辅导员队伍、创作“理论好声音”宣讲秀、搭建理论宣讲“微平台”等举措，组织开展中共十九大精神、“两学一做”、市区党代会精神等基层宣讲360多场，直接受众近2万人次。“理论政策宣讲直通车”典型经验得到省市有关领导的肯定。2017年11月，《基层理论宣讲创新路径探析》理论文章被国家级核心期刊《理论学习》刊发，并被立项为2017年度山东省重点社科研究课题。是年12月，该项目被区委评为“全区深化改革优质项目”。组建由理论骨干、党政干部、社科专家组成的120多人百姓宣讲团，用群众通俗易懂、喜闻乐见的形式宣传理论政策、凝聚人心力量。为山东省“双百结队联动”百名专家进基地和潍坊市“中国梦·党在心中”百姓宣讲团全市巡回宣讲提供现场。全面提升2处省级理论宣教基地、6处市级理论宣教基地和19处市级理论大众化示范点的建设水平，构建覆盖全区，囊括机关、学校、社区各类场所的宣讲网络。区委宣传部被评为全市理论宣讲工作先进单位。

【精神文明建设】 以全国文明城市和省级文明城区创建为目标，开展群众性精神文明创建活动，深化“四德”（社会公德、职业道德、家庭美德、个人品德）工作建设，未成年人思想道德水平、公民修养和道德素质得到提高。以春节、元宵节、清明节、端午节等传统节日和七一、十一等重大节日为切入点，开展“春联大赠送”“迎春猜灯谜”“网上祭英烈”“邻里一家亲”“包粽子比赛”“向国旗敬礼”等主题鲜明、内容丰富、成效明显的系列实践活动。开展“我为‘四个城市’添光彩”主题演讲比赛、“文明出行”征文比赛、“诚信示范单位”评选、“我评议我推荐身边好人”等活动，有15人被评为“潍坊好人”，1人被评为潍坊市道德模范，1人被评为山东好人，评审出2017年“感动奎文·年度十佳先模人物”10人。按照志愿服务“四化”（项目化、精准化、专业化、社会化）要求，打造卧龙社区志愿服务示范点。在全省“四个100”先进典型评选中，天使公益创始人肖岚被评为全省“最美志愿者”、公安奎文分局“锁窗防盗”志愿服务项目被评为山东省“最美志愿服务项目”、北苑街道则尔庄社区被评为全省“最美志愿服务社区”。持续开展公共文明指数测评和文明巡访工作，全年共印发简报10期，整改难点问题600多处，坚持问题整改“回头看”，深化迎测工作。全区新增省级文明单位1个、新增文明社区3个；新增市级文明单位9个、市级文明社区5个。顺利完成1个全国文明村镇、25个省级文明单位、30个省级文明社区、35个市级文明单位、7个市级文明社区、75个区级文明单位、17个区级文明社区的复查工作。深化未成年人思想道德建设，组织开展“红领巾小记者”“网上祭英烈”“童心向党”“优秀童谣传唱”等系列主题实践活动。区委宣传部联合区教育局、团区委、区妇联、区关工委开展学习和争做“奎文好少年”活动，评选出100名“奎文好少年”，有6名中小学生被评为潍坊市“美德少年”。按照“一街+一屏+一区+一空间”的思路布局，打造阳光100园区示范点，成为传播社会主义核心价值观及宣传思想文化工作的主阵地。在全区66个社区、72个机关单位，30所中小学校、26家企业均建立了善行义举四德榜，四德榜建设覆盖率为100%。2017年，奎文区被评为“省级四德工程建设示范区”。

2017年11月14日，奎文区举办“我为‘四个城市’添光彩”主题演讲比赛，图为向获奖者颁发证书

【新媒体工作】 **奎文发布政务微信** 用户数量增至20万人，全年发稿1576条，阅读量为753.78万人次。完成3.0版本提升，将UI突出体现奎文区的重点项目，功能涵盖潍坊市所有的智慧城市功能共26项，惠民服务扩展至12项，2017年在全市WCI排行榜中位列第一。在2016年开通“头条号”的基础上，陆续开通“百度百家”“UC头条大鱼号”“一点资讯”“搜狐新闻”“网易新闻”“企鹅全媒体平台”六大平台进行试运营，让相同信息资源多媒体、多形态呈现，阅读量达71.4万人次。拍摄并制作“人民广场看樱花”“国际创意港场景展示”等多个VR场景，是全市首个政务新媒体独立制作的VR场景，单篇阅读达1万多人次。

奎文发布政务微博 用户数量增长至12万人，年发稿1124条，阅读量为850万人次。“奎文发布”“乐活奎文”和“直播奎文”3个固定话题，全年累计推送信息1324条，“乐活奎文”话题阅读量为319.5万人次，“奎文发布”话题阅读量为415.6万人次，“直播奎文”话题阅读量为15万人次，全年在全市WCI排行榜中位列第三。

奎文发布头条号客户端 用户数量增至1.2万人，年发稿1046条，阅读量为615万人次，全年多次上榜全国政务头条号前百强。

政务新媒体矩阵账号 数量增长至104个，共启动群发25次，短时间、高密度、大范围的矩阵群发对工作促进效果显著，平均每次群发阅读量都能突破“10W+”阅读量，全市WCI影响力排行榜中每月平均12个账号入围百强榜。

便民服务微信平台　打造由区级、街道、社区和楼栋四级微信群组成的“幸福奎文”便民服务微信平台，本着先试点、后推广、再普及的原则，首先在北海路街道胡西社区试点。全年在8个街道的8个试点社区实现住户覆盖率为70%以上，各试点社区居民诉求办结率超过90%。该项目被评为奎文区“改革创新优质项目”。

统一战线工作

【**概况**】2017年，中共奎文区委统战部(以下简称区委统战部)被评为“全国‘五好’工商联”“全市统战信息工作先进单位”“全市统战理论调研工作先进单位”“全市统战宣传工作先进单位”“全市民族团结进步创建工作先进单位”“全市少数民族流动人口服务管理工作先进单位”，中学街社区被评为“全省第四批民族团结进步创建示范单位”。

【**夯实基础**】2017年6月，召开全区统战工作会议，传达学习全市统战部长会议精神和全市宗教工作会议精神，安排部署2017年统战工作任务，进一步提出要求、明确目标。会议要求学习中共十九大精神作为首要政治任务，集中组织民主党派、无党派、非公经济人士、新的社会阶层人士以及民族宗教界人士分期分批进行学习研讨。以习近平新时代中国特色社会主义思想为统领，引导广大统战成员善于聆听时代的声音，听党话、跟党走。开展“两学一做”常态化教育和“作风建设年”活动，召开“作风建设年，我该怎么干”学习讨论会，成立领导小组，开展学访活动，建立常态化互访机制，提升全区统战工作水平。

2017年12月14日，山东省委常委、省委统战部部长邢善萍（右二）到奎文区进行专项督查、调研。市、区有关领导参加活动

【**非公经济统战工作**】2017年6月21日，区工商业联合会第五次代表大会召开，会议选举产生区工商联第五届执行委员会和新一届领导班子。开展全区民营企业大走访活动，引导广大非公经济人士规范经营行为，共同构建新型的亲清政商关系。建立年轻一代非公有制经济代表人士库，按照“三强一好”标准，逐级建立后备梯队，组

织参与“听党话、跟党走、接好班”主题教育活动，畅通参政议政、建言献策渠道。发挥新生代企业家商会的作用，组织新生代企业家与政协委员、优秀企业家开展“面对面”活动，加强互动交流，实现资源共享。印发《关于做好街道（园区）基层商会换届工作的实施意见》，各基层商会严格按照程序制定换届工作方案，所有街道基层商会完成换届工作。则尔庄社区6个专业市场300多家企业商户自发成立社区商会，加强非公企业与社区居民联络和交流。

【新的社会阶层统战工作】2017年将新的社会阶层人士统战工作纳入年度工作要点，并作为重点工作任务列入统战工作考核内容，为开展新的社会阶层工作搭建保障平台。是年2月，设立新的社会阶层人士联络服务办公室，副科级事业单位，隶属区委统战部，事业编制3人，为新的社会阶层统战工作深入开展搭建工作平台。建立新的社会阶层人士统战工作联席会议制度，定期研究讨论工作开展情况，安排工作部署。建立新的社会阶层人士教育培训机制，把新的社会阶层人士教育培训纳入全区非中共党员干部教育培训总体规划，提高新的社会阶层人士的整体水平。是年11月23日，在潍坊1532文化产业园召开以新业态、新组织成员等为主体的奎文区新的社会阶层人士联谊会成立大会，共有会员169人。安排部署“一街一品”创建工作，向全区8个街道印发《关于开展全区基层统战“一街一品”创建活动的通知》，各街道着力打造一批“全区站排头、全市有位置、全省有影响”的统战工作品牌。全市新的社会阶层统战工作现场会参观了辖区的中天下统战工作现场，孙家社区被授予“全市社会组织统战工作示范社区”称号。

【统战队伍建设】完善组织部门和统战部门相统一的非中共代表人士数据库，把学历高、专业强、政治素质好的非中共代表人士纳入数据库重点培养，实行动态管理、跟踪考核，并及时调整补充。2017年11月，在曲阜举办全区统一战线代表

2017年6月12日，全区统战工作会议在区综合服务中心会议室召开

人士履职能力提升培训班，全区统战干部、各民主党派代表、非公有制经济人士代表、区新联会会员代表等参加培训。建立并落实区级党员领导干部与非中共代表人士联谊交友制度，每人联系3名非中共代表人士，区委统战部领导干部每人联系5名非中共代表人士，街道党员领导干部每人联系3名非中共代表人士。各级党政领导干部定期与非中共代表人士进行交流沟通，了解掌握联谊对象的思想动态，听取联谊对象对全区经济和社会事业发展、民生民计等方面的意见建议。在工福街社区、孙家社区、中天下、阳光100、山东广潍集团有限公司等社区、重点楼宇、企业创建“同心驿站”8处，为全区统战成员搭建展示、锻炼、成长的平台。

【服务经济社会发展】 2017年，研究制定《区委统战部“四个城市”建设三年行动计划》，组织辖区各民主党派支部、工商联和无党派人士，认真学习全区“四个城市”部署暨经济形势分析会议会议精神，围绕“四个城市”建设建言献策。召开新旧动能转换政策解读会，采取多种方式组织企业进行企业转型升级、危机管理、资本运营等方面的培训，全年培训200多人次。通过“奎文统战”微信公众号、奎文区统一战线工作平台等宣传全区“四个城市”建设的战略部署，营造良好舆论氛围，维护全区团结和谐的良好局面。做好1532文化产业园项目推进工作，不定期召开调度会议，研究解决问题，全力促进基础设施建设，打造“文旅商教”四位一体融合发展的产业园区，为全市科学发展点评提供现场观摩点。联合民主党派人士和新的社会阶层人士开展义诊、法律咨询等活动8次，义务接诊病人800多人（次），免费赠送药品价值2万元。在非公经济人士中开展致富思源、富而思进教育活动，引导他们积极参加“同心工程”“光彩事业”，开展公益捐助活动6次，为落后地区和困难群众捐款捐物共计20万多元。

2017年11月23日，奎文区新的社会阶层人士联谊会成立大会在潍坊1532文化产业园召开。潍坊市委统战部常务副部长王志明（右）、奎文区委书记李辉（左）共同为联谊会揭牌

【民族宗教工作】 召开全区统战暨宗教工作会议，传达学习全市统战部长会议及全市宗教工作会议精神，就全区贯彻落实情况作安排部署。在全区宗教工作干部、宗教界人士和信教群众中开展“宗教政策法规学习月”活动，提高基层干部和教职人员的政治和业务素质。对全区11处宗教活动场所就汛期安全、消防安全、饮食管理等方面进行安全检查。依托奎文统一战线平台，建立信息化服务系统，将少数民族流动人口信息建档立册。

信访工作

【概况】 2017年，中共潍坊市奎文区委、潍坊市奎文区人民政府信访局（以下简称区信访局）受理来访495起1768人次，按期受理率为100%；受理各级转来人民来信104件，受理网上投诉事项1763件，来信事项和投诉事项按信访程序全部处结；发生去省访39起，比上一年下降22%；进京非正常上访5人次，比上一年下降37.5%。区信访局在全市科学发展综合考核信访事项中获得“四区第一”的成绩，被授予“潍坊市信访工作先进单位”“潍坊市十九大维稳安保工作先进单位”“潍坊市精神文明单位”称号。

【化解工作】 落实全市“作风建设年”依法做好信访工作要求，开展“万人下基层”化解信访积案活动，对市委交办的访龄超过4年以上的36起信访积案全部化解，对区信访办自行排查的204起信访积案化解或结案197起，化解率为96.57%。

【听证工作】 根据区级领导工作分工和包靠街道、联系部门要求，实行区级领导每年至少带头认领2起案件、责任单位主要领导包案责任机制，推行区级、街道、社区三级信访听证制度，促进疑难案件得到公开公正处理。全年区级、街道、社区三级共举行听证150多人次（包含对涉军人员听证26人次），化解复杂疑难信访事项289件。

【网上信访】 信访事项的受理、办理情况全部实现网上跟踪、监督、评价、查询。全年有8个街道、48个重点部门开通网络信访受理平台，网上受理信访案件400多件，群众满意率为98%。在全市网上投诉办理工作会议上区信访局作典型发言。

保密工作

【保密规范管理】 制定全区机关保密守则和奎文区保密工作实施细则，推进定密、网络保密、涉密人员的管理工作。建立明确的保密目标评价标准，将保密管理科学化、制度化、标准化，开展保密自查自评工作，实现由依靠保密部门检查向机关、单位例行自查自评转变。建立完善权责明晰、程序规范、依据充分、监督有力的定密管理工作机制。按照国家保密技术标准和管理要求，规范全区涉密和非涉密办公网络建设，推行安全保密测评和风险评估制度，完善机关、单位网络保密管理体制，加大重要涉密单位互联网集中接入安全管控力度，提高应对网络窃密泄密的技术监管能力。加强对互联网及其他非涉密网络和智能手机等移动终端、无线局域网使用的保密监管，有效防范和处置违规存储、处理、传输、发布涉密信息行为。

【保密宣传教育】 开展形式多样的保密宣传教育，提高保密教育培训的针对性和实效性。以领导干部和核心重要涉密人员为重点，扎实开展保密意识和保密常识教育。围绕提高领导干部和涉密人员的保密意识、保密能力，解决好教什么、怎么教的问题。

将保密教育纳入区委党校干部培训课程，对青年干部培训班、科级干部培训班及各街道和部门进行专题授课，保密培训人数约300人次。

【保密监督检查】 指导全区各单位做好自查自评工作，强化各单位保密主体责任，及时消除泄密隐患，建立保密工作长效机制。区保密局对各单位报送的自查自评情况进行全覆盖督查，对重点涉密单位进行经常性的专项检查，以查促改、以查促防、以查促教，提升全区各级各部门的综合保密管理能力。指导各部门各单位做好自查工作的同时，区保密局、区政府办公室、区委机要局组成联合检查组，对重点涉密部门和部分街道进行详细检查。检查中不打招呼、不预先通知，深入现场检查，切实掌握真实准确保密工作现状。对发现的泄密隐患，逐一提出限期整改意见，并由主要负责人在反馈意见上签字。

对台工作

【经贸合作】 2017年，借助潍坊国际风筝会和鲁台经贸洽谈会平台，深化对台“三招三引”，推进对台合作由单纯注重引资向引资、引智、引技并重，重点推进在金融、健康养老、医疗保健、文化创意、工业设计等现代服务业和新兴产业等领域的合作。引进山东力鑫养老产业发展有限公司、潍坊和睦家妇婴医院、潍坊大登不动产经纪有限公司等5家台资企业。推动潍坊华天柴油机制造有限公司等3家企业共7人次到台湾开展考察交流、商务洽谈和技术合作工作。区台办被授予“潍坊市对台工作先进单位”荣誉称号。

2017年9月1日，台湾民意代表费鸿泰率台北基层里长参访团一行36人到大虞街道孙家社区参访交流

【与台交流】 2017年，邀请台湾基层民众来奎文区参访，鼓励赴台团组深入台湾基层社区、养老机构等开展交流，推动两地基层民众和社区间互动交流学习。台北市信义区国业里、台湾南投基层交流团、基隆市七堵区基层交流团、台北基层里长参访团等4个台湾团组129名台湾同胞到大虞街道孙家社区、广文街道东上虞社区参访交流，台北市信义区国业里、基隆市七堵区正光里分别与大虞街道孙家社区签订交流合作协议。是年3月，区委统战部领导带队，由有关部门和企业负责人等8人组成奎文区经贸考察团，到台湾考察社区服务、企业文化和行业协会管理，达成

2017 年 4 月 23 日，台北市信义区国业里一行 50 人到大虞街道孙家社区参访交流

多项合作意向。是年 10 月，区教育局领导带队，由区台办和教育系统有关单位、学校、幼儿园负责人等 9 人组成奎文区教育考察团，到台湾参加“两岸教育论坛”活动，考察台湾部分学校和幼儿园，与两岸教育同行进行交流学习。

【涉台服务】 2017 年，开展“台资企业走访季”和“台胞权益保障工作优质服务”活动。春节和中秋节期间，对辖区台资企业进行普遍走访，了解其经营状况和存在的困难问题，及时协调帮助解决。建立健全台胞台企服务体系，向台胞台企公开 24 小时服务电话，为台胞台企提供“一条龙”和“保姆式”服务，协调帮助康源生物技术有限公司办理到台湾交流考察事宜。

【对台宣传】 全年在媒体刊物发表涉台工作信息稿 20 多篇。2017 年 5 月，山东电视台到辖区台资企业潍坊和睦家妇婴医院进行录制拍摄主题为台湾青年在大陆创业的短片。是年 8 月，媒体记者到辖区台资企业山东力鑫养老产业发展有限公司采访报道，宣传台商在大陆创业，助力当地经济社会发展的事迹。是年 9 月，山东省台办联合鲁网拍摄组到大虞街道孙家社区采访拍摄《“望乡 30 年”—两岸同胞交往交流三十周年鲁籍人士访谈》网络视频专题片。是年 10 月，山东省台办组织“鲁台情 · 一家亲”海峡两岸媒体山东行一行 11 人到大虞街道孙家社区进行采访拍摄。区台办被授予“全国对台宣传工作先进单位”称号。

【党建工作】 2017 年，规范“三会一课”制度和支部生活日活动，召开民主生活会和组织生活会，开展批评与自我批评；开展民主评议党员，创建机关党建品牌，在全体党员中开展“钻业务、读好书、提素养、争标兵”活动。开展以“主动作为、主动担当、依法作为”为主题的“作风建设年”活动，到临朐县台办和胶州市台办进行提升学习；日照市台办、威海市台办、河北省台办到辖区省级海峡两岸交流示范点东关街道苇湾社区考察学习基层对台工作经验做法。推进“包居联户”活动，为包靠社区办4件实事，购置10个垃圾桶、给树木喷洒农药、走访贫困户、重阳节为社区老人免费理发。

区直机关党建工作

【概况】2017年，中共奎文区委区直机关工作委员会(以下简称区直机关党工委)推进机关党建5项重点任务的落实，举办党员干部培训班，全年参训党员干部600多人次，新发展党员13名，按时完成全年党费收缴。

【“两学一做”学习教育活动】本着分类指导的原则，督促各支部结合实际制定年度党建工作计划，并与基层党支部书记签订党建工作责任书，指导52个直属机关党组织分别建立工作清单、责任清单、问题清单，以“清单化”压实机关党建工作责任。对重点工作、重要事项、重点环节，安排专人督促指导，推进“两学一做”学习教育常态化、制度化的深入开展和基层党建重点任务落实。

【基层组织建设】完成灯塔党建在线系统党组织和党员基本信息采集工作，录入104个基层党支部和2071名党员基本信息，全部完成开通“e支部”和党员实名注册工作。指导规范中共奎文区金葵花舞蹈学校党支部等45家“两新”组织（新经济组织和新社会组织）党支部正常开展党的组织生活。制定并印发《区直机关党工委推进过硬支部创建工作方案》，对所属支部分类定级，评定为不合格、合格、过硬、示范四个等次，实行动态管理、滚动评估，实现“五个过硬”目标，推动全面从严治党向基层延伸，实现基层党组织建设全面进步、全面过硬。

【党员干部队伍建设】制定印发《关于加强学习、提高干部队伍素质的意见》，对全年推进机关党组织政治学习作出部署。全年组织党务培训班3期、“万名党员大培训”1期，培训党务干部、入党积极分子、基层党组织负责人600多人次。召开奎文区直机关党建暨“作风建设年”活动座谈会，举办“潍坊城投集团杯”作风建设年暨“两学一做”学习教育知识竞赛，2000多名党员参与答卷测试。

【文明和谐机关建设】推荐“感动奎文·年度十佳先模人物”和“基层好干部”候选人29人，其中，2人当选“感动奎文·年度十佳先模人物”。开展学雷锋志愿服务活动，成立志愿服务领导小组，组建志愿服务队伍，配合全国文明城市创建,2017年5月，在北苑街道沙窝社区开展为期一个月的卫生清洁、制止不文明行为活动，收到良好效果。在北苑街道敬老院开展“三关爱”志愿服务，为敬老院20多名老人送去毛巾、肥皂等生活用品。

【机关作风建设】在区直机关集中开展以“三抓两促一提升”（抓党建基础、抓品牌创建、抓服务品质，促队伍建设、促业务工作，提升群众满意度）为主要内容的作风建设活动。按照“一单位一品牌、一单位一特色”的要求，把转变作风的要求和成效体现到具体业务中。落实基层党建工作责任制，持续抓好品牌建设，发挥“创先争优强基固本做先锋”等品牌效应，以品牌创建带动作风持续转变，效能不断提升。建立健全党风廉政建设主体责任体系，每季度利用工作例会、党课等形式，研究部署党风廉政建设工作，把干部自律、踏实做事、认真解决群众反映的热点难点问题作为党风廉政建设工作的重点内容，全年处置不合格党员5名，并严格进行责任追究。在系统内营造出风清气正、昂扬向上、与时俱进的工作和学习环境。

党校工作

【概况】 中共奎文区委党校(以下简称区党校)是在中共奎文区委直接领导下培养党员领导干部和理论干部的学校，是加强党员理论教育和党性教育的主阵地，是培训轮训党员领导干部的主渠道。2017年，区党校被市委宣传部确定为“潍坊市大众理论宣讲示范点”。

【教学工作】 2017年，区党校建立专兼职教师师资库，出台教学新专题生成和使用管理办法。全年完成主体班次2期6个班次，参训学员218人次；开办青年干部培训班，培训青年干部38人；开展“万名党员进党校”培训15期，培训基层党员5436人；选派9名教师参加市、区宣讲团，共宣讲35场次，受教育干部群众5000多人次。在省、市党校系统精品课竞赛和名师评比活动中，1名教师教案被评为省级优秀教案、1名教师在全市党性系统精品课竞赛中获得三等奖、1名教师获全市党校系统主体班次优秀教学奖。在“潍坊市十佳理论宣讲员”评选中，有2名教师入围评选，1人被授予“潍坊市十佳理论宣讲员”。加强基层党校业务指导，与区委组织部联合制定下发《基层党校建设管理规范》《基层党校建设考核标准》，基层党校标准化建设和基层党员培训全覆盖格局基本形成。

【科研工作】 推进“3+1”教育培训模式改革，区党校打破以往传统办班模式，设立创客、互联网+、金融、特色小镇建设、和楼宇经济等培训班，由学员根据自身岗位和兴趣特点，分组深入基层调研，党校教师跟进指导，形成优秀调研报告11篇并集结成册。发挥科研带动作用，参加上级党校和宣传、社科联等部门组织的理论研讨活动，申报山东省党校系统科研项目立项1个，市级党校系统科研项目立项3个，顺利完成市级科研项目立项4个，发表理论文章国家级1篇、省级4篇、市级6篇。

【行政后勤】 组织开展“作风建设年，我们怎么干”“学习十九大，表表心里话”理论研讨5(场)次，将“严纪律、转作风、提素质、树形象”工作抓在日常、严在经常。开展“对标一流、比学赶超”活动，市内对标高密市委党校，省内学习临沂市河东区委党校，全国以江苏江阴党校为榜样，组织外出观摩学习3次，专题研究加强和改进党校工作思路举措7次。参与区委区政府“潍坊国际创意港”项目开发，加快项目建设进度，对口协调市委党校依法征收拆迁教工宿舍楼9幢202户。超额完成区政府下达招商任务，引进资金额6500万元。在各级媒体刊物发表宣传信息、通讯报道70多条，提升区党校的影响力和美誉度。

【党建工作】 2017年，区党校召开党委会议6次，机关党支部组织集体学习42次，其中，领导干部讲党课4次，专题讨论5(场)次，观看警示教育片6(场)次，组织党员干部接受党性教育2批28人次。开展“一名党员一面旗、我是党员我带头”主题实践活动，落实“三会一课”制度，教育引导党员亮身份、亮承诺、亮形象，32名党员及时到社区报到。做好包居联户、为民办实事工作，选派1名副科级干部到大虞街道东庄社区挂职担任“第一书记”，为社区办实事3件，为社区12名党员订阅全年党报。

党史工作

【常规工作】 完成《中共山东年鉴》（2017卷）组稿；根据市委办公室关于印发《改革开放实录（潍坊卷）征编工作方案》的通知要求，组织奎文专题的编写工作；完成《潍坊年鉴》（2017卷）的组稿任务，上报1个论坛、3个典型、8个街道和全区概况共12个专题材料。根据市委办公室文件要求印发《改革开放实录（奎文卷）征编工作方案》，并对全区编撰人员进行培训，完成15个部门的初稿收集工作。按照潍馆建办发〔2017〕4号关于《潍坊市党性教育基地主题展馆资料征集工作方案》的要求，召开奎文区关于市党性教育基地主题展馆资料征集工作会议，进行全区部门与社会力量结合全面征集，建立征集资料微信群，区委党史办与区委组织部等相关部门召开专题调度会3次。做好推进工作，走访多位党史研究工作者，向有关存史部门进行实地走访，最大限度完成奎文资料征集工作。

【工作思路创新】 党史工作实行“走出去”的工作方法，注重到基层调研，对一些老同志、革命后人进行走访谈话。通过这一实践搜集整理一套脉络清晰、内容详实的奎文党史资料，为加强中国特色社会主义阶段的历史研究做准备工作。建立党史教育微信平台，多方面多角度的宣传和普及党史知识，让更多的党员群众更加客观、科学、礼敬的态度了解历史。加强青少年与群众的党史教育，到学校和社区进行调研，制定一套图文并茂的党史资料，以课件形式进行普及宣传。

【业务学习】 到淄博、威海、乳山、临沂等老革命根据地的党性教育基地进行考察学习，借鉴各地教育点的形式、内容和场管建设，对奎文辖区庄家村和乐道院的展览陈列内容进行总结和梳理。制定深入研究中共各个时期的主要思想、工作方法、斗争精神的学习研讨方案。

档案管理

【综合场馆建设】 本着充分、集约利用城市核心区优质土地资源的原则，采用“多馆合一、功能齐全、适度超前、公共空间共享”的规划思路，将区档案馆和区文化馆、图书馆、方志馆等公共资源统一纳入潍坊文化广场项目，借此打造最具特色的全区文化活动中心。2017年12月，完成公建区域拆迁。

【年度归档文件整理】 2017年3月—6月，完成上年归档文件整理工作，整理文书档案9477件。根据各单位实际情况，将全区71个部门单位划分为8个小组，依据国家档案局新颁发的档案整理规范进行培训，共培训 9 场 71 人次。

【指导工作】 印发《关于进一步做好档案科学化管理工作的通知》，对申报的测评单位分成 5 个小组，以小组为单位分 5 期进行培训，共培训 80 多人次。采取现场指导、跟踪指导和重点指导的方式，每两周集体调度一次，不定期采取电话、短信等形式，确保工作进度和测评质量。2017 年，全区有 2 个单位通过“山东省档案工作科学化管理先进单位”测评，30 个单位通过“山东省档案工作科学化管理合格单位”测评。区档案局被评为“全省档案宣传工作先进集体”。

【编研利用】 2017 年，每月编印 1 期《奎文大事记》，为区领导和区直部门单位提供资政服务。通过征集资料、实地考察、走访名人、召开文史专家座谈会等方式，挖掘“老潍县”历史文化积淀，打造“老潍县”档案历史文化品牌。编辑出版《老潍县记忆》《老潍县教育》两本“老潍县”系列品牌书籍，提升了奎文城市形象和知名度。

【行政执法】 2017 年，按照《中华人民共和国档案法》《山东省档案条例》《山东省档案行政处罚程序规定》等法律法规要求，加大档案行政执法力度，重点查处文件材料归档、档案移交、档案安全、重大活动和重点建设项目档案管理方面的违法违规行为。组织参加全省行政执法人员培训和考试，2 名工作人员新取得行政执法证件，全局有 6 名工作人员持有行政执法证件。

【宣传工作】 2017 年，组织实施《全省档案系统“七五”法制宣传教育规划》，利用“6·9”国际档案日、“12·4”国家宪法日等时机，通过举办展览、开展上街宣传等形式，宣传档案法律法规。在《大众日报》《潍坊日报》、潍坊档案信息网、中国奎文网等媒体发表档案工作信息

2017 年 6 月 20 日，奎文区举办的档案工作科学化管理测评培训现场

30 多篇。

老干部工作

【离退休干部党建工作】 构建“关系在单位、活动在网格、奉献在社区”的管理模式，推广“社区＋支部＋社工”的离退休干部党建模式，在全市离退休干部党建现场推进会上，工福街社区党建示范点得分名列全市第二，在全市离退休干部党建综合考核中名列全市第二、四个区第一。组织开展离退休干部党支部述职评议，选树“雷锋”“明德”“红旗”等十佳示范党支部，并根据评议成绩发放支部工作补贴。“雷锋党支部”品牌带动效应持续放大，中组部老干部局副局长杨保平，省委组织部副部长、老干部局局长厉彦林到该支部调研，并参加“雷锋党支部”三周年集体政治生日。

【主题活动】 组织开展“夸夸我家这五年”主题征文、庆祝建党 96 周年文艺汇演等一系列活动。围绕学习宣传贯彻中共十九大精神，在全区离退休干部党员中启动“紧跟新时代、展现新作为”主题学习活动。在离退休干部党支部书记层面，组织专题培训班，赴王尽美纪念馆和诸城市昌城社区进行现场教学；在直管县级退休干部层面，举办学习中共十九大精神党性教育专题培训班，组织老干部到市儿童福利院献爱心、与中共十九大代表杨守伟座谈交流、到渤海红色走廊党性教育基地开展“不忘初心”主题教育活动。红旗党支部书记姜国忠参加全省离退休干部党组织书记深入学习贯彻中共十九大精神示范培训班，并代表潍坊做典型发言。

【老年教育】 建立孙家社区、樱园社区、工福街社区、金都社区、东上虞社区、健康街社区、龙源社区、湖西社区老年大学社区分校 8 所，在校学员 800 多人，开设声乐、瑜伽、舞蹈、书法、绘画等 9 个专业，满足辖区老年人的学习需求。鼓励社区老年社团建设，按照兴趣爱好和志愿意向组建老年社团，在社区成立的以老干部为骨干或老干部参加的书画、艺术团、楹联、门球、太极拳等各类社团 75 个，带动辖区 6300 多名老年人参与其中。建立区老年大学关工委组织，将老年大学社区分校的学员骨干吸纳进“五老”志愿者队伍。

【关工委工作】 调整区关工委领导班子和“四个专门工作委员会”，强化“五老”志愿者队伍，将离退休干部党支部书记吸纳进“五老”志愿者队伍中。成立区、街道（部门）、社区三级“五老”关爱宣讲团和指导团。探索完善“四点半学校”建设，引进专业培训机构和专业社工人才，更加有效、合理的培养青少年成长。加强党史国史教育，打造党史、国史、村史馆等“两史”教育基地，在新华中学、育华学校建设党史国史进校园示范点，打造党史国史教育文化长廊，编印党史国史校本课程。

奎文区人民代表大会

重要会议

【区十八届人大一次会议】2017年1月20日至23日，区十八届人大一次会议在富华国际会议中心召开。本届区人民代表大会共有代表名额213人，实有代表211人。会议听取审议奎文区政府区长高志秀代表奎文区人民政府向大会作的政府工作报告，区人大常委会第一副主任冯天韬作的区人大常委会工作报告，区法院院长杨培锋作的奎文区人民法院工作报告，区检察院检察长徐军作的奎文区人民检察院工作报告；书面印发奎文区2016年国民经济和社会发展计划执行情况与2017年计划（草案）的报告、奎文区2016年预算执行情况和2017年预算（草案）的报告。会议经过审议，依法表决通过关于上述报告的决议；通过大会选举办法、奎文区第十八届人民代表大会内务司法委员会、财政经济委员会、农业与民族侨务外事委员会、城乡建设与环境资源保护委员会、教育科学文化卫生委员会组成人员名单；选举冯天韬为潍坊市奎文区第十八届人民代表大会常务委员会主任，选举陈民亭、王颖红、翟福生、侯卫平、任祥为潍坊市奎文区第十八届人民代表大会常务委员会副主任；选举丁月江等27人为潍坊市奎文区第十八届人民代表大会常务委员会委员；选举高志秀为潍坊市奎文区人民政府区长，选举沃付贤、赵同祥、刘向东、王秀刚、吴振山为潍坊市奎文区人民政府副区长；选举杨培锋为潍坊市奎文区人民法院院长，徐军为潍坊市奎文区人民检察院检察长（须依法报经市人民检察院检察长提请市人民代表大会常务委员会批准任命）；选举卢洪凯等50人为奎文区出席潍坊市第十七届人民代表大会代表。新当选的区人大常委会主任、副主任、委员，区人大各专门委员会组成人员和新当选的区政府区长、副区长，区法院院长分别集体向宪法宣誓。

2017年1月20日，奎文区十八届人大一次会议在富华国际会议中心召开

【区十七届人大常委会第三十九次会议】2017年1月13日，潍坊市奎文区第十七届人民代表大会常务委员会第三十九次会议在区级机关服务中心四楼多功能厅召开。区人大常委会第一副主任、党组书记冯天韬，区人大常委会副主任、党组副书记陈民亭分别主持两次全体会议。通过会议议程和日程后，陈民亭作关于补选潍坊市奎文区第十八届人民代表大会代表资格的审查报告、关于区十八届人大一次会议筹备工作情况的报告、关于召开区十八届人大一次会议的决定（草案）的说明。与会人员对提交会议表决的有关事项进行认真的审议和讨论。出席会议的区人大常委会组成人员以举手的方式，表决通过关于补选潍坊市奎文区第十八届人民代表大会代表的资格审查报告，关于召开区十八届人大一次会议的决定，提交区十八届人大一次会议预备会议通过的会议议程（草案）、主席团和秘书长名单（草案）、议案审查委员会名单（草案）、计划预算审查委员会名单（草案），决定区十八届人大一次会议列席人员范围，议定区人大常委会工作报告（讨论稿），并决定由区人大常委会第一副主任、党组书记冯天韬代表区人大常委会向大会作报告。

2017年3月22日，奎文区十八届人大常委会第一次会议召开

【区十八届人大常委会第一次会议】2017年3月22日，区十八届人大常委会第一次会议在区级机关服务中心四楼第一会议室召开。区人大常委会主任、党组书记冯天韬，区人大常委会副主任、党组副书记陈民亭分别主持两次全体会议。第一次全体会议上，在通过会议议程和日程后，与会委员以举手表决的方式，通过接受赵立果辞去区十八届人大常委会委员职务请求的决定；陈民亭受主任会议委托，提请人事任免名单；区委常委、区政府副区长沃付贤受区政府区长高志秀委托，提请人事任命名单；被任命人员吴卫忠、解鲁新作供职报告；陈民亭作关于设立区人大常委会代表资格审查委员会的决定（草案）的说明、关于开展“建设活力区，代表作先锋”人大代表主题实践活动的决

2017年3月22日，在奎文区十八届人大常委会第一次会议上举行被任命人员宪法宣誓仪式

定（草案）的说明；区人大常委会党组成员、人事代表工作室主任谭立业受主任会议委托，作关于制定、修订区人大常委会有关工作制度的说明。第一次全体会议结束后，举行分组会议，与会人员对提交会议的有关事项和人事任免名单进行认真的审议、酝酿和讨论。分组会议结束后，召开第二次全体会议，区人大常委会委员刘建明、林琳分别作联组审议发言。会议以举手的方式，表决通过关于设立区十八届人大常委会代表资格审查委员会的决定和组成人员名单、关于开展“建设活力区，代表作先锋”人大代表主题实践活动的决定和实施意见；制定的《潍坊市奎文区人民代表大会常务委员会质询办法》《潍坊市奎文区人民代表大会常务委员会关于加强预算决算审查监督的办法》两项工作制度、修订的《潍坊市奎文区人民代表大会常务委员会组成人员守则》《潍坊市奎文区人民代表大会常务委员会议事规则》等9项工作制度和《潍坊市奎文区人大常委会2017年工作要点和计划安排》。以无记名投票的方式，表决通过了区人大常委会主任会议、区政府提请的人事任免名单。冯天韬向被任命人员颁发任命书，并举行宪法宣誓仪式。

【区十八届人大常委会第二次会议】 2017年5月26日，区十八届人大常委会第二次会议在区级机关服务中心四楼第二会议室召开。区人大常委会主任、党组书记冯天韬，区人大常委会副主任、党组副书记陈民亭分别主持两次全体会议。第一次全体会议上，在通过会议议程和日程后，陈民亭受主任会议委托，提请人事任免名单；区委常委、区政府副区长沃付贤受区政府区长高志秀委托，提请人事任命名单；区政府副区长赵同祥作关于办好全区人民满意的教育情况的报告；区发展和改革局局长徐世殿作关于全区产业发展及投资情况的报告；区人大内务司法委员会副主任委员王凤胜作关于区法院案件“执行难”情况的调研报告；区人大城乡建设与环境资源保护委员会副主任委员徐兰海作关于全区停车场建设与运营情况的调研报告。第一次全体会议结束后，与会人员对提交会议的有关报告和人事任免事项进行审议、酝酿和讨论。审议讨论结束后，召开第二次全体会议，区人大常委会委员刘洪忠、宋晓梅分别作联组审议发言。会议以无记名投票的方式，表决通过区人大常委会主任会议、区政府提请的人事任免名单。冯天韬向被任命人员颁发任命书。市人大常委会批准任命的区检察院检察长徐军与被任命人员举行向宪法宣誓仪式。

【区十八届人大常委会第三次会议】 2017年7月28日，区十八届人大常委会第三次会议在区级机关服务中心四楼第二会议室召开。区人大常委会主任、党组书记冯天韬，区人大常委会副主任、党组副书记陈民亭分别主持两次全体会议。第一次全体会议上，在通过会议议程和日程后，陈民亭受主任会议委托提请人事任免名单；区法院院长杨培锋提请人事任免名单；被提请任命人员罗卫琴作供职报告；区检察院检察长徐军作关于查处和预防职务犯罪情况的报告；区发展和改革局局长徐世殿作关于全区2017年上半年国民经济和社会发展计划执行情况的报告；区财政局局长蔺荣华作关于全区2016年财政决算（草案）和2017年上半年预算执行情况的报告；区审计局局长徐金森作关于全区2016年度区级预算执行和其他财政收支的审计工作报告；区人大财政经济委员会副主任委员王宣东作关于潍坊市奎文区2016年财政决算（草案）的审查报告。第一次全体会议结束后，举行分组会议。与会人员对提交会议的有关事项和人事任免名单进行审议、酝酿和讨论。分组会议结束后，召开第二次全体会议，区人大常委会委员谭小平、刘群文分别作联组审议发言。会议以举手的方式，表决通过关于批准潍坊市奎文区2016年财政决算的决议（草案）；以无记名投票的方式，表决通过区人大常委会主任会议和区法院提请的人事任免名单；冯天韬向被任命人员颁发任命书，并举行宪法宣誓仪式。

【区十八届人大常委会第四次会议】2017年9月27日，区十八届人大常委会第四次会议在区级机关服务中心四楼第二会议室召开。区人大常委会主任、党组书记冯天韬，区人大常委会副主任、党组副书记陈民亭分别主持两次全体会议。第一次全体会议上，在通过会议议程和日程后，区委常委、区政府副区长沃付贤作关于区十八届人大一次会议以来代表所提建议、批评和意见办理工作情况的报告；区发展和改革局局长徐世殿作关于全区产城融合发展情况的报告；区人大常委会委员、内务司法委员会副主任委员张光辉作关于检查全区贯彻实施《中华人民共和国反家庭暴力法》情况的报告。第一次全体会议结束后，与会人员对提交会议审议的有关报告进行认真的审议和讨论。审议讨论结束后，在第二次全体会议上，区人大常委会委员张光辉、宋晓梅分别作联组审议发言。

【区十八届人大常委会第五次会议】2017年11月27日，区十八届人大常委会第五次会议在区级机关服务中心四楼第二会议室召开。区人大常委会主任、党组书记冯天韬，区人大常委会副主任、党组副书记陈民亭分别主持两次全体会议。第一次全体会议上，在通过会议议程和日程后，区政府副区长赵同祥作关于全区民族宗教工作情况的报告；区人大城乡建设与环境资源保护委员会副主任委员李永贵作关于视察全区城区路网建设管理情况的报告；区人大教育科学文化卫生委员会副主任委员杨发军作关于视察全区文化旅游产业发展情况的报告。第一次全体会议结束后，举行分组会议，与会人员对提交会议的有关报告进行审议和讨论。分组会议结束后，召开第二次全体会议，区人大常委会委员杨君星、徐兰海分别作联组审议发言。

【区十八届人大常委会第六次会议】2017年12月15日，区十八届人大常委会第六次会议在区级机关服务中心四楼第二会议室召开。区人大常委会主任、党组书记冯天韬主持会议。在通过会议议程和日程后，与会委员以举手表决的方式，通过关于接受马永军、吕宝军、刘玉凤、李师友4人辞去区十八届人大代表职务请求的决定、关于接受宋晓梅辞去区十八届人大常委会委员职务请求的决定；区人大常委会副主任、党组副书记陈民亭受主任会议委托，作关于补选市十七届人大代表的说明、关于确定补选区十八届人大代表选举日的决定（草案）的说明；区政府副区长吴振山作关于潍坊市奎文区2017年预算调整方案（草案）的报告。与会人员对提交会议的有关报告、说明和决定（草案）进行认真审议、酝酿和讨论。与会委员以举手表决的方式，通过关于批准潍坊市奎文区2017年预算调整方案的决定、关于确定补选区十八届人大代表选举日的决定；以无记名投票的方式，选举李东峰、董兴磊为潍坊市第十七届人民代表大会代表，待上报潍坊市人大常委会代表资格审查委员会审查后确认。

重要工作

【概况】2017年，潍坊市奎文区人民代表大会常务委员会（以下简称区人大常委会）举行全体代表大会1次，召开人大常委会会议7次、主任会议12次，听取审议“一府两院”工作报告12个，作出重大事项决议决定5项，依法按程序选举和任免国家机关工作人员51人次，制定和修订常委会质询、议事规则、专题询问等11项工作制度，出版发行论文汇编1册。

【依法履职】 **监督工作** 区第十四次党代会确立建设现代化中央活力区的战略目标，围绕建设中央活力区的战略定位，对全区产城融合发展情况进行专题调查，建议相关部门以“四小镇两园区”开发建设为契机，统筹产业与城市发展、产业与片区改造、产业与民生保障，推动实现“以产促城，以城兴产”，提升定位自信。围绕建设中央活力区的区位优势，对全区产业发展及投资情况进行会议审议，针对产业发展动能、新兴产业规模、后续财源税源增长等问题，督促相关部门以建设现代化中央活力区总揽全局，充分发挥中心城区资源集中的区位优势。围绕建设中央活力区的产业发展，对楼宇经济、总部经济等情况进行专题调研，提出既要做大优势产业；又要树立区位危机意识和问题导向，避免中心城区空壳化。常委会领导成员按照区委统一安排部署，分工联系和包靠重点片区、重点园区、重点项目、重点企业和“包居联户”、信访维稳等工作。区十八届人大一次会议上，全体代表审议通过“一府两院”有关报告，确定2017年发展指标。听取审议区政府2017年上半年国民经济和社会发展计划及预算执行情况的报告，肯定区政府以新发展理念引领经济发展新常态取得的丰硕成果，提出以高质量投入为重点，加快新旧动能转换，促进产业转型升级，营造良好发展环境等意见建议，提高发展质量和效益。加强全口径预算决算审查监督，听取审议审计工作报告，审查批准2016年财政决算，审议通过2017年预算调整方案。组织财政经济委员会、预算工作委员会成员和有关部门负责人，到浙江省温岭市、杭州市萧山区、云和县等地人大常委会，就加强财政预算决算监督工作进行学习考察。全年开展调查、视察、执法检查活动16次，起草调研报告18个，提出意见建议120多条。

民生改善 2017年4月，对区法院案件“执行难”问题进行调查，调研报告进入区委、区政府决策；是年5月，对“办好全区人民满意的教育”情况进行调查，推动实施《奎文区建设现代化教育强区三年行动计划》；是年6月，对区检察院查处和预防职务犯罪工作进行审议；是年7月，对全区停车场建设与运营情况进行审议，推动解决“出行难、停车难”问题；是年8月，对《反家庭暴力法》贯彻实施情况进行执法检查；是年9月，对奎文区域内“三河”水质情况进行调研；是年10月，对全区民族宗教工作进行调研，支持相关部门出台加强和改进新形势下宗教工作实施意见；是年11月，对城区路网建设管理情况进行视察；是年12月，以街道人大工作室为单位，组织辖区代表对各街道经济社会事业进展情况进行视察。

重点项目建设 常委会组织专门力量，对“四小镇两园区”建设情况进行视察，肯定“八步工作法”等典型经验，提出高起点规划定位、高质量建设推进、高效率服务保障特色小镇和重点园区建设的意见建议。对区委、区政府确定的“双50”工程进行视察，推动50个“征迁清零”项目和50个重点投资项目顺利完成。对全区文化旅游产业发展情况进行视察，提出树立“互联网+文化旅游”理念、加快打造文化旅游品牌、提升文化软实力等意见建议，推动京广传媒、全影网等重点文化企业上档升级，进一步提升文化产业的特色竞争力。

【代表履职】 **代表履职能力建设**

举办区人大代表初任培训班，组织代表系统学习监督法、代表法、地方组织法和相关履职知识。制定代表培训计划，保证届内每一名代表都至少参加一次集中培训，实现代表培训工作制度化、规范化。2017年8月，组织80多名代表和人大工作者赴井冈山红色教育基地开展以“坚定理想信念·提升担当意识”为主题的专题培训。编印中共十九大精神学习专刊，代表人手一册，督促代表真正学懂弄通做实。各街道人大工作室积极组织辖区代表开展集中学习、座谈交流、调研视察、互学互访等活动，提高代表履职能力和水平。

代表建议督办工作　采取专门委员会联合调查、实地视察、会议审议和跟踪监督等方式，严格把好进度关、审核关、质量关、代表满意关四个“关口”，做到件件有答复、有落实。至2017年12月，代表所提的37件建议全部办理完毕，建议内容包括食品安全保障、老旧小区改造、背街小巷整治等问题。

代表履职载体平台　建立常委会组成人员联系代表、代表联系选民的“双联”制度，听取代表和选民的意见建议，全年走访联系代表100多名。邀请26名代表列席常委会会议、39名代表参加人大调研视察活动，确保届内每名代表至少列席一次常委会会议、参加一次人大活动。按照市人大“六有”的标准和共建共享的原则，建设完善人大代表活动室13处。

代表履职激励机制　依法组织代表向选民述职，接受人民群众的监督。制定代表履职评价、闭会期间活动、联系和接待选民等4项管理制度，完善代表履职考核档案，细化代表出席会议、调研视察、联系选民、提出建议和遵纪守法、发展贡献等项目分值。倡树和宣传优秀代表履职典型。

【自身建设】思想政治建设　始终把思想政治建设摆在首位，深入学习贯彻中共十九大精神和习近平新时代中国特色社会主义思想，增强“四个意识”，坚定“四个自信”，坚决同以总书记习近平为核心的党中央保持高度一致。深入开展“作风建设年”活动和寻标对标提标行动，弘扬“四种精神”，强化“五个导向”，始终以严和实的标准做好人大工作。带头落实中央八项规定精神和省、市、区委要求，严守党的政治纪律和政治规矩，树立人大工作者心正步稳、严谨庄重、公正勤勉的良好形象。

组织和制度建设　落实中央和省、市、区委关于加强人大组织建设的要求，选优配强人大专门委员会和机关工作力量，保证人大工作的连续性、稳定性。坚持民主议事定事，制定和修订常委会质询、议事规则、专题询问等11项工作制度，提高人大工作的民主化、制度化、规范化水平。执行常委会组成人员履职规定，严格会议出勤制度，增强常委会组成人员在理论学习、出席会议、审议发言等方面的责任意识和工作实效。

创新和宣传工作　把专项监督和日常监督结合起来，建立基层联系点制度，到16个单位进行调研视察。健全完善区、街代表服务网络，建立的“人大代表多元化履职保障机制”，被评为“全区2017年度改革创新优质项目”。重视人大宣传工作，创新电视专题、党报专版和人大专刊、信息网站、代表微信群等宣传、链接、互动方式，展示常委会履职成效、街道人大工作亮点和代表履职风采，连续五年荣获省、市“人大宣传工作先进单位”荣誉称号。

学习和理论研究　建设学习型人大，采取集体研讨、重点发言和走出去学、请进来教等方式，推进“两学一做”学习教育常态化、制度化。建设开放型人大，到广东省、浙江省等地人大机关对标学习，承接省、市人大和扬州市、烟台市、东营市等地人大的调研考察。建设研究型人大机关，围绕落实市第十二次党代会“加快中央商务区规划建设步伐”的决策部署和区第十四次党代会“建设现代化中央活力区”的战略目标，开展“城市中央商务区（CBD）集聚力研究”，形成的《CBD，让城市更美好》研究报告，由北京经济管理出版社出版，向全社会发行，荣获“2017 年度潍坊市社会科学规划重点研究优秀课题奖”。依据研究成果，提出“强化区位自信，加快建设城市中央商务区（CBD），提升城市发展新能级，集聚更多金融、商务总部在奎文落户安家”建议。

【人事任免】2017 年 3 月 22 日奎文区第十八届人民代表大会常务委员会第一次会议召开，根据区人大常委会主任会议的提请，决定任命谭立业为奎文区人大常委会办公室主任，王文成为奎文区人大常委会城环工作室主任；免去谭立业区人大常委会人事代表工作室主任职务。根据奎文区政府区长高志秀的提请，决定任命李晓华为区政府办公室主任，徐世殿为区发展和改革局局长，张立勋为区经济和信息化局局长，吴茵政为区教育局局长，倪海滨为区科学技术局局长，杨鹤强为区监察局局长，李中强为区民政局局长，杜鸿强为区司法局局长，蔺荣华为区财政局局长，赵立果为区人力资源和社会保障局局长，胡君章为区住房和城乡建设局局长，李福田为区交通运输局局长，段莉莉为区农林局局长，刘国梁为区商务局局长，王婷为区文化旅游新闻出版局局长，吴侃宗为区卫生和计划生育局局长，徐金森为区审计局局长，吴卫忠为区统计局局长，解鲁新为区安全生产监督管理局局长，花召军为区政府法制服务局局长，王先荣为区民族宗教事务

▼2017 年 8 月 29 日，奎文区人大常委会组织部分区人大代表到井岗山举办人大代表专题培训班

局局长，孙先政为区市场监督管理局局长，陈红萍为区金融工作办公室主任，孙世成为区环境保护局局长。

2017 年 5 月 26 日　奎文区第十八届人民代表大会常务委员会第二次会议召开，根据区人大常委会主任会议的提请，决定任命李葵为区人民代表大会农业与民族侨务外事委员会委员，孙军为区人大常委会人事代表工作委员会主任，考林绪为区人大常委会预算工作委员会主任，庞丽娜为区人大常委会大虞街道工作室副主任，李晓玲为区人大常委会梨园街道工作室副主任，李永梅为区人大常委会北海路街道工作室主任，段新芳为区人大常委会北海路街道工作室副主任；免去孙军的奎文区人大常委会预算工作委员会主任职务，李师友的奎文区人大常委会大虞街道工作室主任职务，刘玉凤的奎文区人大常委会北海路街道工作室主任职务。根据奎文区政府区长高志秀的提请，决定任命部风琴为奎文区政府副区长。

2017 年 7 月 28 日　奎文区第十八届人民代表大会常务委员会第三次会议召开，根据区人大常委会主任会议的提请，决定任命彭丽华为区人大常委会内司委工作室主任，马宇清为区人大常委会教科文卫委工作室主任；免去彭丽华的区人大常委会人事代表工作室副主任职务，马宇清的区人大常委会预算工作委员会副主任职务。根据区法院院长杨培锋的提请，任命窦中峰、罗卫琴、张文智、袁磊为区法院审判委员会委员，孙连丰为区法院审判委员会委员、民三庭庭长，陈倩为区法院审监庭庭长，管晓炜为区法院审判员；免去陈倩区法院民一庭庭长职务，韩波区法院审监庭庭长职务，王小玫区法院民事审判三庭庭长职务。

【工作宗旨】 区人大常委会始终把坚持中国共产党的领导作为人大工作的根本政治原则，贯穿于人大工作的各方面、全过程，增强政治意识、大局意识、核心意识、看齐意识，自觉维护党中央权威和集中统一领导，始终同以总书记习近平为核心的党中央保持高度一致。始终坚持重大问题、重要事项向区委请示报告制度，统筹安排和推进人大及其常委会的监督、决定、任免、代表等各项工作，保证党的路线方针政策和区委决策部署在人大工作中得到全面贯彻和有效执行。坚持党管干部与人大依法任免相统一，全年任免国家机关工作人员 51 人次，组织向宪法宣誓 42 人次，保证地方国家机关有序运转，维护宪法尊严和权威。中共十九大召开之后，区人大常委会把学习贯彻中共十九大精神作为首要政治任务，按照中央和省、市、区委安排部署，召开专门会议，制定落实措施，通过领导领学、专题培训、理论研讨等多种形式，深入学习习近平新时代中国特色社会主义思想，切实在学懂弄通做实上下功夫。向全区各级人大代表印发认真学习贯彻中共十九大精神的通知，进一步统一思想、凝聚共识，推动中共十九大精神入脑入心、落实落地。在全区人大代表中组织开展“建设活力区，代表作先锋”和“把握新时代，展示新气象，实现新作为”代表主题活动，组织和动员全体代表履职尽责、干事创业，为加快建设现代化中央活力区献计出力。

人大各专门委员会

【概况】 2017 年 1 月 20 日至 23 日，区十八届人大一次会议在富华国际会议中心举行，全体与会代表举手表决通过潍坊市奎文区第十八届人民代表大会内务司法委员会、财政经济委员会、农业与民族侨务外事委员会、城乡建设与环境资源保护委员会、教育科学文化卫生委员会组成人员名单。

【各专门委员会工作】 **内务司法委员会** 2017年4月，区人大常委会副主任侯卫平带领内务司法委员会成员，对区法院案件“执行难”情况进行调研。是年6月，区人大常委会副主任侯卫平带领内务司法委员会成员，对区检察院查处和预防职务犯罪工作情况进行调查。是年9月，区人大常委会副主任侯卫平带领内务司法委员会成员，对全区贯彻实施《中华人民共和国反家庭暴力法》情况进行执法检查。是年11月7日至9日，区人大常委会副主任侯卫平带领内务司法委员会成员对全区基层派出所建设和执法情况进行调查。

财政经济委员会 2017年5月9日至10日，区人大常委会副主任任祥带领区人大财政经济委员会成员，对全区投资及产业发展情况进行调查。是年7月13日至14日，区人大常委会副主任任祥、党组成员卫清涛带领区人大财政经济委员会和区人大常委会预算工作委员会成员，对全区上半年国民经济和社会发展计划执行情况及预算执行情况、2016年度决算、2016年度区级预算执行和其他财政收支审计情况进行调查。是年9月14日，区人大常委会副主任任祥带领财政经济委员会成员，对全区“四大片区”建设情况及全区产城融合发展情况进行调研。

农业与民族侨务外事委员会 2017年9月28日，区人大常委会副主任王颖红带领农业与民族侨务外事委员会成员，对全区民族宗教工作情况进行调查。是年11月13日，区人大常委会副主任王颖红带领农业与民族侨务外事委员会成员，承接市人大常委会关于对全市贯彻实施《潍坊市禁用限用剧毒高毒农药条例》情况的执法检查工作。

城乡建设与环境资源保护委员会 2017年5月上旬，区人大常委会党组成员邢杰带领城乡建设与环境资源保护委员会成员，对全区三河“水质”污染防治情况进行调研。是年5月11日，区人大常委会党组成员邢杰带领城乡建设与环境资源保护委员会成员，对全区停车场建设与运营情况进行调研。是年7月5日至7日，区人大常委会党组成员邢杰带领城乡建设与环境资源保护委员会成员，对全区上半年城市建设与管理情况进行调查。是年8月4日，区人大常委会党组成员邢杰带领城乡建设与环境资源保护委员会成员，承接市人大常委会立法工作安排，对《潍坊市大气污染防治条例（草案）》征求相关部门意见建议。是年8月7日，区人大常委会党组成员邢杰带领城乡建设与环境资源保护委员会成员，承接省、市人大立法工作调研安排，对《山东省水资源条例（草案）》征求相关部门意见建议。是年11月8日，区人大常委会党组成员邢杰带领城乡建设与资源环境保护委员会成员，对全区城区路网建设管理情况进行视察。

教育科学文化卫生委员会 2017年3月9日，区人大常委会副主任翟福生带领教科文卫委员会成员，到中新双语学校对全区教育发展现状进行调研。是年4月14日至5月4日，区人大常委会副主任翟福生带领教科文卫委员会，对区政府办好全区人民满意的教育工作情况进行调查。是年7月10日至12日，区人大常委会副主任翟福生带领教科文卫委员会成员，对全区上半年社会事业发展情况进行调查。是年11月8日至9日，区人大常委会副主任翟福生带领教科文卫委员会成员对全区文化旅游产业发展情况进行视察。

奎文区人民政府

重要会议

【全区环境空气质量整治会议】 2017年3月11日，奎文区在区直机关服务中心召开全区环境空气质量整治会议。区委副书记、区政府区长高志秀出席会议并讲话，区领导刘向东、王秀刚、吴振山出席会议，各街道和相关区直部门主要负责人参加会议。会议通报奎文区环境空气质量情况，与会部门、街道主要负责人结合各自工作职能作表态发言。会议要求，各级各有关部门对照环保工作中的突出问题，强化组织协调、监督检查和问题整改；按照奎文区环境空气质量“决战三月份”行动方案的要求，强化监管责任，落实属地责任，确保工作任务落实。

【安全生产工作会议】 2017年4月6日，奎文区安全生产工作会议在区直机关服务中心召开。区委副书记、区政府区长高志秀主持并讲话。区领导高登友、沃付贤、郜风琴、赵同祥、刘向东、王秀刚、吴振山出席会议。会议分析奎文区在安全生产工作中存在的问题，做好2017年安全生产工作进行安排部署。会议要求，各街道、各部门落实安全生产责任、落实属地监管责任、部门监管责任和企业主体责任；建设风险管控和隐患排查治理双重预防体系，加强安全风险分级管控；加强安全生产基础能力建设，加强安全生产的宣传教育培训，推进安全生产标准化建设，强化应急管理。会上，高志秀代表区政府与东关街道、大虞街道、区商务局、区交通运输局签订2017年度安全生产目标责任书；廿里堡街道、梨园街道、区经信局、区住建局作表态发言；会议印发《奎文区2017年安全生产工作要点》。

【收听收看省政府第五次廉政工作电视电话会议】 2017年4月13日，奎文区在区直机关服务中心奎文分会场组织收听收看省政府第五次廉政工作电视电话会议，区委副书记、区政府区长高志秀，区委常委、区政府副区长沃付贤及相关街道、部门负责人出席。会议贯彻落实党中央、国务院和省委关于党风廉政建设和反腐败工作部署要求，总结2016年全省政府系统廉政建设和反腐败工作，部署2017年工作任务。会议要求，全省各级政府和部门加强党风廉政建设，落实反腐倡廉和管党治党的政治责任；完善制度和执行制度，简政放权，强化公共资金管理和国企资金监管，强化金融领域改革；加强党风政风建设和廉政文化建设，严管民生项目，严惩基层贪腐；建立健全常态化督查问责机制与合理容错纠错机制。

【经济运行分析调度会】 2017年5月3日下午，奎文区在区直机关服务中心召开经济运行分析调度会。区委书记李辉出席并讲话，区委副书记、区政府区长高志秀，区委常委、区政府副区长沃付贤，区政府副区长吴振山出席。会上，区统计局就全区主要经济指标完成情况进行通报，与会各部门作工作汇报。会议要求，街道和部门加强协调沟通、联动配合，共同推动统计工作开展；各部门主要负责人研究经济指标的变动情况，做好比较分析，找准问题症结，抓好薄弱环节，做好基础工作。要建立容错机制，鼓励干事和担当；加大督查力度，强化问责力度，做到奖惩分明，推动各项工作落实。

【新旧动能转换工作调度会】 2017年5月9日，奎文区在区直机关服务中心召开新旧动能转换工作调度会。区委副书记、区政府区长高志秀主持会议并讲话，区委常委、区政府副区长沃付贤，区政府副区长吴振山出席。会议要求，各级有关部门围绕经济转型升级、医养示范等重大项目，加快特色园区建设，促进产业集聚发展；围绕“四新四化”，重大产业基础项目等内容，扎实工作；力争在重大项目引进上实现新突破，在新旧动能转换中抢占先机。

【“两学一做”学习教育常态化制度化工作座谈会】 2017年5月15日，奎文区在区直机关服务中心召开推进“两学一做”学习教育常态化制度化工作座谈会，区委书记李辉出席并讲话，区委副书记、区政府区长高志秀主持会议，区领导高登友、刘良嘉、冯天韬等出席。会议就深入学习贯彻总书记习近平关于推进“两学一做”学习教育常态化制度化的重要指示和中央、省、市委部署要求，对奎文区推进“两学一做”学习教育常态化制度化作出安排。会议要求，各级党组织召开党委（党组）会议，传达会议精神，把握好推进“两学一做”学习教育常态化制度化的重大意义、目标任务和基本要求，更好地用总书记习近平重要讲话精神统一思想、武装头脑、指导工作。在第二阶段会议上，北海路街道党工委、潍坊市地税局奎文分局党组、东关街道工福街社区党委、潍坊南下河商贸有限公司党支部分别作交流发言。区委常委、区委组织部部长权文松作总结讲话。

【“四个城市”建设座谈会】 2017年7月25日，奎文区在区直机关服务中心召开“四个城市”建设座谈会。区委书记李辉主持会议，区领导高志秀、高登友、李强、刘华东、沃付贤、权文松出席。会议传达市“四个城市”建设调度推进会议精神并听取相关部门就“四个城市”建设规划计划编制情况汇报和发言。会议要求，全区上下要建立年度指标目标体系，明确时间节点，责任到人、到区域。推进“三去一降一补”，加快新旧动能转换；加快功能片区和特色小镇（或园区）建设，发展楼宇经济；加大招商力度，引进世界500强企业，引进全国、全省有影响力的企业；建设重点项目，确保工程进度、建设质量；加强城市管理，提升城市品质；发展文化产业和文化事业，打造文化品牌。

【收听收看庆祝建军90周年大会实况】 2017年8月1日，奎文区在区直机关服务中心组织收听收看庆祝中国人民解放军建军90周年大会实况，收听总书记习近平发表的重要讲话。区领导李辉、高登友、刘良嘉、冯天韬等出席。

【收听收看全省深化放管服改革进一步优化政务环境工作电视会议】 2017年8月4日，奎文区在区直机关服务中心分会场组织收听收看全省深化放管服改革进一步优化政务环境工作电视会议。区领导高志秀、沃付贤、赵同祥、王秀刚、吴振山出席。会议要求，全区贯彻落实全国深化简政放权放管结合优化服务改革电视电话会议精神，打造“审批事项少、办事效率高、服务质量优”的政务环境，精简审批事项、优化服务质量、提高办事效率，转变政府职能，深入推进放管服改革工作。

【谋划2018年工作务虚会】 2017年12月27日，奎文区在区直机关服务中心召开谋划2018年工作务虚会。区委书记李辉主持并做总结讲话，区委副书记、区政府区长高志秀，区委副书记高登友，区政协主席、党组书记刘良嘉，区人大常委会主任、党组书记冯天韬，区委常委和区政府副区长分别作交流发言，其他区级领导以及各街道、区直有关部门（单位）进行书面发言。会议要求，全区确定好明年工作目标，把握好中共十九大精神和“四个城市”建设是关键。把“四个城市”建设作为全区工作的总抓手，围绕落实五年规划、三年行动计划，将产业高端、文化繁荣、活力迸发、品质卓越分别对应产业强市、文化名市、活力城市、品质城市建设主题，构成首善之区的基本内涵。突出核心支撑，对重点工程、重点项目、重点产业、重点园区列出清单，逐一明确时间表、路线图，定期检查，确保按计划推进。突出体制机制创新，各城市专项委员会要尽快制定2018年各自领域改革创新的重点项目，列出清单，落实责任。做优楼宇经济、聚力园区经济、培强集群经济、发力数字经济、壮大小微经济，加快推动全区经济高质量发展；要按照中共十九大报告提出的建设现代化经济体系的要求，加快培育“两群”企业，大力培育高端人才，向创新要动力，创新金融工具，巩固提升产业发展基础；要持续深化“放管服”改革，加快推进诚信建设，建设良好法治环境，打造一流的营商环境。

政务服务

【概况】2017年，奎文区政务服务中心管理办公室（以下简称区政管办）完成政务服务大厅的搬迁工作，以“互联网+政务服务”为引领，建设网上政务服务平台，为创新、创业者营造良好的政务服务环境。全年办理审批、服务事项120万多件，按时办结率为100%，区政管办荣获“省级文明单位”“2017年度部门科学发展综合考核先进单位”“2017年度文明城市创建工作先进单位”“2017年度市政务服务热线工作先进单位”称号。

【政务服务中心搬迁】2017年7月29日至30日，政务服务中心由区胜利东街4919号迁至区东风东街8085号，面积1.8万平方米，入驻部门有38个，办事窗口有198个，工作人员有343人，可办理行政许可事项211

2017年4月8日，区政府党组中心组学习暨PPP政策与案例解析专题辅导报告会在区综合服务中心四楼会议室召开

项、服务事项467项。停车位有600多个。2017年，在政务服务中心大厅扩大等候区面积，增设净水机、自助售货机、座椅、手机加油站等设施；设立便民服务站，为群众提供雨伞等贴心服务；设置中介服务区，中介服务机构由原先的5类12家增加到7类25家。

奎文区政务服务大厅内部设施

奎文区政务服务中心社会保险服务窗口

奎文区政务服务中心总服务台

奎文区政务服务中心国税局服务区

【综合窗口运行模式改革】 2017年，出台《奎文区政务服务中心综合窗口管理办法》，综合窗口由原来多部门轮流值班改为中心工作人员专职坐班，负责材料收取和初审，通过网上政务服务平台转交相关部门；部门通过网络视频、音频、图片、文字传输等多种方式接收材料并办理，部门处理完后，群众从综合窗口处领取办理结果，或领取受理通知书及补正材料通知书。

【登记叫号系统启用】 2017年，以实名制信息为基础，集信息录入、一次性告知和监督等功能为一体，办理事项在平台统一登记，办理流程处于全程监管状态，办件人姓名、办理业务名称等信息自动进入政务服务中心业务系统，窗口办件效率得到提高，政务服务中心对窗口办件量、办件率的监管得以加强。

【触摸查询系统】 2017年，在政务服务中心大厅增设触摸查询设备，为办事群众和企业提供办事指南、办件进度查询、政策文件查询功能，办事群众可自主解决部分办件过程中的问题。

【综合评价系统】 2017年，依托政务服务中心综合管理平台，办事群众通过触摸查询系统、门户网站等形式，可对工作人员的办事效率、服务态度等进行评价，评价结果自动记录在电子监察系统，定期汇总反馈给各窗口单位，并将评价结果作为对窗口考核的重要依据。

【网上政务服务平台建设】 2017年，制定《奎文区网上政务服务平台向街道延伸工作方案》，街道和社区便民中心的各项便民业务可通过网上政务服务平台办理。印发《奎文区社区公共服务事项清单及服务指南》，为群众通过网上政务服务大厅办理事项提供更加准确可靠的指南。

【公共资源配置改革】 2017年，出台《奎文区深化公共资源配置改革实施方案》和《奎文区深化公共资源配置改革实施办法》。截至2017年6月31日，区公共资源交易中心关闭，区公共资源交易项目全部进入潍坊市公共资源交易平台进行交易。是年8月25日，公布《奎文区公共资源交易目录（2017年版）》。

【政务公开】2017年，将各部门、街道、社区的服务事项，审批和服务事项办事流程、所需材料、办理时限、收费标准及服务承诺等进行梳理，录入行政权力动态管理系统，并在审批服务平台上向社会公开。

【制度建设】2017年，修改和完善《奎文区政务服务中心回访制度》，每周两次电话回访办理业务的群众，从一次性告知、限时办结、服务态度、办事效率等方面广泛征求群众意见、建议。建立巡查机制，每天定时和不定时巡查，巡查过程中对落实办件制度、工作纪律、行为规范、仪容仪表等方面进行监督，发现问题及时纠正。建立窗口单位主要领导到大厅现场办公机制，各窗口单位主要领导每月至少一次到政务大厅现场办公。

城市发展推进工作

【提升市区】2017年，全区提升市区工作围绕“十大专项行动”（规划提升、城市社区提升、房地产业优化提升、城市更新提升、交通畅通、绿色城市、小城镇提升、城市管理服务提升、城市特色品牌建设、城市活力提升）和文化教育、健康医疗、重点产业三大工作重点，抓好项目建设、重点促动、氛围营造三项任务。学习贯彻全市提升市区领导小组系列会议精神，研究印发《全区2017年提升市区重点项目计划》等文件，对提升市区工作进行统筹安排与具体部署。完善重点项目区级领导包靠制度，39个市级重点项目和56个区级重点项目，每个项目都由区委常委或副区长及人大常委会、政协领导包靠负责统筹推进，并落实到街道及部门，逐一明确责任人员、工作计划、年终目标等。坚持对提升市区的市级、区级重点项目“一月一督导，一季一通报”机制，并将督导情况向区提升市区工作领导小组汇报，印发《2017年提升市区重点项目推进情况通报》。截至2017年年底，进行专项督导12次、下发项目通报4期；制定完善《奎文区2017年度街道提升市区工作考核细则》和《奎文区2017年度部门提升市区工作考核细则》。

【城市工作水平考核】城市工作水平考核共包括政务服务热线投诉办理工作评价、数字化城管平台考核评价、第三方专业机构评价、城市工作市民满意度调查、城市管理“八项专项整治”考核评价5项具体工作。成立奎文区市容环境专项整治行动、渣土运输专项整治行动、城市内涝专项整治行动、城市雨污混排专项整治行动、“停车难”专项整治行动、环境违法排污行为专项整治行动、政务服务热线投诉办理工作、城市工作市民满意度调查等8个工作领导小组，分别由区级分管领导任组长，各相关部门主要负责人任成员；印发《中心城区城市工作水平延伸考核街道实施方案（征求意见稿）》《奎文区环境卫生死角专项整治实施方案》等，为工作开展提供依据。坚持“一月一调度，一季一通报”，对城市工作水平考核成绩进行分析，查找原因，对各责任部门加强调度，印发《2017年第二季度城市工作水平考核成绩通报》。

【生态环境综合整治】根据《开展生态环境综合整治、深化“美丽家园”建设系列意见方案》和市区生态环境综合整治各项实施方案，围绕大气污染防治、高铁高速两侧绿化、全面推行河长制、城市环境综合整治四大领域和“啄木鸟行动”等18项工作明确11个牵头单位，制定《全区生态环境综合整治工作任务清单》并下发至各街道、区直相关部门、6个检查组成员。制定《全区生态环境综合整治各领域工作情况》统计表，对生态环境综合整治18项重点工作实行周调度月通报制度，加强督查调度。制定《全区生态环境综合整治工作任务清单销号情况表》，对18项重点工作中有明确任务指标建立清单销号制度，要求各责任单位按时限进行销号，并定期通报，全年通报4次。全年潍坊市市容环境专项整治行动领导小组办公室共下发问题整改通知单20期，回头看通知单3期。对市整改通知单发现的问题，明确整改责任单位、地理位置、整改时限，及时下发督查整改通知单至各责任单位。区推进办与奎文城管队、区园林处、区住建局、区环卫处、奎文交警大队等部门先后进行集中现场督查4次，并下发《潍坊市市容环境专项整治问题督查通报》。根据由区政府领导带队的6个检查组对8个街道进行的四轮检查情况，将发现的238个问题进行分类，明确问题性质、责任单位、整改时限，形成全区生态环境综合整治行动整改通知单下发至各街道。全年下达整改通知单23期。2017年8月，对61家建筑工地、16家小燃煤锅炉、4家商砼企业进行专项督查，将发现的问题下发相关责任单位进行整改。

【品质社区创建】 制定并印发《关于开展品质社区创建活动的实施意见》（奎办发〔2017〕24号），明确创建标准和考核验收，细化责任分工；各街道、部门制定《品质社区创建工作三年达标计划》《品质社区创建工作达标台账》，并将《品质社区创建工作三年达标计划》在全区进行公示；制定考核细则，每年进行一次考核验收，根据考核情况，评选一批“品质社区”“星级品质小区”。对各街道申报的2017年度品质社区进行现场督查2次，通过查找问题，促进工作落实，下发督办通知单1期。区推进办与区委组织部等16个部门组成联合考核组，对列入2017年品质社区创建计划的8个街道、14个社区、54个小区进行考核验收，评选出品质社区4个、先进单位10个、先进个人20人。

政府调研工作

【综合文字】 加强文字材料的加工工作，提高办公室的文字处理和服务能力，学习新思想，发现新问题、想出新点子、提出新建议。全年完成政府工作报告、经济工作会议、会议纪要和区领导讲话等大型材料36篇。

【调查研究】 围绕区政府中心工作和领导关注的重点课题，开展调查研究。2017年，先后组织开展产业园区建设、金融核心区建设可行性研究、提升服务效能优化发展环境等专题调研17次，编发《调查研究交流》10期，形成各类调研报告13篇。

督查工作

【概况】 全年下发《政务督查通知》92期，编发《督查专报》（含通报）63期，开展各类督查活动183次。

【制度优化】 修订完善《奎文区政府督查工作规范》，结合奎文区科学发展观考核工作任务，拟定细化政务督查考核细则，为全区科学发展观综合考核提供依据。建立督查工作台账，对督查工作从立项、办理、督办到办结都作出明确规定，使督查工作更加制度化、规范化。所有督查工作人员熟练掌握各种规范表单的使用方法，做到第一时间制单、第一时间转办、第一时间反馈。

【联合督查督办重要事项】 加强党委、政府及部门间的协调配合，抓好全区性重点工作，特别是政策性、专业性较强的重要事项督查工作。重点对八项规定落实情况、“双50”项目进展情况、“两会”期间重点建议提案办理情况、全区经济形势分析会贯彻落实情况、市区两级党代会重点任务目标完成情况等进行联合督查，促进各项工作的贯彻落实。

【政府工作报告确定的督查事项】 按照可量化、易考察、重实事的原则，对2017年《政府工作报告》确定的124项事项进行立项督查，明确各项工作任务的责任单位、责任人及完成时限，实行季调度、季通报制度，形成《督查专报》，全年编发专报5期。对主要经济指标、重点项目推进、产业发展、城市建管、民生事业等完成情况，以查阅资料、深入现场实地查验等不同形式进行督促检查。对个别不达时间进度的工作任务实行台账式销号管理，进行重点跟踪督查。

【领导批示及专项督办事项】 全年办理上级及区政府主要领导批示事项42件；对区政府常务会议、区长办公会议及各类专题会议等进行立项分解督查25件；办理国务院第四次大督查、中央环保督察、省环保专项督察、市委巡察、市生态环境综合整治检查等涉及奎文区的环保交办事项102项。

【人大代表建议、政协委员提案办理工作】 承办潍坊市政协委员提案3件，涉及小饭桌管理、市政管理、文明城市创建等问题，全部办理完毕；督促办理区人大代表建议37件、政协委员提案46件，全部办理完毕。形成区十八届人大一次会议以来代表建议办理工作情况报告、落实区十八届人大常委会对区十八届人大一次会议以来代表建议办理情况审议意见的报告及区政协六届一次会议以来委员提案办理情况的报告等材料，代表建议、委员提案办理件数比2016年分别增加14件和11件。

应急管理

【概况】 2017年，成立应急小组，储备充足的应急物资，保障辖区居民的人身安全，提高防范处置突发事件的能力。全年辖区发生火灾346起，未发生重特大火灾和亡人火灾；接到食源性疾病暴发报告12起，其中3起发生于奎文区，其余9起发生于其他地区来奎文区就诊，未发生食源性疾病暴发事件。完善联动举报投诉平台，形成窗口维权、电话维权、网络维权“三位一体”的快速维权机制，受理各类举报投诉466件。立案侦查非法集资案件6起，涉案人数1428人，涉及金额3300万元，与2016年相比，非法集资案件发生次数大幅度下降，涉案金额、人员范围等明显下降。

【政务值班和信息报告制度】 实行24小时值班制度，每天由1名区领导带班，实行主辅班制度，确保有2名工作人员值班，做到值班电话“随响随接、随接随办、随办随记”。出台《关于加强和改进突发事件信息报告工作的通知》《关于进一步加强突发事件信息报送工作的通知》和《关于进一步加强值班应急和“零报告”制度的通知》等规范信息报送文件，在全区22个部门、8个街区建立日报告制度，每日通过奎文区协同办公平台发送突发事件“日报告”“零报告”情况，明确信息报告要素、时限、渠道和责任主体，确保突发事件第一时间报告区应急办，区应急办对各类较大突发事件和比较敏感的一般突发事件信息，均按有关规定及时、准确上报市应急办。

【应急体系建设】 规范应急预案编制、审批、发布、备案、修订、宣教培训等环节，完善应急预案体系。全区应急预案框架体系初步形成，编制自然灾害、事故灾难、公共卫生事件、社会安全事件4大类区级专项预案、22个区级单项预案。指导各街区、有关部门重新修订或编写单位应急预案。至2017年12月，各部门应急预案修订编制工作基本完成，高危行业企业应急预案覆盖率为100%。通过模拟突发事件情境，组织各街道，区民政局、区公安局、区卫计局、区地震局等部门以及社区、学校、企业等定期开展应急演练，提升突发事件应急处理能力，强化各部门之间的应急联动。2017年，组织开展地震、消防、防汛、疫情等不同规模不同类型的应急演练55次，参演群众9000人次。在国庆节、全国“两会”召开等重要时期组织开展多次矛盾纠纷大排查和安全隐患大检查行动，对重点地区、重点企业、在建工程、学校等敏感地方进行专项整治。

【应急保障】 加强奎文区应急救援队伍体系建设，安全生产、危险化学品、地震、公共安全、消防、卫生、旱汛等各类专业和综合救援队伍不断发展壮大；以防汛抗旱、抗震救灾、医疗救护、动植物疫情处置等专业队伍为基本力量，以企事业单位专兼职队伍、应急志愿者队伍为辅助力量的应急队伍体系，并加强应急救援队伍装备建设。强化应急物资保障工作，将应急资金纳入各级公共财政预算，探索通过社会筹资等方式，多方面筹措资金，健全应急资金保障机制，加大应急管理工作资金投入，确保应急工作高效开展。2017年，奎文区投入应急资金200万多元，各部门各单位投入应急资金总计约2400万元。储备包括防护用品、生命救助、救援运载、临时食宿、工程设备、动力燃料等13大类62小类500多种应急物资，其中大型专业车辆230台，各类药品8000多箱，帐篷3000多顶，灭火器械2万套，沙石木料30万立方米。探索分区域建设储备仓库等途径，协调各街道、各有关单位建立自然灾害发生24小时之内灾后救助体系，保障受灾群众在食物、饮用水、衣物、医疗卫生救援、临时住所等方面的基本生活需要。

【应急宣教工作】 2017年制作应急知识宣传展板120块，发放应急宣传资料3万份，增强辖区广大群众防范突发事件的意识。在全区深入开展以“普及应急知识，提高应急能力”为主题，面向社会公众、面向基层的应急知识宣传活动，通过进社区、进学校、进医院、进企业的“四进”活动，广泛宣传，全面普及，使广大干部职工、社区居民、在校学生了解掌握应急工作的法律、法规、制度和要求，增强预防和处置突发事件的法制意识、大局意识、责任意识。在区委党校对科级干部培训班次和新录入公务员培训班次中均引入应急管理专业课题的学习和研究。先后组织开展食品安全、消防救援、灾害应急救助、安全生产等内容的应急培训班，全年累计培训1000多人次。

【基层应急管理】 2017年，全区新增应急避难场所10处，加强对已有40处避难场所的管理维护，对各类指示牌、标志牌进行维修、更换；高标准提升改造潍坊植物园应急避难场所，将潍坊市植物园打造成山东省面积最大、基础设施最完善的符合国家I类标准的应急避难场所。至2017年年底，全区应急避难场所由原来的40处增加到50处，应急避难场所面积由89.1万平方米、容纳44.4万人，增加到104.5万平方米、容纳51.3万人，具备安全避险、医疗救护、基本生存等应急避难功能。健全完善应急避难场所的相关管理制度，对避难场所的规划、建设和管理维护作明确规定，辖区风筝广场应急避难场所示范工程已被评为国家Ⅰ类标准。按照“六有”（有组织机构、有应急预案、有工作机制、有应急队伍、有应急保障、有科普宣教）要求选择有一定基础的街道、社区、学校和企业，建设标准化的基层应急管理示范点。

地方史志工作

【史志工作暨年鉴编纂培训会议】 2017年3月29日，奎文区召开史志工作暨年鉴编纂培训会议。区委副书记高登友出席会议并讲话。区领导赵同祥、各街道和区直各部门分管领导及编纂人员共计160多人参加会议。潍坊市史志办副主任吕俊峰出席会议并对入会人员进行年鉴编纂业务培训。会议印发《关于调整奎文区地方史志编纂委员会成员和编审人员的通知》《奎文区地方史志事业发展规划纲要（2016—2020年）》《〈奎文年鉴〉2017卷组稿方案》《奎文区街道志、部门志编修工作方案》《奎文区史志信息化建设方案》等文件以及培训材料汇编。

2017年3月29日，全区史志工作暨年鉴编纂培训会议在区综合服务中心会议室召开

【《奎文年鉴（2017）》出版】 区史志办借鉴山东省史志办、青岛史志办以及其他先进地区的经验，以政府购买服务的方式进行对外招标，充实培训队伍，于

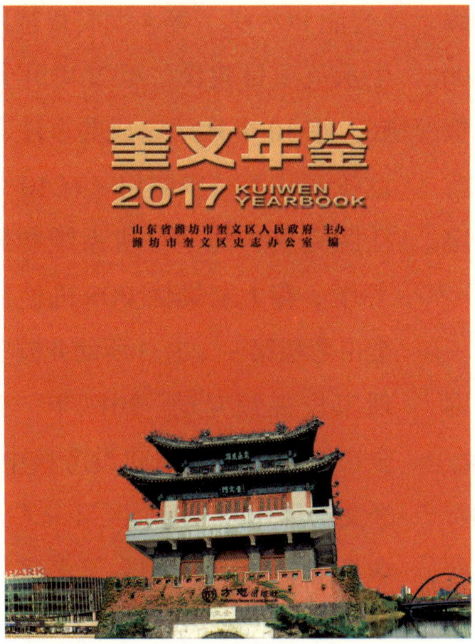

《奎文年鉴（2017卷）》封面

全区史志工作会议印发的文件

2017年11月出版发行《奎文年鉴（2017）》。《奎文年鉴（2017）》是按照全省“三全”目标任务，正式启动一年一鉴工程的第一本年度综合年鉴。年鉴设28个栏目，共计46万字，收录各类图片235幅，为大16开本全彩印刷圆脊装订，年鉴全面、客观、真实、具有特色地记录2016年奎文区政治、经济、文化、社会、生态文明等各方面建设的新举措、新进展、新成就。《奎文年鉴（2017）》被评为“山东省优秀成果奖”。

【信息化建设和方志馆建设】按照全国、省、市政府地方志事业信息化发展意见和“加快信息化建设”的工作要求，逐步实现修志编鉴的数字化、网络化，建设地方史志全文数据库，不断升级完善奎文地情网站，开发形式多样的数字化成果，加强地情微信、微博、手机版地情网的推广应用和安全管理，构建多界面、多元化、全方位、安全可靠的综合服务体系。围绕奎文区志、鉴、馆、网、用五个方面重点工作，汇报申请方志馆建设工作，规划审批建设面积1000平方米的方志馆，方志馆规划方案已报市政府待批。

【供稿工作】承担《山东年鉴》《山东地方史志年鉴》《潍坊年鉴》组稿工作任务。高质量的完成省、市布置的《山东年鉴》《山东地方史志年鉴》和《潍坊年鉴》等供稿工作。发挥自身优势，开展史志资源整合开发利用，主动为当地经济建设和社会发展服务，对辖区历史文化村镇的相关资料进行挖掘、整理、收集，为有关部门提供大量地情资料，促进全区历史文化资源的开发和利用。

智慧城市建设

【重点项目引进】2017年，引进华为（潍坊）物联网创新中心、潍坊市大数据交易中心等全市重点产业项目落地奎文，初步实现产业集聚和龙头带动；借助华为、大数据等企业品牌号召力，吸引物联网、大数据、移动互联、现代金融等优质企业在奎文区落地，培育和催生“互联网+”新动力，通过产业渗透、产业交叉和产业重组的方式促进产业的融合，打造潍坊智慧产业园区；引进泰华智慧、城市云、云支付、微医等100多家企业入驻，逐步构建起融合创新的产业生态体系；是年11月，华为、大数据作为奎文区亮点项目承担潍坊市科学发展观摩点评工作。实施“互联网+”产业培育计划，支持以全影网、易邻里、欧乐生活、樱桃阵、好吃懒做等为代表的新兴智慧产业项目建设，推动互联网与实体经济融合，加强智慧城市相关产业链条融合和资源共享，打造奎文特色品牌，促进电子商务、科技信息等新兴产业的规模化和聚集化。

【政务信息系统整合共享】 成立区政务信息系统整合共享工作领导小组，制定印发奎文区政务信息系统整合共享实施方案及工作任务书，推进政务信息系统整合工作落实。至2017年年底，完成全区政务信息资源目录编制普查工作，涉及40多个部门，编制梳理政务信息资源目录1000条；开展全区已建、在建、拟建政务信息系统调研摸底工作，为政务信息系统整合上云奠定基础。

【区门户网站集约化建设及网站普查工作】 2017年在国家、省、市相关文件要求的基础上，关停18个部门（单位）、街道网站，保留区门户网站群一个站点。在区门户网站群以开设版块的形式保留业务特色，2017年9月，按照相关规定及网站绩效评估指标，建设完成区门户网站群“中国奎文”，实现向市政府网站统一后台迁移工作。在2017年山东省政府网站绩效评估工作中，奎文区门户网站群在参与评估的135个县（市、区）政府网站中排第28名，比上一年提高38个名次；区门户网站群“中国奎文”建设工作获得中国电子政务理事会“2017年中国互联网+政务服务先进单位”。

【智慧民生项目建设】 承担智慧校园（幼儿园）、智慧景区、智慧社区（共享洗车）及智慧社区（智能POS机）等4大类智慧民生示范项目建设，至2017年年底，有10个社区完成共享洗车设备安装及初步应用；有10个社区完成智能POS机系统初装工作；有1家景区POS机使用全市考核第一；有3所幼儿园实现家校视频互动。2017年，在全市智慧民生项目建设考核中，奎文区位列全市四个区第一，《大众日报》、潍坊电视台等多家新闻媒体对辖区智慧民生项目建设取得的成果进行宣传报道。

【无线城市网建设】 推进市区一体化无线城市建设工程，通过在城区LED路灯、主要建筑物顶部安装“超级WIFI”设备，布设统一认证的“潍V”热点，实现沿街沿路及主要公共场所免费WIFI覆盖，为辖区各行各业与“互联网+”融合发展提供网络基础保障。2017年，通过在重点路段和区域增设补放AP设备，进行无线布局优化和调整，并完成城区主干道路无线WIFI全覆盖，至2017年年底，奎文区无线网应用覆盖率在全市四个区排名第一。

政务服务热线

【群众诉求办理】 2017年办理群众诉求31540件（其中市转人民网地方领导留言板市长留言

9件)，居全市17个县市区(市属开发区)首位，按时办结率100%，群众满意度84.42%，一次办结率91.91%。在全市政务服务热线考核工作中，第三季度、第四季度及5个月单月考核成绩均居全市(17个县市区)第一名。

2017年8月24日，奎文区委副书记、区政府区长高志秀到潍坊市政务服务热线受理中心接听群众来电

【组织机构建设】 2017年，采取政府购买服务方式，招募政务服务热线座席人员，组建热线工作团队，具体负责热线诉求的受理、交办、协调、调度、数据统计分析、通报、考核等工作，建立健全全区市政务服务热线四级网络工作体系。是年8月，结合奎文区政务服务中心搬迁，在奎文区政务服务中心三楼建设面积600平方米的“12345”奎文受理中心，规划建成市政务服务热线办公区、现场调解区、联调联席区等，构建市政务服务热线“线上线下”联动机制。按照潍坊市统一部署，整合全区热线资源，撤销奎文区政务服务热线“8912345”，统一纳入“12345”，实现一个号码管服务。

【工作制度建设】 对奎文区市政务服务热线座席人员及全区各责任主体单位热线工作人员分批次开展业务培训，增强热线体系工作人员的服务、责任和效能意识。到昌邑市、寿光市、青州市，就热线工作的先进经验和优秀做法进行交流学习。制定督办及责任追究办法，全年编发《奎文政务督查市政务服务热线办理情况通报》12期；建立区纪委、区政府督察室、区智慧办三位一体的督查督办制度，采取发督查催办单、纪委约谈等方式提高督查效力；进行热点难点问题分析，辅助领导决策。是年8月24日，区政府主要负责人到潍坊市政务服务热线受理中心接听群众来电，受理并处办群众诉求11件。建立每日信息，每周热点，每月通报等机制，进行即时数据分析及实时预警研判，定期向区领导提供分析报告。

【政务服务宣传】 重点对全区8个街道、12个部门，通过张贴海报、LED宣传标牌、横幅标语等多种方式进行市政务服务热线工作宣传，累计发放宣传海报1800多份，现场解答群众问题，包括拨打方式、受理范围、工作流程等1000多次。

党建工作

【党内组织生活规范】 2017年与区直机关党工委签订《抓基层党建工作目标责任书》，制定班子和个人抓基层党建工作责任清单、问题清单、任务清单，其他党员干部也分别制定个人责任清单。研究制定支部生活日工作计划，将“三会一课”、主题党日活动、交纳党费等统筹安排到支部生活日中，坚持每周至少1次集体学习或开展主题活动。全年召开支部委员会12次，全体党员大会5次，民主生活会1次，组织生活会2次，谈心谈话114人次。

【学习教育】以开展“作风建设年”活动为契机，先后到烟台市芝罘区和寿光市、青州市进行对标学访，通过互访交流，找准在工作标准、工作机制、精神状态等方面存在的差距和不足，逐项制定赶超计划，在全面提升服务专业化、职业化、规范化水平上实现新超越。确定每周五为党员集中学习日，定期开展交流研讨、党课教育等活动。全年为党员上党课2次，组织谈心谈话2次，举办学习教育测试1次，围绕“学习十九大精神”“学习廖俊波同志先进事迹”等主题开展专题研讨4次。

【主题活动】2017年11月，印发《开展“书香支部”创建活动实施方案》的通知，开展以“创建书香支部·助力奎文发展”为主题的“书香支部”创建活动，把活动融合到学习中共十九大精神、“作风建设年”活动、“两学一做”学习教育和酝酿开展的“不忘初心、牢记使命”主题教育活动中。通过开展人人“荐书”活动、“每天读书一小时、每月阅读一本书”活动、“书香团队”“读书达人”评选活动等，让阅读学习成为党员干部的自觉行动。全年收集推荐“我最喜爱的书籍和文章”62份，阅读心得记录178份。

【党风廉政工作】落实党员干部“一岗双责”要求，坚持一把手负总责，分管领导各负其责，一级抓一级，层层抓落实的原则，把党建工作和党风廉政建设工作纳入全年工作任务中，组织学习中共十九大报告和反腐倡廉工作的有关论述，使党员在思想上和政治上自觉同党中央保持高度一致；开展反面案例警示教育，采取党员干部参与机关党风廉政建设责任制落实情况定期通报等办法，将党风廉政建设工作做到常讲常新、深入人心，使党员干部筑牢反腐倡廉思想防线。

【挂职帮扶】落实区委关于“包居联万户、为民办实事”的通知要求，加大对包靠社区的帮扶力度，发挥“挂职书记”作用，做好对社区困难户、联系户的帮扶走访，抓好为民办实事项目的协调落实，重点对道路整治、排水系统修缮、路灯亮化等3项为民办实事项目跟踪办理。协助社区抓好党建工作，提高网格化管理服务水平，推进品质社区创建工作。

外事外侨

【国际化城市建设】确定梨园街道的樱园社区和北海路街道的北宫东街社区作为2017年双语标识建设重点社区，两个街道完成89医院（北海分院）、明月口腔门诊和16所社区门诊等医疗场所的双语标识化新建及更换标识牌260多块；樱园社区和北宫东街社区辖区的德润国际学校、樱园小学、樱园幼儿园、圣荣小学等教育机构，新建和更换标识牌150多块，建设资金由各街道和学校自筹。在潍坊市外事侨务办公室组织的双语标识工作现场会上，奎文区相关项目被列为观摩点评项目。

【办理邀请函】对进出口企业送

审材料进行审核，根据规定提出合理化建议，确保初审材料能在市级审批时一次性通过；同时严格把关，把不符合条件的挡在国门之外，全年为30多家企业办理邀请函117份。

【办理APEC卡】 亚太经合组织(APEC)成立后，为加强区域内经济合作，促进商务人员自由流动，在经济体内相互为其商务人员提供多边长期签证和快速通关礼遇。根据APEC卡办理的相关要求，2017年为辖区内6家企业15人办理APEC卡。

【侨务工作】 2017年6月，帮助梨园街道樱园社区美籍华人办理孩子就近入学事宜；是年11月，向辖区贫困华侨侨眷16人发放补助款39120元，春节前向9户贫困华侨家庭赠送价值900元的现金和生活必需品。

【办理因公出国】 2017年，全区自组团3批，分别赴澳大利亚、新西兰、美国、加拿大等发达国家进行经贸洽谈和招才引智，各个出访团组出访期间严格遵守外事纪律，圆满完成出访任务。

综合政务

【政务信息】 构建大信息工作格局，全年编发奎文政务信息125期，上报市级政务信息2300多条，被国务院办公室、省政府办公室、市政府办公室采用信息431条，其中被市级以上领导批示4条。2017年，被评为潍坊市“政府系统政务信息工作先进单位”“政务公开工作先进单位”。

【政务服务】 牢记“服务”宗旨，坚持热情周到地为领导、部门和群众服务，按政策办事，执行好规章制度。学习业务知识，结合工作实际，把理论与实际相结合，对科室负责的工作抓重点、抓成果，克服一切困难，努力完成各项工作任务。落实中央和省市区关于改进工作作风、密切联系群众的有关规定，严格办会程序，实行“标准程序化办会”，注意工作上早衔接，时间上争主动，行动上抓提前，全年组织各类会议近600次。执行中央“八项规定”精神和《潍坊市党政机关国内公务接待细则》要求，对接待工作的各个环节严格把关，以认真负责的态度接待客人，以勤俭节约的原则办好事情，以少花钱多办事办好事为原则，规范接待标准，做到接待费用少，服务质量高，全年组织接待活动200多次。

【行政管理】 办理政府办公室全体人员调资工作以及调出、调入人员的人事档案办理工作。对办公设备经常性维护，出现故障及时联系维修，保证工作的正常进行。对办公用品定期进行盘点，及时进行补充，保证日常工作需要。对办公室财务收支情况及时核对、报账。按时上报劳资、编制干部年度报表。

【车辆管理】 加强公务用车使用管理，规范领导干部的用车行为。规范管理有序使用公务用车，每个节假日之前都对车辆进行检查封存。定期排查在公车管理和使用方面存在的问题和不足。一旦发现问题，及时查找原因并研究制定有针对性的整改措施，杜绝出现违法违纪现象。强化日常监督，做好公车使用管理基本信息的登记，规范公车使用手续。切实加强管理，车辆维修、燃油费用明显降低。加强驾驶员队伍管理，确保用车安全。

机关事务管理

【概况】 2017年，奎文区机关事务管理局的重点工作是区政务服务大厅搬迁、公务用车管理、区直机关办公用房基建维修、区服务中心管理、区直机关财务管理、安全生产以及公共机构节能等工作，各项工作按照计划有序进行，圆满完成全年各项工作任务。2017年，奎文区机关事务管理局获得“潍坊市机关事务工作先进单位”“全区先进基层党组织”等称号。

【大厅搬迁】 2017年，奎文区政务服务中心大厅原设在区直机关办公区3号楼1层~3层，办公面积约6700平方米。因办公窗口少、停车难、业务集中办理时段经常造成胜利东街与虞河路路口交通堵塞等原因，无法满足正常办公需求。为解决以上问题，会同相关部门对新大厅进行选址，并按程序进行单一来源采购，最终确定东盛广场为区政务服务中心大厅办公新址，2016年11月6日着手改造，2017年7月28日交付使用。

【公务用车管理】 2017年9月5日，开始对全区85辆公务用车进行标识喷涂工作，仅用5天时间，顺利完成喷涂工作。全年累计完成统管26个部门、食品安全城市创建等应急车辆保障任务，出车460多次，得到部门的好评。

【服务中心管理】 2017年，采取制度管理的办法，建立巡查制度，对服务质量、饭菜质量进行监督，总体运行情况良好，完成各项接待任务。同时做好会议中心管理工作，采取靠会的办法，在第一、第二会议室及多功能厅召开的大中型会议中，均有科室分管人员现场靠会，督促会议中心工作人员做好会务保障工作，全年共接待各类会议1300多次。

【安全工作】 2017年，加大检查力度，对办公区各单位及住宅区安全用电、消防等方面进行检查，针对在检查中发现的问题下达隐患整改通知单，督促限期整改。全年组织安全检查11次，发现隐患2处，全部得到整改。

【公用房分配】 2017年，奎文区政务服务中心大厅搬迁后，组织有关人员对大厅腾空后的办公用房进行论证，提出改造方案。是年9月，开始对办公用房进行间隔改造，提高办公用房的利用率，整合办公资源。

【办公院区管理】 2017年，为提高办公院区物业管理水平，发起“倡导文明行为，提升优良秩序，不断提高机关干部文明素质，促进文明行为养成”倡议，使随地吐痰、乱扔乱倒现象得到改观。通过设立“信息栏”有效解决乱写乱画现象。同时，推行《每日巡查制度》，分管科室人员负责每天对办公院区进行巡查，对发现的问题及时通知物业公司并立即整改。

【公共机构节能工作】 2017年，通过在办公区张贴宣传画、悬挂条幅、安装宣传版面等，宣传节能减排工作。对节能周和节能体验日进行重点宣传。落实能耗数据月统计、季报送制度，对数据报送的催办、督办、检查、验收全面掌握第一手资料。通过宣传、科技节能、强化统计等措施，实现能耗比上一年下降2.4%的目标，机关办公区水电费用连续6年下降。

中国人民政治协商会议
奎文区委员会

KUIWEN

重要会议

【区政协全委会议】 2017年1月19日至22日，区政协六届一次会议在富华国际会议中心举行。本届委员206人，本次大会实到198人。区委书记李辉出席会议并讲话。会议听取并审议通过第五届区政协常委会工作报告和提案工作报告；审议并批准区政协六届一次会议提案审查情况的报告；与会委员列席区十八届人大一次会议，听取并讨论区政府工作报告及相关报告；协商讨论区人民法院工作报告和区人民检察院工作报告；选举政协第六届潍坊市奎文区委员会主席、副主席、秘书长和常务委员；会议审议通过区政协六届一次会议决议。

【区政协常委会议】 2017年1月13日，区政协五届十九次常委会议在区机关服务中心四楼多功能厅召开。区政协主席刘良嘉讲话，副主席陈立宝主持会议。会议听取关于第六届区政协委员拟推荐人选情况汇报；听取关于区政协六届一次会议筹备情况的汇报；审议通过关于召开区政协六届一次会议的决定；审议五届区政协常委会工作报告和提案工作报告，并分别推举报告人；审议通过区政协六届一次会议议程和日程；审议通过六届区政协委员名单；审议通过大会主席团和秘书长名单、常务主席名单、执行主席名单、副秘书长名单、列席单位名单、委员分组讨论名单、各组召集人名单和大会秘书处各组负责人名单；审议通过提案审查委员会名单。

2017年3月30日，区政协六届一次常委会议在区机关服务中心四楼多功能厅召开。区政协主席刘良嘉讲话，副主席陈立宝主持会议。会议传达学习全国、

▼2017年1月19日，区政协六届一次会议在富华国际会议中心召开

省、市政协会议精神；传达学习市政协十三届一次常委会议精神；审议通过《关于政协第六届奎文区委员会专门委员会设置的决定》；审议通过《政协第六届奎文区委员会专门委员会主任、副主任、委员名单》；审议通过《政协奎文区委员会委员履职工作规则》；审议通过《政协奎文区委员会关于加强界别建设的意见》；审议通过《区政协2017年工作要点》；审议通过有关人事事项。

2017年8月3日，区政协六届二次常委会议在区机关服务中心四楼多功能厅召开。区政协主席刘良嘉讲话，副主席陈立宝主持会议。会议传达学习省第十一次党代会精神；传达学习市政协十三届二次常委会议精神；听取区教育局、区住房和城乡建设局工作情况汇报；审议通过《政协奎文区委员会政协委员履职尽责综合评价办法》《政协奎文区委员会政协委员活动组综合评价办法》。

2017年11月21日，区政协六届三次常委会议在区机关服务中心四楼多功能厅召开。区政协主席刘良嘉讲话，副主席陈立宝主持会议。会议传达学习中共第十九次全国代表大会精神和市政协十三届四次常委会议精神；听取区政府今年以来全区经济社会发展情况和提案办理情况的通报；审议通过《政协潍坊市奎文区委员会关于学习贯彻中共十九大精神的决议》；审议通过《关于全区社会组织建设情况的调研报告》。

【区政协主席会议】 2017年1月13日，区政协五届二十一次主席会议在区政协会议室召开。区政协主席刘良嘉主持会议。会议听取关于第六届区政协委员拟推荐人选情况汇报；听取关于区政协六届一次会议筹备情况的汇报；审议通过关于召开区政协六届一次会议的决定；审议五届区政协常委会工作报告（草案）和提案工作报告（草案），并分别推举报告人；审议通过区政协六届一次会议议程和日程（草案）；审议通过六届区政协委员名单（草案）；审议区政协六届一次会议主席团和秘书长名单、常务主席名单、执行主席名单、副秘书长名单、列席单位名单、委员分组讨论名单、各组召集人名单和大会秘书处各组负责人名单（草案）；审议通过提案审查委员会名单（草案）；审议通过区政协五届十九次常委会议议程。

2017年3月1日，区政协六届一次主席会议在区政协会议室召开。区政协主席刘良嘉主持会议。会议研究领导班子成员及专职常委工作分工。

2017年8月1日，区政协六届二次主席会议在区政协会议室召开。区政协主席刘良嘉主持会议。会议研究《政协奎文区委员会政协委员活动组综合评价办法》《政协奎文区委员会政协委员履职尽责综合评价办法》；审议通过区政协六届二次常委会议议程。

2017年11月20日，区政协六届三次主席会议在区政协会议室召开。区政协主席刘良嘉主持会议。会议传达学习中共第十九次全国代表大会精神和市政协十三届四次常委会议精神；审议通过《政协潍坊市奎文区委员会关于学习贯彻中共十九大精神的决议（讨论稿）》；审议通过《关于全区社会组织建设情况的调研报告（讨论稿）》；审议通过《政协潍坊市奎文区委员会关于规范区政协委员参加会议的暂行规定（讨论稿）》；审议通过区政协六届三次常委会议议程。

重要工作

【概况】 中国人民政治协商会议第六届潍坊市奎文区委员会于2017年1月换届产生，任期5年，有委员206人，其中常委40人。区政协第六届委员会下设办公室、研究室、委员联络工作室、专委会工作一室、专委会工作二室5个办事机构，有提案委员会、经济委员会、人口资源环境委员会、科教文卫体委员会、社会法制委员会、文史资料委员会6个专门委员会。

【学习培训】 2017年6月下旬，组织区政协委员以活动组为单位，以召集人领学等方式，集中学习省第十一次党代会精神。是年7月13日至18日，区政协组织委员赴井冈山开展以“传承红色基因，提升履职能力”为主题的集中学习培训，委员们学习《井冈山斗争与井冈山精神》《毛泽东在井冈山和中央苏区的风雨人生》《政协提案与社情民意信息基础知识》等专题课程，组织开展朗诵毛主席诗词，学唱红色歌谣，向井冈山革命烈士陵园革命先辈敬献花圈等主题活动。是年8月上旬，组织区政协委员以活动组为单位，集中学习总书记习近平“7.26”重要讲话，要求广大委员切实将思想统一到总书记习近平重要讲话精神上来，贯彻落实中央和省、市、区委安排部署，推动“四个城市”创建工作向前发展。是年11月下旬，组织区政协委员和住奎文区的市政协委员集中学习中共十九大精神。

【上级督查】 2017年7月25日，省政协副秘书长、机关党组成员曲伟率领督查组到奎文区就加强与委员联系工作开展专项督查。期间，督查组一行到山东诺正检

2017年7月25日，省政协副秘书长曲伟（右一）带领督查组到奎文区就加强与委员联系工作开展专项督查。督查组一行先后到位于潍坊市科技孵化中心的山东诺正检测有限公司和北海路街道政协委员联络室进行现场督查。市、区有关领导陪同活动

测有限公司和北海路街道政协委员联络室进行实地调研，并听取有关情况汇报。区委书记李辉、区委副书记高登友，区政协主席刘良嘉参加活动。

【与外地政协友好交流】 2017年3月24日至29日，区政协副主席陈立宝、李莉带队，组织委员考察团一行6人到贵州省铜仁市万山区参加第13届世界风筝锦标赛暨第34届潍坊国际风筝会（贵州·万山）选拔赛，到湖南省吉首市学习考察旅游产业发展、人文自然遗产保护与开发方面的工作。是年4月16日，河北省滦平县政协副主席王国平、左春兰一行9人到奎文区考察文化旅游产业发展工作，实地参观潍坊市风筝博物馆、京广书城，并前往滨海开发区参观潍坊风筝会。是年6月7日至8日，区政协副主席陈立宝，带领政协机关一行5人，到烟台市芝罘区政协开展“对标学访”活动。期间，听取芝罘区政协机关建设、提案办理、委员活动等工作情况介绍，并与有关负责人进行座谈交流。是年9月7日至13日，区政协副主席张洪军带队，到上海市黄浦区、重庆市渝中区，考察学习社会组织孵化、培育、管理以及政府购买公共服务等方面的先进经验。

政协各专门委员会

【概况】 2017年1月19日至22日，区政协一次会议在富华大酒店举行，全体与会委员举手表决通过中国人民政治协商会议第六届潍坊市奎文区提案委员会、经济委员会、人口资源环境委员会、科教文卫体委员会、社会法制委员会、文史资料委员会组成人员名单。

【各专门委员会工作】 提案委员会工作　区政协六届一次会议期间，收到提案86件，立案46件，分别由区人社局、区民政局、区教育局、区文化旅游新闻出版局等20个部门和单位具体承办，实施《区政协领导分工联系督办重点提案制度》，区政协领导班子成员领衔开展提案办理协商、督办活动，委员对提案答复满意率为100%。2017年9月7日，区政协提案委组织部分委员围绕区住建局提案办理情况开展专项视察，期间，到大有公馆小区、怡和·星国际小区、苇湾小区等地详细了解物业管理工作情况，就健全完善制度机制，规范物业服务企业从业行为，提高物业管理服务水平进行协商议政。是年9月14日，区政协提案委视察区文化旅游新闻出版局提案办理工作，到奎文区图书馆、文化馆、美术馆以及潍坊民间手工艺传遗中心、泰山1532实业有限公司等地进行实地视察，就加大非物质文化遗产保护开发力度、重视文化创意园区发展、建立文化产品测评认证服务体系等提出意见建议。

经济委员会工作　2017年11月20日，区政协副主席王巍带队，组织住奎文区的市政协委员开展廿里堡拆迁项目视察活动。是年12月12日，区政协副主席王巍带队，组织住奎文区的市政协委员视察区政务服务中心，视察组听取政务服务中心建设和运行情况介绍，实地察看政务服务中心窗口服务情况，对进一步推进政务服务中心智能化应用和规范化管理等方面提出意见建议。

人口资源环境委员会工作　2017年6月中旬，区政协副主席张洪军带队，组织人口资源环境委员会部分委员调研全区社会组织孵化培育平台建设情况，期间，人口资源环境委员会联合区民政局召开2次座谈会，并到市社会组织培育发展中心、益民社会组织服务中心等地进行实地观摩。

科教文卫体委员会工作 2017年6月16日，区政协副主席刘广斌带队，组织部分委员对区非物质文化遗产保护与开发工作开展视察。视察组实地察看潍坊民间手工艺综合传习中心、大拙堂古琴艺术中心、烘炉制作技艺纪念馆等3个非物质文化遗产项目，就进一步加强非物质文化遗产的保护与开发工作进行座谈交流。是年11月29日，区政协副主席刘广斌带队，组织委员就区教育局“破解大班额”工作开展视察，视察潍坊日向友好学校和潍坊市实验小学，就落实教育优先发展战略，办好人民满意的教育开展集中座谈。

社会法制委员会工作 2017年11月15日，区政协副主席李莉带队，组织区政协社会法制委员会委员对全区城市管理和执法情况进行调研。调研组到潍州路参观沿途户外广告牌匾整治工作、到文化南路观看违法建设拆除成果、到区数字化指挥中心进行视察，围绕推进城市管理数字化信息化、加强城管执法队伍建设等工作提出意见建议。

文史资料委员会工作 2017年4月27日，区政协文史资料委员会召开工作会议，讨论通过年度文史工作计划，鼓励委员发挥自身特长，多措并举开展奎文文史资料的搜集整理工作，为传承奎文传统文化遗产、凝聚奎文发展精神力量献计出力。全年编印《奎文政协》期刊3期，完成《奎文文史大观——东关卷》《奎文文史大观——廿里堡卷》前期编纂工作。是年6月，区政协文史委调剂办公用房，建成文史资料展馆，集中展示一批反映潍坊市和奎文区革命、建设及改革开放光辉历程的文史资料，发挥文史资料“存史、资政、团结、育人”的独特功能。

中国共产党
奎文区纪律检查委员会

重要会议

【区纪委十四届二次全会】2017年1月24日，召开中共奎文区纪律检查委员会十四届二次全体会议，出席会议的区纪委委员25人，列席186人。全会传达学习市纪委十一届十次全会精神，总结2016年全区党风廉政建设和反腐败工作，部署2017年工作任务。中共奎文区委书记李辉出席会议并讲话，刘华东代表区纪委常委会作《提高政治站位、坚定职责定位，推动全面从严治党向纵深发展》的工作报告。

【区纪委十四届三次全会】2017年11月20日，召开中共奎文区纪律检查委员会十四届三次全体会议，出席会议的区纪委委员26人，列席9人。全会深入学习贯彻中共十九大和市纪委十二届二次全会、区委十四届四次全会精神，对全区纪检监察系统学习贯彻中共十九大精神作出部署。

重要工作

【概况】2017年，中共奎文区纪律检查委员会（以下简称区纪委）受理信访举报104件次，立查党员干部违纪案件56起，给予党政纪处分55人，运用“第一种形态”处理党员干部242人次，印发典型问题通报11期21起。

【从严治党】2017年，区纪委协助区委及时调整落实党风廉政建设责任制领导小组，制定区委、区政府领导班子成员党风廉政建设岗位职责，18名领导班子成员带头领责履责，督促各级层层签订党风廉政建设责任书，修订领导班子成员党风廉政建设岗位职责。述责述廉工作实现全覆盖，采取书面述与会议述相结合，11名区级党政领导班子成员、7名街道党工委书记和66名区直部门主要负责人向区纪委全委会进行述责述廉，并接受询问、民主评议，有效传递压力，提升领导干部履行主体责任和廉洁从政意识。区纪委协助区委、区政府制定《2017年全区党风廉政建设和反腐败工作实施意见》和街道、区直部门《2017年度党风廉政建设责任书》，确定全区党风廉政建设和反腐败工作23项重点任务和具体推进措施，落实街道党工委17项主体责任、纪工委13项监督责任和部门（单位）党组织19项主体责任，明确具体检查考核办法，形成主体责任、监督责任、领导干部“一岗双责”、重点工作任务“四张清单”，实现压力传导和责任压实。建立落实党风廉政建设责任制日常工作台账，区纪委会同区委办公室等部门，采取书面调度、实地检查等方式，抓好街道、部门党风廉政建设主体责任落实情况半年和年终专项考核。区纪委常委同8个街道、66个区直部门（单位）党政主要负责人进行主体责任督导谈话。加大党内问责力度，实施党内问责27起，问责党组织5个、党员干部19人。

【作风建设】2017年，从督促各级各部门严格日常管理制度抓起，开展会风会纪和机关作风纪律督查96次，发现作风纪律方面问题19个，运用提醒谈话、批评教育、诫勉谈话等“第一种形态”处理48人次，发放提醒警告单9份，印发督查通报12期。制定开展作风建设明察暗访方案、驰而不息纠治“四风”工作方案，围绕违规公款吃喝、违规配备管理使用公务用车、违规收送礼品礼金、为官不为等8个方面问题，采取实地查看、模拟办事、数据筛查等方式，开展明察暗访72次，查处违反中央八项规定精神问题5起，处理相关责任人6人，其中给予党政纪处分3人，“第一种形态”处理3人，通报曝光典型问题2起。对8个街道、32个单位“四个城市”建设推进情况进行专项巡察督导，督促各单位整改5个方面29条问题。建立5个督查组和执纪巡察组，实地走访、随机电话访问企业142家，召开座谈会13次，定期访谈党员群众和企业负责人46人，实地查看“征迁清零”工作现场31个。落实中央环保督查要求，成立问责小组2个，督查属地和行业主管部门监督管理责任不落实、措施不到位问题。全年有47名党员干部因履行生态环境保护、社会稳定等工作职责不到位被追究责任，通报曝光典型问题10期19起。

【惩治腐败】2017年，受理信访举报104件，开展信访问题集中化解月活动，在“清风奎文”微信公众号开通举报一键链接。中共十九大期间，纪委常委轮流接待群众来访，接待来访群众18人次，全部及时予以分流、化解，有效维护信访稳定。综合运用“大数据”，通过政务热线投诉、重点工作通报、媒体监督报道等，多渠道、多维度主动查找发现问题线索，核查信息2045条，从中发现问题线索51件。加强问题线索处置，分类建立信访举报、司法移送、行政执法、上级交办、执纪监督5类台账，实行线索台账动态管理、线索处置全程留痕。贯彻落实监督执纪工作规则和省《实施办法》，严格监督执纪工作程序规范，强化监督执纪风险防控；落实省、市纪委执纪审查安全工作部署要求，开展执纪审查安全专项检查，整改问题31个；加强执纪审查安全监督，投资额100万元，新建标准化“走读式”谈话室8个。对305名拟提拔任用干部、评先评优对象，严把廉洁意见回复关。严查基层“微腐败”，制定查处群众身边的不正之风和腐败问题考核办法，突出查处重点，加强交办督办，坚决查处“小官大贪”、侵吞挪用、克扣强占等侵害群众利益问题。实行纪检监察室联系街道纪工委、派驻纪检组纪律审查工作制度，成立执纪协同组3个，选配业务骨干23人，划片包靠、协同作战。全年立查党员干部违纪案件56起；给予党政纪处分55人；运用“第一种形态”处理党员干部242人次；查处群众身边的不正之风和腐败问题71起，印发典型问题通报11期21起。

【廉政教育】2017年，突出科级领导干部、中层岗位和社区两委成员三个层次分类施教，组织358名正科级党员领导干部进行德廉和党风党纪知识集中测试，举办重点领域和关键岗位人员廉政辅导报告会，区纪委会同区委党校开设主体班次警示教育课程，为区直部门、街道机关、社区“两委”和社区经济组织党员干部上廉政辅导课2000多人次，发放《以案释纪50例》《挺纪在前》等党规党纪教育读本3000多册。开展街道纪工委与所属站所、社区“两委”负责人和社区经济组织董事会、监事会成员集体廉政谈话200多人次。组织全区领导干部观看《失却的银婚》和《永不停歇的征程》；区直部门中层干部旁听职务犯罪案件庭审、社区党员干部到潍北监狱和检察院警示教育基地开展警示教育，接受教育人数达1000多人次，印发典型问题通报8期，通报曝光问题10起。每周向科级党员干部发送廉政短信，通过“清风奎文”微信公众号推送廉政教育信息140条。举办全区“翰墨话勤廉·喜迎十九大”廉政书画展等廉政文化活动；建立区纪委机关廉政形象墙、街道廉政文化长廊6处，打造中学街社区廉政文化示范点，推动廉洁价值理念向社会辐射。

【党内监督】 区纪委与市委第三巡察组联合巡察梨园街道，组织开展2轮，分别对6个社区经济合作社党组织和6个区直部门党组织进行巡察，巡察发现问题线索23条，整改问题59个。落实派驻纪检组列席会议、重大事项报告、定期沟通、谈话函询、落实主体责任检查等制度，加强对贯彻落实各级党委、政府重大决策部署等情况的监督检查，深入查纠不讲规律、不讲纪律、作风不严不实、廉洁意识不强等方面问题。对发现的问题，准确运用“四种形态”特别是第一、第二种形态，早提醒、早教育、早处置。成立全区监察体制改革工作专班，制定深化国家监察体制改革试点工作实施方案，明确落实工作分工、路线图、时间表，召开区委常委会、工作小组会、动员部署会5次，研究工作推进、场所设置等具体工作。抓实人员转隶、机构设置、集中办公等关键环节，开展转隶人员档案审查、谈心谈话，制定区监察委员会组建方案、机构设置方案，明确区监察委员会组织架构、内设机构职能职责，协调区人大、区委组织部、机关事务管理局等部门，按职能推进选举任命、人事安排、办公用房等事宜，确保按时完成机构挂牌，实现监督全覆盖。

纪律检查体制改革

【区委巡察工作制度建立】 2017年3月7日，区委制定印发《关于建立区委巡察制度的实施意见》，成立区委巡察工作领导小组，设立区委巡察工作领导小组办公室和3个巡察组，建立巡察工作人才库，完善巡察配套制度，研究制定《十四届奎文区委巡察工作规划（2017–2021年）》和《十四届奎文区委2017年下半年巡察工作计划》，先后开展市区联合巡察、自主巡察、专项巡察督导4次，为区委全面从严管党治党、促进政治生态健康发展提供有力保障。

【国家监察体制改革试点工作】 2017年12月8日，召开奎文区推开国家监察体制改革试点工作动员部署会议，区委书记李辉出席并讲话，全面启动深化国家监察体制改革试点工作。区委书记李辉担任深化监察体制改革试点工作小组组长，部署总体工作、把关重大方案、协调关键环节、督办落实情况，主持召开工作小组会、区委常委会、动员部署会，研究部署工作推进。区纪委负起专责、牵头推进，牵头制定实施意见和详实的施工图。区人大常委会、区委组织部、区编办、区财政局、区机关事务管理局等单位，统筹做好前期筹备、人员转隶、机构调整、编制划转、合署办公等各项工作。在机构、职数、编制三个“不增加”前提下，新设宣传部、案件监督管理室和2个纪检监察室，内设机构总数为12个，机构设置和人员安排向监督执纪监察一线倾斜，监督执纪部门为9个，占内设机构总数的75%，监督执纪部门编制数占总编制数的76.3%。

社会团体

奎文区总工会

【概况】 奎文区总工会（以下简称区总工会）辖8个街道（廿里堡街道、大虞街道、东关街道、潍州路街道、梨园街道、广文街道、北苑街道、北海路街道）总工会，12个委、局（经信局、商务局、教育局、卫计局、住建局、交通局、农林局、奎文国税局、市场监管局、公安奎文分局、机关党工委和供销社）系统工会。至2017年年底，全区有基层工会组织448个，涵盖法人单位2515个，工会会员50325人。

【基层工会组织建设】 召开奎文区工会第三次代表大会，选举产生区总工会新一届领导班子成员；开展工会主席直选工作，有15名干部充实到基层工会干部队伍中；依托奎文区外贸企业协会，成立涵盖52家外贸企业的工会联合会；结合市、区两级人大、政协换届工作，提升153家企业的工会组建及规范；开展全区实地型单位普查工作，提升基层工会组建率和职工入会率；引导企业建立沟通协商机制，全区建立沟通协商机制企业93家，解决问题154个。

【弘扬劳模工匠精神】 开展推荐山东省富民兴鲁劳动奖章（状）、潍坊市富民兴潍劳动奖章（状）和“奎文工匠”评选工作。奎文国税局获得富民兴鲁劳动奖状、潍坊天泰能源有限公司获得富民兴潍劳动奖状、东关街道工福街社区服务中心和潍坊日向友好学校教工之家中心获得潍坊市“工人先锋号”称号。潍坊神舟重工机械有限公司职工刘明涛被授予富民兴鲁劳动奖章、山东丽波日化股份有限公司潘新明等3人被授予富民兴潍劳动奖章，有10人被评选为“奎文工匠”。开展全区劳动模范的生活状况普查，“五一”国际劳动节前夕组织志愿者看望全区42名劳动模范和金牌职工代表。筹备召开全区产业工人队伍建设改革专题座谈会，深入了解全区职工队伍建设方面存在的问题。

【帮扶工作体系】 开展“四季帮扶”工作，组织提供用工岗位8200多个，帮助2000多人实现就业。走访一线工人1400多人次，赠送物资价值7万多元，帮扶15名困难职工子女，发放助学金3万元，为221名困难职工及居民发放价值27万元慰问金和慰问品。启动职工志愿者“四季关爱”特色活动，四个季度分别对应一线职工先进典型、劳动模范、金牌职工等先模人物、基层工会工作者、困难职工进行走访慰问。拓展职工互助保障工作覆盖面，新增入会单位51个，投保金额27.5万多元，住院以及意外报销额27.3万元，出资为864名奎文区一线环卫工人办理“团体人身意外伤害互助保障险”，交纳会费22464元。

【维护职工合法权益】 规范工资集体协商工作，确定2017年5月为《山东省企业工资集体协商条例》集中宣传月。续聘3名专职工资集体协商指导员和45名兼职工资集体协商指导员，签订区域性工资集体协议65份、行业性工资集体协议12份，覆盖企业746家，覆盖职工25604人，建制率为100%。组织区安监局和全区规模以上重点企业的工会主席召开“查保促”领导小组全体成员扩大会议，通过全区化工企业专项“查保促”工作会议，建立危险化学品企业的台账，制定下发“查保促”奖励办法。全年各级工会干部到基层督导“查保促”活动115次，引导385家企事业单位组织开展安全生产培训次数533次，查出安全隐患617个。潍坊浩泰有限公司员工李福科及时发现变电站火灾隐患1项，被山东省总工会给予一等奖奖励。

【职工文体活动】 开展文体活动“四季歌”，组织职工代表潍坊市总工会参加山东省第七届职工运动会、开展穿越白浪河湿地徒步比赛、全区职工游泳比赛、全区职工运动会、风筝扎制放飞等系列活动。建设职工教育培训示范点和职工书屋，东关街道工福街社区被评为“2017年潍坊市职工书屋示范点”。

共青团奎文区委

【概况】 2017年，共青团潍坊市奎文区委（以下简称团区委）承办团中央青年发展部与新华社新闻信息中心发起的“创青春，创富中国行”活动、潍坊市依法保护未成年人权益工作座谈会、潍坊市开学第一课红领巾主题队日活动。承接团省委新媒体中心、山东青年政治学院、广州团市委等多个单位的调研参观活动。《中国青年报》头版报道奎文区创新开展团员主题教育做法，在人民网、凤凰网、山东共青团等省级以上媒体发表各类信息50多篇次。

【深化改革】 印发《奎文共青团改革方案》（奎办发〔2017〕25号），对改革工作作出部署。完成具体改革任务，增设挂职、兼职副书记各1人；共青团奎文区第七次代表大会代表、共青团奎文区第七届委员会委员、共青团奎文区第七届委员会常务委员会委员中基层一线人员比例分别为94.9%、80%、57%。

【思想引领】 2017年，在全区各级团组织中系统开展“学习总书记讲话，做合格共青团员”主题实践活动，编印各类学习资料1000多册，组织不同形式的培训班次、座谈活动、主题实践30多次。系统组织青少年各类主题活动，邀请奎文区先模先锋团团长肖岚为青少年开展先模先锋人物事迹宣讲；结合“青春喜迎十九大”主题，组织优秀青年志愿者典型、青年检察官等，利用暑期及周末走进社区，开展核心价值观、自我保护、志愿服务等内容的主题宣讲，覆盖青少年2000多人。围绕“青春喜迎十九大”“学习总书记讲话”等内容设置学习专栏，举办“新媒体背景下的官方公众号运行”专题培训。

【创新创业创优活动】 在阳光100、居然之家等举办春季人才招聘会，组织辖区近30家楼宇

2017年4月22日，奎文区“团干下基层 青春勇担当”动员培训会议在区综合服务中心会议室召开

2017 年 8 月 12 日，共青团奎文区委举办的“小手拉大手 盛夏共读诗”暑期亲子朗读活动现场

的青年创业企业组建“奎文区小微企业群”，参加 2017 年全省春季高校毕业生服务“蓝黄”两区潍坊学院专场招聘会。全年完成招商引资 8500 万元，帮助楼宇创业青年办理“鲁青基准贷”680 万元。开展“青年文明号”“青年岗位能手”“青年突击队”“青年安全生产示范岗”系列创建活动，团区委联合区委组织部开展“两红两优”评比表彰。组织召开奎文区 2017 年青年企业家联谊会会员大会暨青年人才论坛。

【基层青少年工作】 2017 年，投入资金额 2.5 万元，对工福街社区、孙家社区、中学街社区、全影网等 4 处“青年之家”进行提升改造。为北虞社区争取市级“希望乐园”资金扶持，帮其建设图书室，捐赠图书 2 万多册；为山东广潍集团有限公司团委建设奎文区图书馆分馆。实施“青春爱阅读”“微行大爱，圆梦新年”“情满中秋，志愿同行”“重阳送暖”等爱心项目，资助家庭经济困难青少年 300 多人。

【青少年社会化服务项目】 在工福街社区的奎文区青少年社会化项目培育空间建立起“团干部 + 社工 + 青年志愿者”的“联动体系”，孵化“七色花”志愿服务队等 26 个青年志愿服务组织和社会组织，开展“情牵留守儿童、助力青春扶贫”“圆梦校园”等爱心捐助和服刑人员未成年子女救助等活动，“彩虹村助学——服刑人员未成年人子女帮扶项目”获国家银奖和山东省志愿服务大赛金奖，两个项目获团省委财政支持 6 万元。在潍州路街道幸福街社区新建社区青少年宫 1 处。

【服务形式创新】 举办 2017 潍坊首届青少年戏剧大会；团区委与奎文经济开发区共同举办“共建文明城市，共绘美丽家园”第二届青少年主题绘画比赛。团区委与交警部门联合开展“小手拉大手 做文明出行小使者”主题行动，培训青少年 200 多人。组织首届“小手拉大手，盛夏共读诗”亲子经典诵读。团区委联合中信出版集团组织青年企业家举办揭秘阿里铁军锻造史——《阿里铁军》作者见面会。开展 2017 年“团员先锋岗（队）”创建行动，举行“你身边的雷锋”志愿服务集中展示暨社区公益项目双选会。在虞中社区、胡西社区等社区新建高校实践基地 5 处。联合潍坊论坛开展“我是护苗小天使”植树节公益活动，发起“活力奎文，践行青春”团员青年暑期环保集中行动，参与青少年约 3000 人。

【自身建设】 落实联系青年“1+100”改革措施，每名团干部常态化联系 100 名普通青年，全年累计培训 80 多人。开展 2017 年团员先锋岗（队）创建行动，在全区开展大范围的网络点赞活动，参与人群 5000 多人。

奎文区妇女联合会

【概况】 2017 年，全区有妇女儿童约 26 万人；社区建立妇女组织 67 个，区直机关、事业单位建立妇女组织 30 个，非公经济组织建立妇女组织 15 个。奎文区妇女联合会（以下简称区妇联）获得“全市妇女儿童工作先进集体”“潍坊市文明单位”“全市学习型党组织建设示范点”等荣誉称号。

【奎文区妇女第四次代表大会】 2017 年 9 月 20 日，区妇联在鸢飞大酒店召开奎文区妇女第四次代表大会。会议听取并审议区妇联主席、党组书记梁彩萍代表奎文区妇女联合会第三届执行委员会作的《工作报告》，总结奎文区妇女第三次代表大会以来全区妇女事业和妇女工作所取得的成绩，明确今后五年奎文区妇女事业发展的总目标以及妇女工作的主要任务。会议表彰奎文区“三八红旗集体”10 个、奎文区“三八红旗手”20 人、奎文区“巾帼建功先进集体”10 个、奎文区“巾帼建功先进个人”20 人、奎文区优秀妇女干部 20 人。

【和美家庭工作】 2017 年，制定并印发《奎文区关于指导推进家庭教育的五年规划（2016—2020 年）》，从宏观政策层面为家庭教育开展提供指导和支持。开展第四届奎文区“最美家庭”创评，评选出奎文区 2017 年“最美家庭”10 户，展示出新时期的家庭新风貌。邀请潍坊市中小学读写中心专家举办亲子夏令营，引导广大家长注重家庭教育的重要性，培养儿童读书兴趣，共同享受幸福阅读时光。启动“手拉手”志愿服务活动，解决困境家庭、困难母亲和儿童的燃眉之急，优化生存发展环境。

【维护妇女儿童权益】 2017 年，区妇联全力推动《反家庭暴力法》在奎文区贯彻实施，区人大常委会将《反家庭暴力法》贯彻执行情况列入 2017 年三大执法

2017 年 9 月 20 日，奎文区第四次妇女代表大会在鸢飞大酒店召开

2017 年 3 月 3 日，奎文区妇女儿童工作会议在区综合服务中心四楼第一会议室召开

检查计划，执法检查采取听取汇报、实地察看、召开座谈会的形式进行，通过执法检查，推动各职责部门加强通力合作，共同推进《反家庭暴力法》在奎文区贯彻实施。加大宣传力度和深度，营造反家庭暴力的社会舆论氛围；健全社会干预模式，动员全社会共同努力，形成男女平等、家庭暴力“零容忍”的良好家庭和社会环境。

【妇女儿童工作】 2017年3月3日，区妇联在区机关服务中心第一会议室召开奎文区妇女儿童工作会议。学习贯彻第六次全国妇女儿童工作会议精神，回顾总结“十二五”时期奎文区实施妇女儿童发展规划取得的成绩，研究部署今后一个时期的妇女儿童工作。会议印发《奎文区妇女发展“十三五”规划》和《奎文区儿童发展“十三五”规划》，会议表彰全区妇女儿童工作先进集体和先进个人。为全区34岁至65岁妇女分期分批开展“两癌”免费筛查，全年免费筛查“两癌”适龄妇女790人。

【自身建设】 2017年，区妇联通过深入细致的调研，充分借鉴先行先试地区的成功经验和有效做法，明确改革方向和目标，深入基层和服务对象，征集基层单位和服务群众对妇联改革的意见建议，从机构设置、管理模式、工作方式等方面出实招、出硬招，全力做好横向、纵向之间的工作联动和协同，研究并制定区妇联改革方案。社区妇联换届工作全面完成，选举出社区妇联主席66人，副主席106人，兼职副主席62人，执行委员会委员601人。

奎文区科学技术协会

【概况】 奎文区科学技术协会（以下简称区科协）2017年在潍医医院设立院士专家工作站1处，引进中科院院士1名；建设社区科普体验馆2处、育华学校校园流动科技馆1处。

2017年9月16日，潍坊市暨奎文区2017年“全国科普日”活动启动仪式在奎文区广文街道李家社区举行

【基层科普建设】 2017年6月28日，投资额20万元，占地面积200平方米的孙家社区科普体验馆举办揭牌仪式，体验馆建有科普长廊、科普书吧和青少年创新工作室，配置中小型展品40多件，为社区居民特别是青少年提供科普体验的新场所。引导教育、医疗、防震减灾等社会组织建设特色科普体验馆，打造奎文区“可恩口腔迪士尼”

2017 年 12 月，在东关街道设立的“山东省创客之家”挂牌

2017 年 12 月，在潍医医院设立的“山东省院士专家工作站”挂牌

科普体验馆和育华学校校园流动科技馆，拓宽奎文区的科普载体建设。实施省级科普益民计划项目 2 个，争取财政补助资金 20 万元，为社区科普阵地建设打下基础。

【科普宣传活动】 借全国科普日、科技“三下乡”等时机，利用社区科普大学、科普大讲堂、科普公益电影播放、社区趣味运动会和晚会等载体，面向社区居民、未成年人等重点人群开展科普讲座、咨询、宣传活动，全年组织开展科普培训、咨询、社区趣味运动会和晚会活动 400 多场（次），受益群众 4 万人。

【科普信息化工作】 树立“奎文科普”微信公众平台科普品牌，注重推送内容的科学性、真实性、需求性。“奎文科普”微信公众平台全年推出科普信息 200 多条。落实潍坊市科学技术协会对科普电视整改的相关要求，通过定期抽查通报、集中培训、上门指导等措施，督促各街道、社区做好科普电视上线工作，对未激活、损坏的 25 台设备统一进行回收维修；对缺乏播放条件的社区重新进行调配，真正做到每台电视底子清，运行好，确保 100 台数字电视联网率和开机率保持较高水平。

【创新驱动助力工程】 加强与潍坊市科学技术协会的沟通协调，对奎文区有技术和人才要求的企业，与国家、省级有关专家做好对接服务，服务企业创新发展。开展“山东院士专家潍坊行”“市级海智基地工作站”“创客之家”、市级优秀科技工作者申报工作，第二人民医院院士专家工作站宣传服务等工作，上报项目 10 多项。建立潍医医院院士

2017 年 6 月 28 日，奎文区大虞街道孙家社区科普体验馆举行揭牌仪式

专家工作站和获批“创客之家”，为奎文区的科技创新驱动发展提供有力支撑。

奎文区工商业联合会

2017 年 11 月 28 日，潍坊市育华学校的省级校园流动科技馆开馆

【概况】 2017 年，全区有会员 443 家，其中企业会员 328 家，团体会员 8 个，个人会员 107 人；担任区级以上人大代表、政协委员的 98 人，基本涵盖辖区非公经济的各个行业。其中具有大中专以上学历的会员占 85% 以上。

【主题活动】 通过教育培训、典型带动、服务发展、法律维权和优化环境等方式引导非公有制经济人士树立守法诚信意识，提高诚信立业、依法治企、守法经营、创新发展的能力和水平。在报纸、网络等媒体开设“厚道鲁商”专题报道，集中宣传企业、商会的工作动态和经验做法。培养新生代企业家队伍，建立年轻一代非公有制经济代表人士库，组织参与“听党话、跟党走、接好班”主题教育活动；通过短训

2017 年 6 月 21 日，奎文区工商业联合会第五次代表大会在富华国际会议中心召开

班、以会代训等多种形式对新生代企业家开展教育。

【优化结构】 按照“坚持标准、积极发展、确保质量、优化结构”的原则，将思想政治强、行业代表性强、参政议政能力强、社会信誉好、热心工商联事业的非公企业和非公经济人士吸收到工商联队伍中来。执行委员会构成与上一届基本保持不变，执行委员会成员127人。其中，党政领导干部20人，非公有制经济代表人士、经济界人士107人；中共党员45人、中共党外人士82人；男性84人、女性43人；大专及以上学历113人、研究生及以上学历14人、博士1人；担任市、区两级人大代表、政协委员、市工商联常执委、行业商会会长等职务99人，基本涵盖辖区非公经济的各个行业。

【换届工作】 2017年6月21日，区工商联召开第五次会员代表大会，圆满完成换届工作。区工商联成立换届领导小组，制定换届工作的实施意见；组织工作人员进行业务培训，熟悉程序，仔细研究每个环节，换届工作责任落实到人。将换届工作分为前期准备、推荐协商、组织实施和总结四个阶段。所有执行委员会以上人选全部进行综合评价，副主席、副会长人选全部进行考察。区委书记李辉出席会议并讲话；区政协主席刘良嘉，区人大常委会主任冯天韬，区委常委、区委统战部部长陈香萍，区政府副区长部凤琴，区政协副主席李莉出席会议，区工商联第五次代表大会代表共200多人参加会议。会议听取并审议区委统战部副部长、区工商联党组书记韩素国代表区工商联四届执委会所作的工作报告，选举产生区工商联第五届执行委员会和新一届领导班子成员，区政协副主席李莉当选新一届区工商联主席和区民间商会会长。

【基层商会】 区工商联对商会换届工作进行全程指导，各基层商会严格按照程序制定换届工作方案，从政治素质、所在企业经济实力、社会影响、热心商会工作等方面综合考察，酝酿商会领导班子人选。则尔庄社区6个专业市场300多家企业商户自发成立社区商会，商会开通商务热线，发放商居便民服务会员卡1000多张。商会服务平台设立工商注册、税务登记代理，商务会务等服务窗口，向企业提供工商税务、政策咨询、创业补贴政策兑现等各项服务。阳光商会定期举办各种形式的创业沙龙，共培训5000人次。潍坊科达置业有限公司捐款200万元，成立“书林苑奖教金”。潍坊长城复兴门窗幕墙工程有限公司免费为辖区37所学校和幼儿园修缮门窗。

【创新服务】 区工商联组织专题培训5次，培训非公经济代表人士100多人。采取多种方式组织会员企业进行企业转型升级、危机管理、资本运营等方面的培训，培训会员300多人次。建立并落实区级领导联系非公有制企业制度，每人至少联系1家企业。健全驻会主席联系会员企业制度，班子成员每月拿出5天时间进行走访会员企业。建立完善会员企业座谈会制度，开展内引外联服务，加强企业间的交流沟通。帮助企业通过参加银企交流活动，贷款1亿多元。帮助辖区企业引进博士以上高层次人才10多人。根据需求定期组织法律大讲堂，就专利注册、规避企业风险、财务规范等进行专题培训。举办各种专题招聘会，提供就业岗位5000多个。

【作风建设】 开展“作风建设年”活动，到青岛市市南区、青州市等地进行学访，结合自身制定达标赶超计划，公开作出承诺。修订完善“首问”负责制、学习制度、考勤制度等22项内部制度，推行工作项目化管理、重点工作一周计划等长效机制。做好信息调研工作，健全完善调研宣传信息工作目标考核和奖惩激励机制。充实完善信息员队伍，在基层商会设置信息员，在《大众日报》等主流媒体发表信息 40 多篇。落实党风廉政建设责任制，加强工商联党风廉政制度建设，开展廉政风险重新排查工作，做好廉政风险防控工作。强化主体责任和“一岗双责”，制定区工商联领导班子成员和干部廉政责任书，明确领导干部责任分工和机关干部廉政要求。

奎文区残疾人联合会

【概况】2017 年，奎文区残疾人联合会（以下简称区残联）服务残疾人 1.63 万人，涉及 1.58 万个家庭。持残疾人证 0.34 万人，其中视力残疾 238 人，听力残疾 244 人，言语残疾 32 人，体残疾 1853 人，智力残疾 334 人，精神残疾 443 人，多重残疾 281 人。2017 年，在全市残疾人运动会中奎文区代表团获得优胜奖。

【服务工作】2017 年，区残联组织编写《奎文区残疾人事业“十三五”规划》，开展残疾人生活救助、社会保障、康复服务等基本服务状况和需求专项调查。全年调查残疾人家庭 3160 户，办理残疾人证 280 个。

【医疗康复】2017 年，制定精准康复服务目录及补贴标准，推动开展残疾人精准康复服务行动工作，区残联与区财政局、区教育局、区民政局、区卫计局、区人社局等部门联合制定出台《奎文区残疾人精准康复服务行动实施方案（2017—2020 年）》。开展全区残疾人康复需求调查，对有康复需求的残疾人调查摸底，通过对有需求的残疾人初步评估，组织填写“两表一卡一手册”，对全区 418 名有辅助器具需求的残疾人通过政府招标采购，并组织适配发放。有康复训练需求的 53 名残疾人与区卫计部门确定康复训练科目，并开展康复功能训练。将精准康复服务人员信息录入精准康复服务管理系统，服务率为 100%。

【社会保障】2017 年，全区纳入社会低保的残疾人家庭 504 户，发放生活补助每人每月 120 元，全年发放补助资金 75 万多元。为 1051 名重度残疾人发放护理补贴每人每月 90 元，发放护理补贴 105 万多元。发放残疾人学生及贫困残疾人子女学生救助补贴 19.91 万元。政策扶持 68 名残疾人实行居家和集中托养工作，为 65 户残疾人家庭进行无障碍家庭建设，将 600 多名残疾人纳入城镇医保。

【教育就业】2017 年，组织开展就业援助活动，组织 8 个企业和 50 名残疾人参加就业洽谈会，残疾人职业技能培训 152 人，扶持自主创业残疾人 8 人，发放扶持资金 2.3 万元。第一书记结对扶持 35 名残疾人创业，发放扶持资金 7 万元。发放残疾人大学生励志资金 0.6 万元。对不能入学的 20 名残疾儿童，区残联联合教育部门送教上门。

军事

奎文区人民武装工作

【军事训练】 2017年，根据上级军事训练工作指示和新《民兵军事训练大纲》要求，把军事训练摆到中心位置。针对城市民兵特点，科学筹划，严密组织，真抓实练。奎文区人武部主要担负空袭理论与空袭兵器知识、防空兵知识、射击基础知识、伪装防护知识4个课目的训练。采取“请进来、走出去”的方式，细化训练计划和训练内容，做好民兵应急分队的实案化演练，提高受训人员的理论知识水平和业务技术技能，确保方案有效。

2017年7月21日，奎文区征兵领导小组成员单位在区人武部话频会议室收听收看“全省征兵工作会议”

【战备工作】 落实战备制度，做好重大节日的战备值班，做到节前有教育、节后有报告。建立民兵情报信息“零报告”制度，落实制度情况作为每天汇报内容。截至2017年6月30日，奎文区民兵应急连圆满完成担负潍坊市应急值班分队的任务。

【民兵组织整顿】 2017年，根据上级指示要求和人武部年度工作计划，拟定方案下发《二〇一七年度民兵整顿工作指示》和《奎文区二〇一七年民兵组织整顿工作实施方案》，并按照科学筹划、摸清底数、跟踪督导、检查验收的步骤，完成对奎文区基层武装部的民兵组织整顿点验及验收工作。

【兵役登记工作】 2017年，为推进征兵信息化建设，依托“全国征兵网”实施网上兵役登记工作。全国兵役登记时间为4月1日至6月30日，至2017年年底满18周岁的公民，可登录“全国征兵网”进行兵役登记，并打印“男性公民兵役登记表”，持

2017年7月14日，区人武部全体干部职工参加条令法规考核

此表到其户口所在地的街道武装部（含高校武装部）进行现场确认，并提交登记表。奎文区人武部根据报名情况和时间阶段，通知适龄青年进行初检、初审、体格检查等各项工作。

2017 年 6 月 5 日，奎文区人武部官兵到辖区高校开展征兵宣传

【征兵工作】 2017 年的征兵工作是新体制编制下的第一季征兵，又是征兵体检组织方式改革的第一年，按照“起始就严格、开局就规范、运行就正规”的要求，加强组织领导，强化责任监督，廉洁征兵。大学生征集比例达到 83.5%，圆满完成年度征兵任务。

【预备役管理】 2017 年，预备役管理包括军官预备役和士兵预备役管理两部分，以严谨的管理系统对每位预备役公民进行跟踪管理，使每位预备役公民都在管理监督中。公民在服预备役期间，定期参加军事训练、执行军事任务，并随时准备部队的招回。

2017 年 9 月 15 日，区人武部干部职工到包靠的中学街社区清理小区卫生

【政治教育】 2017 年，区人武部党委始终坚持把党的创新理论武装作为首要政治任务，围绕实现党在新形势下的强军目标，认真学习中共十九大报告和习近平一系列重要讲话精神。开展军委“学强军思想、讲强军故事、干强军事业”群众性主题实践活动和省军区的主题教育，把思想和干劲凝聚到上级的决策部署和干好本职工作中。

【涉军维权】 2017 年，按照山东省军区指示和潍坊军分区通知要求，对辖区所有驻军单位和所驻社区进行军地军民纠纷隐患排查，与驻军部队政治部门及相关单位建立联络机制，定期进行分析研究。全年接到涉军维权案件 3 起，提供法律援助 2 起，均得到解决。

【后勤保障】2017 年，执行《中国人民解放军后勤工作条例》和《中国人民解放军基层后勤管理条例》，严格按照年度经费开支计划进行审批，抓好人员、车辆及营区安全管理，杜绝随意开支的现象。

双拥工作

【概况】2017 年，按照区委、区政府的工作安排，奎文区人武部开展“包居联户”活动，到社区走访慰问困难群众和军属。为社区清运垃圾，赠送办公计算机和民兵连器材装备，共投资 2 万多元。同时协调部队、地方开展为立功军人送喜报活动，宣传有志青年在部队建功立业的优秀典型，激励更多优秀青年人参军。组织区领导慰问演训队，听取部队建设和演训情况汇报，与驻训官兵交谈，增进对部队训练和生活的了解。八一建军节前，指导基层开展座谈会、联欢会等形式多样的军地交流活动，增强军政、军民关系。2017 年，奎文区人武部被评为“潍坊市文明单位”。

【双拥优抚】2017 年，组织走访慰问辖区部队 20 支和优抚对象 16 户，送去价值 15 万元的慰问品。开展“双拥进社区、军民共和谐”活动，开展多种形式社会化拥军，指导社区基层双拥工作站工作，完成山东省双拥模范区验收工作。开展街道优抚政策落实情况大检查，并建立社区和街道电话回访和见面签字确认制度。落实各项优抚政策，发放义务兵家庭优待金和增发奖励金共 502.5 万元，发放退役士兵自主就业金 316.4 万元，为无工作单位的 8 名一至六级残疾军人办理城镇职工基本医疗保险。开展自主就业退役士兵技能培训工作，共培训 50 多人次，共接收 2017 年退役士兵 135 人，全部完成档案审核和落户工作，并录入金民工程安置系统。开展退役士兵安置和权益保障政策落实工作，“一对一”落实政策 49 人，落实自谋职业 25 人，安排退役士兵专项公益性岗位 612 人。

2017 年 7 月 31 日，区人武部联合奎文公安消防大队和东关街道中学街社区举办庆“八一”联欢晚会

法治

政法和综合治理工作

【概况】2017年，中共奎文区委政法委（以下简称区委政法委）被省委、省政府授予“2012—2016年度全省社会治安综合治理先进单位”“党的十九大安保维稳工作先进集体”；被区委、区政府授予“2017年度科学发展综合考核先进单位”“2017年度全区信访工作先进单位”；奎文区被潍坊市委、市政府授予“党的十九大安保维稳先进区”称号。

【服务经济发展】整顿和规范市场经济秩序，防范打击经济领域违法犯罪活动，组织开展民间借贷、投资理财和互联网金融等领域拉网式排查活动，将高风险公司列为重点关注对象，强化预警防范，坚决守住不发生系统性、区域性金融风险的底线。全区审结各类商事案件2080件，审结公司类纠纷14件、金融纠纷案件1700件。加强执行工作，开展“亮剑老赖”等集中行动，共据传、拘留被执行人89人，执结案件62件，执行到位金额1600万多元；执行金融案件465件，执行到位金额3.5亿元；惩治违法发放贷款、骗取贷款、伪造变造金融票证等严重干扰金融市场秩序犯罪案件6件。组织互联网金融风险专项整治行动，依法批捕以“金融创新”名义非法吸收公众存款、集资诈骗等犯罪人员57人。参与“校园贷”整治，依法惩治暴力催收、非法拘禁、敲诈勒索等犯罪案件4件。依法惩治信用卡诈骗、合同诈骗、组织传销、非法经营等犯罪案件55件。依法打击虚假诉讼、恶意诉讼、食品医药领域制假售假等严重损害社会诚信的犯罪案件23件。组织行贿档案查询3868次，完善工程建设等行业领域的廉洁准入机制，维护公平竞争的市场秩序。

【平安奎文建设】严厉打击违法犯罪，以“破案会战”为重点，组织开展打击“盗抢骗”、冬春季严打攻势等一系列专项行动，保持对违法犯罪的高压态势。审结各类刑事案件437处，判处犯罪604人。依法惩治危害公共安全、抢劫、故意伤害、盗窃等严重影响人民群众生命、财产安全和社会秩序犯罪，对12名罪犯判处五年以上有期徒刑。坚决惩治贪贿、渎职等职务犯罪，审结案件5件。推进区、街道、社区三级综治中心标准化建设，制定出台《关于加强全区各级综治中心标准化建设与管理的实施意见》，完成区级综治中心建设并实体化运行，全区8个街道综治中心全部完成建设，41个社区综治中心完成改造，覆盖率为63%，提前完成年内预期目标。推进“雪亮工程”，投资额3000万元，在6处重点卡口、37处重点单位和238条背街小巷安装高清监控探头1400多个。借助以奖代补政策，街道社区、居民群众和社会力量投资额1200万元，在近200个老旧小区安装探头2277个。将公安机关现有的视频监控资源和老旧小区、沿街门店的监控资源，全部接入各级综治中心，实现联网共享、互联互通，消除信息孤岛和数据鸿沟。深化网格化服务管理，全面夯实街道、社区二级网格，将全区科学划分为386个网格，配备网格员2023人，推动基层基础工作显著提升。强化信息引领，为每名网格员配备手机APP终端，配备率为100%。强化服务管理，整合综治、公安、人社、民政、司法等部门力量，建立74支2700多人的服务团队，提供各类服务557次，解决实际困难295人次。深化立体化社会治安防控体系建设，全面推行“1+2+N”社区警务模式，65名社区民警、130名警务辅助人员全部下沉社区，提升基层治理水平。完善“专业化处警、常态化巡防”机制，以提高街面见警率、压减可防性案件发案率为重点，根据警情研判成果，动态调整警力部署，有针对性开展巡逻防控。充实配强专职守夜人队伍，配齐电动车、对讲机等装备，建立健全电子巡更考核系统，切实加强监督考核奖惩，确保其发挥作用。整合专职守夜人、小区物业保安、内部单位保卫、社区群防群治力量，建立协同联动机制，加强信息沟通和协调配合，形成统一组织、统一指挥、统一行动的社会化大巡防格局。推进“平安共同体”建设，推动平安议事会、警民恳谈会和“平安宣传”等工作常态开展，引导社区居民参与群防群治工作，不断提升群众自我防范意识能力。组织开展“平安议事会”180多次、“五进送平安”600多次。推行老旧小区安装“单元防盗门”、防爬刺等物防措施，推动居民家庭更换B级以上锁芯，有效压减入室盗窃案件。推行“平安指数”，引领平安建设，加大治安警情预警和督办整改。

【法治奎文建设】不断深化司法责任制改革，加快推进案件繁简分流，针对金融案件等类型化案件实行“四简化”（简化送达方式、简化庭前准备、简化庭审程序，简化文书制作），最大限度实现简案快审。建立“诉前调解＋立案＋速裁”的简案快裁处理机制，简易程序适用率为87.4%。加快化解“执行难”，区法院积极推进执行方式改革探索，加强执行信息化建设，强化执行惩戒机制，采取1名员额法官+1名法官助理+1名司法聘用人员+1名书记员的“4个1”模式，组建30个审判执行团队。深入推进普法依法治理，开展法律进社区活动50多场次，发放普法材料5000多份，受教育人数4500多人。探索普法“项目化”建设，按照申报、立项、实施、评审等环节逐步推进，实现普法工作与社区工作的融合推进。加快建设公共法律服务体系，推进区法律服务中心建设，设置综合服务、社区矫正管理、公证服务3大功能区，法律咨询、法律援助、人民调解、法治宣传、审批服务、综合服务等6大窗口，接待来访群众1300多人次，解答各类法律咨询3000个。做好法律援助工作，受理法律援助案件387件，比上一年增长23%；“12348”法律服务热线来电1411次，比上一年增长48%；已结案件314件，比上一年提高25%，回访满意率100%。

【社会矛盾化解】深化“四级联动、专业协同、第三方参与”的多元社会矛盾纠纷组织体系，健全完善“专业调解、警民联调、检调对接、诉调对接”四项工作机制，充分运用“听证法、律师参与社会矛盾化解”两种方法化解社会矛盾，全年各警民联调工作室成功调解矛盾纠纷类警情（案件）401起，实现矛盾纠纷及时就地解决。开展矛盾纠纷大排查大调处百日专项行动，对全区矛盾纠纷进行拉网式排查，排查矛盾纠纷1343起，调处成功1201起，调处成功率为89.43%。推进排查安全隐患防范四类风险隐患专项行动，全区共排查各类安全隐患4597处，整改4596处。

【政法队伍建设】结合“作风建设年”活动，在全区政法系统开展“转变理念、转变作风，提升标准、提升能力”主题活动，增强“双四意识”，弘扬“五种精神”，落实“五个责任”，以理念、作风的转变和标准、能力的提升，促进全区政法工作再上新水平。组织开展政法队伍“三评三查”监督管理活动，通过“联评”政法干部、“社评”政法业务工作、“网评”政法基层单位，工作效率明显提高，干警作风明显转变，队伍形象明显提升。组织开展各类评议活动3次，选聘社会评查员120人，发放调查问卷640份，评查各类问题33个，已全部交办责任单位整改落实。加强业务能力建设，坚持分级分类培训，加强对政法领导班子、业务骨干、一线干警和新进人员的培训，通过“请进来”“走出去”等多种形式，丰富教育培训内容，增强教育培训实效，提高政法队伍的整体素质。

法治政府建设

2017年7月19日，奎文区第二届政府法律顾问聘任仪式在区综合服务中心会议室举行

【重要行政决策】2017年，建立健全重大行政决策清单、目录管理制度。在潍坊市率先起草制定《潍坊市奎文区人民政府重大行政决策事项清单和年度目录管理办法》，印发《潍坊市奎文区人民政府重大行政决策年度目录（2017）》，建立健全重大行政决策听证制度，制定《潍坊市奎文区人民政府重大行政决策听证程序规定》。征集重大行政决策事项20项，涉及教育8项、规划2项、重大资金安排2项、改革创新措施3项、其他5项。涉及主办部门10家，协办部门单位21家。

【规范性文件管理】2017年，制定《潍坊市奎文区规范性文件实施情况后评估办法》，严格规范性文件合法性审查，强化规范性文件电子监督平台的运行管理，做好规范性文件网上报备工作。全年开展4次规范性文件清理工作，制定政府规范性文件3件，并及时进行纸质和电子备案，出具12份合法性审查报告，

2017年4月12日，潍坊市法制办公室派员到奎文区督导法治工作

提出50多条法律意见。

2017年5月9日，奎文区2017年行政执法人员公共法律知识培训在区综合关服务中心会议室举办

【政府法律顾问】2017年，修订完善《奎文区政府法律顾问工作规则》。完善政府法律顾问议事规则，创新法律顾问服务质量考核评价机制，加强对政府法律顾问考核管理。完成第二届政府法律顾问的遴选工作，第二届政府法律顾问共有机关委员24人，法律专家委员13人。参加合法性审核38次，提供法律咨询26次。

【行政执法监督】2017年，建立行政执法文书格式备案制度。对全区28个单位的行政处罚文书、13个单位的行政许可文书进行备案。邀请市级行政执法监督专家对备案的执法文书开展评查，针对10个单位提出15条整改建议。制定行政执法公示制度、执法全过程记录制度、重大执法决定法制审核制度，规范行政执法行为。制定《奎文区行政执法案卷评查办法》，通过以评代训的方式，组织开展行政执法案卷评查。

【行政执法人员培训】2017年，举办两期行政执法人员公共法律知识培训班，编写《奎文区依法行政培训班学员手册》等学习材料。邀请潍坊市委党校专家为区政府及各部门领导干部进行专题培训，讲述法治政府建设理论，以及公共法律知识，提高领导干部的法治思维和依法行政能力。

【法制信息宣传】2017年，围绕加快建设法治政府的工作主题，不断拓宽政府法制信息宣

2017年9月21日，2017年度奎文区政府领导干部法治政府建设专题培训暨行政执法骨干公共法律知识培训班在区综合服务中心会议室举办

2017 年 4 月 7 日，奎文区政府召开行政复议听证会

传渠道，加强政府法制宣传工作，营造建设法治政府的舆论氛围。加大向市政府法制部门报送信息的力度，落实专人审核，加强信息调度工作，强化信息报送质量。在 2017 年度的全市依法行政信息考核中，奎文区位居第一。

【行政复议应诉】 2017 年，强化行政复议案件听证审理模式，听取法律专家、相关部门和管理人的意见，共组织复议听证 3 次。推进行政复议规范化建设，设立具有同步录音录像、同步显示功能的听证室和档案室；设置立案岗和审理岗，实现立审分离。将行政复议办案专项经费列入财政预算，做到专款专用。组织参加法院行政案件庭审，接受现场法律教育。全年办理行政复议申请案件 31 件，按时结案率为 100%，群众满意率为 100%；办理行政应诉案件 6 件，行政负责人出庭应诉率为 100%。

公安工作

【概况】 2017 年，先后组织开展"破案会战"等一系列专项行动，侦破刑事案件 1021 件，比上一年提升 3.50%；破获刑事侵财案件 782 件，比上一年提升 16%；采取刑事拘留 611 人次，逮捕直诉 666 人次，打处硬性指标保持较高水平。全年妥善处置各类群体性事件 106 件、集访事

2017 年 10 月 3 日，公安奎文分局街面巡防力量接到 110 调度指令后，立即前往指定位置

2017 年 1 月 10 日，公安奎文分局工作人员到银座商城开展“公安110，为民保平安”大型主题宣传活动

件 79 件。2017 年，公安奎文分局获得“山东省情报信息追逃比武竞赛成绩突出集体”“潍坊市公安机关综合考核优秀等次公安局”“潍坊市公安机关破案会战成绩优秀单位”“潍坊‘一带一路’国际合作高峰论坛暨省十一次党代会维稳安保工作先进集体”“2017 年度科学发展综合考核先进单位”等多项荣誉称号；被市委、市政府荣记集体二等功一次；被区委、区政府荣记集体三等功两次；公安奎文分局先后有 29 个单位、228 名民警受到各级表彰奖励。民警王青国、周军华分别入选“2017 年齐鲁公安英才标兵型人才”，周军华被授予“全国特级优秀人民警察”称号。

【中共十九大安保】 2017 年，在中共十九大安保期间，全体民警、辅警和现役官兵严格执行“停止休假、取消放假、严控请假、一律禁酒”的纪律要求，全警动员，全力以赴投入到各项安保工作中，以超常规措施、战时纪律作风、决战决胜态度，出色完成“十九大”安保任务，实现“三个不发生”“五个确保”“七个严防”的目标要求。

【打击防范主业加强】 2017 年，深入开展破案会战和情报信息追逃比武专项行动，先后攻克积案 3 件、涉命现案 1 件，侦破“4.24”入室盗窃案等一批重特大团伙案、系列案。组建特巡警反扒打流专职队伍，严厉打击流窜违法犯罪活动，先后抓获违法犯罪嫌疑人 114 人，挽回经济损失 30 万多元。市公安局先后发贺电通报表扬 4 次，并为 4 名破案成绩突出的民警各记三等功一次。在情报信息追逃比武考核中，分局取得全市第二名，被省公安厅表彰为“成绩突出先进集

2017 年 10 月 3 日，公安奎文分局组织全体民警、协警队伍开展应急处突拉练

体”。加强常态化巡逻、专业化处警工作，建立健全定期点名、轨迹通报和局领导暗访检查等一系列督导制度，以强有力的督导问效问责；在区行政审批中心、银座商城、金融街建立移动驻巡点3个；在长途汽车站、世纪泰华建立“一分钟”反暴恐处置点；将“平安指数”纳入社会治安综合治理考核，压实相关部门、单位防控责任；持续推动“锁窗防盗”“平安宣传”等工作常态化开展，不断提升群众自我防范意识能力。全区总警情比上一年下降5.87%，严重影响群众安全感的入室盗窃、扒窃、盗窃沿街门店、诈骗等警情分别比上一年下降46.60%、30%、57.80%、23.30%。

【基层基础建设】2017年，区委、区政府出台《加强改进公安基层基础工作实施方案》和《推行“1+2+N”城区社区警务模式实施意见》，将公安基层基础建设纳入社会治理体系大局中推进，上升为党委政府层面落实。第二消防站和警体训练中心（占地面积2.13公顷、建筑面积8920平方米）项目落地并筹备开工建设。在历届分局党委不懈努力下，基础设施建设有实质性突破，潍州路、东关派出所新建项目列入2018年区政府重点项目。积极争取党委政府支持，新配备社区辅警130名，新增特巡警队员50名；批量增置高喷射消防车、移动警务车、PTU反恐处突车等基础装备；初步建立派出所“三队两室”警务机制、“1+2+N”社区警务机制和“情指勤”一体化机制；分局执法监督管理中心建成并投入使用，规范执法能力水平不断提升。2017年，公安奎文分局攻坚项目全部完成，三年攻坚任务完成85%，省厅、市局都给予充分肯定，为公安基层基础建设提档升级奠定坚实基础。

【服务发展新举措】2017年，公安奎文分局与区金融办、国税、地税、市场监督管理局等职能部门建立常态协作机制，强化预警防范，严打经济犯罪活动，全力保障辖区经济安全，立案查处经济犯罪案件171件，采取强制措施185人，分别比上一年上升8.20%、49.20%。先后破获“六丰商城”特大组织传销案、宏丰

2017年10月3日，公安奎文分局组织全体民警、协警队伍在风筝广场开展应急处突拉练

空调配件公司骗取承兑汇票案等一批有较大影响的案件。主动参与社会治理，推动全区8个街道建成规范化社区戒毒康复办公室，社区戒毒、社区康复工作步入正轨。创新优化公安行政管理服务，推动综合窗口服务进驻审批大厅，实行户籍业务网上申报制度，简化办事手续，优化办事流程；深入实施“互联网＋公安服务”，建立出入境、安全防范、场所管理等微博、微信公众平台，通过“互联网＋”，进一步提高防范管控效能。

【队伍作风纪律建设】 2017年，开展加强作风建设、强化执行力、确保警令政令畅通专项活动，通过问题剖析、建章立制和建立长效机制三个阶段深化执行力建设，着力解决作风漂浮、执行力不强的问题。依托警力资源管理云平台，推行“积分制”管理，用客观公平的数据全方位考量业绩、评价民警，记录点滴进步、激发队伍生机活力，促进民警个人价值实现。最大限度落实从优待警措施，推动职级职务并行政策落地，坚持民警子女入学入托统一协调制度，不断提高健康体检标准，精心组织开展“十佳家庭”“十佳警嫂”评选活动。成功创建“省级精神文明单位”，在获得荣誉的同时，最大限度地为民警改善工作和生活福利待遇。整修、改造分局机关办公楼，更换陈旧设施设备，为民警提供满足工作需要的办公环境。

【消防】 **党委班子建设** 2017年，潍坊市公安消防支队奎文区大队（以下简称奎文消防大队），深入学习中共十九大精神和总书记习近平系列讲话精神，求真务实、精准抓建、全力构筑社会消防安全领域的“防火墙”，确保队伍管理和火灾形势的“双稳定”。2017年，奎文消防大队荣立“集体三等功”，有2人获记“三等功”，有24人受到省、市级表彰奖励。

公共消防设施 奎文辖区有市政消火栓558具（其中已损坏54具，完好率90.32%），消防行政执法车4辆，执勤消防车8辆（云梯车1辆、抢险救援车1辆，高喷车2辆，排烟车1辆，水罐车3辆）载水量共40.5吨，配备灭火、防护、侦检、救生、警戒、破拆、堵漏、输转、排烟、照明等10大类器材，共106种、1973件套。

辖区消防工作 2017年，重新调整大、中、小三级消防网格区域，其中大网格8个，中网格69个，小网格391个，有网格员418人。各街道扎实开展社区“四清”行动（清新空气行动、清水河道行动、清洁社区行动、清洁村庄行动）、创建消防安全社区、电动车集中停放、高层建筑、电气火灾防范等专项治理工作。2017年12月1日，在市公安局组织召开的全市社会单位消防安全管理标准化暨公安派出所

2017年12月22日，奎文消防大队工作人员到潍坊大酒店开展消防安全知识培训及演练活动

2017 年 12 月 24 日，公安奎文分局、奎文消防大队开展消防安全夜查行动

2017 年 5 月 7 日，奎文消防大队开展“萌娃进红门”活动

2017 年 9 月 24 日，奎文消防大队到潍坊职业学院开展“消防进军训”活动

消防管理工作推进会上，北苑街道金都社区被作为3个观摩点之一，该社区平安创建工作和社区微型消防站建设得到市局领导及与会代表的高度评价。全年，奎文消防大队共检查6794个单位，督促整改火灾隐患1.95万多处，下发责令改正通知书4275份，办理行政处罚案件152起、临时查封228起，责令“三停”（停产、停业、停止施工）64起，拘留11人，办理火灾调查33起，处理投诉举报案件105起。

铁军中队建设　奎文消防大队树立“练为战”理念，坚持从难、从严训练，立足“灭大火、打大仗、打胜仗”的要求，加强区域性、综合性实战演练，提升部队“召之即来、来之能战、战之能胜”的能力。是年1月12日，省消防总队在潍坊万达广场组织开展的超大城市综合体跨区域灭火救援实战拉动演练，奎文消防大队作为首战力量参加演练。奎文消防大队全年共接警出动721次（其中火灾209起，比2016年下降4.2%），抢险救援298起，救助遇险被困群众83人，抢救和保护直接财产价值4530万多元。是年，及时增援潍城区“5.20灯具城火灾”；成功处置“9.22联通大厦火灾事故”。

消防监督管理　2017年，奎文消防大队开展夏季消防专项检查、电气火灾综合治理、高层建筑消防专项治理、冷库消防专项整治、今冬明春火灾防控等专项行动，全面排查单位存在的消防安全隐患，建立台账、强化防范措施，防止各类火灾事故的发生。督导振华商厦投资额900万多元、星河国际轻纺城投资额800万多元进行重大火灾隐患整改，及时消除隐患。

消防宣传培训　2017年，奎文消防大队共组织召开各类场所、单位约谈培训会议14次，参加约谈人员达1720多人；累计培训单位83个，受训人员8300人；开放消防站，累计接待1260多人；是年10月10日，组织全区重点单位消防安全管理人进行岗位考试，提升消防安全重点单位消防管理水平。推进消防宣传“站门口、立路旁、上大屏、进广场”，全区各相关部门单位投资额200万多元，打造全区覆盖式消防公益宣传栏600多处，附带微型消防站等设施器材，确保全区每个小区及人员密集场所至少安装1处，全方位扩大消防宣传的深度和广度。参加全市举办的大型消防宣传活动5次，区直部门联合印发指导性文件2份。按照工作要求，将全区有线电视及KTV、影院等场所开机画面设置为“消防宣传1分钟”，将发现火灾隐患、扑救初期火灾、人员疏散逃生、灭火设施使用等消防常识在开机后进行播放，打造深入人心的消防宣传环境；督促全区KTV、电影院等公共娱乐场所全部安装音频视频切换器，确保紧急情况下能够引导顾客有序撤离、及时疏散，截至2017年年底，全区音频视频切换器安装覆盖率100%。

党风廉政建设　奎文消防大队以人民群众满意为第一标准，提升群众满意度和美誉度，贯彻落实中共十九大和总书记习近平系列讲话精神。开展维护核心、听从指挥主题教育活动，推进“两学一做”学习教育常态化、制度化。建立惩治和预防腐败体系长效机制，实现“班子廉政、机关廉政、干部廉洁、部队风正”的目标。学习“六项铁规”“十个严禁”等法律法规，每月组织大队全体人员观看一次廉政教育警示片，认真查摆、深刻剖析自身存在的问题。

【交通执法】 2017年，潍坊市公安局交通警察支队奎文大队（以下简称奎文交警大队）担负着辖区133条、总里程200多公里的道路交通管理。其中，主干道20条，次干道14条，支路99条；主要交通路口108个，其中灯控路口85个。全年紧紧围绕党委决策部署，以“抓队伍、压事故、保畅通”为主线，以中共十九大安保维稳工作为重

2017年4月25日，奎文交警二中队干警到新华路与福寿东街交叉口处进行执法检查

点任务，从严治警，强化措施，全体人员忠于职守，奋力拼搏，大力开展城区交通秩序治理，强化重点违法行为管理。深化“作风建设年”教育活动，队伍管理和执法服务水平不断提升。2017年，奎文交警大队被省公安厅荣记“集体二等功”。

道路交通秩序管控 开展市容环境整治、重点车辆集中整治和严重交通违法查处。加强对“两客一危”、货运车辆等四类重点车辆进行重点检查，严厉打击超速、超员、超载、疲劳驾驶等重点违法行为。2017年，查处各类违法行为31.20万多起，其中，酒后驾驶679起，超载318起，重点违法行为涉牌涉证1397起，非法改装机动车16起，疲劳驾驶756起，立案普通程序254起。

道路交通事故预防 奎文交警大队与区交通运输局、区安监局等部门集中清理隐患，通报运输安全状况16次，抄告存在安全隐患企业170多次。运用大数据思维，对重点车辆违法行为、易发生事故路段进行分析研判，实现精准打击、严管严控。开展道路交通安全隐患排查治理，奎文交警大队对接区住建、区交通运输、区公路等部门，全年排查隐患37处，列入市级督办隐患2处，挂牌督办率、整改销号率均为100%，全部提前整改完成。

交通管理勤务机制改革 严格落实五大勤务模式（高峰勤务模式、平峰勤务模式、夜间勤务模式、节假日勤务模式、特殊勤务模式），实现重点路段的全时段管控；路面网格化管理责任进一步明确，层级责任进一步压实；后勤警力最大限度下沉到路面，路面见警率、管事率大幅提升，交通拥堵得到有效缓解。

交通事故和重大案件侦破 2017年，奎文交警大队共计接警20596次，受理交通事故案件12648起。其中，经民警协调当事人自行协商处理事故7636起，立案事故5012起，交通事故致伤1400人，办理刑事案件26起，行政案件16起，吊销驾驶证27本。交通事故“四项指标”（交通事故的发生起数、死亡人数、受伤人数、直接财产损失）比2016年均有下降。“四项指标”分别比上一年下降0.01%、13.63%、1.96%和0.03%。

机动车和驾驶员管理 2017年，完成新车挂牌1.43万辆，驾驶证审验9322人次，机动车检测1.03万辆，核发“五小”车辆驾驶证468人次。深化电话回访工作，回访人数2.3万多人。实行“车驾管”窗口延时服务和周六（除节假日）预约办公服务，建立各中队窗口节假日正常办公制度，以满足群众需求；利用微信实行在线挪车服务，及时为群众解决实际困难。

交通安全宣传 2017年，奎文交警大队发布今日头条信息200多条，总阅读量超过200万人次，评论超过30万条；开展微直播12次，点击观看量达40

万人次，13万多人为行动“点赞”；微信公众号发布信息200多条，阅读量5万人次；奎文交警大队宣讲团开展交通宣讲102场，收听人次突破3万人次；奎文交警大队联合区文明办、区教育局等单位深入辖区学校组织开展“交通文明志愿者”“少年交警先锋队”“进警营参观”等活动。

检　察

【服务工作】2017年，奎文区人民检察院（以下简称区检察院）明确工作目标，制定《关于充分履行检察职能全力服务“现代化中央活力区”建设实施意见》。投身奎文区中共十九大安保、社会治安专项集中整治活动。参与并完成维护稳定、综合治理、信访维稳、片区开发、驻村工作等重大任务。全年受理解决群众各类诉求659件，向律师和当事人及家属主动推送案件信息151条，构建起良性互动的新型检律关系。走访社区、学校、企业等共41个，帮扶困难家庭11户，提供法律服务75次，发放《五进两服务》手册5000多册。参与整顿和规范市场经济秩序，依法惩治信用卡诈骗、合同诈骗、组织传销、非法经营等犯罪55件59人。依法打击虚假诉讼、恶意诉讼、食品医药领域制假售假等严重损害社会诚信的犯罪23件33人。开展行贿档案查询3868次，通过案件信息公开平台发布重要案件信息14条、法律文书408份、程序性案件信息1211件。

【维护稳定】2017年，批捕各类刑事犯罪嫌疑人289人、起诉613人，批捕准确率为100%。已起诉的案件一审判决444件，全部为有罪判决。落实宽严相济刑事政策，对98名犯罪情节轻微、危害不大的嫌疑人做出不捕不诉决定，依法促成刑事和解36人，解决来信来访案件115件。区检察院参与社会治安防控体系建设，配合奎文区“打霸治痞”专项行动，依法批捕、起诉相关犯罪12件32人。严厉打击强制猥亵妇女儿童、侵害幼女、欺凌孤寡老人的违法犯罪4件，办理的李某强奸、强制猥亵案被

2017年5月22日，奎文区检察院召开检察辅助人员和司法行政人员分类定岗工作动员大会

2017年10月18日，奎文区检察院到潍坊市育华学校举办“法治进校园”全省巡讲活动

评为“全省严厉打击性侵未成年人专项监督活动精品案例”。依法处置校园欺凌、性侵及暴力涉及的刑事案件4件4人，对未成年犯罪嫌疑人不批准逮捕3人、不起诉7人。对5名因遭受犯罪侵害或民事侵权、生活陷入困境的当事人或其亲属发放司法救助金4.4万元。

【检察监督】2017年，监督公安机关立案3人，监督撤案3件，依法追捕5人、追诉33人；对不符合逮捕、起诉条件的依法决定不捕117人、不诉30人；提起刑事抗诉案件4件，审判机关改判和发回重审3件；办理民事行政检察监督案件55件。建立涉法涉诉信访导入、纠错、退出机制，办理刑事申诉案件3件。

【查办预防职务犯罪】2017年，立查职务犯罪案件7件7人，累计判决9件13人。搭建巡回宣讲、警示教育、预防公益宣传、预防网络传播等“四个平台”，依托2个警示教育基地开展警示教育43场次，受教育人员3000多人。获得“全国检察宣传先进单位”等荣誉称号。

【创新亮点】2017年，创新集约谈帮教、刑事和解、心理疏导、心理测评、远程教育等多功能的“1+N”未检工作新模式，在奎文区34所中小学设立同步网络法治课堂，实现法治进校园的全覆盖。新建名为“潍坊市法治教育基地”“潍坊市青少年法治教育基地”的未成年人刑事检察工作室。根据辖区市级以上金融总部机构多且金融犯罪多发的现实，成立金融犯罪刑事检察办案组，全年受理审查逮捕42件51人，批捕30件37人，受理审查起诉98件144人，提起公诉60件89人，逐渐形成“侦、诉、研、防”一体的办案机制。签发《关于加强行政检察监督协作配合的若干意见》，建立行政执法信息共享、案件通报、联席会议工作机制和办案程序，为开展行政检察监督及行政公益诉讼奠定良好的制度保障。

【检察队伍建设】2017年，开展“两学一做”和中共十九大精神学习教育，制定党组中心组、检委会、党支部、党小组“四项学习制度”，建立个人自学、述学评学、学习考核“三项机制”。开展“作风建设年”活动、奎文区委政法委“三评三查”活动和“无违法违纪、无责任事故”检察院创建活动。推进司法责任制改革，24名检察官、30名检察

2017年6月6日，奎文区检察院检察长以公诉人的身份出庭支持公诉

2017年9月13日，“潍坊市青少年法治教育基地”在奎文区检察院揭牌

2017年6月16日，奎文区人民检察院举行首批员额检察官宪法宣誓仪式

辅助人员和9名司法行政人员全部定岗到位。推行检察官办案责任制，制定权力清单，检察官在授权范围内独立办案，队伍专业化职业化水平提高。结合实际抓好专项业务培训、岗位练兵，提高一线办案人员的执法能力和办案水平。通过“请进来”“走出去”等多种形式，统筹安排外出学习计划，带着“课题”组织干警到先进院学习经验，有针对性地开展“学、训、赛、考”活动，打造职业化、专业化检察队伍。2017年，区检察院55名干警受到区级以上表彰，2名干警分别被评为潍坊市检察机关“公诉标兵”“优秀公诉人”，侦监科被团省委授予“省级青年文明号”称号，未检科被潍坊市委市政府评为“全市妇女儿童工作先进集体”。

【党风廉政建设责任制】 2017年，区检察院落实党组中心组理论学习、述职述廉、个人重大事项报告和廉政承诺制度，全年召开党组中心组理论学习12次，党组会27次，检察长办公会9次，检委会10次，班子成员的“四个意识”有新的提升。完善公务接待、会议费、培训费、差旅费、办公经费等6项管理制度，严把进口、出口、管理、监督“四关”，实现机关管理、物业管理、财务管理简约高效。对各办案部门人员的办案活动实施办案流程同步“管”、重点案件专项“查”、涉案款物随时“控”的监督制约机制，全年检察人员无违纪、执法办案无违法、行政管理无责任事故。

法　院

【概况】 2017年，奎文区人民法院（以下简称区法院）受理案件7503件，结案7830件，案件结收比104.4%。潍坊中级人民法院向山东省高级人民法院推荐区法院为集体一等功；被山东省

2017年7月27日，奎文区法院执行局举行“金融治赖重拳出击”夏季执行行动新闻发布会

高级人民法院表彰为2017年度全省审判工作先进法院；《创新金融审判，提升金融活力》被评为奎文区2017年度改革创新优质项目，区法院被评为奎文区“协税护税先进单位”“宣传思想工作先进单位”“信访工作先进单位”；民事审判二庭副庭长杨相国被评选为“全国法院先进个人”。

【审判执行】 刑事案件审判　审结各类刑事案件437件、判处罪犯604人。依法惩治危害公共安全、抢劫、故意伤害、盗窃等严重影响人民群众生命、财产安全和社会秩序犯罪，对12名罪犯判处五年以上有期徒刑。坚决惩治贪贿、渎职等职务犯罪，审结案件5件、判处罪犯10人。严惩破坏金融管理秩序犯罪，审结案件6件、判处罪犯10人，涉案金额3600万多元，涉及被害人820多人。贯彻宽严相济的刑事政策，依法对205名具有从轻减轻情节的罪犯从宽判处非监禁刑。

民商事案件审判　审结民商事案件4578件，调撤率为34.3%。进行家事审判改革，妥善处理家事纠纷，审结308件；依法保护受害者的合法权益，审结交通事故损害赔偿纠纷344件。健全完善金融审判工作机制，共审结金融纠纷案件1700件。2017年8月14日，《人民法院报》头版以《服务一站式，治标也治本》为题，介绍区法院创新金融审判的做法。是年，8月30日，全市金融审判庭设立工作现场会在恒易宝莲金融中心召开，区法院提供会议现场并作工作介绍，会议要求在全市推广区法院的经验做法。

行政案件审判　全年审结行政案件13件，其中，判决维

2017年8月30日，潍坊市委常委、市政府常务副市长邹庆忠到金融审判庭调研并出席全市金融审判庭设立工作现场会议

持行政行为1件，判决确认违法1件，判决驳回诉讼请求3件。审查并执行行政非诉执行案件15件。探索行政公益诉讼案件的试点审理工作，首次审理区检察院诉区某局怠于履行法定职责一案。

案件执行 执结各类案件2723件，执行工作各项数据居全市基层法院前列。采取常规执行与专项执行活动相结合的方式，开展“亮剑老赖”等集中执行行动，共拘传、拘留被执行人89人，执结案件62件，执行到位金额1600万多元。重点加大对金融债权的执行力度，共执行金融案件465件，执行到位金额3.5亿元，比2016年上升11.8%。

【改革创新】 **司法责任制改革** 按照上级统一部署，遴选出35名员额法官人选，并于2017年6月1日举行宪法宣誓仪式。加强审判执行团队建设，按“1法官+1法官助理+1司法聘用人员+1书记员”的工作模式，组建30个审判执行团队，发挥团队优势，提高办案效能。

多元化纠纷解决机制改革 继续完善医患纠纷和保险行业调解机制建设，组织审判经验丰富的法官加强对人民调解员的培训，依法支持人民调解等解纷组织发挥作用，办理司法确认案件112件。引入仲裁、公证等专业调解力量，潍坊市仲裁委员会和潍坊市公证处均在区法院诉讼服务中心设立调解窗口，成功调解纠纷60多件。

案件繁简分流机制 针对金融借款合同、交通事故等类型化案件，实行“四简化”，实行“诉前调解+立案+速裁”的简案快裁处理机制，最大限度实现简案快审。实施审判提速工程，加强审判质效管理，开展未结案件清理活动，防止出现超审限案件。

阳光司法机制 全年网上公布裁判文书7161份，网上庭审直播76件。加强人民陪审工作，人民陪审员参审率98%以上。推进执行财产处置公开，坚

2017年6月1日，奎文区人民法院举行首批员额法官宪法宣誓仪式

2017 年 6 月 6 日，潍坊中新双语学校学生到奎文区人民法院旁听刑事案件庭审

持司法网拍优先，从 2017 年 6 月 26 日开始累计上网拍品 176 件，总成交额 1.23 亿元，平均溢价 17.9%，为当事人节省佣金 408.6 万元。

【队伍建设】开展“作风建设年”活动，按照寻标对标提标的公开承诺，向先进个人学习，找准自身存在的不足和差距，落实赶超措施，提高全员队伍素质和服务水平。深化廉洁司法建设，严肃政治纪律，严明政治规矩，不断强化干警勤廉意识，推动“一岗双责”“一案双查”责任落实。持续开展党风廉政教育，狠抓纪律作风。加强廉政监察建设，实现内外监督并重。

司法行政

【概况】2017 年，奎文区司法局加强公共法律服务平台建设，确保居民获得优质便捷的公共法律服务。开展奎文区普法依法治理工作，做好人民调解、公共法律服务等工作。2017 年，奎文区公共法律服务中心被山东省司法厅评为“山东省公共法律服务示范中心”，奎文区法律援助中心被表彰为“山东省老年人公益维权服务示范站”，奎文公证处被评为“市优秀法律服务单位”，奎文区司法局被评为“市级精神文明单位”，被奎文区委、奎文区政府评为“奎文区妇女儿童工作先进集体”。

【公共法律服务平台建设】2017 年，建设奎文区公共法律服务中心，总投资额 1200 万多元，总面积 2000 平方米。服务中心大厅设有法律咨询、法律援助、人民调解、审批服务、法制宣传、综合服务等 6 个窗口，为广大群众提供公益性、均等性、普惠性“窗口化”“一站式”便民法律服务，全年共接待法律咨询 1389 人次。加强“12348”公共法律服务热线建设，配备专业人员，创新和完善服务内容，打造集法律咨询、人民调解、舆情分析、普法宣传、协调联动、综合服务、政务监督等多功能于一体的热线平台。“12348”法律服务热线实行 24 小时服务，工作日有律师现场值班，非工作时间有专人接听群众来电咨询，全年接听来电 1411 次。利用奎文区智慧城市信息化建设的有利时机，开通“奎文普法”“奎文公证”“奎文区公共法律服务中心”等微信服务平台，推进法律服务在线咨询、网上化解矛盾纠纷等，让群众享受到及时便利、专业优质的公共法律服务。奎文公证处成功

2017年10月30日，山东省司法厅厅长王本群（右一）到奎文区公共法律服务中心检查指导工作。潍坊市政府市长李宽端（右三）奎文区委书记李辉（右六）等陪同活动

上线公证云在线公证平台，成为首批入驻中国公证网公证云在线公证平台的县级公证处，方便当事人在线申办公证服务，实现“足不出户、公证到家”。“奎文普法”“奎文公证”“奎文区公共法律服务中心”3个微信公众号全年推送信息327条。

【普法依法治理】2017年，印发《关于推进落实国家机关“谁执法谁普法”普法责任制的实施意见》的通知（奎办发〔2017〕28号），建立“谁执法谁普法”普法责任清单，明确普法职责任务和普法责任主体。依托潍坊市在线学法考法平台，将奎文区机关事业单位在职在编人员全部纳入学法考法范围，“以考促学”增强各级领导干部、公职人员的学法积极性。调整奎文区普法讲师团和普法志愿者队伍，开展“学雷锋法律志愿服务月”和“普法惠民生”法律志愿服务活动。全年开展各类普法宣传活动120多场次，受教育干部群众1.7万多人。引导社区对普法活动进行项目化管理，实现普法工作与社区工作融合推进，普法项目化建设的经验在《齐鲁晚报》刊发。加强普法阵地建设，实现每个街道建设一条法制宣传街、50%以上社区配套建设法治广场的目标。2017年，东关街道工福街社区被评为“全国民主法治示范社区”，北苑街道金都社区被评为“全省民主法治示范社区”。区检察院未检工作室、公安奎文分局青少年禁毒教育基地被评为潍坊市“法治宣传教育示范基地”，北苑街道金都社区、潍州路街道潍柴社区被评为潍坊市“法治文化建设示范基地”。

【人民调解工作】2017年，设立东关街道中和园社区“老高调解室”、潍州路街道幸福街社区“孙大姨调解室”、广文街道文化路社区“丁大妈调解室”等10多个金牌调解室，激发基层人民调解组织内部活力，带动人民调解工作创新发展。依托街道、社区人民调解组织，建立律师参与社区矛盾化解联合调解组织，在各街道建立“警民联调”工作室，选聘14名专职调解员，实现人民调解与公安机关的有效对接，提高调解效率。落实人民调解“以案定补”实施办法，提高人民调解员待遇，调动调解员工作积极性。2017年，全区调解组织调处矛盾纠纷1031件，成

2017 年 5 月 19 日，奎文区法律援助中心开展“全国助残日”法律援助进社区活动

功调解 1015 件，调解成功率为 98.5%。

【公共法律服务】 2017 年，制定《关于加快推进公共法律服务体系建设的实施意见》，使公共法律服务质量不断提升。印发《关于推进“一社区一法律顾问”工作的实施意见》（奎办发〔2017〕26 号），整合奎文区法律服务资源，将法律服务名录库发放至各社区。坚持“双向选择”的原则，广泛听取社区意见，为奎文区 66 个社区配备法律顾问，推动法律服务向基层延伸。加强法律服务从业人员执业管理，开展“爱岗、敬业、为民”主题教育实践活动，树立爱岗敬业、规范执业、为民服务的理念，营造良好执业氛围。坚持“应援尽援、能援多援”，降低法律援助门槛，扩大援助范围，维护弱势群体的合法权益。2017 年，办理法律援助案件 387 件，办结案件 374 件，回访满意率为 100%。

【社区矫正】 2017 年，奎文区司法局加强与公检法部门的衔接配合，定期召开联席会议，对奎文区存在的社区服刑人员居住地认定难等问题，进行研究讨论，有效解决社区服刑人员人户分离、临时居住、外来人口多、居住地认定难等问题。加强对社区服刑人员走访排查，对排查出的重点人员进行手机定位抽查、现场点验，严密防范社区服刑人员重新违法犯罪。加强社区矫正与安置帮教“一体化”建设，推动社区矫正与安置帮教工作向社会、家庭延伸，帮助社区矫正和刑满释放人员顺利回归社会，努力预防和减少社会不稳定因素。

经济监督管理

宏观经济管理

【宏观经济运行监测】 2017年，起草《全区一季度GDP及投资运行情况分析及对策》，查找经济运行中存在的问题，提出措施建议。召开全区经济指标调度分析会议8次，印发《宏观经济运行监测手册》11期、《经济运行情况简报》8期。2017年，奎文区纳入通报的、在潍坊市有排名的指标共15项，其中，4项指标在潍坊市排名前3位，7项指标在潍坊市排名前5位。编制《潍坊市奎文区2018年国民经济和社会发展计划》，总结全区2017年国民经济和社会发展取得的成就和发现的问题，并提出发展目标和具体措施。

【重点项目建设】 2017年，完成固定资产投资额96.9亿元，50个重点项目完成投资额83.7亿元，完成年计划的132.9%。齐鲁创智园、纺织服装电商产业园、国际创意港、眼科医院等8个项目列入省、市级重点项目，完成投资额19亿元，完成年计划的120.3%。把服务项目作为工作重点，创新服务方式，坚持主动服务、上门服务，抓好未开工项目的推进工作，推进市级、区级重点项目及集中开工项目建设。发挥《奎文区重大项目及基层重要问题会商解决机制》的作用，建立问题反馈、联席会议、政策服务机制，确保重点项目顺利推进。全年审批项目65个，总投资额81.5亿元，比上一年增长63.7%。在潍坊市实行首批网上备案制度，为43个备案项目完成网上赋码登记，备案投资额10.1亿元，提高服务效率，降低企业成本。召开项目协调会议8次，印发《全区重点项目工作简报》11期，每季度制作展板公开展示重点项目进度。

【"四个城市"建设】 2017年，编制《奎文区产业强市五年规划和三年行动计划》《奎文区品质城市五年规划和三年行动计划》，成立专项工作委员会，设立专委会办公室和综合协调、项目推进、督查考核、舆论宣传4个推进小组。召开奎文区产业强市、品质城市专项委员会第一次会议，印发专委会工作体系、工作制度和工作机制。产业

2017年3月2日，全区20个重点项目在恒信·阳光假日举行春季集中开工仪式

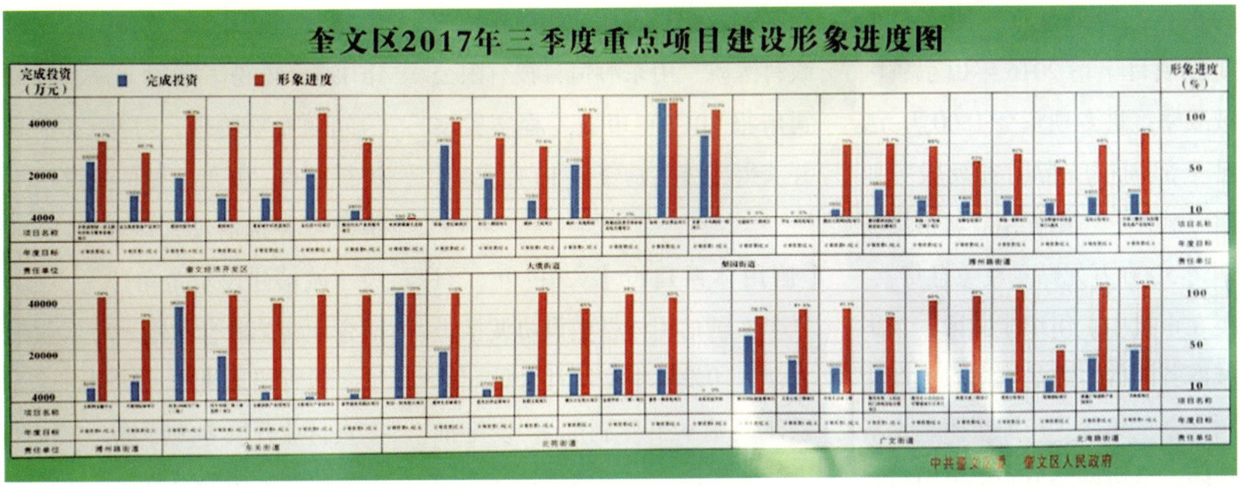

每季度更新内容的奎文区重点项目形象进度展板，2017年共制作4期。展示内容为各街道重点项目完成投资和形象进度情况

强市筛选6个区级特色小镇（园区）、17个产业园区、67个产业项目建立区级重点项目库，其中，6个项目列入全市产业强市“1030100”支撑体系；品质城市筛选10个核心支撑项目、30个关键支撑项目和100个重要支撑项目，其中，7个项目列入全市品质城市“1030100”支撑体系。同时，华为物联网中心项目作为潍坊市智慧城市建设示范项目，孙家社区项目作为潍坊市民生建设示范项目已提报至市品质办，努力将2个项目打造成潍坊市的品质城市重点示范项目。

【新旧动能转换】 2017年，根据市区新旧动能转换工作要求，强化项目调度工作，编制《奎文区新旧动能转换工作简报》11期。将实体经济发展作为新旧动能转换的推动器，牵头实施《奎文区“百企倍增、千千扶企”工作方案》，从全区重点企业、潜力企业、“隐形冠军”（工业企业）中筛选100家试点企业。组织8个街道、12个经济部门对企业进行帮扶包靠，每月1次走访企业，了解企业诉求和存在困难，制定帮扶计划。通过科技创新、发展总部经济、加强产业链整合等方式提升竞争力，助推新旧动能转换工作实现质的飞跃。

【政策扶持】 2017年，将争取上级政策资金扶持作为服务企业

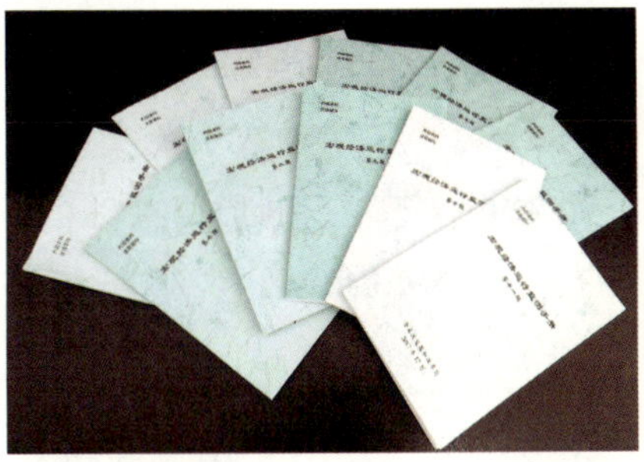

按月编发的《宏观经济运行监测手册》，2017年共编印11期。内容包括工作动态、重点项目建设情况、经济社会发展调研文章、相关政策等

按月编发的《经济运行情况简报》，2017年共编印8期。内容包括通报部门、街道指标运行情况，召开调度会议研究问题和对策，加大经济运行过程中困难和问题的协调解决等

按月编发的《重点项目建设工作简报》，2017年共编印11期。内容包括重点项目和重点园区建设情况、街道项目建设工作亮点等

的重点，帮助金宝集团半岛创新谷项目申请2016年山东省区域战略推进专项资金1500万元，已全部到位。帮助省级服务业重点载体——阳光100城市广场申请5000万元贴息或免息贷款，正在审批中。组织奎文区、泰华城商务园区、潍坊汽车服务产业园、金宝集团、广潍集团、泰华集团、全影网络分别申报山东省重点服务业城区、园区、企业，正在评选中。申请山东省保障性安居工程配套基础设施中央预算内投资，并向潍坊市发改委定期报送项目进展，配合做好督查工作。申报泰山产业人才、鸢都产业领军人才，全影网络成功入选鸢都产业领军人才。协助潍坊市眼科医院、山东海恒科技有限公司申报2017年市级工程实验室并获得区级奖励资金10万元。

【信用体系建设】 2017年，召开奎文区信用体系建设协调推进大会，印发《奎文区社会信用体系建设基本工作制度》，统筹推进政务诚信、商务诚信、社会诚信和司法公信建设。加强信用信息归集和使用，完成7033条信息公示。建立“红黑名单”制度，发布红黑名单891个，对严重失信者实施联合惩戒，建立失信者“一处失信、处处受限”的失信联防机制。加强市场主体诚信建设，组织企业签订《诚信承诺书》446份。开展金融领域失信问题专项治理，对92家企业进行核查。开展“诚信建设示范单位”评选活动，评选63家区级“诚信建设示范单位”，对诚信企业实施联合激励。对事业单位、教育培训机构、纳税企业等重点行业开展等级评价，并按照信用等级实施分类监管。加强政务领域信用信息应用，建立完善在行政管理和提供公共服务过程中查询、使用信用信息记录的体制机制。在潍坊市2017年社会信用体系建设考核中，奎文区位列第一名。

统计工作

【基本单位名录库建设】 2017年，企业名录库新增、变更和注销企业1.2万多家，其中新增6000多家；月度新增“四上”（规模以上工业，限额以上批发、零售、住宿、餐饮业，规模以上服务业，资质以内建筑业、房地产业）及房地产单位19家，年度新增17家，减少15家。

【依法统计】 2017年，按照省、市局统一部署，开展统计执法检查工作。落实《关于深化统计管理体制改革提高数据真实性的意见》（中办发〔2016〕76号）文件，加强统计执法监督工作，成立奎文区统计执法监督机构，提升统计执法能力。完成“双随机”（随机抽取被检查对象、随机选派检查人员）抽查方案、两库（市场主体名录库、执法检查人员名录库）、清单（随机抽查事项清单）制定工作以及2017年“双随机”审核工作，制定《潍坊市奎文区统计局“法律五进”活动实施方案》。

【提升统计服务水平】 2017年，共撰写信息分析427篇，完成总任务的113.3%，比上一年增长12.7%。被国家刊物采用1篇，省级刊物和省局内网采用23篇，市局内网采用396篇。被区级采用22篇，其中，数字奎文采用10篇，区委、区政府信息科（两办信息）采用12篇。编印发布2月至12月《统计月报》11期、印发公布《2016年国民经济和社会发展统计公报》《2017年统计年鉴》、印发《统计内参》5期、编写经济运行情况分析报告16篇、调研报告2篇。

2017 年 6 月 16 日，区统计局工作人员到烟台市芝罘区统计局对标学习

【农业普查工作】 2017 年，开展第三次农业普查的入户登记、数据现场采集、整理和核实工作。采取入户和电话访问相结合方式，随机抽取农户进行抽查，确保普查数据质量。加强对普查汇总资料的评估和分析，做好数据处理工作，注重对普查资料的开发，准确反映“三农”（农村、农业、农民）发展成就，全面展示普查工作成果。

【全省 1% 人口抽样调查】 2017 年，组织街道统计站长、抽样小区指导员、调查员进行摸底前业务综合培训，对调查使用的 PDA 设备进行有效性测试，做好技术保障。通过在相关小区人员密集区域张贴宣传画等形式，做好 1% 人口抽样调查的宣传工作。相关人员深入各街道调查小区进行业务指导，切实解决调查中遇到的困难和问题，确保调查工作的顺利开展。

（注：“法律五进”活动为法律进机关、法律进乡村、法律进社区、法律进学校、法律进企业）

节能减排工作

【煤炭消费总量压减】 任务目标分解落实　根据全市要求，奎文区 2016 年至 2017 年煤炭减量计划为 23.52 万吨，即 2017 年煤炭消费总量不超过 23.24 万吨（2012 年消耗量为 46.76 万吨）。为确保完成煤炭减量任务，印发《关于印发奎文区煤炭消费减量替代工作实施方案的通知》（奎政办字〔2016〕60 号），成立以分管区长任组长的工作协调小组，明确工作责任，分解工作任务。截止到 2017 年 12 月底，全区规模以上工业企业煤炭消费主要集中在潍坊万潍热电有限公司和潍坊昌能热源有限公司两家供暖公司，煤炭消费总量为 13.16 万吨。

淘汰燃煤小锅炉　区环委会制定《关于印发〈奎文区燃用高污染燃料设施淘汰改造工作实施方案〉的通知》（奎环委办发〔2016〕3 号）及《实施细则》（奎环委办发〔2016〕4 号），按计划逐步淘汰现有小型燃煤锅炉，推进燃煤锅炉节能环保提升工程。2017 年，对中心城区新禁燃区范围内 16 台 10 吨 / 小时及以下燃煤小锅炉进行摸底调查，其中，已拆除 13 台，煤改气 3 台。

清洁能源利用　奎文区推动新能源替代煤炭，按要求开展燃煤工业锅炉节能环保提升。潍坊鑫荣制衣有限公司拆除原有的 6 吨 / 小时的导热油炉和 15 吨 / 小时的蒸汽锅炉各 1 台，新上 1

台 10 吨 / 小时、1 台 6 吨 / 小时的燃天然气蒸汽锅炉，已建成并投产使用。

【散煤清洁化治理】 全市散煤清洁化治理工作开展以来，奎文区成立以分管区长任组长的工作协调小组，建立由相关部门和各街办共同参与的联动机制，推进工作开展。

联合执法巡查　由经信、公安、交通、环保等部门组成的联合执法巡查组，开展联合执法 300 多人次，向经营业户宣传相关政策，下达限期整改通知书，全区 17 家散煤经营网点已经全部取缔。

型煤、节能炉具推广　通过宣传推广、分解落实责任、组织居民认购、抓好配送等工作措施，完成 5000 吨型煤、800 台节能炉具的全市推广任务。

总结工作经验　工作开展过程中奎文区归纳总结了“5+1”工作法：“5”即“①宣传引导—②任务分解—③典型示范—④组织认购—⑤小车配送”。小车配送可以用城管车或者租用社会车辆购买服务。“1”是监管取缔散煤经营网点。该工作法被市散煤清洁化治理和煤炭清洁高效利用工作协调小组办公室通报，以《奎文区探索“5+1”工作法　助推散煤治理工作》为题，刊登于 9 月 13 日《工作简报》中；奎文区潍州路街办“四到位”（学习培训到位、宣传教育到位、制度落实到位、优质服务到位）工作法，确保散煤治理工作见实效，其先进做法和经验在 9 月 19 日的《工作简报》中得以宣传并推广。

【节能工作】 节能宣传周活动　承办“潍坊市暨奎文区 2017 年节能宣传周启动仪式”，对型煤、节能环保炉具、节能新技术、新工艺、新产品进行推介宣传，并组织辖区内居民进行参观交流，相关部门开展了形式多样的节能宣传活动。

2016 年度节能目标考核　根据省、市相关工作安排，分解落实节能目标，按时提交考核自查报告，并于 2017 年 4 月 24 日通过现场考核。组织相关企业按时提报节能服务业系统、资源综合利用系统数据，按要求完成省千家企业节能低碳行动评价考核工作，落实能源利用状况报告制度。潍坊万潍热电有限公司、潍坊市公共交通总公司、潍坊华港包装材料有限公司 3 家省重点耗能企业都按要求上报自查报告和能源利用状况报告，区节能办进行审核上报。

国家循环经济示范城市验收　参与潍坊市循环经济示范城市验收，呈报循环经济教育示范基地申请验收报告。潍坊金宝新型建材有限公司已通过第三方机构验收，市创建循环经济示范城市领导小组联合区经信局、区财政局相关人员对示范基地建设情况进行督导。

节能监管工作　推进能源管理体系建设，组织辖区内 3 家重点用能企业参加能源管理负责人培训，配合市节能监察支队对 3 家重点用能企业的能源管理体系运行情况进行监督检查。截至 2017 年年底，3 家企业能源管理体系持续运转，并上报 2016 年度内部审核报告、管理评审报告。对奎文区 2016 年太阳能集热系统专项资金、循环经济专项资金使用情况进行绩效评价。

“三八六”环保行动　对经信系统涉及的“产业提升绿色发展工程”和“清洁能源替代工程”，制定 2017 年推进计划；根据《关于进一步做好迎接省环境保护督察准备工作的通知》要求，按照工作职责，对涉及的 12 项工作进行理顺，按时汇总上报；配合环保部门开展大气污染防治工作，对工作开展情况进行调度提报。

固定资产投资项目节能评估和审查制度　完善专家评审制度，细化评估流程，根据新出台的固定资产投资项目节能评估和审查办法调整审批权限。2017 年，为 6 个项目进行节能评审，没有新上“两高”（高能耗、高排放）项目。

【成品油市场监管】 建立由经信、公安（消防）、安监、市场监管等部门组成的联席会议制度，对成品油市场进行专项整治，依法整治各类违法违规行为，完善管理制度，建立健全成品油市场监管长效机制，规范辖区成品油市场经营秩序，维护消费者权益和社会稳定。

国有资产管理

【概况】 2017 年，完善全区资产管理信息系统，利用行政事业单位资产信息系统，开展资产管理工作。通过资产管理信息系统的优化，加强对行政事业单位资产的动态监管。夯实基础管理，重点探索资产管理与预算管理、财务管理有机结合的有效途径，优化资产配置。建立资产调剂使用和共享共用机制，促进国有资产充分利用。加强资产处置管理，确保国有资产安全完整。

【资产配置管理】 2017 年，严格执行行政事业单位国有资产配置管理办法和通用办公设施配置标准，对部门单位资产配置数量、价格和技术性能等严格审核把关。全区 77 个单位共购置资产 3107 万元。进一步强化公物仓对国有资产的约束力，严格按规定条件和程序处置行政事业资产。

【资产管理岗位责任制】 2017 年，推进资产管理与财务管理相结合。研究制定并组织实施行政事业单位国有资产管理基础工作规范化考核标准，督促单位建立、健全和完善资产管理内部控制制度，实行资产管理岗位责任制，实现资产卡片和台账管理制度、报废资产“账销案存”制度、资产统计年度核报制度，严格执行国有统一财务会计制度、资产管理事项申报审批和登记备案制度，把单位资产实物管理、财务管理、产权管理、价值管理等工作逐步纳入规范化轨道。

【资产配置预算制度】 2017 年，建立资产配置预算制度，优化资产配置，深化资产管理改革。区级财政部门加快资产配置制度和配置标准体系建设，配合预算提出编制资产预算的科学方法，对主管部门汇总、申报的单位资产配置计划和单位临时新增资产配置事项进行审核批复，促进资产管理与预算管理的深度融合。

【国有资产监管】 在政府机构改革和调整工作中，发挥国有资产的监管职能，进一步加强国有资产监管工作。做好国有资产清查、评估、处置和收入收缴工作，为 64 个单位的 87 辆公车办理集中拍卖处置，拍卖所得 710 万元，并出具相关批复，切实保障国有资产的权益。启动国企建设项目“阳光工程”试点，不断完善制度建设，督促国企改革政策落地。2017 年，按照市区产业布局规划，盘活闲置资产，建设产业园区，重点优化招商服务，发挥资产效益。争取到市属原市科技局办公楼及附属房地产，房产建筑面积 5162 平方米；原潍坊市工商管理培训中心，有证建筑物建筑面积 11832 平方米，无证建筑物建筑面积 480 平方米；原市水利局新旧办公楼及附属用房，房产建筑面积 4678 平方米；市政府南院东片区市属公管资产，房产建筑面积 6543 平方米等 4 宗资产划归区属管理。

【国有企业薪酬改革】 2017 年，为全面深化国资国企改革，切实履行企业国有资产出资人职责，建立健全有效的激励约束机制，引导区管企业做强做优做大，更好地服务于企业参与全市经济发展战略，根据《中华人民共和国公司法》《中华人民共和国企业国有资产法》《山东省企业国有资产监督管理条例》等法律法规以及中央、省、市、区关于深化国有企业改革的政策精神，制定《奎文区区管企业负责人经营业绩考核办法》，适时完成区管企业负责人薪酬制度改革。

国土资源管理

【概况】 潍坊市国土资源局奎文分局（以下简称区国土局）主要承担辖区内耕地保护、节约集约利用土地资源、测绘管理、贯彻测绘法和土地资源法律法规执行情况、土地和测绘法律法规宣传教育等职能。2017 年，区国土局荣获奎文区“2017 年度部门科学发展综合考核先进单位”“2017 年度协税护税先进单位”，并荣记集体三等功。

【耕地保护】 2017 年，奎文区依法履行耕地保护职责，制定耕地保护工作方案和工作计划，逐级签订《耕地保护目标责任书》。严格落实耕地占补平衡制度，将新增建设用地所占用的耕地，全部委托安丘市、昌邑市异地补充，实现占一补一、占优补优，完成年度耕地保护目标任务。开展永久基本农田“落地块、明责任、设标志、建表册、入图库”五项任务，划定永久基本农田 70.13 公顷。签订《永久基本农田保护责任书》，设立保护标志牌 1 座，界桩 70 个。

2017 年 7 月 18 日，奎文国土分局召开《奎文区土地利用总体规划（2006—2020 年）调整完善方案》听证会

【土地利用】 2017 年，奎文区供应土地 13 宗，土地面积 45.95 公顷（招拍挂出让 10 宗，面积 29.11 公顷，成交价款 92987.64 万元；协议出让土地 1 宗，面积 0.26 公顷，成交价款为 228.28 万元；划拨土地 2 宗，面积为 16.58 公顷），完成年度国有建设用地供应计划。完成低效用地二次开发利用面积为 20.85 公顷。开展城镇空闲土地整改销号工作，盘活利用空闲土地 15 宗，面积 31.95 公顷。按照《潍坊市人民政府办公室关于开展工业用地供应制度改革试点工作的意见》的要求，采用“弹性年期出让”方式完成工业用地制度改革案例 1 宗。按照保护土地所有者和使用者的合法权益，促进土地合理开发利用的要求，编制土地年度计划、土地利用总体规划等。

【不动产登记】 潍坊市不动产

登记中心奎文分中心有工作人员22人，设置咨询、落宗、受理、查询、收费、发证等对外窗口13个，2017年，受理各类登记业务19628件，落宗10265件，档案信息查询5477次，颁发不动产权证书、证明15864本。妥善处理市长热线95起，完成新闻报道11篇，开展上门服务16次，开通绿色通道19次，延时服务62次。

2017年7月10日，奎文国土分局负责人到“党风政风热线”解答群众提出的有关问题

【建设用地管理】 2017年，奎文区严格执行《潍坊市奎文区土地利用总体规划（2006—2020年）》，开展土地利用总体规划调整完善工作。调整完善土地总面积177公顷，涉及永久基本农田局部调整、青银高速公路扩建和飞机场搬迁等国家、省、市重点项目，方案通过省政府批复。全年申报建设用地3个批次37.81公顷，其中，新增建设用地12.88公顷（耕地10.25公顷），全部通过省政府批复；申报青银高速公路改扩建（奎文段）建设用地单选项目1个，申请用地2.93公顷，其中，新增建设用地2.20公顷。

【监测管理】 2017年，建设地下水质自动监测井4座，开展地下水质自动监测工作，各项水质数据自动监测、自动上传监测系统，监测井全部通过市国土资源局验收。全区有测绘资质单位15家，每年对测绘资质单位进行测绘资质巡查、测绘地理信息质量监督检查和测绘地理信息保密检查。对全区地图市场进行大检查，每季度对所有测量标志进行巡查，并上传动态监管系统。

【执法监察】 通过落实监管责任，加强考核监督和建立联席机制等措施，全面落实国土资源管理法律法规，构建共同责任机制，有效遏制国土资源违法违规行为。建立国土资源执法监管区、街道、社区三级防控体系，区国土局与街道签订《国土资源

2017年8月29日，奎文国土分局工作人员到辖区主要街道向居民发放新修订的《中华人民共和国测绘法》宣传材料

执法监察工作目标责任书》。建立“全员巡查与统一组织”相结合的巡查制度，划定责任区域，为国土资源所配备执法车3辆，手持执法通3部，网格化实名制联络员28名，执法监管和违法用地防控实现全区覆盖。开展联合执法行动6次，共拆除违法建设14处。来信来访均及时调查核实，回复率为100%。区委办公室、区政府办公室联合出台《关于加强国土资源执法监管建立共同责任机制的实施意见》，全区的国土资源执法监管长效机制进一步健全。

【地籍管理】 2017年，按照要求完成年度土地变更调查。运用“互联网+”技术在线举证，开展辖区不实耕地整改工作，完成2017年度全天候遥感监测成果核查。积极开展奎文区第三次土地调查筹备工作。

市场监督管理

【概况】 2017年，奎文区把市场监督管理工作全面融入“四个城市”（产业强市、文化名市、活力城市、品质城市）建设，以实际行动体现“作风建设年”活动成效。强化招商工作，促成招商引资项目4个，超额完成全年的招商引资任务。2017年，全区新登记市场主体11632个，市场主体总量达58930个；新增注册商标1039件，注册商标达5181件，新登记市场主体数量和新增注册商标数量均列全市四个区第一位。受理、处结群众各类投诉举报和咨询12327件，办理各类行政处罚案件135件，助推市场主体提质增量，有效维护公平有序的市场竞争环境。

【登记改革】 2017年，区市场监管局在“五证（企业工商营业执照、组织机构代码证、税务登记证、社会保险登记证、统计登记证）合一”的基础上，落实人员、技术、制度保障，协调衔接交通运输、公安、文化新闻出版、广电、商务、住房和城乡建设、农林、体育等11个部门，将涉及办理的证照事项26项，整合到营业执照上，推行“三十一证合一”。是年9月12日，区政府副区长刘向东到登记窗口颁发首张“三十一证”合一营业执照，标志着全区“多证合一”“一照一码”改革全面启动。截至2017年年底，办理“三十一证合一”营业执照4303份。

2017年2月26日，奎文区市场监管局召开学校食堂食品安全春季培训会议

【便民服务改革】 2017年，借鉴先进地区经验，率先试点分类实施以“入园企业零上门、个体登记零材料、服务群众零障碍”和“最多跑一次”“最多查一次”的“3零2一”便民助企服务举措，得到省、市工商局的

肯定并在系统内推广。全年“入园企业零距离”等改革措施试点推行20条，企业登记材料的接收、受理、审查权限下放至重点园区楼宇管理机构，实施现场办理，为入驻歌德孵化器的企业及时办理登记手续888家。全面启动“三减”（减注销环节、减公告时限、减受理资料）企业简易注销改革，个体工商户、未开业企业和无债权债务企业注销登记时，甩掉“退出难”的包袱，轻松再创业，全年为企业办理简易注销手续162家。

【品牌驱动经济转型升级】 2017年，以长城复兴、京广传媒等新兴文化产业为重点培育对象，制定出台商标发展培育规划，按照梯队创建思路，分类别、分层次建立品牌培育库，推进品牌创建，帮扶分类别参与“商标规范品牌提升”活动企业100家。推进马德里商标注册，制定发放《关于深入实施商标品牌战略全面推进马德里国际商标注册的实施方案》，走访国际注册商标重点目标企业和出口型企业79家，帮助申请马德里商标国际注册企业3家。动员符合条件的中国建设银行股份有限公司潍坊分行、京广传媒股份有限公司、潍坊全影网络有限公司、潍坊世纪泰华物业管理有限公司申报山东名牌。采取自愿申报、公正公开、

2017年11月14日，奎文区市场监管局工作人员在奎文区政务服务中心大厅便民服务岛前为群众办理网上申报业务

动态监管、社会监督等原则，建立健全规范公正的公示机制，继续推进“守合同重信用”企业公示等活动，指导创建市级“守合同重信用”企业88家。发挥动产抵押、股权出质、商标权质押等融资服务，帮助41家企业融资28.84亿元。

【市场监管方式创新】 扎实开展“双告知”工作，印发《关于“先照后证”改革后做好“双告知”工作的通知》，依托省级公示平台，确定专人负责，推送登记信息1.90万条，有效推动事中事后无缝隙监管。加大“双公示”工作力度，推动企业年报公示工作，企业、个体工商户、专业合作社年报率分别达到87.37%、79.51%、88.73%，行政执法案件按时公示率达到100%，有效助推诚信奎文建设。探索实施跨部门联合“双随机”检查，研究制定跨部门“双随机、一公开”工作实施方案，建立完善“双随机”抽查“两库一清单”，随机抽取112名执法监管人员检查市场主体1352个，并将检查信息及时公示。

【权力制约监督机制】 深化廉政和监管风险防范管理、述职述廉、廉政谈话等活动，推行权力清单和服务清单制度，加强重点领域和关键环节的监督。制订《区市场监督管理局督查工作办法》，采取明察暗访、现场跟踪监督、案卷评查等方式，加大对日常工作、监管执法、行政许可等内容的监督检查。2017年，行政执法监督回访21件次，评查案卷49件。

【作风建设年活动】 召开作风建

设年活动会议，学习贯彻市、区两级会议精神，落实“四种精神”、强化“五个导向”，深刻查摆作风建设方面不足，深入剖析问题原因，坚持即查即改，逐一建立问题清单、任务清单、责任清单，全力抓好整改落实。组织开展“寻标对标提标”活动，明确赶超目标和方向，比发展、比服务、比创新、比作为，积极改进为民服务作风。扎实做好非公党建工作，深化“两推双建”，完善组织机构和党建数据库，建设党建联系点和示范点，扩大两个覆盖；健全“两联双融”机制，班子成员和机关干部深入联系企业，促进机关党建与非公党建双向融合。

食品药品监督管理

【概况】 2017年，贯彻执行国家、省、市有关食品药品(含食品添加剂、保健食品、化妆品、医疗器械)监督管理等方面的法律、法规和政策，坚持“发挥市场机制、推动社会共治”“让市场管市场”食药安全治理方向，夯实监管基础，强化风险防控，扎实开展各项食品药品安全专项整治，巩固食品药品安全形势稳定向好的局面。2017年，受理并处理食品药品投诉举报1226件，立案处理食品药品案件85件。

【食品药品监管检测】 制定下发《食品药品安全风险隐患大排查大整治行动实施方案》，将食品药品安全风险隐患划分3级，分业态、分环节逐一细化，力求彻查安全隐患，消除监管盲区。推进食品生产企业风险分级分类监管，根据食品生产企业风险等级结果，合理确定年度监督检查频次1次至4次不等。南下河市场依据“有产地产出及质量证明的随机快检，无产出及质量证明的批批快检”的原则，实行市场快检第三方托管全覆盖。采取随市工作制，利用“二班倒”的方式，保证快检室24小时正常运转，随入市随检，日均检测批次210个。加大监督抽检力度，结合奎文实际情况，制定自主抽检计划，对农贸市场、大中型超市、食品生产企业、食品生产加工小作坊等隐患大、风险高的重点领域的重点品种进行监督抽检。同时，及时配合市食药监局完成国抽、省抽、市抽的抽检任务。2017年，完成食品自主抽检批次1073个，药品抽检批次55个，快检13万多批次，“食品药品抽检合格率”指标位列潍坊市前茅。

2017年1月24日，潍坊市政府副市长刘建国（左一）一行到奎文区对春节期间食品安全工作进行检查。奎文区委副书记、区政府区长高志秀（右二）等参加活动

2017年6月8日，奎文区市场监管局召开奎文区食品安全风险防控会议

【"三小"监管】 在潍坊市率先提请区政府印发《关于加强食品小作坊小餐饮和食品摊点管理工作的通知》，明确市场监管部门与街道对"三小"单位的监管备案责任，进一步规范食品小作坊、小餐饮登记备案及规范管理工作。加大消费维权力度，在全市范围率先推行"一个中心受理、网上分流反馈、线上线下一体化管理"的投诉举报处置和网络监管新模式，所有信访、投诉、举报事项统一分流督办。

【食品安全城市创建】 以"食安山东""食安潍坊"品牌建设为导向，争创"食安山东"示范创建工作。以巩固食品安全城市创建成果为统领，以"食安山东"品牌创建为切入点，开展食品生产环节的赋码追溯、食品流通环节的"双证制"管理、餐饮环节的"明厨亮灶"行动。2017年，食品生产企业实现赋码追溯17家。韭菜和韭苔产品全面实施合格证和市场销售凭证"双证制"管理，餐饮服务单位参与"明厨亮灶"行动251家，完成视频监管采集系统和视频监管线路餐饮服务单位90家，持证单位量化分级率达到98%，持证学校食堂量化等级B级以上率100%。组织开展医疗器械"规范实施年"活动，帮助向市食药监局申报医疗器械生产和经营质量管理规范典型示范企业1家。做好药品和医疗器械不良反应监测上报工作，全年上报药品不良反应545例、药械不良反应事件274例。

【食品药品专项整治】 2017年，区食药监局与食药环侦中队联合办公，实现行政执法和刑事程序无缝对接，建立行刑衔接机制，确保依法精准打击处理食药违法犯罪行为。在加强日常监管的同时，从高风险食品药械开始，在城乡接合部、集贸市场、校园周边等重点区域和春节、两会、国庆及中秋等重要时段，围绕肉类、蔬菜、食用油、水产品、禽畜肉制品、酒类、食品添加剂和角膜塑形眼镜、中

2017年11月2日，奎文区市场监管局在南下河市场召开经营户农产品质量安全培训会议

药饮片、疫苗等开展专项整治行动20多项，实现“月月有行动、季季有安排”的常态管理。组织召开全区药品经营企业工作会议，对GSP规定进行详细解读，有效推动辖区药品零售企业GSP认证工作。先后组织开展打击涉老洗脑式营销百日行动、全区疫苗使用单位检查、肽注射液专项检查、麻精药品和磷酸可待因口服溶液剂专项检查、中药材市场专项整治等10多项，发现并整改安全隐患11处。加强部门协作配合联动，坚持对食药安全问题露头就打、落地就查的原则，严肃惩处食品药品生产经营违法行为，始终保持对食药违法犯罪行为严厉打击的高压态势。

质量技术监督

【概况】 全区的质量监督工作围绕服务供给侧改革、助推新旧动能转换，以标准、质量、品牌“三位一体”为主线，夯实质量基础，保障质量安全。强化重点行业、重点领域、重点产品的监督检查，先后对电线电缆、食品相关产品、学生服、儿童游乐设施、危险化学品、水泥生产企业、电器生产领域等进行专项治理，强化科所联动，充分利用监督抽查、不合格后处理、证后监管等手段，做好质量提升工作。2017年，指导签订《标准托管服务合同》企业9家，采取线上线下紧密结合的服务模式，为企业提供标准化和商品条码政策解读、标准化和商品条形码知识推广、标准文献免费查询、标准化解决方案的制定等公益性服务。

【品牌战略】 开展“品牌规范提升行动”，指导健全机构、完善制度、规范行为企业20家，组织中百佳乐家等大型超市“质量月”行动企业10家。打造优势产品，争创省（市）长质量奖、山东名牌等荣誉，着力形成名（品）牌产品集群，提升产品质量。动员组织辖区符合条件的京广传媒股份有限公司、潍坊全影网络有限公司等申报山东名牌企业4家，申报“市长质量奖”企业1家，累计帮助成功争创山东服务名牌企业17家。注重企业品牌培育工作，指导名牌创建备选企业9家，形成名牌企业梯次发展结构。

2017年10月20日，奎文区市场监管局在泰华游乐场举行特种设备应急演练

【特种设备安全监察】 落实企业主体责任，防范和遏制安全生产事故的发生，确保安全形势持续稳定。开展特种设备安全大检查和隐患排查整治活动，组织涉氨制冷企业、气瓶充装单位以及电梯、起重机械、大型游乐设施监

督检查，督促相关单位建立健全管理制度。坚持“定检信息随时沟通、每月一对照”制度，及时沟通定检工作情况和信息，提升特种设备定检率，全区特种设备定期检验率始终保持在96%以上，重要特种设备定期检验率达100%。开展燃煤锅炉节能减排攻坚战，对在用、停用、报废、注销锅炉进行排查，全面排查整治停用的锅炉106台，注销52台，全区无10吨以下在用燃煤锅炉。

【计量安全工作】2017年，在全区组织开展强制检定计量器具，特别是安全防护类计量器具的备案和监督检查，突出重点领域和重点计量器具，加大监督管理力度。对环境检测类计量器具使用单位进行全面督查5家，重点检查环境检测类计量器具按期检定情况和规范开展工作情况。全年备案强制检定计量器具1727件、安全防护计量器具113件。

【企业安全主体责任】在公众聚集场所、电梯维保单位、特种设备生产单位、超期未检设备使用单位召开安全生产会议，与特种设备单位签订《特种设备安全责任书》，贯彻“管生产必须管安全”的原则。组织在大型商场和游乐场所开展特种设备事故应急演练，提高特种设备安全事故应急处置能力。

【质量监督执法】2017年，组织开展电梯安全监管大会战、锅炉安全与节能安全整治、重大节假日专项监督等执法行动，并按照上级工作要求开展农资打假、建材市场整治等专项整治行动，立案查处质量技术监督行政违法案件8件。理顺投诉举报平台，畅通群众诉求表达和解决渠道，所有信访、投诉、举报事项统一分流督办。严格办理时限和工作纪律，确保分流事项及时处理。加强对各类投诉举报数据的分析运用，定期筛查排查重大案件违法线索，有效查处违法案件。通过投诉举报的处理，及时保护群众的合法权益。

价格管理

【概况】2017年，围绕“强素质、稳物价、惠民生、促发展”的思路，维护市场价格秩序，制定政府指导价、政府定价的商品和服务价格，并进行备案管理；与有关部门管理全区行政事业性收费；负责全区涉案物品的价格认定。2017年，奎文区物价局被国家发展改革委、中国经济导报社评为“2017年度全国价格宣传报道工作表现突出单位”，所属的奎文区价格认证中心被山东省价格认证中

2017年1月17日，区物价局工作人员到佳乐家新华店进行市场价格巡查

2017 年 3 月 15 日，区物价局工作人员到佳乐家新华店门前参加“3·15”消费者权益日活动，为群众解答价格政策等

心评为“全省价格认定质量评查工作先进机构”。

【价格监测】 2017 年，对佳乐家新华店和南下河市场销售的居民主要消费品价格，以及涉及物业、家政、快递、酒店、宾馆、商业零售业等多个行业劳动力市场价格加强监测，全年上报价格监测数据 612 份。

【市场价格巡查】 2017 年，在重大节日和活动期间，加大对市场价格的巡查力度，特别是对大型商场、超市以及旅游景点、汽车站附近餐饮、旅馆的巡查。全年出动执法人员 100 多人次，巡查各类商户 56 家，规范各行业商品销售明码标价，维护消费者的价格权益。

【价格和收费专项检查】 2017 年，对辖区内与涉老、洗脑营销相关的场所进行集中整治，检查规范药品、保健品、理疗产品等商户 79 家，对存在问题的商家进行现场整改，切实维护广大老年人的利益。开展商品房明码标价检查，检查加州世纪尊品等 38 家房地产开发企业、乐万家不动产等房产中介机构 3 家，规范商品房销售价格行为，保护广大业主的合法权益。对行政审批中介服务、行业协会商会、电子政务平台、建设等领域的收费情况进行检查，共检查相关单位 13 家，未发现涉企乱收费行为。对医疗机构超过规定范围使用医用耗材多收费、多计或变相多计医用耗材多收费、违法自愿原则强制或变相强制患者使用医用耗材数量多收费等违法行为进行检查，共检查医疗机构 7 家，规范医疗机构价格，维护患者利益。

【行政事业性收费减免】 2017 年，按照财政部、国家发展改革委《关于清理规范一批行政事业性收费有关政策的通知》，是年 4 月 1 日，取消奎文区公安部门的涉企机动车抵押登记费、住建部门的房屋转让手续费、市场监督管理部门的设备监理单位资格评审费；停征卫计部门卫生检测费、委托性卫生防疫服务费，对收费单位的公示栏进行更新，增加收费透明度。

【行政事业性收费统计】 2017 年，奎文区行政事业性收费的主体单位共有 32 个，收费项目 42 项。其中，取消、免征项目 6 项，零收费额项目 12 项，在收项目 24 项。收费总额 2277.3 万元，比上一年增加 340 万元、增长 17.6%。

【建立收费目录清单】 2017 年，实施《关于公布政府定价或政府指导价经营服务性收费目录（2017）版的通知》，共涉及 29 大项 54 小项。新增“出租车运价、代理服务费”，取消银行同城票据交换工本费。实施《关于印发潍坊市政府定价政府指导价涉企经营服务性收费目录清单的通知》，2017 年，公办幼儿园收费定价权限下放后，出台《关于

2017年6月22日，区物价局工作人员到潍城区物价局进行作风建设年对标学习

自收自支公办幼儿园收费标准上浮的通知》(奎发改物价〔2017〕2号)，自收自支公办幼儿园收费浮动幅度仍采用潍坊市标准，在不超过30%的幅度内上浮，并从收费标准中扣减生均经费补助数额，自2017年6月1日执行。2017年涉企经营服务性收费目录，新增车载气瓶检验检测费。并通过印制宣传册和数字化奎文网站在奎文区公布实施，增加收费透明度，维护企业和消费者的权益。

【价格和收费备案管理工作】2017年，对37个小区办理物业收费备案，全区物业备案小区共102家，确保备案的质量，维护广大业主利益。对商品房销售价格实施备案和价格公示管理，严格落实一房一标。全年对碧水蓝天等29个小区，14013套房源，152.9万平方米的商品房价格进行审核、公示和备案，规范商品房销售价格秩序，维护购房者的合法权益。对停车场收费公示牌样式、内容、大小、颜色、放置地点等进行统一规范。全年对17家停车场进行收费规范，全区收费停车场数量达到43家。

【公平竞争审查制度】2017年，成立奎文区公平竞争审查工作联席会议办公室，出台《奎文区人民政府关于在市场体系建设中建立公平竞争审查制度实施方案》，建立奎文区公平竞争审查工作部门联席会议制度，制定联席会议及其办公室工作规则，保障公平竞争审查制度有效运行。

【价格宣传报道】2017年，通过3·15消费者权益日、明码标价宣传月、奎文公众信息网、社区公示栏以及印制价格政策宣传页等形式，宣传价格法律、法规和价格政策，发布物价工作动态。全年发放《中华人民共和国价格法》等价格宣传材料1万多份，设立各类价格和收费公示栏100多块，上报价格信息30多篇，被《中国经济导报》、山东价格鉴证网、大众网等媒体采用13

2017年6月30日，区物价局负责人到“党风政风热线”解答群众提出的有关问题

多篇。

【涉案物品的价格认定】 2017年，坚持客观、公正、公平的原则，为司法行政部门提供办案依据。区价格认证中心全年完成各类案件价格认定97件，标的额80万多元。

【价格投诉举报】 2017年，通过“12358”价格服务热线、“政务服务热线”等多种途径，受理群众反映的投诉、举报667起，按照“热情受理、快速办理、妥善处理”的要求，全部依法及时进行解答和处理，办结率为100%，满意率95%以上，累计为群众退还价款67.7万多元。

安全生产监督管理

【隐患排查治理】 2017年，建立集中行动联席会议制度，定期进行调度和安排部署。成立8个专项督导组，对集中行动进行督导检查，并强化行政问责。以“大快严”集中行动为基础，开展“四项专项整治”行动、安全生产百日攻坚行动、冬季安全生产大检查等多个安全生产专项检查。“大快严”行动共出动执法检查7562人次，查出隐患8503条，整改8210条，未完成整改的隐患，要求街道部门企业列出整改计划、细化分工、落实包靠人员，限期完成整改。

【标准化创建】 2017年，结合辖区实际，制定印发一系列文件，明确安全生产标准化创建范围和创建对象，细化创建责任分工。对评审工作各个环节和已达标企业的标准化运行进行督查检查，规范企业生产经营，改进安全生产条件。全区规模以上企业和高危行业企业全部达标，其他生产经营单位达标183家，超额完成上级下达的任务指标。

2017年4月28日，区委理论学习中心组集体学习暨全区领导干部安全生产专题辅导报告会在区综合服务中心会议室举行

【两体系建设】 2017年，全区各街道、部门按照“试点先行，全面推进”的原则，筛选上报7家标杆企业，并确定福田雷沃重工、青岛啤酒（潍坊）有限公司先行试点推进。是年11月1日，奎文区安监局组织辖区内标杆企业到坊子区山东三元乳业有限公司、山东阳春羊奶乳业有限公司学习“两个体系”建设创建经验。

【网格化建设】 2017年，成立安全生产和环境保护网格化监管体系建设工作领导小组，建立二级网格1个，三级网格8个，四级网格65个。各街道调配人员、完善管理机制，积极展开工作。详细摸底各级网格内安全生产管理对象，在摸清企业信息的基础上进一步了解企业标准化创建、“两个体系”建设、应急救援、职业健康等工作开展情况。截至2017年年底，完成各街道生产经营单位安全生产摸底7374家，为做好安全生产工作打下基础。

【执法监察】2017年，制定执法计划，下达执法任务，与8个街道安监办签订行政执法委托书，明确监管职责。对辖区50多家危险化学品企业、加油站、烟花爆竹店开展全方位的摸底排查，对发现的问题及时反馈，责令企业限时整改。至2017年年底，共检查辖区企业242家，出动执法检查人员689人次，发现隐患933条，整改933条，行政立案9起，累计行政罚款7.5万元。

【宣传教育培训】2017年，建立“奎文安监”公众号和职业健康、工商贸、应急救援、危化品等工作微信群。每月按时发布奎文区安全生产简报。结合全区实际，制定科学有效的教育培训计划，分级分类组织开展全员培训，增强广大干部、职工的安全意识。全年培训人数1.18万人次，其中，区安监局组织6批，培训人数920人；街道组织企业和社区共168批，培训人数1.09万人。

【职业健康监管】2017年，加大职业卫生宣传教育和培训工作力度，推动企业加强职业健康基础工作，落实职业病危害告知、日常监测、定期评价、职业监护等措施，有效控制职业病危害。全区完成职业危害申报企业61家，完成危害检测企业39家，完成警示标示设置企业61家，对所有用人单位进行职业危害安全培训。

【应急管理】2017年，各街道和相关职能部门注重加强对安全生产应急救援工作的领导，完善应急管理组织体系。加强企业应急预案与政府相关应急预案的衔接，提高事故应急处置能力。全区新修订应急预案备案37例，组织指导安全生产应急演练170多次，并对应急预案不完善、未及时开展应急演练等6家企业进行处罚。执行24小时值班制度，及时准确发布事故信息，提高事故单位先行处置能力，切实掌握现场应急处置的主动权。

【创新考核方式】2017年，奎文区政府安委会制订《奎文区安全生产考核办法》，采取集中与日常检查相结合的考核方式。成立8个集中考核组，依据《奎文区2017年度安全生产工作考核标准（街道、部门）》进行考核，每季度对街道、部门至少考核1次，根据考核情况打分。日常检查考核采取抽查的方式，由奎文区安委会办公室每周组织人员深入辖区生产经营单位进行检查考核。每季度对考核情况汇总出总分进行通报，并按总分进行排名，考核结果作为街道、部门年度科学发展观考核的依据。

审计监督

【概况】2017年，完成审计项目41个，查出管理不规范资金103654万元，查处违规违纪金额148万元，促进增收节支2966万元。2017年，奎文区审计监督管理局（以下简称区审计局）获得“省级文明单位”等荣誉称号。

【政策审计】2017年，根据上级审计机关要求，区审计局配合潍坊市审计局开展对奎文区保障性安居工程政策落实情况的跟踪

2017年6月7日，区审计局和参与审计的中介机构及施工企业工作人员到潍州路南段自来水管道改造工程现场确认管道走向及工程量

审计，重点关注目标任务完成、专项资金筹集管理和使用、工程建设、政府购买棚改服务和棚改货币化安置、保障性住房分配使用情况等，促进奎文区有关政策落实。

【财政审计】 2017年，做好奎文区2016年度区级财政预算执行和其他财政收支审计工作。审计奎文区财政局组织执行预算情况、地税奎文分局税收征管情况；延伸审计6个部门单位预算执行情况。督促部门单位整改落实审计发现的问题。

【经济责任审计】 2017年，完成20个部门单位主要负责人离任经济责任审计；组织开展领导干部自然资源资产离任经济责任审计；关注党政领导干部履行环保职责情况。查纠各个方面存在的问题，界定责任、作出评价。

【政府性投资审计】 2017年，加大中介机构政府性投资项目结算审计结果的审查复核力度，确保审计质量。完成政府性投资审计项目46个，原报值5.11亿元，审定值4.29亿元，审减值8220万元，审减率16.1%。

【社区审计督查】 2017年，开展社区（居委会）审计督查，对奎文区66个社区、2个居委会的财务收支进行审计。共查出社区财务收支及重要经济活动存在的未建立社区资产管理制度、原始凭证不合规、会计核算账务处理不规范、支出无合同依据等20个方面的问题，并提交审计意见书。区审计局安排人员参与上级审计机关审计项目6个，参与市、区两级巡察3次，参与区委工作组2个。全年做出审计决定6个，全部得到落实。

2017年9月16日，区审计局、区住建局、参与审计的中介机构及施工企业工作人员到潍州路拓宽改造工程现场进行路面取芯监测

农业

农业产业

【概况】2017年，奎文区农林局按照“作风建设年”和“四个城市”建设要求，分别完成更新造林、退化林分修复各13.33公顷；完善森林生态廊道2公里，植树10万棵，超额完成全年绿化任务。完成第九次森林资源清查工作，顺利通过验收。做好农产品质量安全监管工作，严厉打击高毒农药销售使用。全年，全区未发生一起重大农产品质量安全事故。

2017年8月11日，区农林综合执法队和质检科工作人员到绿友园林机械有限公司执法检查

【农产品质量安全监管】2017年，区农林局、公安奎文分局联合开展农资打假专项治理行动。严厉打击高毒农药销售使用，对辖区农药经营单位进行全面排查，彻底清查收缴高毒农药；实行农药经营网上备案、实名销售制，备案农药经营企业6家，告知农药品种102种，并向社会公示。开展专项执法检查和综合整治行动3次，全年出动执法人员216人次；参加各类法制培训4次，参训人员84人次，有3人取得省法制局颁发的行政执法证，4人取得行政执法听证主持人证和行政复议应诉资格证。

2017年7月11日，奎文区农业服务中心工作人员到潍坊秀源农业科技有限公司对休闲农业示范建设项目进行指导

【农业面源污染防治】2017年，实施绿色控害技术，建立农业有害生物监测预警，做好重大有害生物监测预警工作。严禁销售、使用高毒剧毒农药，做好高毒、高残留农药和低劣药械的替代工作。推广秸秆综合利用，实行农作物秸秆机械化还田，提高秸秆综合利用率，减少化肥施用量，

减轻农业环境污染压力，加快农业环境质量好转。对种植户进行科学用药技术培训，共培训业务骨干120多人，提高科学种植水平。

【强农惠农政策】 2017年，全区共有种植户541户，种植面积97.4公顷；种粮大户1户，种植面积3.53公顷，耕地地力保护补贴125元/亩落实到位。完成小麦"一喷三防"药物发放工作，共发放杀菌、杀虫农药及叶面肥6000多袋，实现小麦种植面积全覆盖喷洒。推进休闲农业项目建设，加快转变农业发展方式。完成全区2017年度耕地地力保护补贴和种粮大户的认定和上报工作。

生态林业

【造林绿化】 2017年，在植树节期间，区级领导班子成员，各街道、部门干部职工和热心市民等500多人，到潍胶路南梅园开展义务植树活动。植树3000多棵，植树面积3.34公顷，掀起春季植树造林高潮。范家、庄家、北王、道口、董家等奎文辖区段胶济铁路沿线居委会，共完善绿化长度2公里，造林面积3.34公顷，主要栽植樱花、大叶女贞、西府海棠、碧桃、银杏、柿子树等高档绿化树种；梅园小镇主要栽植腊梅、红梅、美人梅、法桐等绿化树种，绿化面积3.34公顷。同时，以创建森林街道、社区为目标，加快城区廿里堡街道、郭家社区、金沙窝社区、樱南社区、梨园社区、玄武东社区等出村路、村内主要道路、村内文化广场绿化的提升改造步伐，实施园林式绿化。

【资源调查工作】 2017年，修订和完善林地保护利用规划。是年6月，开展第九次森林资源清查工作，组织技术人员参加培训，利用2012年第8次连清固定样地卡片和样点分布图、1:5万地形图及各种调查仪器设备，顺利完成清查各项工作任务。

【森林资源保护】 2017年，制定《奎文区处置森林火灾应急预案》《奎文区林业有害生物疫情应急预案》等。加强林业植物检疫，开展森林火灾隐患排查和林业有害生物综合防控工作。开展森林防火宣传教育，加强对野外火源管控，严格规范用火行为，确保森林防火安全。做好林业有害生物防控药物、机械等物资储

2017年3月12日，奎文区胜利东小学师生到廿里堡梅园种植基地参加"大手拉小手"春季义务植树活动

2017年3月13日，奎文区委书记李辉（前排右二）参加全区领导干部在廿里堡梅园种植基地的植树活动

备。加强野生动物保护和湿地保护，加强林木采伐和林地征占用的审批审核和监管，严厉打击涉林违法行为，有效维护林业生产秩序和森林资源安全。是年4月23日至29日，组织开展爱鸟周活动，宣传新修订的《野生动物保护法》，加强野生动物保护，促进人与自然的和谐共处。

畜牧产业

【概况】 2017年，奎文辖区的养殖场（户）分布在廿里堡街道、大虞街道、北苑街道、梨园街道等4个街道。有养殖场（户）30个，其中，养殖专业户17家，其他业户均为家庭式小规模饲养。全区有兽药经营企业48家、饲料生产企业1家、动物诊疗机构18家。全年，全区肉蛋奶总产量738.42吨，生猪出栏4691头，家禽存栏3.12万只。水貂、狐狸等特种动物饲养量2.16万只。

【监管整治】 2017年，先后开展兽药和饲料专项整治行动，对管辖范围内的养殖户、兽药经营店等经营场所进行逐一排查。严厉打击兽药、饲料中添加抗生素、畜产品中违法添加瘦肉精及非法经营“三无”（无生产日期、无生产厂家、无生产地址）产品等危害食品安全的行为。出动执法人员288人次，累计检查生产经营企业192家，责令整改兽药饲料企业8家。制定2017年奎文区动物疫病免疫、畜产品（含生鲜乳）、兽药、饲料及饲料添加剂质量监督抽检计划，加大畜禽疫病和畜禽产品、投入品等抽样检测力度，杜绝非法添加有毒有害物质行为。全年累计采样抽检12个批次共530个样品，通过检测全部合格。

【疫病防控】 2017年，落实国家对高致病性禽流感、口蹄疫、小反刍兽疫等重大动物疫病实行强制免疫的政策，制定《奎文区重大动物疫病防控实施方案》，开展春、秋两季集中免疫和强制免疫，做好疫情监控和应急准备，确保无重大动物疫病疫情发生。全年累计免疫猪5300头、牛20头、羊810只、禽9.6万只，使用各类疫苗5.1万毫升（份）。高致病性禽流感、口蹄疫等重大动物疫病免疫率，免疫证发放率，耳标挂标率均保持100%。

【动物诊疗机构监管】 2017年，根据《山东省动物卫生监督风险评估分级管理工作方案》和《山东省动物卫生监督风险评估评分细则》要求，实行动物诊疗机构风险评估分级（ABC级）管理监管模式，提高宠物诊疗机构的诊疗和服务水平。开展宠物诊疗机构整治活动，遏制违法违规用药行为。整治活动累计出动执法人员32人次，检查动物诊疗机构18家，未按照《兽医处方格式及应用规范》印制兽医处方笺或设计电子处方笺的动物诊疗机构6家。集中开展“宠物诊疗进社区活动”，组织宠物诊疗机构现场免费为宠物进行体检、狂犬疫苗免疫、疫病诊疗，对在饲养过程中遇到的问题进行现场解答、现场诊断等。同时发放《奎文区开展集中整治规范养犬工作的告知书》、人畜共患病与宠物饲养明白纸等宣传材料200多份。

【畜禽污染综合防治】 2017年，为做好畜禽养殖业环境污染防治工作，保护生态环境，根据《畜禽规模养殖污染防治条例》《山东省畜禽养殖管理办法》等法律法规，研究印发《奎文区关于畜禽养殖禁养区、限制养殖区和适养区“三区”划定意见》。制订《奎文区畜禽养殖禁养区养殖场（小区）养殖专业户关闭搬迁工作实施方案》，在潍坊市的各县市区中率先完成搬迁工作。奎文区畜禽养殖划分为禁止养殖区和限制养殖区，不再设立畜禽适合养殖区。开展环保督察突出问题综合整治，环保督导组交办的工作涉及4项，涉牧信访举报26个，全部办理完毕。加强畜禽养殖面源污染治理，印制畜禽养殖粪污处理综合利用技术等实用技术资料，发放到养殖户手中；组织技术人员深入基层开展技术指导服务，帮助引导养殖户提高养殖水平，加快推进畜禽养殖粪污处理综合利用，减少畜禽养殖污染。

水 利

【概况】 在全区全面推进河长制，严格落实“三条红线”管理，提前完成28.71万立方米浅层地下水压采任务。投入机动运水车8辆，抗旱设备10台套，有效缓解旱情。起草有关水利工作的规范性文件，拟订水利发展规划和政策。2017年，获得“奎文区协税护税先进单位”“招商引资工作先进单位”“楼宇总部经济发展工作先进单位”“生态环境综合整治工作先进单位”“信访工作先进单位”等荣誉称号。

【推进河长制】 2017年，印发《关于建立奎文区河长制组织体系的通知》，建立区、街道、社区三级河长组织体系，明确各级河长、河长制办公室和河长助理等工作职责，保障全区河长制工作开展。印发《关于开展河道问题排查的通知》，安排相关部门查清水资源、水污染、河湖工程、水域岸线、水环境、水生态等方面存在的问题。组织各街道开展“八乱问题”（乱占乱建、乱围乱堵、乱采乱挖、乱倒乱排等）的排查。制定《奎文区全面实行河长制实施方案》，各街道分别制定出街道河长制实施方案。建立河长制工作机构，明确河长制工作的开展目标，规划路线图。对逐条河流列出问题清单，建立工作台账，按照“一河一策”原则，有针对性地制定整改措施、编制治理方案，为实施“清河行动”提供有力支撑。建立义务护河队、志愿服务队和社会监督员队伍，安装河长制公示牌。

【河流湿地生态保护工程】2017年，按照关于印发《深化“三八六”环保行动实施“十大工程”加快绿色发展实施方案》（潍政办字〔2016〕10号）第八项“河流湿地生态保护工程”分配的任务指标，严格按照工作计划配档表的时间节点和标准要求，完成“三八六”环保行动和河流湿地生态保护工程暨浅层地下水压采工作，全年完成浅层地下水压采水量28.71万立方米，关闭自备井10眼，完成全年任务的143%。

【防汛抗旱工作】2017年，根据全区防汛实际情况，组织7600人的抢险队伍，落实3.68万条编织袋、6080立方米砂石、35台车辆、14台推土机等常备物料以及救生器材和小型抢险机具等，随时保证抢险需要。加强防汛工作的督导检查，对防汛责任、防汛措施、隐患及薄弱环节进行检查、落实，确保安全度汛。关注旱情动态，及时上报旱情统计报表，协调机动运水车8辆，抗旱设备10台套，帮助群众缓解旱情，减少损失。

【水资源管理】2017年，为实现水资源的可持续利用，严格实行区域用水总量控制、用水效率控制和水功能区限制纳污“三条红线”管理。对各用水单位的年度用水计划进行核定，下达年度用水计划，控制用水计划追加。对各用水企业进行严格考核，实行“年计划、月调度、季考核”。对超计划用水的单位和个人，按照累进加价的规定，加大水资源费征收力度。对新建、改建、扩建的建设工程项目进行水资源论证。全年共征收水资源费73万元。

工业

综 述

【概况】 2017年，区经信局贯彻落实中共十八大和十九大精神，深化“两学一做”学习教育，开展“作风建设年”活动，围绕全区中央活力区定位和“六个一”总体思路，按照“四个城市”建设要求，推动工业转型升级、提质增效、动能转换，全区工业经济保持平稳运行。全区共组织实施精鹰医疗器械中药高效自动提取生产线等技改项目7个，长城复兴门窗智能化建筑节能门窗系统项目等战略性新兴产业承载项目4个，其中省级技术创新项目3个。主要经济指标呈现“一升一降”，全区规模以上工业企业实现主营业务收入38.8亿元，比上一年增长7.6%，居全市第3位；实现利税2.04亿元，比上一年下降12.4%，降幅比年初收窄52.7个百分点。

【节能降耗】 组织“潍坊市暨奎文区2017年节能宣传周启动仪式”。完成2016年度节能目标考核，潍坊万潍热电有限公司等3家省重点耗能企业通过现场考核。潍坊金宝新型建材有限公司申报国家循环经济示范项目已通过第三方机构验收。组织辖区3家重点用能企业参加能源管理负责人培训，监督检查能源管理体系运行情况。根据“三八六”环保行动相关工作要求，制定计划推进“产业提升绿色发展工程”和“清洁能源替代工程”。执行固定资产投资项目节能评估和审查制度，节能评审项目6个，组织申报3个太阳能集热项目和LED灯推广应用项目。2017年煤炭消费总量为13.2万吨，完成煤炭消费减量任务23.2万吨。

2017年7月13日，奎文区政府分管领导到北苑街道坤善煤场查看散煤清洁化治理工作

【化工产业转型】 成立政府主要领导任组长的领导小组，从住建、安监、环保、交通、市场监督、公安、经信等部门抽调人员成立专项行动领导小组办公室，集中办公，下设工作组6个。经核实，全区化工企业共64家，并在潍坊日报奎文新闻媒体及微信平台公示。按照“全覆盖、零容忍、严执法、重实效”的要求，实施“打非治违”，对违法化工行业企业全面清理、依法查处、快速整治，排查整改安全隐患17处。

【中小企业服务】 **组织企业参加展销洽谈会** 组织精鹰医疗器械、富俊机械科技有限公司参加“2017海峡两岸（山东）创业创

2017 年 1 月 18 日，奎文区中小企业办公室被评为“潍坊市中小企业公共服务三级平台体系先进单位”

2017 年 2 月 24 日，潍坊华港包装有限公司等 14 家企业被评为“潍坊市诚信民营企业”

富项目博览会暨中小企业展洽会”和第十九届中国国际工业博览会。

专项服务平台共建共享 依托市中小企业专项服务平台，组织全区 60 多家小微企业参加企业管理、工匠精神、新经济发展、企业数字化转型、创业辅导、扶持政策解读、微商业务等多项内容培训，共培训人数 140 人次。

先进企业、人员推荐工作 推荐青啤潍坊公司 1 人申报“全国轻工行业先进工作者”，潍坊达利事集团公司韩国峰等 5 名企业家为“市级创业辅导师”，万邦国际物流等 4 家“专精特新”创新型中小企业负责人纳入潍坊市“111”（10 名以上与世界 500 强企业管理者相媲美的企业家、100 名以上国内知名的企业家、1000 名以上在业内具有一定影响力的企业家）工程企业家名录。

【楼宇项目】 潍坊国际创意港项目，一期入驻企业 42 家，其中工业设计、创意设计企业约 20 家，建成集“半岛设计体验中心”“半岛新媒体中心”“半岛创

2017 年 9 月 13 日，区经信局工作人员到梨园街道庄家社区推广节能炉具

2017 年 9 月 26 日，“潍坊中德智能制造技术公共服务与技术转移平台”项目在齐鲁创智园举行签约仪式

客中心”“半岛路演中心”等多功能创新服务综合体，被评为“省级工业设计基地”，二期已基本完成拆迁。齐鲁创智园项目中7幢、10.5万平方米科研办公服务楼已全部封顶，进入装饰装修阶段，2017年年底前已交付使用。智能制造区地块拆迁已基本完成，正办理开工手续，已引进注册各类鼓励发展企业46家，签约入驻企业10家。重点楼宇的半岛工业设计中心入驻企业42家，入驻率97%。平安大厦除入驻平安银行外，其主楼与泰华集团达成合作意向，副楼与农业银行达成入驻协议。

【“七争”工作】 争资源，为7个项目申报争取资金900万元。为中科智视信息科技有限公司董事长张佩珩申报“鸢都产业领军人才”。争取潍坊中德智能制造技术公共服务与技术转移平台落户齐鲁创智园。争项目，提报潍坊国际创意港等2个项目列入省、市新旧动能转换和“四个城市”建设项目。争机构，引进安盛信达等2个企业总部分支机构。争牌子，长城复兴门窗公司申报为省中小企业“隐形冠军”企业、省级“专精特新”中小企业、市级企业技术中心，金宝新型建材公司申报“国家循环经济教育示范基地”，精鹰医疗器械公司申报为“省级创新转型优胜企业”，华港包装公司等14家企业申报为“潍坊市诚信民营企业”，神舟重工公司等3家企业分别申报为省级、市级小微企业“双创”示范基地，区中小办被评为“潍坊市中小企业公共服务三级平台体系先进单位”。

【企业安全维稳】 加强重点工业企业安全监管，排查整治辖区4条长输油气管道隐患。依法解决潍坊傲龙电子有限公司债权人纠纷问题、潍坊电表厂有限公司账户查封问题。对40名涉企退役士兵安置情况进行调查处理。全区涉及区经信局2个重点信访案件全部化解，化解率达100%。

【基层党建】 党建主体责任落实 压紧压实党组织主体责任、书记第一责任和班子成员“一岗双责”。开展三级联述联评联考，推动党建工作任务全面落实。

党员管理 以“四讲四有”（讲政治、有信念，讲规矩、有纪律，讲道德、有品行，讲奉献、有作为）合格党员为标准，推动党员管理从“宽松软”走向“严紧硬”。

企业家人才队伍建设 奎文区挂职副区长、中科智视信息技术有限公司张佩珩申报为“鸢都产业领军人才”，长城复兴门窗申报为市级企业技术中心。与市经信部门对接，将“潍坊中德智能制造技术公共服务与技术转移平台”落户齐鲁创智园。

纪律作风建设 加强制度建设，区经信局修订完善《局机关工作制度》和党风廉政建设、民主生活会、支部生活日等7项党建制度，规范机关党建和工作纪律。

企业选介

【青岛啤酒（潍坊）有限公司】 公司成立于2000年，注册资本500万元，位于潍坊市奎文区文化南路6号。2008年原股东青啤集团有限公司将股权转让给青岛啤酒股份有限公司，同时将注册资本增加到7500万元，是隶属青啤的全资子公司。厂区占地面积5.67万平方米，有2条包装生产线，生产能力均为2万瓶/小时，产能12万千升/年，主导产品：崂山啤酒。2017年，实现工业产值2.22亿元、主营业务收入2.2亿元、利税7017万元、利润2439万元。

青岛啤酒（潍坊）有限公司包装车间流水线

青岛啤酒（潍坊）有限公司厂区

青岛啤酒（潍坊）有限公司发酵罐

青岛啤酒（潍坊）有限公司糖化车间

青岛啤酒（潍坊）有限公司生产的崂山啤酒

【潍坊港峰纺织有限公司】 公司始建于 1987 年，专业从事色纺纱的研发、生产加工和经营，是山东省首家色纺纱生产加工企业，有着 20 多年的生产历史。公司于 2007 年投资 1.9 亿元在奎文经济开发区建设新厂区，生产规模 5 万纱锭，一期工程 3 万纱锭。生产设备采用国内先进的系列纺纱设备及国际技术领先的进口设备。主要生产纯棉、混纺色纱等 900 多个花色品种，年产 7 支至 120 支色纱 4000 吨。“彩峰”牌色纺纱成为山东省针织用纱推荐品牌，产品畅销欧、美、亚发达国家以及北京、上海、天津、青岛等地。厂区职

潍坊港峰纺织有限公司厂区

潍坊港峰纺织有限公司的自动络筒工序

潍坊港峰纺织有限公司生产的成品纱线

潍坊港峰纺织有限公司的细纱工序

研发、销售、办公、生活等于一体。公司主导产品为高档针织用色纺纱，有涤棉和纯棉两大类，100多个花色品种，年产纯棉、化纤、混纺三大系列纱线2500吨，产品畅销国内外。2000年7月在全市纺织企业中率先通过ISO 9000质量体系认证。公司先后荣获“山东省先进民营企业”“潍坊市百强民营企业”“潍坊市守合同重信誉企业”等称号。2017年，实现工业产值5990万元、主营业务收入6960万元。

工公寓、餐厅、浴室、文体娱乐设施完备。公司被评为省级“守合同、重信誉”企业和“潍坊市管理示范企业”等荣誉称号。2017年，实现工业产值8144万元、主营业务收入9158万元、利税164万元。

【潍坊千业色纺有限公司】 公司始建于1985年7月，总资产1.2亿元，员工350人，占地面积10.67万平方米，生产规模3万纱锭，集生产、

潍坊千业色纺有限公司纺纱车间

【潍坊盛德石油机械制造有限公司】 公司创建于1992年，占地面积5.6万平方米，位于奎文区南部，毗邻潍坊飞机场，是一家民营股份制企业。

潍坊千业色纺有限
生产的色纱产品

▼潍坊千业色纺有限公司厂区

潍坊盛德石油机械制造有限公司的生产车间

有员工140多人，其中各类专业工程技术人员30多人，技术工人70多人，管理及销售人员40多人。公司主要产品有油田专用系列螺杆钻具，螺杆抽油泵系列机各种配件，定向接头，井下工具、注水泵等4个系列40多个品种及多种型号的钻采机械。成为省内外拥有先进科技力量和制造能力、专业生产石油钻采设备和工具的高科技型企业，是中国石油天然气（集团）总公司、中国石油化工（集团）总公司石油钻采机械设备及工具制造的一级优秀网络供应商。公司生产的万向轴组件，其质量在国内外同类产品中处于领先水平。公司生产能力为LZ系列螺杆钻具1000台套/年、螺杆抽油泵200台套/年、定向接头1500件/年。产品销往全国各大油田、配套厂家及哈萨克斯坦、俄罗斯等石油输出国，其中部分产品配套出口中东许多国家和地区。公司于2006年通过ISO 9001质量体系认证，2013年又顺利通过美国石油协会（API）质量体系认证。先后多次被省、市、区授予“山东省高新技术企业”“潍坊市民营科技企业”“潍坊市技术进步先进企业”“守合同重信誉先进单位”“自主创新示范企业”“山东省创新型试点企业”等称号；并取得四项国家发明专利和十多项国家实用新型专利，拥有自主知识产权。2017年，实现工业产值3328万元、主营业务收入3328万元。

【潍坊昌荣机械有限公司】 公司成立于2005年，占地面积10万平方米，注册资本1500万元，

潍坊昌荣机械有限公司生产的拖拉机和玉米收获机

潍坊金宝农业装备有限公司的生产流水线

固定资产1300万元，员工150人，是一家专业生产多功能中小装载机、玉米收获机及机械加工的企业。公司主要的销售网络遍布全国，产品畅销20多个省市。公司生产的CR系列多功能装载机械以多用途、高效率、质量可靠、价格低廉的优点，被广泛应用于农业生产及基建、矿场、公路修建、货场、港口等场所作业。生产的田英牌玉米收获机具有同时完成玉米摘穗、装箱、秸秆切碎等功能，因秸秆还田效果好、作业效率高等特点深受广大农民欢迎。生产的潍河牌拖拉机以过硬的质量、啮合套换挡方式，方便用户操作，深受用户的喜爱，产品并通过国家农机推广鉴定。公司生产的农机及汽车配件主要供应时风集团、福田农装、济南二汽、五征集团等配套厂家。2017年，实现工业产值3701万元、主营业务收入3040万元。

【潍坊金宝农业装备有限公司】 公司成立于2005年，是山东金宝集团有限公司下属的工业企业。占地面积6万平方米，有职工160人，主要生产农用驾驶室系列产品、清洗器、工具柜、喷砂器、服务车、工具箱、信箱等系列出口产品。企业管理体系完善、技术力量雄厚、检测手段齐全、加工制造设备自动化程度高，生产的产品达到国际国内标准要求。公司已形成农用车驾驶室生产能力10万台套/年、出口机械产品生产能力10万台套/年。公司根据国家倡导乡村旅游、生态旅游的政策要求，加大市场考察研究，重点研发档次高、市场潜力大的游艺设备，开发打造“金骋”旅游装备品牌，为企业发展增添新的动力。2017年，实现工业产值3701万元、主营业务收入3040万元。

潍坊金宝农业装备有限公司的加工车间

服务业

综　述

【指标数据】 2017年，全区实现服务业增加值241.44亿元，比上一年增长8.5%，占GDP的比重达90.67%。服务业投资额完成94.7亿元，比上一年增长11.8%，占固定资产投资额的比重达97.77%，比上一年提高2.72%。服务业完成税收35亿元，比上一年增长10.5%，占国税、地税比重达88.08%，比上一年提高1.37%。

【创新实施】 2017年，全区新增市级产业平台7个，其中，市级重点实验室2家、市级工程技术研究中心2家、市级企业技术中心1家、市级工程实验室2家。实施“六大人才工程”（鸢都产业领军人才、现代企业家培育、鸢都学者培养、海内外柔性引智、优秀青年人才储备、急需紧缺人才开发）。2017年，奎文区被评为“山东省重点服务业城区”，泰华城商务园区被评为“山东省服务业重点园区”，山东全影网络科技股份有限公司、山东金宝集团有限公司、山东广潍集团有限公司、山东世纪泰华集团有限公司被评为“山东省服务业重点企业”。

金融服务

【概　况】 2017年，奎文区金融工作围绕推进新旧动能转换、加快“四个城市建设”的部署要求，以“打造半岛地区重要金融产业聚集区”的任务为目标，实施金融创新发展战略，构建具有竞争力的现代金融产业体系。制定《关于进一步促进金融业发展的意见》，加速集聚金融资源，先后引进临商银行、华林证券、长江证券、招商证券、中宏人寿、和谐健康保险、青银城建发展基

2017年10月25日，位于奎文区大虞街道辖区的临商银行潍坊分行举行开业暨政银企战略合作签约仪式。奎文区委书记李辉（左六），区政府区长高志秀（左五）出席仪式

金、赛智联股权投资基金等金融企业；对接资本市场，加大改制挂牌工作力度，推动88%的规模企业完成改制；指导全影网络实现“新三板”挂牌；推动银行不良贷款化解工作，奎文区金融工作办公室（以下简称区金融办）与区法院承接全市金融审判庭设立工作现场会，并介绍奎文经验做法；开展四类风险排查、涉嫌非法集资风险专项排查等活动，维护金融运行安全和社会和谐稳定。2017年，区金融办荣获“市级精神文明单位”“2017年度文明城市创建工作先进单位”“奎文区协税护税先进单位”“奎文区部门科学发展综合考核先进单位”“全区楼宇总部经济发展工作先进单位”“全区信访积案化解工作先进单位”等称号。

2017年9月15日，奎文区金融产业融合发展高峰论坛暨“保险峰汇园”启动仪式在奎文区中央生活城3号楼举行

【金融组织体系】2017年，制定《关于进一步促进金融业发展的意见》（奎政办发〔2017〕4号），推动各类金融机构集聚发展。与上级业务部门及时沟通，捕捉招商信息，引进临商银行、华林证券、长江证券、中宏人寿等传统金融设立分支机构，促进金融机构落户发展，传统金融机构规模逐步壮大。发展以集聚私募基金、股权投资、金融服务外包等为重点的新兴金融业态，打造新兴金融发展高地。2017年，先后设立青银城建发展基金、引力股权投资管理、凯通金服信息服务、赛智联股权投资基金、宏利保险代理、腾沿金融服务外包等机构，新兴金融业态逐步丰富。

【规范化公司制改制】2017年，推动规模企业规范化公司制改制，促进优质企业对接资本市场，推动88%以上规模企业完成规范化公司制改制，指导华龙汽车贸易、永盛计量、林泰房地产、唐韵轩文化传播等9家企业实现齐鲁股权交易中心挂牌，全影网络实现“新三板”挂牌，新增企业挂牌数量居全市四个区前列。

【企业帮扶】2017年，开展“百企倍增、千干扶企”工作，推进浦发银行新办公地址装修施工，顺利迁入新址办公；积极帮助富德生命人寿、民生保险分别选定阳光100凤凰社13号楼的2层和10层作为新的办公地址，有效推动金融机构落户奎文。支持创投公司做大风险缓释基金规模，累计发放过桥资金7.30亿元，有效解决企业短期资金周转难题。

【金融风险防控】2017年，排查各类金融风险，做好风险防控和处置，营造良好金融生态环境。制定财政扶持政策，推动潍坊农商银行不良贷款化解工作。开展企业信用风险排查，协调处置万润置业和其关联企业授信风险、鑫汇进出口担保贷款风险等企业潜在风险，为企业赢得发展空间。加强防范非法集资宣传教育和防控处置，制定《奎文区2017年度防范非法集资宣传教育工作实施方案》，组织银行、保险等金融机构深入园区、楼宇、社区、学校等开展金融知识普及教育、金融知识专题讲座、防范非法集资宣传等活动30多场次，提高广大群众的风险防范意识，树立正确理财观念。组织实施《奎文区2017年涉嫌非法集资风险专项排查工作方案》，开展专项排查活动，通过监测防控和严厉打击非法集资行为，切实维护金融运行安全和社会和谐稳定。

银行选介

【交通银行股份有限公司潍坊分行】 2017年，围绕市委、市政府金融工作部署，落实上级行支持实体经济发展、防范金融风险要求，各项业务平稳运行，主要经营指标保持稳定。资产、负债规模持续做大，结构趋于优化，盈利能力稳步提升。截至2017年年底，本外币资产总额约264.46亿元，比年初增长4.85亿元，增速1.87%；本外币负债总额263.42亿元，比年初增长5.10亿元，增速1.97%；人民币各项存款余额257.05亿元，比年初增长4.26亿元，增速1.69%，存款余额排名居山东省辖行第一位，全国辖行排名第十一位；人民币贷款余额184.86亿元，比年初增长9.37亿元，增速5.34%，贷款余额排名居山东省辖行第一位，全国辖行排名第十三位。

企业融资授信　开展“增强联动、提升服务、创立品牌”主题年活动，累计走访企业188家，重点建设项目32个，创业园区10个。在走访企业中，与企业达成合作意向100家，授信总额54.43亿元，实际贷款总额35.45亿元，其他类融资7.99亿元。对全市重点建设项目走访营销32个，与项目企业达成合作意向26个，上报审批项目11个，储备项目4个。通过开展走访活动，为161家企业、26个项目、2个园区制定优化综合服务方案，切实做到为客户着想，帮企业解决融资难题。

小微企业服务　完善小微业务机构建设，推进事业部制改革。2017年8月，挂牌成立普惠金融事业部，实行“专营团队+传统网点”分层覆盖的立体式前台营销与服务体系，成为省内首家组建直营团队的辖属行，走在全行事业部改革的前列。大力发展项目制，将商票快贴和快捷保理业务作为产业链主推业务，并将小企业授信聚焦全市大型核心企业，以商票快贴、快捷保理等产品为重点，拓展核心客户的上下游联属企业，服务中小企业客户。积极推进新产品POS贷业务，针对目标客户群体，开展名单式营销，深入挖掘客户需求，截至2017年年底，上报审批POS贷21户。

风险防控管理　2017年，按照监管要求和上级行工作部署，将防范和化解风险作为重点，主动加强风险管理。在监管机构的支持帮助下，交通银行潍坊分行风险排查、资产加固、风险化解取得良好工作成效，全年共处置不良贷款3.62亿元。

【中国光大银行股份有限公司潍坊分行】 截至2017年年底，中国光大银行潍坊分行各项存款余额91.41亿元，比年初增长20.34亿元，增速28.62%；各项贷款余额79.24亿元，比年初增长21.95亿元，增速38.31%；全年实现营业净收入额2.30亿元，比上一年增长1.20亿元，增速

109.39%；纳税额2404万元，比上一年增长1147.29万元，增速91.29%。

普惠金融 中国光大银行潍坊分行与潍坊港华燃气有限公司开展云缴费——燃气缴费项目。将港华燃气缴费项目接入到光大云缴费平台，业主可以随时随地、足不出户通过移动端在线轻松缴费。2017年，共发生缴费约3500万元，为业主提供更方便、更贴心、更安全的普惠金融便民缴费服务。

文化建设 开展员工读书学习活动，每季度由当值部室推荐分行采购一本优秀书籍，供全行员工学习。建立专门的读书心得微信分享平台，营造“比学赶帮超”的良好精神风貌，引导光大员工以行为家。打造“我与全行共发展”和“创先争优我为先”的浓厚文化氛围，在提升全行员工综合素质的基础上，凝聚合力，共谋稳健发展。加大阳光服务精细化管理力度，成立阳光服务管理工作小组，初步形成全行员工以业务发展为导向，以合规经营为准绳的营销文化。

位于奎文区胜利东街的中国光大银行股份有限公司潍坊分行办公楼

【威海市商业银行股份有限公司潍坊分行】 威海市商业银行潍坊分行于2015年3月18日正式对外营业。坚持“服务地方经济，服务中小企业，服务城乡居民”的市场定位，在支持区域经济建设、追求内外和谐共赢中走出一条独具特色的发展道路。2017年，各项存款余额27.53亿元，各项贷款余额20.56亿元，纳税额1008.19万元。

实体经济服务 围绕“四个城市”建设，加大新旧动能转换支持力度。截至2017年年底，为78家企业发放贷款19.93亿元。加大普惠金融发展力度，推出房易贷、积金易贷、税e融等新产品；为满足小微企业金融需求，发放小微企业贷款5.64亿元。

消费者权益保护 按照各级主管部门和总行要求，把履行银行业社会责任作为工作重点，利用营业网点组织员工宣传反洗钱、防范电信诈骗、校园毒贷款等金融知识。2017年，消费者权益保护工作被潍坊银监分局评为全市最高等级二级A。

精神文明建设 组织员工开展“责任节”“学习节”、演讲比赛等丰富多彩的文化活动，增强员工的凝聚力和向心力，提升员工业务素质和技能。

保险机构选介

【中德安联人寿保险有限公司山东分公司潍坊营销服务部】 中德安联人寿保险有限公司山东分公司潍坊营销服务部（以下简称中德安联潍坊营销服务部）成立于2010年10月，设有业务发展部、培训部、运营部等3个部门，财务部、法律合规部、行政部门由省分公司统一管理。有内勤员工6人，代理制营销员280多人，平均年龄29岁，大专以上学历占96%，后援支持扎实稳固，管理干部体系健全。主要经营人寿保险、健康保险、意外伤害保险等业务。2017年，保费收入额5706.09万元，比上一年增长71.80%，其中，代理人渠道新业务收入保费额2651.93万元，连续7年实现正增长，在潍坊外资寿险代理人市场处于领先地位。公司成立之后，受理包括400热线、协会转办、保监局转办等投诉共计11件，有效投诉0件。

经营理念 2017年，中德安联潍坊营销服务部落实各项政策和省、市政府加快现代保险业发展的意见，践行“抓服务、严监管、防风险、促发展”的指导思想，秉承“稳健守法经营，服务精益求精”的经营理念，风险管控体系不断健全完善，文化建设氛围浓厚。抢抓市场发展机遇，不断提升保险市场覆盖面，增强客户服务水平，推动建设业务规模大、客户服务优、保险保障全、抵御风险强的优秀保险企业。把服务经济社会发展、为人民安居乐业提供全面保险保障作为公司发展的责任和使命。

创新服务 公司始终秉持“专业、真诚、感动、超越”的服务理念，倾力打造“以客户为中心”的服务体系，通过安联E家APP实现新业务现场投保、保全变更、小额理赔申请，比传统的业务方式缩短处理时效，业务更便捷、更高效、更安全，以最前沿的移动互联技术，让客户拥有完美的服务体验，推进保险经营模式转型升级。

【幸福人寿保险股份有限公司潍坊中心支公司】 幸福人寿保险股份有限公司潍坊中心支公司(以下简称幸福人寿潍坊支公司)成立于2011年12月19日，秉承“至善至诚，传递幸福”的企业精神，紧跟市场脉搏，不断创新发展。为社会各个年龄、群体的不同客户提供包括人寿保险、健康保险、意外保险和养老保险在内的全方位风险保障解决方案和投资理财计划，参与国家的健康养老产业、基础建设和各类民生工程。

经营理念 幸福人寿潍坊支公司贯彻“诚信、责任、高效、创新”的经营理念，秉承“以人为本、诚信规范、肩负责任、共创价值、服务社会”的核心价值观。坚持依法合规经营，强化公司治理，不断提高企业核心竞争力和企业价值，打造一流的金融企业，促进社会发展与和谐。

客户服务 建立95560和4006688688两条服务热线、官方微博、官方微信、职场柜台客服中心在内的“四位一体”客户服务体系，拥有业内领先的集中后援运营系统，为客户提供24小时不间断服务，确保及时、准确地为客户服务。

公益事业 参与公益慈善事业，承担企业社会责任，通过“华育助学基金”，帮助贫困家庭学生完成学业；启动“幸福家庭日”公益志愿活动，走访关爱孤寡老人。在行业首推幸福“房来宝”老年人住房反向抵押养老保险，为促进养老保障服务体系的健全与发展承担社会责任。

【长城人寿保险股份有限公司潍坊中心支公司】 长城人寿保险股份有限公司潍坊中心支公司(以下简称长城人寿潍坊支公司)成立于2011年1月，设有个险业务部、多元行销部、续期收展部、核保部、人事行政、财务出纳等6个部门，下设市区营销服务部1个。主要经营人寿保险、健康保险、意外伤害保险、中国保监会批准的其他人身保险等业务。2017年，实现总规模保费收入571.76万元，业绩稳步提升。

经营理念 长城人寿潍坊支公司践行“诚信、公正、专业、创新”的核心价值观，秉承“客户至上、价值优先、开放共享、跨越发展”的经营理念和“有长城，更保险”的公司使命，通过完善风险管控体系，持续优化人才队伍和管理体系建设，强化核心渠道的综合竞争能力，建设氛围浓郁的企业文化，为实现“让每个家庭都拥有保险”的公司愿景，全力打造以客户为中心的服务体系。

社会公益 2017 年，长城人寿潍坊支公司启动“萌芽 100”爱心图书室公益活动，在临朐县九山镇九山小学举行揭牌仪式，通过捐建贫困小学图书室彰显回馈社会的赤诚之心。

证券机构选介

【长城证券潍坊胜利东街证券营业部】 长城证券潍坊胜利东街证券营业部（以下简称长城证券潍坊营业部）成立于 2012 年 5 月，位于阳光 100 城市广场 7 号楼 105 室，营业面积 300 多平方米，有员工 14 人。主要经营证券经纪、证券投资咨询、证券承销与保荐、与证券交易及证券投资活动有关的财务顾问、证券资产管理、融资融券、证券投资基金代销、代销金融产品等业务。截至 2017 年年底，累计开户数 8017 户，托管资产 3.70 亿元。

经营理念 长城证券潍坊营业部秉承“合规经营、规范发展”的经营理念，不断加强员工展业行为的规范与督导，健全和落实反洗钱内控制度，加强投资者教育和客户适当性管理，通过专业投资分析能力，提升客户服务体验，着力打造潍坊地区服务最优的证券营业部。

业务办理 客观剖析国家政策和市场形势，定期组织股市沙龙活动，对未来投资方向和策略进行分享，传播正确的投资观念，提高客户的风险防范意识。借助公司“长城宝”刷脸开户和微信开户的优势，利用网络 3 分钟自助开户，相关业务线上立即可以办理；通过微信绑定账户进行客户线上服务，提高客户体验。2017 年，长城证券潍坊营业部践行总部分行模式，开展机构创新业务，为机构客户提供股权融资、IPO、新三板挂牌、公司债、中小企业私募债、可交换债、银行委外业务等服务。

【西部证券股份有限公司潍坊东风东街证券营业部】 西部证券股份有限公司潍坊东风东街证券营业部（以下简称西部证券潍坊营业部）成立于 2003 年 5

2017 年 6 月 29 日，西部证券潍坊东风东街证券营业部工作人员进行“投资者适当性管理办法”户外宣传

月，有员工45人，主要经营证券经纪、证券投资咨询、证券交易、证券投资活动有关的财务顾问、证券承销与保荐、证券资产管理、融资融券以及中国证监会批准的其他业务。西部证券潍坊营业部环境优雅，设备技术先进可靠，各种委托方式安全便捷。全体员工秉承“以客户为中心”的经营理念，不断团结拼搏、务实进取，赢得投资者的认可。2017年，累计实现营业收入额1958.30万元，净利润额942.80万元，纳税额707.70万元。

特色服务　西部证券潍坊营业部每天19：00～20：00点安排员工轮流值班，提供股票夜市服务，解答客户疑问，方便白天上班客户的咨询与交割。多年来夜市的畅通服务，成为一大亮点，深得客户的好评；西部证券潍坊营业部每天召开晨、夕会，根据公司总部的资讯内容和大盘走势，集体研究讨论归纳信息，确定统一的研判观点，及时发送给客户，避免咨询服务的盲目性；始终坚持执行首问负责制，要求员工迅速、简便地为客户提供满意的服务，不得以任何借口推诿、拒绝或拖延处理时间；设立理财服务部，打造专业的投资顾问团队为投资者提供专业化服务。

位于奎文区四平路的中信证券（山东）潍坊分公司办公楼

【中信证券（山东）有限责任公司潍坊分公司】中信证券（山东）有限责任公司潍坊分公司（以下简称中信证券潍坊分公司）成立于2007年7月，营业面积983平方米，有员工29人。主要经营证券经纪、证券投资咨询、融资融券、证券投资、基金代销、代销金融产品、为期货公司提供中间介绍等业务。中信证券潍坊分公司营业部交易席位沪A席位：22973，沪B席位：90187；深A席位：239000，深B席位：079200。秉承中信证券“稳健经营、勇于创新”的原则，始终坚持“稳健、规范、诚信、高效”的宗旨服务客户。2017年，实现营业收入额914.87万元，纳税额298.10万元。

汽车服务业

【概况】潍坊汽车服务产业园服务中心（以下简称潍坊汽车园服务中心）是潍坊市最早、规模最大、服务项目最全的省级重点汽车服务业园区。2017年，实现汽车销售收入240亿元，汽车销售量占全市销量的70%左右。荣获“2017年度市级文明单位”称号。

【汽车产业发展调研】2017年，潍坊汽车园服务中心会同奎文经济开发区、税务等部门，对汽车产业园内4S店、精品店、二手车交易市场等相关企业进行实地调研，重点对汽车4S店销售纳税情况进行摸底统计，形成园区汽车企业税收基本情况调研报告，为推进园区工作提供数据支撑和参考依据。发放调查表，对企业经营情况、发展思路等情况进行实地调研，听取汽车经营企业对园区式经营发展的意见建议。召集广潍集团、金宝集团、润杰集团、金阳光奔驰4S店、方宜二手车市场、德嘉二手车市场以及新能源汽车等15家汽车经营企业进行座谈讨论，听取企业在经营中存在困难问题的意见建议，通过走访的10家企业经营情况，形成专题报告，为区委、区政府决策提供参考依据。根据商务部汽车销售管理办法和行业发展新动向，加快推进新品牌4S店建设，推进低端汽车4S店整合力度，结合潍州路产业带提升改造，逐步引进高端汽车4S店和汽车维修保养连锁网点，引导企业逐步向南北两大集聚区集中，实现产业集聚式发展。高标准规划现代化大型汽车展销服务综合体，集聚发展综合展销体验、智能化后市场服务等汽车服务新业态，打造集汽车服务、会展经济、休闲娱乐于一体的产业聚集区、引领区。

【4S店品牌建设】2017年，加大招商引资力度，延伸汽车产业链。强化项目沟通对接和协调服务，积极引进高端品牌汽车4S店，先后引进玛莎拉蒂、长城WEY派、永达WEY派、名爵、宝杰东风风光等汽车4S店5家。玛莎拉蒂4S店投资额3000万元建成5000平方米主体框架，内外装修基本完成；名爵4S店正在室内装修；宝杰东风风光、长城WEY派、永达WEY派汽车4S店已建成运营。

【二手车市场建设】2017年，加快基础设施建设，投资额3000万元建设山东省最大的二手车展厅，已建成5万多平方米；方宜二手车市场投资额1000万元，完成绿化3万平方米，道路、场地硬化6万平方米，建成营业用房94套；帅天二手车市场投资额5000万元建成3万平方米展厅，已建成的一站式规范化综合服务站车管大厅已投入使用；广潍二手车市场进行原展厅升级改造，建设展厅占地面积约1500平方米，汇集潍坊地区高端和豪华二手车，进一步完善金融、租赁及汽车俱乐部等附加功能，打造潍坊地区二手车经营的新标杆。

【集中专项整治】2017年，对园区内汽车4S店、汽车精品店、二手车市场进行实地走访调查，制定园区综合整治提升工作方案。对道路两侧70多块破损、脏乱的护栏和广告宣传灯箱进行统一维修整理，确保潍州路汽车长廊道路两侧整洁有序；配合区住建局等有关部门开展针对

2017年12月20日，升级改造后的广潍二手车展厅投入运营

2017 年 9 月 1 日，第 26 届潍坊（金宝）汽车文化博览会在金宝汽车城开幕

潍州路绿化带内“F”型广告牌违规专项整治行动，共拆除违规“F”型广告牌 56 块；配合区城管执法大队对潍州路（健康东街至潍胶路）沿街两侧违规广告牌匾进行专项整治，共拆除广告牌匾 186 处（块），面积约 6500 平方米，整体提升汽车产业园区形象。

【汽车文化建设】 2017 年，围绕“创新、变革、品牌、引领”主题，立足新旧动能接续转换，加大线上、线下活动推广力度。组织举办金宝汽车文化博览会，吸引汽车参展商 90 多家，参展品牌 200 多个，参观人数突破 20 万人次，销售车辆 1.2 万多辆，交易额近 12 亿元。组织举办金宝新能源汽车博览会、购车节和广潍二手车博览会等系列汽车文化活动，促进汽车销量稳步增长，进一步巩固汽车服务业在潍坊市的龙头地位。潍坊汽车园服务中心与鑫叶社区结成帮扶对象之后，深入社区联系沟通，帮助社区文化队伍配置服装，为社区添置部分相关器材。在重大节日期间，潍坊汽车园服务中心全体干部职工走访慰问贫困家庭，赠送生活慰问品，面对面听取意见建议。帮助社区清扫卫生，进一步美化社区环境。

商贸　旅游

商业贸易

【概况】2017年，全区外贸进出口总额完成40.4亿元，比上一年增长4.5%。引进、落实外资项目13个，合同利用外资54444万元，项目数量多于往年，实际外资到账金额1359万元。社会消费品零售总额完成183.3亿元，比上一年增长8.9%。2017年，奎文区商务局获得“奎文区部门科学发展综合考核先进单位”荣誉称号。

【工作创新】至2017年年底，全区有19家重点商贸流通企业纳入商务部业务系统统一平台，46家重点商贸流通企业纳入潍坊市商务数据大平台，6家重点商贸企业和3家骨干流通企业纳入潍坊市商务统计月报。继续推动早餐亭建设，提高经营网点覆盖率，服务人群45万人，年营业额4000万元。全区已建成社区家政服务中心30个，其中，配套齐全的6个，优秀家政服务品牌3个。以樱园社区“易邻里”、金都社区“惠家家”、孙家社区“欧乐生活”为代表的智慧型现代服务业社区创新发展，每天服务项目30多项，服务3000多人次。

【商贸重点】2017年，奎文区以恒易轻纺城为龙头、历时三年的中国纺织商贸名城争创工作圆满完成。是年10月26日，中国纺织工业联合会调研组到奎文区进行创建工作审查，并报联合会会长办公会批准。是年12月，中国纺织工业联合会授予奎文区“中国纺织商贸名城”称号。现代商务电商产业园与山东网商集团签订运营协议，引进电商企业。其中，阿里UC浏览器、赛伯乐、华为大数据、潍坊智慧中心、潍医医院等知名电商企业和重点项目，同时与山东网商集团联合打造的优势产业电商产业园招商运营已启动，并成功举办第一届人才双选会。推进“互联网＋智慧便利店”进社区，提升便民服务水平。牵头召开领导小组各成员单位分管领导和具体人员参加的项目推进说明会，加大推进力度。至2017年年底，已建成门店82家，其中，旗舰店有根源生鲜、倍全智慧、欧乐生活、3H母婴等5家。全影婚庆产业园是全国服务影楼用户最多的互联网平台，2017年年底在新三板上市，总面积6000平方米。已成功运营大数据中心、全影人才网、自助建站等20多个子模块，并引进水星家纺、海尔、亮晶晶等企业。每年客户为100万，拉动婚嫁消费100亿元左右。潍坊壹号物流园打造以统仓统配高效运转为支撑，以服务厂商、零售商为主线，以供应链交易信用金融为核心而搭建的线上线下相融合、上游下游相连接的B2B电商交易平台。至2017年年底，已有14家企业入驻，全年货物吞吐量货值40亿元。成功举办新西兰—中国山东潍坊名优商品博览会，是潍坊市第一个在境外自办展会，在博览会上顺利签约进出口货物订单，与当地协会签约搭建第一个海外仓——1 STOPBUILD建筑建材类跨境电商平台。

招商工作

【概况】2017年，奎文区招商引资工作以建设现代化中央活力区为目标，开展系列招商活动。重点招引符合中心区产业特点的“四高项目”（投资额度高、产业效益高、科技含量高、产业关联度高），并取得阶段性成效。全年组织参加专题招商推介活动22次，对56个重点招商项目进行宣传推介；接待考察洽谈客商400多人次，接洽在谈在办招商引资项目121个，总投资额370亿元。奎文区招商局圆满完成全年各项工作任务，获得“2017年度部门科学发展综合考核先进单位”“招商引资工作先进单位”“利用外资工作先进单位”“宣传思想工作先进单位”“市级文明单位”等荣誉称号。

【项目策划】2017年，结合产业发展规划、产业特色，对全区招商资源进行全面摸排，共汇总园区项目5个、片区项目22个、楼宇项目29个并进行包装策划。聘请专业策划公司编印奎文区投资指南、招商地图、楼宇招商手册，挑选部分重点项目，制作成PPT材料，在各类招商活动中对外推介。

【信息管理】2017年，多渠道收集世界500强企业、知名国企、央企等客商的资料及投资信息，围绕全区经济发展主打产业以及产业相关信息资料，编制印发产业链信息汇编、北京市产业疏解园区名录等，增强招商工作针对性，做到精准招商。通过建立健全招商引资管理工作平台，完善奎文区招商引资客户库、信息库、项目库的三库建设，多渠道、跟踪落实项目进展情况。

2017年11月13日，奎文区政府分管领导与山东水总有限公司党委书记、董事长刁望利在富华大酒店签约

2017年12月21日，奎文区重点招商项目在2017年潍坊（上海）重点合作项目签约仪式上签约

2017年11月29日，奎文区重点招商项目在2017潍坊（北京）重点合作项目签约仪式上签约

【招商活动】2017年，实施“走出去”战略，奎文区各单位、街道组织到上海、杭州、武汉、成都、重庆、广州、深圳等地开展招商131次。坚持“请进来”招商，邀请清华大学体育健康科学研究中心、山东水总有限公司、上海交大技术转移中心、中国二冶集团、红星美凯龙家居集团股份有限公司、绿地酒店集团等162批次约400多名客商到奎文区进行考察洽谈。利用风筝会、鲁台会、中日韩产业博览会等招商平台，抓住北京市疏解产业园区定向推介、集群承接工作契机，进一步宣传推介奎文区优势资源。组织参加专题招商推介活动22次，接洽在谈在办招商引资项目121个，项目总投资额370亿元。

【招商项目】2017年，果藤金融票据平台项目、威高区域销售总部等16个项目达成初步合作意向，新签约华为物联网中心、微医互联网医院、青银城镇建设发展基金、歌德创业园、海洋生物智能提取平台、梨园影视产业园等26个项目。探索项目招商运营新模式，与山东水总反复对接，就合作运营园区及代理招商等方面进行全方位战略合作，在潍坊市率先探索出一条产业园区专业化招商、专业化运营新路，该项目已与奎文滨海飞地产业园管理运营签订合作协议。

【创新模式】2017年，制定出台《奎文区社会化招商奖励办法》（奎政办发〔2017〕3号），通过对落地项目按到位资金比例更大力度的激励，调动中介机构和代理人的积极性，实现“用专业的人办专业的事”。至2017年年底，已与30多家机构和个人签订委托招商协议，对接洽谈10多个招商项目，上海闻鼎信息科技有限公司引荐的长江证券项目已在奎文区落户，潍坊诚信建设促进会引荐的滨海飞地园区投资运营项目已签约。根据奎文区确定打造的金融产业、房地产业、城市工业、健康养老业4个重点产业链，组建招商小分队，改变小分队驻外招商传统模式，采取集中办公搜集项目资源和外出点对点对接的方式开展对外招商。

【优化环境】2017年，修订和完善招商引资优惠政策，出台《潍坊市奎文区扶持总部经济和重点产业发展的实施意见》《奎文区社会化招商奖励办法》《关于进一步促进金融业发展的意见》等鼓励产业发展和招商激励政策措施。积极引导和发挥龙头企业、中介组织的力量搭建招商平台，吸引创新项目及资金通过企业招商平台进行市场规则下的双向选择，给招商工作带来新的发展机遇。

【考核调度】2017年，对重点项目实行包靠服务，即一个项目由一名领导挂帅，一个部门包靠，一个专门班子抓工作落实。

2017年8月18日，奎文区重点招商项目在2017潍坊（深圳）重点合作项目洽谈签约会上签约

不定期召开项目协调工作会议，集中研究解决项目推进过程中的具体困难和问题。修订和完善招商引资工作考核细则，围绕打造半岛金融产业集聚区和高端商务区，提高项目考核标准，激发各街道、各部门引进大项目好项目的积极性和主动性。

供销合作经济

【电商拓展】 2017 年，根据奎文区实际情况，运营电商公司和山东省供销社“供销 e 家”电商平台。为扩大营销成果和知名度，是年 4 月至 5 月，开展打折促销、注册有礼、新用户优惠等活动，吸引客户群并引导电子支付。依托直营店，从线下吸收“供销 e 家”会员到线上消费，增加消费受众，扩大城区供销社电商规模。是年 6 月，对农产品经营服务网点进行改造提升，将店内货品更新调整，组织开展农产品线上线下展示展销活动。加强网点服务功能建设，在开展日用品和农产品业务的同时，对养老、家政、物业、生活咨询等便民服务项目进行探索和尝试。结合寻标对标行动计划，组织人员到龙口市、高密供销社等地就电商运营、“供销 e 家”平台、经营服务网点建设等方面进行考察学习。继续引入专业人才，完善运营团队，推动电商业务发展。

【招商引资】 2017 年，结合区位特点，实施招商，在招商难度加大的情况下，全年引进招商引资任务数 5 个。其中，引进总部分支机构 1 个，楼宇企业 3 个，超额完成招商任务。

【安全生产】 2017 年，建立健全安全生产制度，落实安全生产责任制，突出安全隐患排查整治。继续做好“大快严”综合治理工作，确保财产不受损失，全年未发生安全事故。完成潍坊市供销社下达的安全统筹统保工作，连续三年保持“山东省安全生产先进单位”荣誉称号。

【服务群众】 2017 年，在机关实行一次性告知制、首问责任制、限时办结制，对重点工作建立台账，实行包靠责任制，定人定岗、定时定责，确保扎实推进。坚持文明礼貌服务，对来访群众热情接待、耐心解答，杜绝不作为、乱作为、慢作为和遇事推诿、故意刁难、怠慢职工群众的现象。增强干部职工服务意识，提高办事效率，全面提升服务质量。

【企业信访】 2017 年，成立信访稳定工作领导小组和办公室，对重要案件实行领导包案制。制定工作预案，掌握信息动态，应对来信来访。解决所属企业历史遗留问题和职工反映的热点难点问题。对有条件的企业，通过盘活现有资产、增加企业收入，逐步消化历史遗留问题 。开展基层走亲连心活动，领导班子成员带头到企业、群众中，调解好各种矛盾纠纷，解决各种问题。至 2017 年年底，解决历史遗留问题 3 起；接待处理来信来访 25 起，信访回复率为 100%。

【企业党建】 2017 年，强化企业党员队伍建设，实行一企一策。在学习形式上，利用专家授课、网络、多媒体等多种学习教育方式，深入学习党规党纪和总书记习近平系列重要讲话精神，增强党性修养。在党员管理上，开展“上门送学帮学”活动和定期走访慰问退、离休党员活动，寻找适合老干部的活动方式，创新管理服务模式。在支部建设上，强化经费和力量保障，对无办公场所的，腾空办公室作为活动场所；无经费和办公人员的，仍采取党委选派党建指导员和企业推选联络员的方式加以管理，企业党建工作经费和工作人员补贴由区社拨付。

烟　草

【概况】2017年，奎文辖区销售卷烟19243箱，单箱销售额29981元，实现税利13471万元；查获违法涉烟案件130起，查扣违法卷烟110.70万支，案值66.4万元，破获国标网络案件1起，县标网络案件3起。2017年，区烟草专卖局（营销部）先后被市精神文明建设委员会授予“潍坊市级文明单位”、区总工会授予“工会工作先进单位”荣誉称号。

【工作导向】2017年，严格执行《中华人民共和国烟草专卖法》等相关法律法规，践行烟草行业“国家利益至上、消费者利益至上”的共同价值观，本着“始于客户需求、终于客户满意”的服务方针，扎实做好辖区卷烟市场的日常监管、卷烟零售许可证换发、烟草专卖相关法律法规宣传以及面向全体持证零售客户开展卷烟营销、客户服务等工作。

【市场管理】开展以“五零一控”（辖区市场零假烟、零走私烟、零非法渠道外卷烟、零烟丝烟末摆卖、零无证户，严控卷烟外流）为目标，本着“市场要净化，内管要从严，法规要防控，规范全覆盖”的工作思路，稳扎稳打，持续强化市场监管工作。开展“齐鲁之盾”（2017）专项行动，每季度对辖区物流快递网点、客货车辆、各类批发市场等开展地毯式检查，狠抓源头治理，严厉打击各类涉烟违法犯罪

2017年6月10日，奎文区烟草专卖局（营销部）举办职工趣味运动会

2017年6月27日，奎文区烟草专卖局（营销部）举行庆“七一”重温入党誓词活动

行为。实施许可市场网格化管理模式，将辖区持证户分为30个网格，每月对网格内客户总体销售情况与整体市场做好对比分析，筛选经营异常网格，集中力量做好客户服务与市场监管，精准提升市场管理效率与质量。开展违法违规卖烟大户治理专项行动，建立违法经营大户监管台账，发动相关岗位人员，对经营大户实现多重监管。深入推进法制烟草建设，建立“普法朋友圈”，面向广大消费者及零售客户开展宣传教育。组织开展“3.15”“6.29”等法制宣传日活动5次，发放宣传材料700多份，社会公众知法、守法、护法氛围进一步浓厚。

【卷烟营销】 根据市场实际，建立卷烟营销目标动态调整机制，做好每日销售目标分解、调度、总结分析，营销目标预测准确率与达成率明显提升，经济运行质量不断优化，市场状态持续向好，主要经营指标下滑的态势得到根本扭转。把“稳销量、提结构”作为中心任务，确定四大类(细支烟、鲁产烟、一二类烟、400元以上烟)卷烟销售目标，重点提升强化品牌培育，拉动卷烟结构上移。全年累计销售鲁产卷烟11020箱，一二类烟6668箱，细支卷烟2798箱。做好婚庆市场开发工作，利用全员人脉资源，广泛宣传婚庆政策，成功推介对数890对，共订购卷烟107.1箱。持续开展抓拜访到位、拜访质量提升等工作，不断密切客户关系，市场基础有效夯实。进一步激发客户经理工作积极性和主动性。

【企业管理】 把精益管理贯穿于企业管理的始终，构建“横到边、纵到底、纵横交叉、点面结合”的精益管理全方位立体推进格局。强化日常费用管控，推进定额标准管理二次“升级”，探索制定到部门、服务站的具体执行标准，做好费用管控向纵深延伸，从严从细控制支出，深入推进降本增效工作；加强管理创新，开展精益课题研究项目6项，在研科技项目1项，新立项1项，授权专利1项，取得岗位创新成果2项，发表论文8篇；开展“制度提升年”活动，新建、修订制度9项，制度进一步密实；严格落实信访稳定、安全生产要求，开展员工安全教育，提高员工安全意识，做好安全检查、隐患整改，确保安全稳定大局；加强精神文明建设，成立阳光义工奎文烟草分会，招募志愿者30多人，建立爱心驿站，服务社会公众，彰显社会责任。积极响应地方政府号召，参加无偿献血、职工运动会等活动12次，参与人数40多人次。

【队伍建设】 抓好中共十九大精神的学习宣传，把党建工作放在更加突出的位置，扎实推进“两学一做”学习教育常态化、制度化。全年发放各类学习读本200多册，组织党员集中学习12次，聆听专家讲座3场，开展现场党性教育1次，人均撰写笔记8000多字。全面落实从严治党主体责任，出台《党支部工作规则》等三项制度，促进党建工作制度化、规范化、系统化。做实做细“三会一课”，开展党支部理论中心组学习5次，专题党课2次，党员大会4次，支部生活日活动12次，参与人数500多人次。申请成立党总支，进一步优化党组织架构，为进一步发挥党组织战斗堡垒作用、党员先锋模范作用奠定基础。开展“党员干部示范田”活动，由17名党员干部对9条营销线路进行常态化包靠，每周一天全程参与一线工作，促进客户经理工作质量和工作能力提高，带动整体营销工作提升。充分运用二次考核分配权，修订《客户经理激励方案》，每季度获得绩效工资不同程度提高的客户经理3名。实行中层干部轮岗机制，进行中层干部交流轮岗5名，队伍活力得到进一步提升。

旅 游

【概况】2017年，立足职能、主动作为、服务发展，全区文化旅游新闻出版工作取得新成效，实现新突破。立足奎文实际，突出奎文特色，深入挖掘旅游资源，有效推动旅游工作的发展。全年接待国内外游客395.03万人次，比上一年增长11%；实现旅游消费总额37.18亿元，比上一年增长14.16%。全年举办文化活动300多场次、放映公益电影800多场次、受益群众累计

2017年8月13日，金宝乐园举行建园二十周年活动启动仪式

达50万多人次。奎文区文化旅游新闻出版局（简称区文旅新局）先后被山东省新闻出版广电局表彰为“全省第二届全民阅读示范单位”，被山东省文化厅评选为“全省民间文化艺术之乡”。在潍坊市文广新局组织的第三方评估中，名列潍坊市四个区第一，被潍坊市文广新局评选为“2017年度文化建设综合评价先进单位”“全市文化信息工作先进单位”。

【旅游管理】 2017年，区文旅新局在奎文区政务服务中心专设办理窗口，规范办理流程，新增审批旅游备案企业40家，受理旅游投诉25起，均得到处理。是年6月，举办奎文区文化旅游新闻出版系统安全生产培训班，参训人员约210人。与各企业签订《2017年度安全生产目标责任书》，制定各类安全专项行动方案和应急预案。安全生产标准化规范化创建目标任务圆满完成，开展“标准化建设”“大快严”等安全生产活动，加强对全区文化旅游市场安全监管，确保文化旅游市场稳定发展。注重文化和旅游的高度融合，加快旅游重点项目建设，潍坊高端文化教育产业示范园项目落户阳光100之后正式挂牌运营；全影婚嫁产业园在“新三板”挂牌上市，婚嫁大数据产业中心在建设中，将引领辖区婚嫁产业智慧化发展；1532文化旅游产业园已打造成为集工业遗址、文化创意等为一体的综合性文化旅游园区，获得2017年潍坊市文展会优秀创新奖。

文化消费惠民季活动期间组织30多家文化旅游企业举办相关活动150多次，推送各类信息350多条，参与群众10万多人，不断提高奎文文化旅游的知名度。在潍坊市首届文化惠民消费季考核中，名列潍坊市各县市区第一名。

交通 邮政 通信

交通运输

【概况】2017年，全力抓好辖区县乡公路的建设、管理和养护工作，以农村公路日常养护为基础，以处治公路病害和完善农村公路安全生命防护工程为工作重点，完成农村公路路面修复600平方米，维修更换井盖5套，维修更换水篦子16套，完成投资额11万多元，在全市率先实现村村通柏油路、村村通公交。截至2017年年底，全区有县级道路20.16公里，乡级道路12.26公里，村级道路54.15公里；有客运企业5家，客运汽车216辆；有驾校7所，教练车674辆；有货运汽车4239辆，出租车527辆；有物流企业50家，维修企业166家（其中，一类企业4家，二类企业70家，三类企业92家）；平均道路运输客运周转量1.98万/人·公里，道路运输货运周转量28.36万/吨·公里。

【安全生命防护工程】2017年，根据山东省交通运输厅和潍坊市交通运输局对农村公路安防工程工作的要求，重点完善、修复农村公路安防工程和整体评估验收工作。维修安防设施18处，完成由第三方评估单位对辖区安防工程进行的评估工作。是年6月29日，辖区农村公路安全生命防护工程达到《公路安全生命防护工程实施技术指南（试行）》的要求，并顺利通过潍坊市政府综合验收小组对奎文区农村公路安全生命防护工程的核查，有力的保障辖区内农村公路安全畅通。

2017年7月18日，区交通运输局工作人员在执法检查危化品运输车辆

【交通法治建设】全面完成权力清单和服务清单事项的梳理、分类、登记、上报、审查等工作，局属有关单位共有行政权力事项299项，其中，行政审批事项11项，行政处罚228项，行政征收1项，行政强制17项，行政给付2项，行政监督检查20项，其他权力20项。积极推进社会信用体系建设，将交通运输企业诚信纳入考核范围，及时利用红黑名单制上传至国家信用平台，打造企业“一次失信、处处受限”的监管机制。

【质量信誉考核】2017年，完成运输企业质量信誉诚信考核211家，其中，物流企业完成45家，汽修企业完成166家；办理驾驶员（从业资格证年审）继续教育和诚信考核8500多例；办理营运证年审、车辆落户转籍等日常业务4000多例；审验教练车674辆。

【执法监察】2017年，加强与公安、交警部门开展联合治超，严查超限运输、渣土运输超限超载及脱落扬撒等违法行为。组织开展客运市场专项整治活动，在长途汽车总站、机场、医院、进出城区入口等重点区域重点路段进行常态化巡查，排查各类安全隐患，严厉打击非法网约车、“黑出租”、站外上下客、不使用计价器等各类违法营运行为。截至2017年年底，累计与公安交警部门开展联合执法行动73次，出动人员3200多人次，执法车辆1200多辆次，检查车辆5000多辆次，确保道路运输市场安全、有序发展。

【安全管理培训】采用聘请社会安全管理专家、政府购买社会服务的形式，以全区76家交通运输企业从业人员为重点，针对“春运”和冬季安全生产，培训交通领域企业和企业负责人、安全管理人员和相关从业人员200多名。重点培训综合性安全生产法律法规、行业安全生产法律规范、安全技术、安全管理及事故案例等内容。

【服务品牌建设】2017年，潍坊市奎文区出租汽车服务公司的“和谐车队”在艺考、高考期间免费接送考生300多人次；九九重阳节免费接送老人参加千寿宴；为育才小学送去衣服、书包和学习用品；对植物人袁永杰进行“一对一”帮扶；“和谐车队”情系山区孩子，与贫困学生、困难群众结成帮扶对子，走进青州王坟小学，送去学习生活用品、衣物和慰问金及丰富多彩的素质教育课程；积极捐款救助烫伤的孩子涵涵和坊子区一位烧伤的老人崔广花，并呼吁社会各界帮助老人和孩子走出困境。截至2017年年底，出租车司机主动上缴乘客遗失手机60多部，现金1.2万多元，银行卡、身份证、驾驶证、衣物等物品470多件，收到失主感谢信5封、锦旗8面。

公　路

【概况】2017年，积极做好工程养护、路政管理、ETC（电子收费系统）工作，协调青银高速公路改扩建工程和青银高速公路两侧绿化美化工作。青银高速公路两侧绿化美化奎文段全长1.46公里，穿越奎文区北苑街道、大虞街道和北海路街道等3个街道辖区，绿化宽度为两侧各30米。辖区道路实施精细化养护管理，完成路面挖补1890平方米，实施路面保洁、洒水、绿化抚育等378人次，机械126台班。加强路政管理，深入推进路域综合治理，全年累计巡查5.7万公里，清除违法非公路标志447块，清理违法占道经营摊点378处。ETC网点实施规范服务，提升内部管理，实现充值金额117.1万元，售出鲁通卡224张，安装电子标签196部，顺利完成各项年度任务目标。2017年，区公路局有2人被潍坊市公路管理局评选为全市公路系统年度绩效考评先进工作者，有3人被区委、区政府嘉奖。区公路局被山东省精神文明建设委员会授予“省级文明单位”，被区委、区政府授予“2017年度生态环境综合整治工作先进单位”称号。

【养护管理】细化日常管养和应急预案，建立完善应急保障队伍，实施精细化养护管理。成立工程监管协调小组，进行安全、质量、环保三项巡查，立查立纠。整合人力资源，推行养护、路政联动，巡查无死角，监管零容忍，保障辖区道路安全、整

2017 年 9 月 28 日，青银高速公路改扩建工程奎文段 k153+500 白浪河大桥最后一片 T 梁顺利安全就位

洁、畅通，依法封堵潍胶路奎文段不规范中央隔离带开口 2 处。是年 6 月，根据山东省人民政府关于公路改线后原公路及附属设施交地方政府管理的相关要求和潍坊市委、市政府《关于进一步理顺市区行政管理体制的若干意见》（潍发〔2016〕9 号），为理顺权属关系，区公路局向区政府汇报移交事宜，将潍州路公铁立交桥排水泵房及附属设施移交至区住房和城乡建设局维护管理，顺利完成潍州路公铁立交桥泵房及附属设施移交管养权限。是年 11 月，移交原 G309 荣兰线（健康街）6.26 公里的管理养护权限，接养新 G309（宝通街）6.89 公里管理养护权限。配合做好 G206 威汕线文化南路路口至潍州路路口段大中修工程项目前期工作，区政府及时出具项目委托函和地方配套资金承诺函。

【路政管理】 强化依法行政、规范执法。抓好执法队伍建设，实行执法“三公开”（公开执法监督电话、公开亮明执法身份、公开办事程序和依据）制度，严格审批程序，完善《重大涉路工程审批流程》。加强涉路工程全过程巡查监管，与建设单位签订施工、安全协议。开展“联合执法”，365 天巡查巡视，形成全天候路政巡查机制。打好路域综合治理持久战，加强对集市贸易占道经营的管理工作。

【路域管理】 推进青银高速公路改扩建工程奎文段协调工作，为施工单位提供良好的施工环境。奎文辖区 9 处穿越青银高速管线全部迁改完成。成立环保巡查工作小组，抓好扬尘污染综合整治工作，及时传达环保部门要求，向有关单位通报情况；督促有关单位落实扬尘整治措施，对巡查发现的问题责令限期整改，并将整改落实情况进行反馈。2017 年，累计拨付辖区地面附着物补

2017 年 6 月 16 日，奎文区公路局党支部开展“两学一做”集体学习日活动

偿款金额 93.58 万元，拨付土地补偿款金额 594 万元，拨付土方材料款金额 99 万元，完成产值 2546 万元。

【绿化美化】 2017 年 6 月，成立由分管副区长任组长的区青银高速公路两侧绿化美化领导小组，开始协调奎文区青银高速公路两侧绿化美化工作，定期召开协调会议，各部门联动，加快推进项目进度。是年 7 月，参与制定高速公路两侧绿化美化实施方案、工作台账和考核细则。是年 8 月，调查高速公路两侧现状并上报，大虞、北苑街道完成高速公路两侧“脏乱差”综合整治工作 22014 平方米，对绿化范围内障碍物进行清点评估，大虞街道签订拆迁协议居民 2 户，拆迁面积 400 平方米。区财政局、区园林处报送高速公路绿化施工图设计、绿化工程投资评审报告，全力推进绿化招投标工作。

【ETC 网点】 ETC 网点不断创新，积极构建人本化、服务化、规范化的管理体系，以客户满意为根本，提供优质服务，提升内部管理。2017 年，实现充值金额 117.1 万元，售出鲁通卡 224 张，安装电子标签 196 部，顺利完成年度各项任务目标。

邮 政

【概况】 中国邮政集团公司潍坊市营业局（以下简称邮政潍坊营业局），隶属中国邮政集团公司潍坊市分公司。服务区域涵盖潍坊市奎文区、潍城区、高新开发区、经济开发区等。有员工 173 人，所辖邮政服务网点 23 个。主要业务有国内和国际信函寄递业务，国内和国际包裹快递业务，报刊、图书等出版物发行业务，邮政汇兑业务，邮政金融业务，邮政物流业务，电子商务业务，各类邮政代理业务和国家规定开办的其他业务。

【创新转型】 邮政潍坊营业局坚持创新转型、服务民生，深植以人为本、诚信合规、和谐共赢的企业价值观，认真履行普遍服务义务和特殊服务职责，加快实施“一体两翼”经营发展战略，着力发展社区和农村普惠金融服务、区域寄递服务市场、社区配送和区域农村电商服务、数据和平面文化传媒、“邮政+互联网”。

【开拓增效】 2017 年，邮政潍坊营业局认真贯彻集团、省、市公司的工作部署，着力实施“12345”工程，坚持“有所为有所先为 有所作为”原则，以政府、市场、客户需求为中心，

中国邮政潍坊市营业局位于奎文区民生东街的邮政营业厅

突出抓好金融、包裹、农村电商、邮务转型发展，以效益、利润为导向，着力抓好“活比、车险、简易险、国际小包、数字传媒”等高效业务，强化机制创新、精细化管理、专业队伍打造，探索尝试“市场需求＋专业整合策划＋跨界融合”的邮政一站式综合营销模式。2017年业务收入实现较快发展，比上一年增长5.95%；计划完成率居潍坊市（邮政）前列。2017年，营业局有1人被评为全市邮政“优秀管理工作者”；6人被评为全市邮政“先进生产者”；樱园支局被评为全市邮政“优秀支局”。

网络和通信

【中国移动通信集团山东有限公司潍坊奎文分公司】 中国移动通信集团山东有限公司潍坊奎文分公司（以下简称移动奎文分公司）隶属中国移动通信集团山东有限公司潍坊分公司，在助力全区经济可持续发展的同时，以自身技术、网络优势推动“智慧城区”建设，满足社会需求，实现企业与客户价值的双赢。秉持“客户为根、服务为本”的服务理念，落实“服务考核”“责任追究”机制，建立健全预警通报等措施，不断提升客户的满意度。2017年，客户满意度为9.5%，居全市第一位。

移动城乡服务 至2017年年底，全区移动用户数量45万多户。投入资金额约1亿元用于移动通信网络的扩容建设，新建LTE基站34处，G网7处，双层网22处，完成LTE室内分布建设36处，累计建成移动通信2G、3G、4G基站350多个，网络覆盖率为99.9%，各项网络指标综合排名均保持全省第一，网络质量整体保持领先。建设社区（村）级移动业务代办点450多个，形成自办营业厅、合作营业厅、专营店、社区（村）代办点等多种形式的完善的营销服务网络。

中国移动潍坊奎文分公司位于奎文区四平路的营业厅

精品移动网络 落实“宽带中国”“互联网＋”国家战略部署，响应国家“提速降费”号召，加快光纤网络建设，大幅提高网络速率。至2017年年底，奎文辖区移动有线宽带用户达5万多户，家庭带宽达100M。物联网收入排名全市第三。

移动合作服务 移动奎文分公司与区委组织部建设视讯会议系统，推动全区党建信息化。新建政务大厅专线，提升行政审批效率。新建奎文金盾保安监控专线，打造天网工程。移动奎文分公司与区司法局共同推广“社

区矫正”系统，促进社会治安的稳定；与区卫计局合作开展“医院分娩专线”项目，提高人口出生数据统计监测的准确性、及时性；与区教育局合作推广“家园教育幼视通”系统，丰富幼儿园与家长的交流渠道，提高幼教系统的信息化建设，搭建“平安校车”4G视频监控系统，借助4G网络，实现学校对校车运行的实时监控、远程调度、轨迹回放，家长通过手机查看校车运行实时图像，及时收到孩子的上、下车信息提醒；与区市场监管局推出“在线即时监督监测和移动执法工作系统”；与区环保局合作推出移动视频监控系统，提供掌握全区环境状况的第一手资料；借助移动专线VPN认证、MAS、移动4G手机等技术和产品，供电公司成功建立起电话、短信、“电力E行”手机客户端、微信、支付宝、有线电视六位一体的“智能互动服务平台”，实现电费余额查询、用电提醒、自助缴费、用户资料即拍即传、维修派单手机导航等功能；与公安奎文分局合作开展“移动卫士通”物联网防盗工程，提高电动车、摩托车的防盗系数；与区水利局合作建成“水利通”平台，实现移动办公、远程监控、野外巡检以及现场调度等功能；为区质量技术监督局搭建移动办公系统、“12365”短信平台、门户网站，提供信息发布平台，提升单位社会形象；与山东平安消防工程有限公司合作开发推广“平安消防监督管理系统”，实现消防设施信息管理及查询、维保任务自动生成、维保执行情况现场报告、维保结果自动研判、火灾报警器件实时监控、地图导航等功能；与潍柴动力股份有限公司签署战略合作意向书，双方在物联网、专线、IMS等信息化业务中进行深度合作，在智能制造和工业4.0发展方面开展探索实践。

【中国联合网络通信有限公司潍坊市分公司】 中国联合网络通信有限公司潍坊市分公司下设12个县级分公司，有员工2100人。

网络支撑 实现市区、县城4G网络全覆盖，社区（行政村）网络覆盖率为90.8%。完成市区窄带物联网建设，为智慧城市建设提供基础保障。推进宽带升级改造，互联网出口带宽为1.4T，FTTH端口占比为91%。完成中共十九大、“一带一路国际合作高峰论坛”等重大活动通信保障工作。开展机房撤并、减容减频、节能改造。获得“通信行业节能管理创新先进单位”称号。

信息消费拓展 推进“提速降费”，取消移动通信长途费、漫游费，推出“冰激凌”“腾讯王卡”等系列流量产品，满足用户移动互联网需求；再次下调专线资费，推出“互联网产业云平

中国联通潍坊分公司位于奎文区四平路的营业厅

台”等信息化产品，助力双创企业发展。实施“百兆起步，千兆引领”战略，开展宽带用户全面提速，200Mbps 速率以上用户占比为 49%。执行“零盲区”无条件受理，以电商平台为依托实现宽带线上渠道受理。推进大服务体系建设，客户满意综合 NPS 位居全省前列。

机制体制改革　推进混改企业内部改革，实施划小承包与瘦身健体精简机构。完成 108 个营销服务中心的划分及负责人选聘，市、县两级部门数量降幅为 42.1% 和 37.5%，形成“小管理、大操作、强协同”的组织架构。获得“国家级 AA 诚信企业”“潍坊市守合同重信用企业”等荣誉称号。

【中国电信奎文区营销部】 中国电信奎文区营销部（以下简称电信奎文营销部）于 2008 年 10 月成立，是中国电信集团在潍坊奎文地区的直属公司。电信奎文营销部下设 5 个城区支局、1 个商圈支局、2 个自有营业厅，2 个政企支局等，城区设有多个代理门店；有员工 120 人。主要经营基础电信业务及增值电信业务，与通讯及信息业务相关的系统集成、技术开发、技术服务、信息咨询，通信设备销售，国内广告业务等。

业务发展　电信奎文营销部累计投资额 5000 万元用于网络基础设施建设，全面实现 CDMA 和 GSM 的网络覆盖，至 2017 年年底，在奎文辖区已建基站 200 多个，网络覆盖率为 95%，新增 FTTH 宽带端口 3000 个，实现光纤到户，网速为 100M，端口结构不断优化。电信奎文营销部在“宽带中国”战略建设过程不断加速网络优化工程，至 2017 年年底，移动用户累计 15 万多户，固话 3 万多部，家庭宽带近 4.5 万户。4G/3G 移动网络基本实现潍坊境内全覆盖，服务范围扩展到通信、电路、信息服务等领域，在政府应急联动、民生服务、卫生系统、教育行业等信息化建设方面提供优质服务。

经营服务　电信奎文营销部秉承“客户至上用心服务”的宗旨，响应潍坊市政府从传统管理型向服务型转变的重要部署，组织协调当地优质资源，利用自身大数据、云计算、物联网等现代信息技术及基础通信网络的优势，参与到各行业服务民生的信息化建设中。响应国家“提速降费”的战略要求，加快基础网络建设，有效降低网络资费，对低速率宽带用户开展免费提速，对用户的咨询开展一站式服务，提升服务效率。提升应急指挥调度管理效率、促进实现公共服务均等化、提供安全效率、智慧化便民养老服务，达到政府服务对民情事务处理及时化、信息展示直观化、信息全面化、沟通便捷化、参与多元化、服务亲情化等目标要求。

中国电信奎文区营销部位于奎文区潍州路的营业厅

建设 环保

城区规划

【概况】 落实市委确定的“一三四七”（一个总目标、三个走在前列、四个城市、七个新突破）目标任务为重点，紧密结合“作风建设年”主题活动，全力推动规划在“四个城市”（产业强市、文化名市、活力城市、品质城市）建设中的引领作用，主动作为，主动担当，以高水平规划引领现代化中央活力区建设。2017 年，奎文规划分局被区委、区政府授予“2017 年度协税护税先进单位”并荣记集体三等功。

【重要规划编制】 促进辖区南部发展，协助廿里堡街道组织编制《奎文区廿里堡街道总体规划》和《奎文区廿里堡南部片区控制性详细规划》，组织协调编制完成《潍坊南部新城概念性规划》《潍坊市中央商务区核心区（金融中心）修建性详细规划》。

【片区规划方案】 根据市规划局统一安排，组织各科室力量全力配合，负责辖区内 7 个片区（北苑、大虞、樱园、潍州、风筝、张面河、金宝）控制性规划方案进行完善，对建设单位提报的安置方案，及时进行审查并反馈意见，对用地单位提报的启动区修建性详细规划方案，组织规划评审。至 2017 年年底，片区控规用地性质与总规控制不符，与现状有冲突，奎文规划分局对城市主次干道、城市支路进行梳理、核对与形成情况汇总，并与辖区各街道进行对接。

【规划审批管理】 开通重点项目审批绿色通道，通过对成熟的建设项目实行并联审批，加快规划审批速度，提升规划审批效率。2017 年，审批建设项目的规划方案和建筑方案 12 个；核发规划用地许可证 10 个，用地面积 20.23 公顷；提请建设规划条件 13 件，用地面积 14.68 公顷；审批建设工程规划项目 55 个，用地面积 47.18 万平方米；核发建设工程竣工规划验收合格证 30 个，竣工面积 14.44 万平方米。对辖区内项目巡查 133 次，发现违法建设 8 起，全部移交城市管理行政执法部门，在建设项目批后跟踪管理 44 次。坚持事前防范与事后查处相结合的工作方针，把动态巡查和批复之后的管理工作制度落到实处，加大对项目审查批复之后的管理力度。

【四个城市建设】 2017 年 11 月 30 日，完成与市规划局的数据对接，信息管理平台投入使用，

2017 年 6 月 26 日，奎文规划分局工作人员到潍城规划分局进行“作风建设年”学习交流活动

实现“一书三证”业务的收件、流转、审批、查询、发证，通过信息化手段，促进全市规划信息共享。配合相关部门做好“四个城市”服务工作，主动与相关部门对接，提出规划意见和建议，充分发挥规划职能作用，为市政基础设施类（玫瑰熙园配套供电，福寿街、工福街、游麟路汽改水项目）审批长度为3422米，并核发市政《建设工程规划许可证》。

【基层服务】实施“阳光规划”，搭建群众了解规划、参与规划、监督规划的桥梁纽带，结合“作风建设年”主题活动，实行社区规划师制度。规划师深入社区，充分发挥自身专业知识，宣传城乡规划知识，了解社区群众意愿，帮助社区和基层群众解决规划方面的切实问题。为进一步深化“作风建设年”成果，促进规划管理服务职能转变，创新服务方式，推进“一线工作法”机制，深入基层、服务基层。分局领导班子成员带队，征求各街道对分局规划管理工作中的意见和建议，集中解决问题。

城区建设

【概况】2017年，全面落实“美丽家园”三年行动计划，围绕推进“安全有序、舒适整洁、环境宜居、幸福和谐”的“美丽家园”建设，实施各类旧住房修缮改造、推进小区设施设备更新改造、改进公共服务供给质量、开展住宅小区环境综合整治、强化小区垃圾综合治理、疏解小区车辆停放矛盾等具体任务6项，全面提升住宅小区运行安全水平，改善小区公共管理秩序，提升居住环境品质和群众“获得感”。

【市政基础设施建设】2017年，高标准改造玉苑街、蓝翔街西段、71146部队道路、高速公路宿舍路、庄家路、创智街等背街小巷6条和圣疃巷、桐荫街改造建设。维修铺装人行道1.47万平方米，混凝土路面0.46万平方米，路牙石3000多米，维修井盖、井篦子4300多个，修补沥青路面5.72万平方米；进行辖区内的道路疏通清理128条，疏通管道6.34万多米，清理淤泥4000多立方米，确保排水通畅。

【雨污混排专项整治】2017年，开展雨污混排专项整治行动，制定《雨污混排专项整治行动方案》《雨污混排专项整治行动考核细则》《雨污混排专项整治任务目标分解表》《雨污混排专项整治精细化配档表》，治理重点为主次干道之间因市政排水管道错接混接造成的雨污混排问题；居民小区与主次干道之间市政排水管道因错接混接造成的雨污混排问题；未办理排水许可，雨污水私接乱排进入市政排水管道造成的雨污混排问题；城区商铺、沿街门店未铺设排水管道，直接将污水通过雨水篦子倒入雨水管道问题；其他因设施陈旧、管理缺失造成的雨污混排问题。全年高标准完成老旧小区“雨污混排”管网分流改造任务24处，基本完成雨污混排问题整治任务，城区排水管网体系进一步完善，排水管网日常管理维护更加规范有序。

2017 年奎文区雨污分流整治一览表

表 1

序号	所属街道	项目名称
1	北苑街道	华光精工西小区
2		亚星小区
3		同心圆小区
4	北海路街道	北胡小区
5		检察院小区
6		九龙宫小区
7		国税局小区
8		信校小区
9		计划委小区
10	大虞街道	虞新花园小区
11		陈家小区
12	梨园街道	巨龙小区
13	广文街道	南苑小区
14		三产办小区
15		建工处小区
16		潍坊学院小区
17		司法局小区
18		奎北房管所小区
19		东上虞小区
20		大邦小区
21		职业学院小区
22		建设局小区
23	东关街道	奎文门小区
24	潍州路街道	潍棉小区

【城市内涝专项整治】 为提升城市功能，启动内涝专项整治活动，重点对城区道路积水、城区内涝开展整治。确保发生城区雨水管网设计标准以内的降雨时地面不出现明显积水；确保发生城区内涝防治标准以内的降雨时城区不出现内涝灾害；确保发生超出城区内涝防治标准的降雨时城区运转基本正常、不造成重大财产损失和人员伤亡。整治重点是铁路公路立交桥涵造成的积水、老旧小区和城中村等局部内涝、排水管网新旧不配套、地下工程建设造成隐患、地面不能有效截流渗

透、设施和管理缺失等造成的内涝问题。为推进工作开展，要求有关部门加强规划协调衔接，对市政排水管网开展排查，推进排水防涝设施整治。及时做好排水和预警，加强排水防涝设施维护管理，加强防涝知识普及和教育，提高公众减灾避灾意识，全面提升应急处置能力。2017 年，完成新华路植物园西门、潍州路铁路桥、玉清东街片区等汛期严重积水工程点 3 个，专项整治完成率 100%。

2017 年奎文区城市内涝整治一览表

表 2

序号	项目名称	建设内容	责任单位
1	新华路植物园西门汛期积水整治工程	新建排水管道将路面雨水排入白沙河内	区住建局
2	高新开发区玉清东街片区汛期严重积水整治工程	结合青银高速拓宽改造，新建一条排水沟，东起志远路，沿青银高速南侧向西至虞河路，沿虞河路向北穿青银高速后至泰祥街，沿泰祥街向西接入虞河，全长约 6.8 公里	北海路街道 大虞街道 北苑街道
3	潍州路铁路桥汛期严重积水整治工程	修建雨水调蓄池或增设雨水泵站等措施	区住建局

【老旧小区改造】 2017 年，按照“楼宇靓、路灯明、道路平、绿化优、管线通、配套全”的要求，重点解决老旧小区“脏、乱、差”问题，消除城市危旧房屋安全隐患，为居民营造环境优美、秩序井然、生活舒适的良好生活环境。2017 年，全面实施改造早春园小区、华光精工则尔庄片区、昌大宿舍小区、乐民园片区、西上虞片区、工商银行小区、黄家片区、樱园小区、中学街片区、恒联南苑片区等老旧小区 10 个，涉及居民楼 401 幢，居民 1.52 万户，建筑面积 125 万平方米，受惠居民 4.60 万多人。

2017 年奎文区背街小巷建设一览表

表 3 单位：米、万元

序号	项目名称	所属街道	位置	建设规格（长 × 宽）	投资概算（不含拆迁补偿）
1	玉苑路	北苑街道	道路位于乐川街以南，西起鸢飞路，东至虞河	270 × 20	220
2	蓝翔街西段	廿里堡街道	白浪河以东，与潍胶路交汇	90 × 15	75
3	龙甲路	梨园街道	道路位于庄家村内	南北巷：255 × 7 东西巷：212 × 9	95
4	高速公路宿舍路	北苑街道	道路位于白浪河以西，北起卧龙东街，向南延伸	190 × 9	130
5	71146 部队道路	大虞街道	南起通亭街，北至 71146 部队	350 × 12	180
6	创智街	廿里堡街道	道路西起文化南路，东至虞园路	310 × 15	300
7	道路修补		区管道路的维修及养护		850
合计				21003	1850

2017 年奎文区老旧小区改造一览表

表 4　　单位：套

序号	所属街道	项目名称	改造套数
1	大虞街道	早春园小区	2000
2	广文街道	西上虞片区	1744
3	东关街道	中学街片区	1517
4	梨园街道	乐民园片区	950
5	梨园街道	樱园小区	3794
6	廿里堡街道	恒联南苑片区	767
7	潍州路街道	黄家片区	1518
8	北海路街道	工商银行小区	860
9	北苑街道	华光精工则尔庄片区	1080
10	东关街道	昌大宿舍小区	960
合　计			15190

【棚户区改造】 2017 年，抓住全市棚改提速有利时机，采取调查摸底、成立自改委、确定安置位置、制定拆迁安置方案、确定规划方案、实施拆迁、安置房建设和安置房分配八步流程，细化具体任务 106 项，实现棚改工作的新突破。2017 年，全区完成棚户区改造计划项目 19 个，居民住房 3205 套，有效缓解制约土地经济发展的瓶颈。

2017 年奎文区棚户区改造一览表

表 5　　单位：套

序号	所属街道	项目名称	改造套数
1	广文街道	老市委党校片区二期	202
2		李家片区	78
3	潍州路街道	马少野片区（邦泰项目）	60
4		马少野片区（翠湖美墅项目）	120
5		东王片区一期	283
6	梨园街道	梨园片区三期	180
7	廿里堡街道	董家片区四期	66
8		仉家片区	104
9		检疃田家片区	263
10		南家北片区	153
11		郭家涧头院片区	140

续表 5　　　　单位：套

序号	所属街道	项目名称	改造套数
12	大虞街道	田家片区一期	216
13		孙家片区二期	100
14	北苑街道	则尔庄片区二期	180
15		鸢飞路海化宿舍	51
16		奎文区军休所宿舍	99
17	东关街道	老市府东院片区	600
18	北海路街道	北胡片区一期	160
19		十里堡片区三期	150
合计			3205

【项目征收】 以深入开展“作风建设年”活动为契机，扎实推进“征迁清零”专项行动，通过主动作为，主动担当，创新工作思路，改进工作方法，集中攻克影响重点产业项目、重点基础设施、重要民生工程和重点片区建设的征迁障碍，实现“征迁障碍清零，项目落地开工，生活环境改善，城市形象提升”的总体目标。以产业项目为重点，实施新旧动能转换工程。聚焦“六新经济”（数字经济、智能经济、创意经济、平台经济、流量经济、共享经济），培育新动能，实现高质量发展。重点片区征收迅速推进，老市府东院片区房屋征收工作进展顺利，涉及居民636户，商户8户，房屋建筑面积5万多平方米。西上虞村宿舍房屋征收工作基本完成。2017年，全区实现清零项目57个，完成年度计划的114%，动迁居民1299户，拆除房屋建筑面积28万平方米，腾空土地面积102万平方米。

2017年奎文区“征迁清零”项目一览表

表 6　　　　单位：户

序号	所属街道	清零项目名称	搬迁户数	备注
1	廿里堡街道	文化南路绿化工程	1	市级征迁清零项目
2		检疃田家棚改	1	
3		新茂家园二期	3	
4		仉王武棚户区改造	1	
5		养老中心	13	
6		董家棚户区改造	2	
7		仉家棚户区改造	104	
8		田家棚户区改造	54	
9		凤凰街拓宽	10	市级征迁清零项目

续表 6 单位：户

序号	所属街道	清零项目名称	搬迁户数	备注
10	廿里堡街道	鸢飞路拓宽	8	市级征迁清零项目
11		检疃棚户区改造	210	
12		南家北棚户区改造	153	
13		郭家涧头院棚户区	140	
14		金宝街拓宽	1	市级征迁清零项目
15	梨园街道	加州世纪尊品	1	
16		交运花园	1	
17		梨园路南段道路建设	1	
18		华安·御尚苑	1	
19		樱南安置区	3	
20		宝通小学道路建设	3	
21		宝通陆号二期	9	
22		卓信·丽景	1	
23		中央御园二期	28	
24		梨园棚户区改造三期	4	
25	北海路街道	胡西社区服务中心	6	
26		北胡棚户区改造	11	市级征迁清零项目
27		碧海龙亭酒店改造扩建	1	
28		桐荫街清障	1	市级征迁清零项目
29		圣疃巷清障	2	市级征迁清零项目
30		玉清街（通亭街—北海路）综合管廊工程	1	市级征迁清零项目
31		金尊华府（潍景时代广场）	1	
32		盈福广场钢构房征迁	1	
33		银领巷道路修建征迁	1	
34		十里堡回迁安置区	9	
35	大虞街道	卧龙街拓宽改造	1	
36		孙家棚户区改造	1	
37		原区住建局办公楼	2	
38		附属医院综合楼西巷施工通道	4	
39		文化路贯通（福寿街至新北宫街）	1	
40		乐川街拓宽	4	市级征迁清零项目

续表 6

单位：户

序号	所属街道	清零项目名称	搬迁户数	备注
41	大虞街道	青银高速公路绿化	1	
42		田家棚户区改造	44	
43	潍州路街道	金御皇庭	1	
44		水岸公馆	8	
45		翠湖美墅	1	
46		鸢飞路拓宽	9	市级征迁清零项目
47		恒易紫园	2	
48		马少野村民安置楼	1	
49		水岸名居二期	5	
50	广文街道	帛方“退城进园”三期	30	
51		老市委党校片区二期	202	
52		李家村城中村改造扫尾	94	
53		西上虞住宅楼	30	
54	北苑街道	则尔庄棚户区改造	65	市级征迁清零项目
55		北苑实验学校	5	
56	东关街道	原电影院宿舍	1	
57		奎北房管所宿舍	1	
合 计			1299	市级征迁项目 10 个，已全部清零

【“汽改水”供热管网改造】 按照 2017 年工作部署，不断加快供热管网节能改造工作。城区南部供热改造工程涉及宝通东街以南，潍胶路以北，白浪河以东，虞河以西区域 1460 万多平方米，新建高温水主管道 19.10 千米，片区内重新铺设高温水支管网连接各用户，同时配套建设改造换热站 24 个。工程经过路段地下管线情况复杂，要穿越两条铁路线路，工程难度增加。根据区委、区政府的统一安排，区住建局成立奎文区南部供热改造领导小组，多次赴济南铁路局进行协调，邀请铁路局相关领导亲临现场指导，最终圆满完成南部片区全部供热改造工作，供热效果良好。2017 年，完成“汽改水”改造 39.10 千米，涉及市政道路 16 条，改造换热站 129 个，置换供热面积 559 万平方米，保证居民的正常供暖，高温水管道敷设公里数居潍坊市各县市区第一位。

2017 年奎文区供热“汽改水”工程一览表

表 7　　单位：米

序号	所属公司	施工路段	管径 <DN 公称直径（钢管）>	长度
1	市热力	新华路（东风街—三联家电）	DN1000	540
2		安丘巷（友谊街—东风街）	DN300	400
3		游麟路（福寿街—工福街）	DN250	450
4		工福街（四平路—潍州路）	DN250	330
5		福寿街（鸢飞路—四平路）	DN350	1000
6		新华路（新元巷—北宫街）	DN300	500
7		四平路（卧龙街—东风街）	DN500	2000
8		院校街（文化路—虞河）	DN400	840
9		院校街（鸢飞路—潍州路）	DN500	650
10		虞河路（东庄—东风街）	DN200	300
11		潍州路（院校街—南大街）	DN500	200
12	万潍热电	新华路（健康街—樱前街）	DN500	750
13		樱前街（新华路—北海路）	DN500	800
14		梨园路（樱前街—植物园）	DN400	600
15		健康街（潍州路—健民路）	DN700	700
16		道口路、道口东路、道口北街、道口南街	DN250	1400
17		鸢都湖大闸（香榭丽舍街—青年路）	DN700	150
18		四平路（民生街—胜利街南侧）	DN250	500
19	民生热电	鸢飞路（清溪街—宝通街）	DN800	1000
20		清溪街（鸢飞路—鸢飞路东）	DN800	170
21	城南热电	鸢飞路（宝通街—金宝街）	DN800	600
22		金宝街（鸢飞路—虞河桥）	DN800	1300
23		庄检路（宝通街—潍胶路）	DN800	5400
24		凤凰大街（庄检路—潍州路）	DN800/600	850
25		坊子支线铁路（凤凰大街—蓝翔街）	DN700	1920
26		蓝翔街（坊子支线铁路—机场路）	DN700/600	1830
27		机场路（蓝翔街—新茂家园）	DN600/500	4500
28		车站东路（金宝街—鑫业街）	DN250	600
29		鑫业街（鑫叶社区—车站东路）	DN250	400
30		车站三街（庄检路—虞河）	DN250	300
31		董家新街（庄检路—虞河）	DN600	800

【城区绿化】2017年，全区以建设生态园林城市、营造宜人宜居环境为目标，求真务实、创新思路、突出重点、增加绿量，提升城市品位。全区城区绿化完成投资额3600万元，栽植乔灌木265万棵，新增绿化面积10万平方米。

绿化养护管理　以国家园林城市复检为重点，提升城区绿化水平，进行绿化养护管理综合整治。按照横到边、竖到沿、拉网式的绿化要求，对城区行道树缺苗、绿地缺苗及裸露土地进行绿化提升，共补栽各类乔灌木65万多棵；提升单位庭院和居住小区绿化水平，在对全区老旧庭院、居住小区和新建居住小区督促绿化的基础上，重点加强对新建居住小区的绿化督促和指导，新建居住小区、单位庭院共栽植各类乔灌木200万多棵；综合整治潍州路、新华路等主要道路裸露树穴，共铺装五指树框石1500多处；沿街绿化带边沿裸露地种植麦冬草30吨。

城区植被养护　对辖区主次干道、背街小巷、游园、公园及城乡接合部，绿化养护推行全覆盖、无缝隙、全天候管理模式，打造精品养管绿地，提升绿化养管水平；在对辖区绿地搞好修剪、施肥、松土、保洁、除草、补苗、清理死株、护栏维修等日常养护管理的基础上，重点抓好国家文明城市复查工作，区园林处全员参与，落实包靠责任人，采取徒步工作法，发现问题及时整改；加大资金投入，动员各方力量集中财力、人力、物力，提升绿化整治工作。2017年，清理树挂320处，清理枯树死枝560多处。抓好夏季抗旱工作，针对夏季干旱高温，区园林处全员出动并组织辖区13家绿化养护企业，全力进行抗旱保苗，共出动水车3200多辆次，浇水量26万多立方米，出动人员2.8万人次。抓好绿化除尘工作，根据《奎文区环境空气质量“决战三月份”行动方案》要求，每周对中心城区主次干道两侧绿化带彻底冲洗一次，主要路段天天冲洗，出动水车2500多辆次、人工4500多人次、用水量4万立方米。

病虫害防治　组织各街道、有关部门及养管企业对负责管护的绿化带及辖区内单位庭院和居住小区的园林绿化植物普遍喷洒农药，加大监测巡查力度，确保早预防、早发现、早防治。2017年，进行集中药物喷洒4次，动用喷药器械680多部，喷洒农药1.8万公斤。

便民服务活动　区园林处组织专业人员到单位、社区、村庄开展园林绿化技术服务活动，无偿为群众提供苗木花卉种植、病虫害防治、苗木采购信息及园林设计等方面的咨询，提高全区园林绿化服务水平；无偿帮助奎文门社区、福寿街社区、潍柴社区等单位社区进行病虫害防治、送苗、垃圾清运和树木修剪；开展省市级花园式小区（单位）创建活动，中央生活城被评为“省级绿化示范小区”，盈福广场小区被评为“市级绿化示范小区”。

数字化平台应用　2017年，区园林处为搞好数字化平台，建立规章制度，制定数字化城市管理考核细则，确保整改到位，及时反馈，全年共受理表单14243件，处理反馈14241件，处置率99.99%。

住宅与房地产业

【概况】根据市政府出台的《关于促进房地产转型升级健康发展的意见》，重点加强商业用房、车库车位的去库存。在统筹控制范围内，允许开发企业自主设计开发适应市场需求的商品房，根据不同区位合理确定商业、住宅比例。严格执行《潍坊市人民政府办公室关于保持房地产市场稳定健康发展的意见》，停止执行商品住宅购房补贴政策，制定购买商业用房和地下车库车位的政府补贴政策。重点打造高端精品楼盘，鼓励开发建设容积率低，日照间距大，建筑体量、高度与城市生态背景协调的城市建筑。

【房地产发展】 2017年，新开工金山居、德润·兰庭、大有公馆三期等房地产项目，新开工面积155万平方米、房地产在建面积407万平方米，分别比上一年增长41.30%、22.90%。累计网签销售新建商品房17482套、销售面积216.80万平方米、销售额123.7亿元，分别比上一年增长9%、10.56%和26.01%。根据奎文区现状，主要河流两岸沿河绿化带控制线以外100米范围划为沿河建筑高度控制区，河流两侧第一排住宅建筑应以四层及以下建筑为主，后排住宅建筑高度宜自河道向外依次递增，形成高低错落的建筑空间形态。合理确定住宅用地容积率，引导开发企业结合基础设施配套水平、区位条件、功能定位合理确定开发强度，居住类建筑容积率原则上不高于2.5，提高居住舒适度。新建住宅全面推行街区制，城市规划区内不再建设封闭住宅小区，已建成的住宅小区要逐步打开，实现内部道路公共化，社区设施一体化。新建民用建筑全面落实《山东省绿色建筑设计规范》，主干道两侧建筑高度60米以上的新建建筑，单体面积3万平方米及以上的新建建筑，全面执行二星级及以上绿色建筑标准。对获得绿色建筑运行标识或二星级（含）以上设计标识的项目给予资金奖励。按照海绵城市建设要求，有序推进海绵社区建设。大力推进装配式混凝土建筑和钢结构建筑发展，提高施工装配化程度。由政府及政府所属平台公司新投资的房地产项目和公共建筑，具备条件的应全部采取装配式建筑技术。推行住宅全装修，鼓励采用菜单式集体委托方式进行装修，促进个性化装修和产业化装修相结合，引导住宅品质整体升级。

【房地产开发企业管理】 2017年，全区共有房地产开发企业138家，列入当年度信用等级评价范围的100家，另有38家企业按照相关规定，不予评定信用等级，只公布优良和不良信用信息。对准备进入开发市场的企业的资质、资金实力、信誉度等进行严格考察，对开发项目定位、利益分配、合同签订进行研究预判。依托政府平台，完善企业诚信体系，严把开发企业准入关。达到“一处失信、处处受限”的效果，通过信用等级管理，淘汰小、弱、散企业，实现优胜劣汰。因延期交房办证造成群众上访且长期不能解决的开发企业，在企业再次征地时，应征求相关街道和部门的意见，防止引发更大的社会问题。对已办理部分手续而无力开发、一直闲置的土地，政府依法收回，重新招商。在办理房地产手续过程中，各相关部门沟通协调，加强企业销售行为的监督管理，对已取得预售许可的在建和在售项目，严格控制在建工程抵押。

【物业管理】 2017年，全区共有物业公司156家，获得物业管理优秀项目56个，其中，国优项目7个、省优项目12个。构建淘汰机制，对信用分值较低的企业，限制从业或列入黑名单。建立由街道办事处召集，社区居委会、公安派出所、物业服务企业、业主委员会或业主代表和相关部门参加的联席会议制度，有效解决物业管理矛盾纠纷。从完善物业管理工作体系、建立联席会议制度、对辖区物业企业考核、业委会成立、换届、备案及日常管理、建立沟通机制处理物业纠纷、老旧小区物业管理覆盖率等8个方面，加大对街道、社区物业管理工作的监督考核力度，促使街道、社区全面落实政策措施，高度重视物业管理工作，加强对物业管理工作的组织领导。鼓励社区居委会、业主委员会、物业企业依法“交叉任职”，督促业主委员会和物业服务企业履行职责。街道、社区加大对业主委员会日常工作的指导和监督力度，从各个环节规范和约束业主委员会行为。全区已成立业主委员会98家。每季度组织一次物业管理业务培训或专家讲座，对街道、社区物业专（兼）职工作人员进行全面、系统、规范的培训，更好地开展辖区物业管理工作。加强商务楼宇物业管理，通过对商务楼宇电梯采取错时使用、分层控制、加强引导等措施，有效缓解电梯拥堵状况。通过对商务楼宇和周边小区试点停车位统筹管理，错时停车，有效地解决商务楼宇和周边居民小区停车难问题。泰华广场、万达广场、银座商城等大型商场引进智能化停车管理系统，缓解停车压力。通过联合执法，集中整治住宅小区内违规装修、乱搭乱建、毁绿种菜等100多处。对早春园小区、樱园小区等10个老旧小区实施停车位改造，新增停车位2000多个。实施老旧小区物业补贴政策，发放物业补贴152万元。通过提升老旧小区物业管理水平，解决住宅小区热点难点问题，使物业经营管理逐步规范化、精细化、专业化。

2017年8月11日，奎文区住建局召开全区物业管理工作会议

城区管理行政执法

【概况】2017年，奎文区城管执法大队（以下简称奎文城管大队）立足辖区管理实际，构建监管效能扩面提质、市容环境整洁有序、行政执法严格高效的城市管理新体系，提高城市管理水平，营造城市良好环境，推动“四个城市”建设，以实际行动贯彻落实中共十九大精神。2017年，奎文城管大队获得“城市夜景照明建设管理先进单位”“文明单位创建工作先进单位”“征迁清零工作先进单位”“2017年度市政务服务热线工作先进单位”等荣誉称号。

【市容环境卫生管理】*机动车占道经营整治行动* 2017年，奎文城管大队联合交警部门在全区范围内开展机动车占道经营专项整治工作。行动期间共出动执法车辆58台次，执法队员190人次，处置机动车违规占道经营行为285处，暂扣相关经营工具96件。

露天烧烤管控行动 奎文城管大队联合区公安、交警、市场监督等部门开展执法行动12次，暂扣帐篷、烤炉等各类违规经营工具312多件，处理露天烧烤类行政处罚案件5起，辖区沿

街门头所有烧烤炉具全部进店经营。

户外广告牌匾整治行动 对辖区主次干道两侧违法占用绿地广告、大型立柱广告及楼顶广告进行专项治理，共拆除各类违规户外广告牌匾396块，对辖区主次干道沿街业户门窗上乱贴、乱画、乱涂小广告和LED广告牌进行拉网式清理，共清理3600多处。

餐饮油烟整治行动 按照市区环境综合整治总体部署，督促安装无烟烧烤炉，配备油烟净化设施，确保油烟排放合格达标，对不合格业户进行停业整改，建立起“全方位、无死角”的24小时巡查管控体系。

景观亮化管理行动 按照《潍坊市城市照明专项规划》亮化范围，提高城市景观亮化管理水平，奎文区在市级确定亮化范围的基础上初步规划建设东风东街、胜利东街、健康东街和北海路、新华路、四平路以及白浪河、虞河、张面河为主的“三横三纵三河”亮化景观线，呈现以“三横三纵三河”景观线、商务楼宇、主要商圈、标志性建筑物为重点，其他城区道路为脉络的品质城市夜景亮化体系。初步形成“三横三纵三河”亮化景观线，提升城市夜景照明效果和管理水平。

渣土运输专项治理行动 全年排查建筑工地41处，清理路面33起，下达限期整改24起，处罚渣土撒漏9起，罚款金额1.9万元，开展专项联合执法行动10次，查扣违规渣土运输车22辆。

2017年4月10日，奎文城管大队到新华路与东风东街交叉口周围清理违法户外广告

【投诉案件管理】 市政服务热线方面共接收市“12319”投诉案件5.47万件，结案5.44万件，回复率、结案率、群众满意度分别为100%、99.6%、89.7%，政务服务热线方面共转办投诉案件2455件，结案2455件，结案率为100%，奎文城管大队在全区部门政务热线办理综合指标情况排名中位列第一。

【城管宣传工作】 2017年，印发《潍坊市奎文区人民政府关于开展城市环境综合整治活动的通告》《致全区市民的一封信》《露天烧烤通告》等2万多份，通知5000多个经营业户配合市容和环境卫生管理工作；在各级媒体发表稿件247篇，微信公众号发布稿件34期141篇，编辑《奎文城管简报》10期。

【城管工作创新】 2017年，奎文城管大队采取定点守候与巡查执法相结合、企业盯守与执法联动相结合、重点片区与面上巡查相结合等多种方式，开展环境卫生治理工作；按照“先难后易、逐个击破”原则，开展重点区域集中整治行动；制定专项行动实施方案，对原有摊点重新进行实地测评、调查摸底，在执法活动中，对违规当事人以教育说服为主，签订保证书为辅；制定防控整治方案，派设行动保障组、组织协调组，及时对通报区域进行巡查管控；加强制度考核，把全区城市管理月度检查列为重要考核内容，纳入街道“科学发展观综合考核”成绩；采用评比方式督促各中队加强管理，对群众反映强烈、媒体多次曝光、严重影响秩序和扰民的违规行为采取分时段、交叉巡控检查的方式持续监督，严防反弹；通过定期或不定期召开会议，研究部署联合执法工作的重点、难点，着重对群众反映强烈、投诉相对集中的问题区域进行整治；通过创新工作方式、拓展工作方法对违规当事人起到教育作用，有效遏制违规行为。

【环境卫生管理】 2017年，奎文区环境卫生管理处（以下简称“区环卫处”）落实道路深度保洁，清理卫生死角，开展铁路沿线综合治理，推进公厕新建改造，扩大生活垃圾直运范围、提升直运质量，规范餐厨废弃物收运服务，完善生活垃圾分类试点工作。区环卫处负责全区23条主次干道共计380万平方米的保洁管理工作，130条背街小巷共计184万平方米保洁工作，负责43个一体化村居的卫生保洁及管理工作，管理20座生活垃圾转运站和54座公共厕所。有环卫专业车辆140部，日转运、清运生活垃圾450多吨。负责辖区内建筑垃圾处置核准、生活垃圾处理费的收取、餐厨废弃物管理等工作。

2017年6月，胜利街（白浪河桥—北海路）被命名为市级深度保洁示范路

【保洁质量提升】 2017年，先后制定《奎文区道路深度保洁工作实施方案》《奎文区道路扬尘治理实施方案》，严格按照“三扫五洒一冲”（每天机扫作业3次，洒水作业5次，冲刷作业1次，并避开高峰期，每天早上6点前和晚上10点后的时段进行道路冲洗作业）要求作业，主次干道主路面全部实行扫路车、清洗车、洗扫车等大型保洁机具联合作业，小型保洁设备巡回辅助作业。东风东街、胜利东街等5条市级深度保洁示范路顺利通过省级深度保洁示范路验收。

【铁路沿线环境整治】 按照省、市关于铁路沿线环境综合整治要求，制定《奎文区铁路沿线环境综合治理实施方案》，编制《奎文区铁路沿线环境综合治理规划》。在各部门配合下，铁路

2017年3月20日，不断提升亮化的奎文城区夜景

提升改造后的东苑公园公共卫生间

提升改造后的健康东街公共卫生间内盥洗处

沿线环境卫生综合整治工作中排查的105处问题，有104处得到有效解决，问题整改率为99%，铁路沿线宜林绿化面积为95%以上，2017年7月，奎文区铁路沿线环境通过了省级验收。

【环卫设施建设改造】 新建公厕进度推进　区环卫处与区住建局、园林局、规划局及相关街道完成13座公厕的规划定点工作，2017年7月，通过公开招标完成公厕设计工作，将13座公厕建设工作并入区住建局环境治理PPP项目。

环卫设施提升改造　2017年，区环卫处对10座公厕排污直接接入城市污水管网，减少污水抽吸工作量，改善工作环境。对3座公厕进行提升改造，在坐便器上改装自动走纸马桶盖，改善入厕环境。对华丰、南屯和早春园3座生活垃圾转运站进行提升改造，提高生活垃圾转运能力，改善转运站内外环境。

【餐厨废弃物收运】 2017年，加强管理辖区内餐厨废弃物的收运工作。通过实行严格的周查月汇制度、收运记录四联单制度，确保餐厨废弃物通过正规渠道及时得到收集和运输；通过开展“私拉餐厨废弃物车辆”的专项整治，打击餐厨废弃物非法收运和处置行为。全区共纳入收运单位881家，其中新纳入小型餐饮单位222家，平均日收运量超过61吨，收运范围覆盖辖区的大、中型及部分小型餐饮单位。

【生活垃圾直运】 区环卫处以“收运密闭化，垃圾不落地”的生活垃圾收运规范化管理方式，通过不断完善制度、提高服务质量、更新收运设备、增加人员配备等措施，不断扩大直运范围。2017年，区环卫处出动车辆8.7万多辆次，清运生活垃圾18万多吨，新增上门直运服务单位56家，生活垃圾直运率90%以上。

建筑业

【概况】 巩固建筑市场管理，完善监管措施，规范监管行为，提升监管水平，开展“建筑市场规范管理提升年”活动。2017年，全区建筑企业完成产值26亿元、实现利税0.9亿元，分别比上一年增长23%、26%。完善养老保障金收缴控制体系，强化对区属企业劳保金管理使用情况的监督检查，共上解劳保金额127万元，向施工企业拨付金额1169万元。严格审查招标资格，搞好合同鉴证备案，完成总承包合同鉴证24次，合同鉴证备案率为100%。组织企业负责人、建造师、关键岗位人员、技术工人、专职安全管理人员及特种作业人员等各类培训714人次。

【建筑市场管理】2017年，全区有建筑企业122家，其中，施工总承包一级企业1家、二级企业18家、三级企业15家、装饰企业40家、专业承包企业48家。创建“全国建筑工程装饰奖”1个、“泰山杯”装饰工程5个、“鸢都杯”装饰工程9个，办理安全施工措施备案单体工程116个，创建省级安全文明工地2个，市级安全质量标准化达标验收示范工地6个，安全生产形势持续稳定。进行资质年检考核工作，按规定为71家建筑施工企业和42家装饰装修企业换发新版企业资质证书。全区二级资质的施工总承包企业为18家；加强对具备发展条件的企业进行指导，帮扶专业承包企业由二级资质晋升为一级资质1家，市场竞争力不断增强。深入开展建筑市场执法大检查，组织各类检查5次，涉及建设项目36个、单体工程213个，对未办理招投标、施工许可擅自开工建设的项目下达责令停止违法行为通知书。加强施工建设手续、农民工工资清欠、安全、扬尘治理等方面的包靠督导和考核。严把拨付审核关，促使有关责任主体落实管理责任，查处不履行工程建设法定程序的违法行为。强化装饰装修市场管理，检查施工现场12处，下达备案通知9份，限期整改通知书4份，对核查不合格的装饰企业，按程序撤销其资质。扶持装饰企业上档升级，增项升一级资质企业1家，增项升二级资质企业2家。严把装饰装修市场安全生产管理，安全生产形势持续稳定。组织区属装饰企业安全管理人员、特殊工种、关键岗位、技术工作等人员培训300多人。

【质量安全管理】2017年，强化安全生产监督管理，落实安全生产责任制。与各建筑施工、装饰企业签订年度安全目标管理责任书。组织企业安全管理人员及特殊工种作业人员培训786人次。实行安全质量标准化达标验收制度，由质监站联合把关，坚持做到安全不达标，质量不验收，通过制度的落实，提升安全监管水平；组织开展工程质量治理专项执法检查，下达质量隐患整改通知单41份，责令停止施工工程3个；加强建筑工程安全生产管理，加大安全隐患排查治理力度，开展建筑起重机械产权登记备案110台，开展建筑工程春季综合大检查、深基坑、起重机械、工地防火等安全专项整治5次，查处安全隐患1320多条，下达隐患整改通知书226份，责令停工整改工程12个；加强招投标监管，严格招标资格审查，搞好合同鉴证备案，总包合同鉴证备案为100%。

【工地扬尘治理】2017年，全区开展建筑施工安全生产标准化活动，促使建筑施工工地扬尘达标治理，鼓励施工企业兼顾好对资源的节约和对环境的保护。完善扬尘治理长效机制，每个施工工地都要制定扬尘治理实施方案、扬尘治理台账、签订《扬尘治理责任书》，形成“靠科学的工作机制进行管理，而不是靠突击检查进行管理”的局面。开展扬尘治理精细化管理行动，提升建筑施工工地扬尘污染防治水平。成立扬尘污染整治推进工作组，下设建筑施工、商混企业、渣土运输专项整治组，形成抓防控的长效工作机制。严格落实辖区商品混凝土企业原材料堆场、配料仓及粉尘排放抑制措施，确保物料堆放、装卸、配料、输送等生产环节在全密闭车间内进行，对外部大气不产生扬尘污染，使粉尘排放达到规定标准要求。

建设科技与建筑节能

【既有建筑节能改造】 2017年，奎文区严格执行新建建筑节能标准，推进太阳能建筑应用一体化，完成太阳能建筑一体化应用面积41.70万平方米，完成任务指标的119%。完善建筑节能闭合管理机制，做好节能审查、节能设计专篇、节能工程验收等全过程把关工作。推行新建节能建筑，全面执行居住建筑节能75%、公共建筑节能60%的节能标准，新建工程节能标准执行达到100%，新建建筑新型墙材应用达到100%。强化监督，对全区53个在建项目和294个单体工程实行网格化管理。加强扬尘治理，推行绿色施工，建立企业卫生标准评价制度，确保达到建筑施工工地周边100%围挡、易产生扬尘物料和裸露土地100%覆盖、出入车辆100%冲洗、现场道路100%硬化及洒水抑尘保洁等要求。

【绿色建筑】 完善绿色建筑全过程监管体制，执行绿色建筑相关标准规范。城市规划新建民用建筑全面执行《山东省绿色建筑设计规范》，达到《绿色建筑评价标准》一星级要求，强化绿色建筑评价标识管理，引导发展高星级绿色建筑，健全绿色建筑闭合式监管机制，确保在建筑工程规划、设计、施工、验收、运行全过程有效落实绿色建筑要求。2017年，全区新建绿色建筑项目面积139.50万平方米。

社区建设

【概况】 2017年，奎文区成立区、街道社会组织孵化中心。每个社区培育5个以上社区社会组织，共培育和引进各类社会组织230家。把社会组织引入社区，弥补社区服务方面的缺陷，让社区居民足不出社区，就可以享受到高质量的社会服务。全面提升社区治理法治化、科学化、精细化水平，推动小区物业管理和社区公共事务管理有机结合。发挥小区物业参与社区治理的作用，以在职党员的模范带头作用为切入点，参与社区网络建设工作，形成思想工作联抓、公益事业联做、文体运动联搞、社会治安联防、贫困群体联帮的社区工作网络系统。建立志愿者队伍参与社区服务系统建设，协助搞好社区服务中心和社区服务站（点）的建设和管理。开展丰厚多彩的文化活动为载体，安置下岗失业人员参与社区再就业工程建设。在社区党组织的领导和居委会的监督下，做好业主委员会选举工作，发挥社区居委会和业主委员会教育群众、引导群众、管理群众的作用，培养业主“五个意识”（文明意识、规则意识、集体意识、契约意识、法制思维意识），全面提升小区的自治能力，让居民的美好生活愿望变为现实。

【社区服务管理】 坚持社区党建为统领，群众满意为目标，推动重心下移、服务下沉，打造出社区管理的“奎文模式”。全区建立“社区－片区－楼组－楼栋－单元”五级服务体系，开展党建服务、便民服务、走访服务、宣传服务，培育“社区民生速递员”“舆情直通车”等一批特色服务模式，把二级网格建设成为党建“先锋角”、服务“百宝箱”、民意“速递站”、政策“宣传点”。构建区委区域化党建联席会议制、街道“大工委”制、城市社区“大党委”制和社区二级网格“大支部”制的“四制”组织体系，形成“一核多方”区域化党建工作新格局。全区66个社区全部成立社区“大党委”，把辖区内集体经济组织的党组织、“两新”组织的党组织和驻区单位的党组织全部纳入统一服务管理，吸收辖区单位261名党员负责人兼任社区党委委员，构建上下联动、横向互动的基层党建组织领导体制。通过党建统领和对党员的教育、管理、监督，发挥社区党组织成员和业主委员会、物业企业等党员的先锋作用，建立以社区党组织统领的社区管理机制。解决业主委员会地位缺失、少约束、物业企业同社区“两张皮”和社区业主松散等问题，促进社区建设工作落到实处。尊重居民在社区管理中的主体地位，健全机制、活化形式，推动民事民提、民事民定、民事民办。根据社区自治事项性质、涉及利益群体的不同，按照“五事工作法”（居民提事、网格议事、会议定事、联动办事和居民评事）的工作流程，组织居民协商解决。发挥社区的平台作用，整合社区、社区社会组织、社会工作专业人才和社区志愿者资源，实现社区管理和服务的专业化、社会化。

【品质社区建设】 树立“创新、协调、绿色、开放、共享”五大发展理念，坚持以基层党组织建设为关键、政府管理为主导、居民需求为导向、改革创新为动力，完善基础设施、健全管理机制、整合社会资源、增强服务能力，努力建设和谐有序、绿色文明、创新包容、共建共享的品质社区。建设“1+8+X”（规划建设1处社区服务中心、建设8个服务站点、建设个性化服务设施）服务平台，加强水电气暖、地下管廊等基础设施建设；加强社区生态环境建设，制定社区绿化总体规划，做好“三化”（社区绿化、净化、美化）工作；实施“社区环境整治工程”，由住建、规划、国土、公安、安监、城管等相关部门联合执法，集中整治社区内乱搭乱建、毁绿种菜等行为，解决群众反映强烈的社区环境“脏乱差”问题；组建社区专职安保队伍和义务巡逻队伍，配备符合标准的物防、技防、人防、消防设施；完善公共服务体系，发展商业服务，鼓励和引导各类市场主体到社区设立银行、通信、超市、智慧便利店、家政服务站等便民服务网点，打造“10分钟服务圈”；培育纠纷调解、健康养老、教育培训、防灾减灾、邻里互助等社区社会组织，加强社区工作专业人才队伍建设，推动社区服务专业化、规范化。2017年，全区20%左右的社区达到品质社区创建标准。社区公共设施、公共环境、公共安全、公共服务、公共管理得到有效改善，居民满意度、归属感进一步提高。

环境保护

【概况】 2017年，始终坚持以改善环境质量为重点，不断加大“严查”工作力度。贯彻落实环境保护法律法规，加强建设项目环境管理，严格控制新污染源的产生，为实现环境质量改善发挥职能作用。把加强环境保护与经济发展相结合，强化源头控制、狠抓过程监管、严格末端把关，为推动全区经济社会繁荣发展提供良好的生态环境保障。2017年，奎文环保局被授予“2017年度生态环境综合整治工作先进单位”“2017年度复查合格区级文明单位”等荣誉称号，并被荣记集体三等功，在全市辐射事故应急演练比武中获先进集体“二等奖”。

【空气质量监测】 2017年，深入推进行业废气治理，进行项目超低排放改造，顺利完成潍坊万潍热电有限公司一分厂（北厂）3号–4号（1×35吨/小时、1×75吨/小时）锅炉超低排放改造。根据全区3个空气质量监测站平均监测数据显示，空气平均浓度值分别为：二氧化硫24微克/立方米、二氧化氮34微克/立方米、可吸入颗粒物（PM10）116微克/立方米、细颗粒物（PM2.5）60微克/立方米，全部达到预期目标值。空气优良天数达到277天，空气质量良好率62.20%。

【总量减排工程】 2017年，全区共有减排工程5个，其中达标排放治理工程1个，散煤清洁化治理工程1个，关停淘汰项目3个。二氧化硫减排323.90吨，氮氧化物减排118.40吨，COD减排4.80吨，氨氮减排0.20吨，全面完成潍坊市制定的主要污染物总量减排任务目标。

【建设项目管理】 严把建设项目的审批、验收关，严禁污染严重项目的审批。奎文环保局与区市场监管局、区发改局等部门联合，加大环保执法力度，对辖区内所有建设项目严格审批。2017年，审批建设项目56个（其中，报告书5个、报告表51个）；执行“三同时”（建设项目中防治污染的设施，必须与主体工程同时设计、同时施工、同时投产使用），防治污染的设施必须经原审批环境影响报告书的环保部门验收合格后，建设项目方可投入生产或者使用。加大竣工项目环境保护验收力度，全年共验收“三同时”建设项目24个；对新审批项目、开工项目、投运项目、竣工验收项目、违法违规项目分别建立管理台账档案，对建设项目实行全过程分类管理。

【环境整治执法】 2017年，对辖区内污染防治设施、在线监控设施、环境风险源、建设项目等实施现场监督检查200人次。实施排污申报登记单位33家，共征收排污费300万多元。进行调查、取证、立案环境违法行为10起，罚款额22.76万元，促使违法行为及时改正，罚款缴入区财政，全部及时结案。进行环境信访调查处理582件，已全部及时结案，未出现集体上访和越级上访。加强部门协调联动，奎文环保局与各街道、城管部门等沟通协调，取缔“散乱污”企业14家。及时完成中央环保督察组转办信访案件的查处、违法排污专项整治行动、空气质量保障巡查活动、禁烧秸秆巡查、高考禁噪巡查等任务。

【环境监测工作】 截至2017年年底，辖区重点河流水质全面消除劣五类，省控白浪河柳疃桥断面达到五类水水质。完成国控、省控、市控和辖区内一般污染源废水、废气在线比对和监督性监测工作；完成虞河、白浪河出入境断面监测工作；完成辖区内雨水及入河入海口断面监测工作。取得监测数据4421个，其中废水监测数据436个；锅炉有组织废气监测数据1617个；区域环境噪声（48个点位）、道路交通干线噪声（26个点位）、功能区噪声（3个点位，每季度监测1次）等监测数据1872个；白浪河、虞河、张面河出入境断面监测数据496个。

财政 税务

财　政

【概况】 2017 年，奎文区把握财政收入组织、四大片区资金保障、PPP 工作规范推进、国有资产运营和用足用活政策五条工作主线，发挥财政保障作用。全年实现财政公共预算收入 25.53 亿元，可比增长 6.50%；一般公共预算支出完成 18.54 亿元，可比增长 3.90%。2017 年，区财政局被省档案局评为“山东省档案工作科学化管理先进单位”，被市委宣传部授予“潍坊市学习型党组织示范点”称号。

【财税收入】 2017 年，建立收入压力传导机制，确保完成目标任务。通过定期召开财税联席会议等形式，分解落实收入任务，对全区街道科学发展考核办法提出修改建议，提高税源维护情况在街道财税收入和财源建设考核内容的分值，确保税源不流失。定期通报街道收入完成情况，将收入压力层层传达到部门和街道，调动部门和街道组织收入积极性，确保形成合力。对财税收入组织工作中出现的新情况和新问题，及时沟通解决。加强对重点税源企业的监控，对各级出台的协税护税联动政策，积极与上级对接，提前研判，加强部门和街道协调配合，做好政策出台后税源维护的应对工作。全面掌握辖区内重点税源经营变动情况，合力留住存量税源。

【产业扶持】 2017 年，发挥积极财政政策作用，加快构建现代产业体系，打造“产业强区”建设新动能。落实创新创业、高新技术企业、人才引进等扶持政策，制定出台《奎文区扶持总部经济和重点产业发展的实施意见》《关于进一步促进金融业发展的意见》《奎文区社会化招商奖励办法》等文件。制定总部经济五年发展规划和三年工作计划，全区引进企事业总部 81 家，蝉联全市第一。优化区级政府引导基金运作机制，新设立总规模 23 亿元的产业基金 3 个，支持

2017 年 5 月 26 日，奎文区财政局工作人员到烟台市芝罘区财政局进行对标学访

2017 年 5 月 11 日，奎文区财政局组织参加（北京）政府与社会资本合作（PPP）创新与规范发展论坛暨潍坊市项目推介会

重点园区、重点项目56个。争取科技部国家科技成果转化引导基金落户奎文，总资金额20亿元，拉动全区资本招商和高科技企业的发展。争取重点文化产业、金融产业、建筑节能改造和小微企业双创示范基地等上级扶持项目，涉及企业100多家，到位扶持资金3085万元。鼓励规模企业实施规范化公司制改制，完成挂牌认定企业17家，获得补助资金510万元。推进“放管服”（简政放权、放管结合、优化服务）改革，取消收费基金6项，减轻企业负担700万多元。投入3000万多元支持科技孵化器、国际金融中心、婚嫁产业园等园区发展，打造区域最优发展软环境。

【重点项目】2017年，抢抓国家政策机遇，综合运用政府债券、政策性贷款、PPP运作等方式，保障重点园区及项目建设资金需求。争取到位地方政府债券资金额2.71亿元，缓解财政支出压力；争取政策性贷款额度12.91亿元，加快推进重点园区征迁改造。成立政府与社会资本合作（PPP）工作领导机构，参加在北京举办的高层次PPP项目推介会，推介项目18个，项目总投资额400亿元，促成中国二冶集团有限公司和中建国际建设公司等企业与奎文区签订战略性合作协议。教育基础设施建设、公共环境治理提升工程项目总投资额5.40亿元，进展顺利。

【民生投入】2017年，调整优化支出结构，控制一般性支出，节约资金集中用于民生保障重点项目。全年民生支出13.30亿元，比上一年提高0.40个百分点。进一步提高城乡低保、医疗保险、养老保险、教育资助等民生保障标准，可量化项目保障标准全部达到或超过市均水平。加大教育投入，多渠道筹措资金额5.80亿元，重点用于城乡免费义务教育经费保障，解决城镇普通中小学“大班额”问题。争取到位中央和省级城镇安居工程专项资金额6490万元，支持安居工程建设。投入资金额5787万元用于基层政权保障，社区工作人员生活补贴年人均5.84万元，社区工作经费每户每年38元。增加投入669万元，落实退役士兵安置和权益保障。

【财政改革】2017年，细化预算公开内容，科学编制三年中期财政规划，发挥财政稳定器和“逆周期”调节器作用。扩大绩效评价覆盖面，将50万元以上项目全部纳入绩效目标管理范围。成立全区政府性债务管理领导小组，制定《奎文区政府性债务风险应急处置预案》，切实防范化解财政金融风险。编制政府综合财务报告，全面反映政府资产、负债情况；组织开展支出经济分类决算试编工作，增加财政支出透明度；开展内部控制编报工作，规范部门单位内部权力运行；修订《潍坊市奎文区区直机关培训费管理办法》，加强培训费使用管理；开展财政专项资金、会计信息质量、预决算公开等监督检查和“小金库”专项治理工作，促进依法理财和源头治理。

住房公积金管理

【概况】2017年，奎文区归集住房公积金16862万元，占全年计划的101.5%，比上一年增长9.7%。新增缴存人数3929人，占年度目标的153.8%，比上一年增长30.2%。提取住房公积金金额9366万元，是上一年提取金额的106.3%，其中，购房提取3125万元，退休、调动等销户提取1500万元，还贷提取4291万元，其他提取450万元，公积金余额47717万元。全年发放住房公积金贷款9787万元，是上一年金额的67.4%，贷款余额36495万元。

【机关作风建设】 2017年，成立“作风建设年”活动领导小组，制定实施方案，落实任务措施，建立健全工作机制，推进“两学一做”学习教育常态化、制度化。解决作风建设存在的突出问题，组织党员干部学习总书记习近平系列讲话，学习贯彻省、市、区党代会会议精神，围绕“作风建设年，我们怎么干”开展大讨论，以“担当作为、争创一流”为主题，“五查五看”查摆自身存在的问题，剖析问题存在的根源，制定整改措施并限期整改。着眼于补短板、提效能，坚持“走出去”与“请进来”相结合，开展“对标学访”活动。围绕归集扩面、综合管理、“互联网+”服务等方面，学习借鉴青岛市公积金中心市南管理处和潍坊市潍城管理部的先进经验和做法，对照自身存在问题和薄弱环节，制定赶超方案，明确任务目标，强化措施落实，提高自身管理能力和服务水平。

【公积金政策宣传】 2017年，以开展政策宣传月活动为主线，创新宣传形式，丰富宣传内容，动员相关部门广泛参与，壮大宣传队伍和宣传力量，面向职工群众广泛宣传，提高宣传广度和深度，增强宣传效果。开展政策宣传进广场、进企业、进社区活动。依托城建房管等部门对建筑业人员宣传，委托银行贷款柜台对到银行办理业务人员宣传，依托政府公共服务中心、街道社区服务中心对外来办事人员进行宣传。利用保险集中缴存期进行政策宣传，共计发放宣传资料2.3万多份，面对面解答政策3000多人次。

【制度覆盖面扩大】 2017年，落实潍坊市2017年住房公积金归集扩面实施方案精神，继续开展归集扩面工作。对辖区住房公积金缴存现状清查摸底、深入分析，找准薄弱环节和问题瓶颈，按照循序渐进、重点突破、以点带面的原则，在计划上市企业、上市规模的民营企业、企业总部及“楼宇”分部有所突破，带动和促进整体工作开展。督促机关事业单位中长期聘用人员、灵活就业和外来务工人员纳入制度覆盖范围。人社、市场监管、经信等部门立足各自职责，主动征询公积金缴存情况，督促企业推行制度。发挥银行自身优势，开展银行自主扩面。奎文区金融办公室重点审核缴存住房公积金，督促上市企业建制。奎文区楼宇办宣传招商引进的企业总部及“楼宇”分部，从楼宇启用开始纳入规范管理，督促缴存。相关部门综合发力，构建起网络化工作机制，为归集扩面提供保障。建立目标责任制，将年度目标任务细化量化、层层分解，做到人人有指标、个个有责任、严格考核，考核情况作为奖惩重要依据。每月召开归集扩面工作分析调度会，通报进展情况，查摆问题、研究解决措施，保障归集扩面工作持续开展。全年新增缴存职工3929人，是年度计划的153.8%。教育、地税等部门长期聘用人员200多人、山东金宝集团首批150人、潍坊脑科医院职工先后纳入覆盖范围，鑫源金店正创造条件，争取推行制度。

【贷款管理机制创新】 2017年，为职工提供更加方便快捷的服务，加快建立公积金管理部门审核审批、委托银行咨询办理的贷款管理新机制。运用短信、微信、网站等媒体广泛宣传改革政策，让广大职工知情，实现新旧管理制度衔接。按照管理要求安装网络、配置设备，保障运行流畅、信息安全。统一柜台形象展示、工作牌宣传资料摆放、贷款流程展示等，做到统一、醒目、易识别。奎文建设银行、东营银行、光大银行、恒丰银行、中国银行城东支行全面实施新贷款管理新机制。多次召开工作调度会和业务培训会，业务经办人员集中学习基本政策、业务流程、服务规范，统一服务行为，提升服务质量，树立住房公积金贷款服务新形象。

【防范资金风险】2017年，完善科技防腐平台建设，强化重点环节和风险点监控，提高监控水平，扩大防控面。落实“一岗双责”和廉政建设责任制，将防范资金风险列入党风廉政建设重要内容，强化监督考核，建立风险防范长效机制，促进风险防范。强化内部制约，健全内部财务管理与审计制度，完善岗位设置，实行岗位相互制约，全方位监控资金流向，定期实施内部审计，强化责任监督。严格贷款和提取管理，严把审核审批关。落实贷前调查、贷中审查、贷后追查的责任追究制度，强化审核，确保贷款和提取资料真实完整，依托开户银行，落实信用风险机制，慎重审批，防范骗贷骗提。贷后专人负责跟踪问效，及时催收催还，防范资金风险。推行政务公开，接受社会各界监督，建立财政部门日常监督、审计部门每年一审、上级审计部门专题审计相结合的外部监督制度，内外结合、强化监督。

国家税务

【概况】2017年，奎文国税局共完成税收收入24.09亿元，比上一年增收6.95亿元，增速40.58%。其中，完成中央级收入14.49亿元，比上一年增收3.88亿元，增速36.51%；完成区级收入8.38亿元，比上一年增收3.40亿元，增速68.45%。累计减、免、退税13.93亿元，比上一年增加3.85亿元，增速38.15%，增强企业发展后劲，圆满完成以组织收入为中心的各项工作任务。2017年，荣获省总工会颁发的“富民兴鲁劳动奖状”；先后被市委宣传部、市意识形态工作联席会议办公室授予“政治关爱之家”“潍坊市思想政治工作示范点”；被市委宣传部授予“市级理论大众化示范点”；被区委、区政府授予“奎文区协税护税先进单位”“宣传思想工作先进单位”“学习型党组织建设工作先进单位”；被区委宣传部授予“‘四德工程’机关示范点”等荣誉称号；被区委、区政府荣记集体三等功一次。

【税收征管】2017年，推进商事制度改革，落实“多证合一”登记制度，通过发放调查问卷、开展“换位大体验”、政策集中辅导等活动，加大对“营改增”企业的后续管理；加大税源控管力度，深化税收风险管理，以“防虚开”为重点，从源头抓起，及时发现和处理虚开嫌疑企业48

2017年4月18日，奎文国税局联合地税奎文分局到南下河市场开展税收政策专题宣讲会

个，有效化解虚开增值税发票风险；持续深化“放管服”（简政放权、放管结合、优化服务）改革，深入税务行政审批制度，精简报送资料；落实国税地税合作规范，实施《国家税务局 地方税务局合作工作规范（3.0 版）》合作项目，创新联合办税模式，组织召开国税地税联席会议 3 次，研究确定合作事项 9 个，联合开展纳税人权益维护宣传 12 次，联合清理错误数据 17691 笔；推进征管改革，理顺征管职能，转变管理方式，优化资源配置和岗责体系，规范工作流程和内容，完善改革相关配套措施，全面提升征管效能；完善风控管理机制，做好征管疑点信息核实工作，先后梳理核实疑点数据 9 大类 1252 条。深化税收风险分析和应对，完成评估 207 户次，提醒 617 户次，有问题比例为 100%，入库税款额 5432 万元；规范执法程序，减少执法风险，加大涉税违法行为打击力度，依托公安奎文分局派驻奎文国税局联络机制办公室，密切税警协作，联合清理欠税企业 6 家，发现并向公安部门移送涉嫌虚开企业 20 家，立案检查企业 14 家，税警联合打击涉税违法行为力度有效增强。

2017 年 6 月 2 日，奎文国税局召开推进“两学一做”学习教育常态化制度化工作会议

【纳税服务】 围绕社会民众关注的涉税“痛点”“难点”“堵点”问题进行分析，创新便民措施。建立健全办税制度，完善导税服务、首问责任、领导值班、办税公开、延时服务、晨会、预约服务等制度，推进无纸化办税、实名办税、电子签章等便利办税举措，精简涉税资料，压缩办税时间，提升纳税人的满意度和获得感；推行网上办税和自助办税设备的应用，推行《增值税发票网上购票系统》，实行“网上预约”，开通绿色通道，抽调工作人员专职从事发票网上预约申领业务，实现发票业务“网上申领、专窗领票”，让纳税人多走“网路”、少走“马路”，方便纳税人办税；继续开展“便民办税春风”行动，启用 24 小时自助办税服务厅，优化纳税服务，实现纳税人就近办税；加大政策辅导力度，开展“税收宣传进社区”“走进南下河”等活动，印发“营改增”系列减税政策“明白纸”1.5 万份，开展纳税人集中培训 12 次，举办税收政策专题宣讲会 5 场，做好政策宣传和解读，确保纳税人落实税收政策，享受税收优惠；建成高效、便捷的国税地税联合办税服务厅，建立国税地税数据联合采集、统一企业所得税核定征收、信用等级评定等工作，避免执法尺度不一致的问题，实现“进一家门，办两家事”，打造“一网通办、一表集成、国税地税联办、一次办结”服务体系；加大“互联网 + 税务”措施应用，承接潍坊市国家税务局车辆购置税征收职能，增设服务点，全年无休为纳税人提供车辆购置税征收服务。在山东省纳税人满意度测评抽查中排名第 13 位，取得较好成绩。

【党建工作】 学习贯彻中共十九大精神，采取党组集体学、领导干部带头学、广大干部自觉学等方式，把中共十九大报告转化为工作思路、工作举措和具体行动。运用“灯塔在线”“旗帜在线”两个平台开展网上答题活动，以考试促进学习。采取党组书记、支部书记讲党课，听专家辅导报告、“万名党员进党校”等活动形式，系统学习新理论、新思路、新方法，准确领会习近平新时代中国特色社会主义思想的精神实质；推进“两学一做”学习教育常态化、制度化，落实“三会一课”制度，开展主题党日活动，靠制度抓党建、以落实责任促党建。文化引领增强自身素质，打造塑心文化基地，凝练“塑心文化”品牌，将党建与文化建设结合起来，以塑心文化做引领，增强党建工作凝聚力；组建志愿者服务队，开展“我的同事我的局”活动。组织青年干部开展采访先进典型活动，用“身边事”教育好“身边人”，开展“双向互动”，引领干部队伍向上向善。党员之间“一对一”结对子，互帮、互学、互助。开展“戴党徽”“亮身份”“当先锋”等活动，让党员“平时看出来、关键时候站出来”。2017年，奎文国税局先后入选“潍坊好人”1人，“奎文好人”2人，评选“先进基层党组织”支部2个，23人获得系统内外“优秀共产党员”“先进工作者”和“青年志愿服务先进个人”等称号。

地方税务

【概况】2017年，奎文区税收收入持续增长，各项改革稳步推进，征管方式和纳税服务创新优化。地税奎文分局自主研发的税收共治大数据平台成功上线运行，首次实现财税大数据集成和共享开放，实现多部门多平台数据标准化集成、智能化数据加工分析和数据可视化展现，成为市政府数据共享开放的新亮点。2017年，地税奎文分局组织入库各项地税收入总额16.64亿元，增收金额2.86亿元，可比增长20.77%。其中，区级收入完成11.89亿元，增收金额1.88亿元，可比增长18.80%，提前完成年度财政公共预算计划，增收金额3808万元。地税区级收入在潍坊市12个县市区中增幅列第3位。2017年，先后荣获省总工会授予的“山东省模范职工之家”、共青团省委授予的省级“青年文明号”、省地税系统“党建工作先进集体”“五星级办税服务厅”“法治税务示范基地”“税收征管基础建设年活动先进县局”、市地税系统“绩效管理优秀单位”和“优秀创新项目一等奖”等称号；被区委区政府评为“部门科学发展综合考核先进单位”“协税护税先进单位”和“招商引资工作先进单位”称号。

2017年7月21日，地税奎文分局开办全局干部职工“全面从严治党”专题党课

2017 年 11 月 5 日，奎文区城市区域化党建联席会议暨“两新”组织工委会议参会人员到地税奎文分局党建长廊现场观摩

【科学创新】 推进税收治理现代化，自主研发税收共治大数据平台，定型“一个平台、三个应用”系统。2017 年 12 月 1 日，税收共治大数据平台上线运行，首次实现财税大数据集成和共享开放，实现多部门多平台数据标准化集成、智能化数据加工分析和数据可视化展现，有效解决当前财税数据部门间不共享、增值利用难、数据展现不直观的问题，截至 2017 年年底，系统共集成 1120 万条数据。

【税收征管】 开展“税收征管基础建设年”活动，组建税收风险防控中心，对重点税源、上市公司以及专项风险等实施团队化评估，共完成风险应对任务 157 户次，通过风险应对入库税款额 4935 万元，占入库税款总额的 3.69%。开展欠税催报催缴，纳税人网上申报所占比重达到 98.75%，未缴款催缴率达到 100%，清缴欠税大户企业 3 家，实施税收强制执行企业 8 家，共计清理入库税款额 403 万元，欠税大户强制执行率 100%。

【纳税服务】 落实税收优惠政策，按照行业、领域、事项分类国务院颁布的减税政策 6 项，分别制定减税政策套餐，搞好宣传推广、精准辅导和业务答疑。推进“放管服”工作，办理取消和下放行政审批事项、取消非行政许可审批事项的有效衔接，简化房产交易业务准备资料 16 项，提高办税效率。推行“多证合一”，优化审批流程，简化准入手续。是年 7 月 31 日，国税地税联合办税服务厅正式投入使用，设置综合办税窗口 60 个，通过“一窗一人一机”的服务模式，实现涉税业务“前台一窗受理、后台同步处理、限时办结反馈”的办税服务模式。

【党建工作】 成功打造“税徽闪耀党旗红，我为税徽添光彩”为主题的党建品牌。党建创新创优工作广泛开展，机关一支部协同共治新机制调研、机关二支部研发的“智慧财税云平台”、东关所党支部的“1 推 3”工作法、办税服务厅“123”工作法、广文所“六个一”学习法等工作创新，实现党建工作与业务工作的有机融合。以中共十九大精神为主要内容的学习教育扎实有效，把“两学一做”纳入“三会一课”，落实“两学一做”常态化、制度化。开展“作风建设年”活动，实施寻标对标提标达标行动，在全区作风建设年活动经验交流会上作典型发言。

【征管改革】 2017 年 11 月 24 日，国家财政部、国家税务总局、国家水利部联合发布《关于印发〈扩大水资源税改革试点实施办法〉的通知》（财税〔2017〕80 号），是年 12 月 1 日起，将在河北省开展的水资源税改革试点，扩大至北京、天津、山西、内蒙古、河南、山东、四川、陕西、宁夏 9 个省区市。根据上级局的工作部署，地税奎文分局将此项改革试点工作在辖区内有序展开。

教育

综　述

【概况】2017年，奎文辖区有中小学31所，其中，小学22所，初中4所，九年一贯制教育学校4所，特殊教育学校1所；在31所中小学中，有省级规范化学校12所、市级规范化学校14所、区级规范化学校2所。全区中小学在校生39156人；有各类幼儿园74所，在园幼儿14770人。

【教师队伍建设】区属教育机构在职教职工2769人，比上一年增加115人，教师学历达标率100%。全国、省、市优秀教师104人，与上一年相同；省、市、区特级教师、名师76人，比上一年增加3人；省、市、区级教学能手、立德树人标兵785人，比上一年增加38人。2017年，丰富教师补充方式，招聘在编教师44人，招录聘用制教师50人。开展以“区管校聘”“交流轮岗”为主要内容的中小学教师队伍管理体制改革，盘活教师资源，跨校竞聘127人，其中，优秀教师、校长到提升学校支教、代教40人，教师流动比例为5.40%。深化教师职称评聘改革，推进校内岗位聘用制管理，落实学校用人自主权。组织中小学校长和机关干部赴浙江大学参加专业发展研修，不断提升教育管理水平。

【教育投入】2017年，区教育经费总收入为6.81亿元，其中，教育事业费拨款金额4.78亿元，教育费附加金额0.35亿元，用于教育事业的彩票公益金金额0.02亿元，事业收入金额1.54亿元。其他教育经费金额0.05亿元。全年公共财政教育支出金额5.13亿元，占全区公共财政预算支出的27.69%；全年安排公用经费金额3075万元，及时足额拨付学校；投入资金额1030万元为中小学、幼儿园采购创新实验室、解控一体机、学生课桌椅等教育装备；投入资金额50万多元，加快推进中小学现代化图书馆建设，保障教育教学工作的正常开展。完善中小学教育经费预算管理与资金使用效益考核机制，对潍坊市新华中学、育英学校、卧龙学校、南湖小学、资助中心等5处单位负责人进行经济责任审计。深化基建、维修工程结算审计，审计宝通街小学新建工程及维修工程等项目6个，审计结算值8549万元，核减1376万元。通过基建工程审计，节约教育建设资金，完善教育建设资金管理。

【改善办学条件】2017年，奎文区十里堡学校、虞园实验学校、潍坊十中小学部建成竣工并交付使用。该3所学校规划总投资额2.98亿元，新增校舍建筑面积9.58万平方米，新增学位5190个。十里堡学校总投资额1.10亿元，规划占地面积3.11公顷，总建筑面积约3.69万平方米；虞园实验学校预计总投资额1.73亿元，规划占地面积约10.70公顷，总建筑面积5.46万平方米；潍坊十中小学部总投资额0.15亿元，总建筑面积约0.43万平方米。完成樱桃园小学和卧龙学校等13所学校、园舍的维修改造，投资主体全部为财政投资，投资额918万元。

奎文教育

奎文区属教育机构分布图
图注
1 潍坊十中
2 奎文区卧龙学校
3 潍坊新华中学
4 潍坊育英学校
5 潍坊市育才学校
6 奎文区德润国际学校
7 潍坊市育华学校
8 奎文实验初中
9 潍坊市实验小学
10 潍坊市民生街学校
11 潍坊日向友好学校
12 奎文区实验小学
13 潍坊中新双语学校
14 奎文区潍州路小学
15 奎文区胜利东小学
16 奎文区德信现代学校
17 奎文区幸福街小学
18 奎文区先锋小学
19 奎文区早春园小学
20 奎文区樱园小学
21 奎文区北宫大街小学
22 奎文区樱桃园小学
23 奎文区孙家小学
24 奎文区金宝双语小学
25 奎文区圣荣小学
26 奎文区十里堡小学
27 奎文区南湖小学
28 奎文区南苑学校
29 奎文区宝通街小学
30 奎文区潍州湖小学
31 奎文区廿里堡小学
（潍坊市育华学校分校）
32 奎文区辅读学校
33 奎文区直机关幼儿园
34 潍坊新华幼儿园
35 奎文区樱园幼儿园
36 奎文区实验幼儿园
37 奎文区育华幼儿园

学前教育

【概况】 2017年，奎文区投资金额3001.20万元新建、改扩建幼儿园39所，新增幼儿学位1000多个。成功申报潍坊市0岁—3岁婴幼儿养育工作试验区。学前教育经费保障体系基本建立，财政投入学前教育经费显著增加，幼儿园生均经费标准为300元/生/年。幼儿教师资格证持证率81.57%，幼儿教师队伍整体素质进一步提升。推进公办幼儿园集团化发展，扩大优质学前教育资源覆盖面。奎文辖区的74所幼儿园，其中，公办幼儿园29所，民办幼儿园45所；在74所幼儿园中，有省级实验、示范幼儿园29所，省十佳幼儿园2所，市级示范幼儿园22所，其他类别幼儿园21所；2017年，在园幼儿14770人，3岁—6岁周岁幼儿入园率98%，学前一年幼儿入园率100%。

【幼儿园选介】 **潍坊市奎文区直机关幼儿园** 该园始建于1997年，位于福寿东街6255号，是一所全日制公办幼儿园。是年10月，被评为“山东省实验幼儿园”。全园占地面积2720平方米，建筑面积2700平方米。2017年，幼儿园有教学班12个，在园幼儿400多人。在编教职员工58人，其中，硕士研究生2人，占3%；大学本科28人，占48%；大专20人，占34%；中专8人，占15%。教师平均年龄38岁，持证上岗率100%。有省级教学能手1人，市级优秀教师4人，区级学科带头人4人，市级教学能手5人，区级特级教师1人，区级优秀教育工作者2人，区级师德先进个人1人，区级优秀教师11人，区级教学能手14人。截至2017年年底，设有分园（所）9所，教师260多人，在园幼儿约2000人。各分园（所）遵循“同一、多元”的办园理念，在统一管理下，共同发展又各具特色。2017年，被区精神文明建设委员会授予“区级文明校园”称号。

2017年5月17日，区直机关幼儿园的儿童在园区进行软棍操表演

潍坊市奎文区直机关幼儿园

2017年奎文区幼儿园基本情况一览表

表8 单位：人

序号	园所名称	性质（公办/民办）	幼儿数	地　址	园　长
1	潍坊市奎文区直机关幼儿园	公办	360	福寿东街6255号	王　静
2	潍坊市奎文区新华幼儿园	公办	486	民生东街6号	李振梅
3	潍坊市奎文区樱园幼儿园	公办	390	文化路2463号	周桂芳
4	潍坊市奎文区机关幼儿园	公办	839	行政街90号	张秋艳
5	潍坊华光精工设备有限公司幼儿园	公办	242	北宫东街341号	陈韵英
6	潍坊开发区华光房地产开发有限公司幼儿园	公办	125	鸢飞路735号	嵇　萍
7	潍坊巨龙纺织有限公司幼儿园	公办	125	鸢飞路1776号巨龙小区内	张学秀
8	潍坊市帛方纺织有限公司幼儿园	公办	497	虞河路与健康东街路口大有公馆内	刘素兰
9	中国人民解放军71146部队机关幼儿园	公办	291	东风东街280号	左俊萍
10	中国人民解放军71375部队铁骑幼儿园	公办	220	院校街23号	冷　霜
11	潍坊市奎文区工福街幼儿园	公办	296	游麟路10号	李　红
12	潍坊市奎文区育华幼儿园	公办	240	庄检路龙泉街三号	张　岩
13	潍坊市奎文区育才学校幼儿园	公办	219	通亭街12679号	曹红芹
14	潍坊市奎文区南苑学校幼儿园	公办	123	机场路2013号南苑学校院内	刘艳玲
15	潍坊市奎文区潍州湖小学附设幼儿园	公办	80	潍州路街道北王村内	肖红英
16	潍坊市奎文区孙家小学附设幼儿园	公办	202	虞河路乐川街东50米	李　芳
17	潍坊市奎文区樱桃园小学附设幼儿园	公办	345	虞河路3317号	鞠国香
18	潍坊市奎文区金宝幼儿园	公办	356	廿里堡街办南屯新村南邻	田玉竹
19	潍坊市奎文区文化幼儿园	公办	580	文化路2238号	乔丽霞
20	潍坊市奎文区实验小学附设幼儿园	公办	160	后门街6号	张迎春
21	潍坊市奎文区廿里堡幼儿园	公办	37	廿里堡村	赵清华
22	潍坊市奎文区宏伟幼儿园	公办	168	潍州路马少野社区	王公芹
23	潍坊市奎文区英华幼儿园	公办	145	道口社区道口新街东段	张秀芝
24	潍坊市奎文区樱北幼儿园	公办	190	鸢飞路与樱前街东50米路南	王雪梅
25	潍坊市奎文区梨园街道庄家幼儿园	公办	74	文化路南首庄家社区内	武彩梅
26	潍坊市奎文区大虞街道陈家社区幼儿园	公办	73	大虞街道陈家庄居民小区	杨秀东
27	潍坊市奎文区实验幼儿园	公办	319	宝通街宝通六号小区内	纪敬东
28	潍坊市奎文区广文街道李家社区幼儿园	公办	83	广文街李家小区	李洪伟
29	潍坊市奎文区南胡社区幼儿园	公办	52	胜利东街4667号南湖社区	潘伟红
30	潍坊市奎文区外国语幼儿园	民办	170	东关街道苇湾小区	刘晓琼
31	潍坊市奎文区爱心幼儿园	民办	159	文化路522号甲（早春园小区内）	贾可凤

续表 8　　单位：人

序号	园所名称	性质（公办/民办）	幼儿数	地　址	园　长
32	潍坊市奎文区帝景苑幼儿园	民办	175	民生东街帝景苑小区	徐玉静
33	潍坊市奎文区阳光幼儿园	民办	200	鸢飞路十中街 1 号	马荣玲
34	银座·英才幼儿园潍坊市奎文区领秀华城分园	民办	252	健康东街 422 号领秀华城小区内	戴伟
35	潍坊市奎文区天昱幼儿园	民办	305	潍州路潍柴宿舍	张莉平
36	潍坊市奎文区德馨幼儿园	民办	136	文化路 1696 号名门世家小区	朱彩英
37	潍坊市奎文区蒲公英幼儿园	民办	120	西上虞小区	孙玲玲
38	潍坊市奎文区世纪之星幼儿园	民办	190	新华路与健康街交叉口向南 100 米路西	王　玲
39	潍坊市奎文区盛世豪廷幼儿园	民办	80	民生东街 366 号	韩　丽
40	潍坊市奎文区东方之子幼儿园	民办	292	九龙山庄小区	高永霞
41	潍坊市奎文区京宝幼儿园	民办	174	樱前街 13129 号唐宁府小区	丁汝霞
42	潍坊市奎文区君泰幼儿园	民办	200	四平路 1058 号	何歆颖
43	潍坊市奎文区丹桂里幼儿园	民办	100	新华路 1567 号	张　媛
44	潍坊市奎文区紫金花幼儿园	民办	136	北苑街道丁家社区	李文花
45	潍坊市奎文区启蒙中央丽景幼儿园	民办	150	潍州路 766 号中央丽景小区	周桂玲
46	潍坊市奎文区虞景嘉园幼儿园	民办	240	民生东街 369 号	胡凤杰
47	潍坊市奎文区幸福泉乐静幼儿园	民办	180	虞河路与东风街往南 300 米路东	徐　卫
48	潍坊市奎文区皇家幼稚园	民办	297	鸢飞路北宫街路口金都时代新城	田春霞
49	潍坊市奎文区贝贝幼稚园	民办	80	公安巷中段	李　明
50	潍坊市奎文区天之骄子北胡幼儿园	民办	40	新华路东风街北北胡社区园内	刘璐璐
51	潍坊市奎文区北国之春幼儿园	民办	150	通亭街 12221 号北国之春小区	孔　丽
52	潍坊市奎文区昌大幼儿园	民办	150	潍州路 702 号	赵　燕
53	潍坊市奎文区华夏童年幼儿园	民办	53	宝通东街与鸢飞路口南宝通家园小区	初红艳
54	潍坊市奎文区华府一品幼稚园	民办	204	健康街与鸢飞路口华府一品小区	毛忆霏
55	潍坊市奎文区星光幼儿园	民办	120	东风东街 239 号	王　萌
56	潍坊市奎文区加州大地幼儿园	民办	173	北海路与梨园街路口西侧	杨　莹
57	潍坊市奎文区新爱婴蒙台梭利早教中心	民办	42	胜利东街 209 号南湖南社区	田　妮
58	潍坊市奎文区纺织小区幼儿园	民办	60	潍棉宿舍 52 号楼	马俊骄
59	潍坊市奎文区东方之子道口幼儿园	民办	150	道口北街 173 号 4 号楼	胡西莹
60	潍坊市奎文区蒙特梭利·春天幼儿园	民办	286	圣荣广场	郭美玲
61	潍坊市奎文区阳光贝贝幼儿园	民办	160	早春园南巷	李小俊
62	潍坊市奎文区明天幼儿园	民办	80	潍州路街道北王村	任爱芹

续表 8　　　　单位：人

序号	园所名称	性质（公办/民办）	幼儿数	地　址	园　长
63	潍坊市奎文区瀚闻幼儿园	民办	65	光明街光明小区东	王彩红
64	潍坊市奎文区大风车幼儿园	民办	119	光明小区	杜臻臻
65	潍坊市奎文区世纪宝贝幼儿园	民办	58	大虞村	张秀丽
66	潍坊市奎文区好孩子幼儿园	民办	145	潍州路北王尚城 500 号	于海荣
67	潍坊市奎文区育苗幼儿园	民办	48	潍州路街道北王社区	王心花
68	潍坊市奎文区新星幼儿园	民办	92	北宫东街 106 号	吕金翠
69	潍坊市奎文区花儿朵朵幼儿园	民办	105	光明街 68 号	曹立霞
70	潍坊市奎文区大虞街办东郊幼儿园	民办	60	北宫东街北宫佳乐家对面	程乐梅
71	潍坊市奎文区小雨点幼儿园	民办	110	文化南路 1810 号天润清源小区	张媛媛
72	潍坊市奎文区武家幼儿园	民办	30	廿里堡街道涧头院社区武家村	武秀荣
73	潍坊市奎文区广文启蒙幼儿园	民办	245	广文街 1 号	张庆霞
74	潍坊市奎文区昌大启智幼儿园	民办	182	玉清街与潍州路交叉口西北角	赵　燕

义务教育

【概况】2017 年，区中小学起始年级全部达到省定班额，持续深化生态课堂建设，强化教学常规管理力度、优化校本教研服务；发展素质教育，培养孩子们的兴趣爱好，举办校园足球夏令营、排球比赛、篮球联赛等系列活动，让更多体育健儿有施展的舞台；演讲、舞蹈、器乐、合唱、个人展示等重大活动精彩纷呈，艺术精品层出不穷；引进“潍坊梦工场戏剧工坊”，开展“戏剧教育进校园”活动；专业教师进驻校园，校校都有合唱团，满足学生不同成长需求，促进学生全面发展、个性发展。

【工作成果】2017 年，参加全国中小学电脑制作活动中，获山东省中小学电脑制作活动一等奖 1 项、二等奖 14 项、三等奖 55 项；在第 23 届全国青少年信息学奥赛中，获得一等奖 1 人、二等奖 1 人、三等奖 16 人；在全国中小学生作文大赛中获奖 150 人，在潍坊市作文书画比赛中获奖 14 人；刘济畅的车载多功能便捷式垃圾桶获得国家实用新型专利证书，谭绍庭在中国城际机器人挑战赛全国总决赛上，获 cospace 搜救项目冠军；在潍坊市中小学生校园艺术节合唱比赛中，参加比赛的 3 所学校全部获得一等奖；南苑学校在第三届潍坊市少儿足球联赛中获得冠军；德润学校代表潍坊市参加山东省中小学生体育联赛篮球比赛。

【学校选介】**潍坊市育才学校**　该学校始建于 1974 年，是集幼儿园、小学、初中为一体的省级规范化公办学校。学校以

潍坊市育才学校

2017 年 6 月 16 日，奎文区中小学演讲教育示范基地在潍坊市育才学校举行启动仪式

“育人为本，质量第一，突出特色，全面发展”为办学理念，致力于培养“全面发展、特长突出”的学生。学校师资力量雄厚，有教职工 161 人，其中，齐鲁名校长建设工程人选 1 人，省市区级教学能手 41 人，省市区优秀教师 21 人，市区级优秀班主任 30 人，潍坊市优秀校长 1 人、区专家型校长1人，区名师1人，区特级教师 2 人，区学科带头人 3 人。在促进学生全面发展的基础上，让育才学子具备三大优势：浓厚的学习兴趣、较强的沟通交流能力和良好的行为习惯。课堂内，打造优质高效课堂教学模式；课堂外，构建丰富多元课程体系。课堂内外，交相辉映，让育才学子高分高能，全面成才。学校每年举办校园读书节、校园演讲节、校园艺术节、校园体育节，通过丰富多彩的活动，锻炼提升学生各种综合素质。所有活动始终坚持“全员参与”的原则，始终坚持“层层赛、个个上”的机制，努力将活动对学生的激励和促进作用最大化。学校按照体育、艺术、科技“2+1”项目，开展特色“课外活动”，全面升级“延时看管”。实行“弹性入校 + 弹性离校”，将有需求的孩子全部纳入“课后延时服务”范围，有效化解“四点半”难题。2017 年，学校获得“山东省家庭教育示范基地”“潍坊市中小学演讲教育示范基地”“潍坊市阅读提升工程示范校”“潍坊市家庭教育示范学校”“潍坊市互联网 + 管理示范学校”“潍

2017 年 4 月 21 日，潍坊市育才学校师生沿虞河举行“低碳生活 绿色出行”徒步踏青活动

2017 年 10 月 16 日，潍坊市育才学校举行第九届校园演讲节开幕式

坊市依法自主管理示范学校”等称号。

特殊教育

【概况】 奎文区坚持教育公平，积极探索特殊教育办学模式，加强随班就读和送教上门工作。特殊教育学校生均公用经费严格落实 6000 元，特殊学生餐补费用按时发放，特殊教育教师相关待遇逐步落实。残疾儿童入学鉴定与教育指导更加科学，惠及随班就读学生 129 名，残疾儿童入学率 96.60%。随班就读工作覆盖普通中小学 28 所，送教上门有序开展，“普特融合”模式向纵深发展。

【教育投入】 奎文区加大特殊教育投入，建设高标准资源教室 14 处。“普特融合”模式向纵深发展，参与随班就读学生有效融入课堂研究的学校 2 所，学生 10 人。探索构建“普及、提高、加强”三步走的教师培养模式，特殊教育教师培训 300 多次，家长全员培训 2 次。区特殊教育研究中心开展随班就读巡回指导工作，同时面向社会提供特殊教育方面的咨询服务工作。

【学校选介】 奎文区辅读学校 该学校始建于 1987 年，是潍坊市唯一的公办培智学校，承担着市区智障少年儿童的九年义务教育和康复训练任务；是潍坊学院教学实践基地，负责全区 28 所普通中小学的 131 名特殊学生的随班就读工作。学校专门配备感统训练康复室、个训室、心理咨询室、律动教室、美工教室、缝纫室、风筝轧制教室、家政室、石膏彩塑室等功能教室和多个山东省“康教结合”项目实验室。学校有在编教师 24 人，其中，特教专业的硕士研究生 2 人，本科学历的 20 人。教学班 13 个，在校生 96 人。学校在制度建设、课程开发、和谐团队建设、师资队伍建设、随班就读工作机制建设等方面取得良好的成效。积极探索“教育、康复、就业训练一体化”办学模式，对智障儿童进行早期干预，矫正异常行为，补偿心理缺陷、提高适应能力；探索独孤症儿童教育，以潜能激发和缺陷补偿为基点，开设风筝和舞蹈等校本课程十几门，编排生活数学校本教材和校园广播

潍坊市奎文区辅读学校

2017 年 9 月 28 日，奎文区辅读学校举行“喜迎十九大——庆十一”诗歌朗诵会

操。德育工作突出“积极参与、体验成功”的主题，让学生在活动中学习和成长。提高学生自理能力、生存能力为重点，在重大节日、国旗下讲话等时机开展丰富多彩的教育活动，以活动的开展促进学生良好品质和行为习惯的养成。重视教师的培养，成立邢同渊专家工作室，以课题为导向，引领教师的专业成长。截至2017年年底，荣获山东省教育科研成果三等奖1人，省优质课奖6人，市教学能手4人，区教学能手8人，获国家级心理咨询师资格8人。2017年，被评为“潍坊市零投诉学校”“奎文区级文明单位”。

民办教育

【概况】 全区有民办学校133所，其中，全日制民办学校4所，在校生7468人；非学历培训民办学校84所，年培训5万多人次；民办幼儿园45所。构建婴幼儿养育工作机制，推动各项工作目标有效落实，保障0岁～3岁婴幼儿养育事业健康发展。

【学校党建工作】 做实民办学校党建工作，充分发挥党组织政治核心作用和政治引领作用，指导民办学校建立健全党组织，落实党组织参与民办学校决策监督机制，推动民办教育健康发展。指导强化民办学校的规范管理，构建民办学校诚信体系，建立健全民办学校信用评价工作机制，建立由教育部门主导、行业协会依托、专业评级机构实施的民办学校信用评价综合管理机制，打造诚信品牌。加强部门间沟通协作，共享信用信息资源，多平台共享发布非法办学黑名单，形成整体合力，实施联合惩戒，提高民办学校的诚信意识和信用水平，促使民办教育健康良性发展。

【工作举措】 出台《奎文区普惠性民办幼儿园管理办法》，进一步扩大普惠性学前教育资源，规范普惠性民办幼儿园管理，加强各类培训，提升幼教素质，全面开展学前教育挂牌督导工作，规范民办幼儿园办园行为，促进学前教育健康发展。完善民办培训机构和学前教育机构审批流程。对学前教育机构登记注册实行“一窗受理、联审联办、限时办结、统一发证”，精简审批程序，优化办事流程，解决各部门之间互为前置的矛盾问题，率先在全市破解幼儿园登记注册难题。按照“放管服”工作要求，梳理各职能科室的行政审批事项，集中到大厅审核办理，为群众提供一站式高效、便捷的教育服务。

【学校选介】 **潍坊中新双语学校** 该校始建于2002年9月，位于奎文区福寿东街新华西路北侧，是一所国有民办性质的寄宿制学校。学校占地面积2.58万平方米，校舍建筑面积1.44万平方米，有教学班47个，专任教师155人，省市区教学能手47人，在校学生2082人。学校坚持“中西合璧、终生奠基、科学取向、臻于至善”的办学理念，力求培养“健康文明、志向高远、双语突出、勇于创新”的学生。学校根据学生的发展需求将课程划分为两种类型、五大领域、两个途径的“252”（“2”是基础型课程、拓展型课程。“5”是“道德与法治、语言与人文、

潍坊中新双语学校

数学与实践、艺术与审美、体育与健康”等五大领域课程。“2”是学生的课程选择途径分为必修和选修两种）课程。成立家校合育研究中心，精心设计家长培训课程，成功举办“智慧父母大讲堂”24 期；编写《家长之友》专刊，内容包括班主任家教策略推荐摘抄、优秀家教经验、读书体会、家教困惑大家谈等栏目，使家长能相互学习提升；遵循家长申报——竞选演讲——家长评议的步骤，评选出值得家长信赖的三级家委会委员，组建学校三级家委会；利用家长开放日，邀请家长与任课教师交流沟通，促进家校间的密切配合，学校教育和家庭教育达到“同步”，教师和家长教育达到“同心”，学校和家庭教育达到“合力”，形成家校共育的良好局面。2017 年，获得“山东省交通安全示范点学校”“区先进基层党组织”“区文明校园”“教育系统第十一届教职工篮球比赛第三名”“区科技创新系列活动电脑制作评选优秀组织单位”“区第十届中小学艺术节小学组团体第四名”“区第十届中小学艺术节舞蹈比赛小学组一等奖”“区第十届中小学艺术节戏剧比赛小学组一等奖”“区第十届中小学艺术节课堂乐器比赛小学组二等奖”。

2017 年 4 月 27 日，潍坊中新双语学校学生在省小学语文国家课程校本化实施特色教学展示研讨会上进行素养展示

2017 年 5 月 31 日，潍坊中新双语学校乐器专场音乐会表演现场

2017 年 11 月 10 日，潍坊中新双语学校举办小导游课程实践活动

2017年奎文区属学校基本情况一览表

表9 单位：人

序号	单位名称	性质	学生数	地　址	校长
1	潍坊第十中学	公办	438	鸢飞路896号	刘素雁
2	潍坊市奎文区卧龙学校	公办	442	卧龙东街420号	唐乃梅
3	潍坊新华中学	公办	2994	民生东街80号	付　霆
4	潍坊市育英学校	公办	832	潍州路1262号	石玉明
5	潍坊市育才学校	公办	2019	通亭街12679号	李　红
6	潍坊市奎文区德润国际学校	民办	2288	樱前街以南九龙山庄以东	陈　静
7	潍坊市育华学校	公办	1779	文化南路16号	张雪梅
8	潍坊市奎文区南苑学校	公办	440	机场路2031号	刘美芹
9	潍坊市奎文实验初中	民办	2329	民生东街37号	刘金明
10	潍坊市实验小学	公办	1408	民生东街931号	张则香
11	潍坊日向友好学校	公办	2286	新华甲巷180号	王鹏飞
12	潍坊市奎文区实验小学	公办	1735	后门街6号	罗　军
13	潍坊中新双语学校	民办	2056	福寿东街新华西路	王新华
14	潍坊市奎文区潍州路小学	公办	1178	油房沟街2号	王秀芹
15	潍坊市奎文区胜利东小学	公办	2374	虞新街1号	谭晓升
16	潍坊市奎文区幸福街小学	公办	1838	幸福街14号	王长彦
17	潍坊市奎文区先锋小学	公办	935	四平路北20号	王玉英
18	潍坊市奎文区早春园小学	公办	1011	东风东街文化路早春园小区内	武洪波
19	潍坊市奎文区樱园小学	公办	1110	文化路南首86号	季冠梅
20	潍坊市民生街学校	公办	1503	潍州路1002号	张则香
21	潍坊市奎文区北宫大街小学	公办	823	北宫东街6252号	刘素雁
22	潍坊市奎文区圣荣小学	公办	1254	圣荣广场内	姜　华
23	潍坊市奎文区德信现代学校	民办	448	东风东街8024	郭　凤
24	潍坊市奎文区辅读学校	公办	94	东风东街苇湾小区北巷子	王致龙
25	潍坊市奎文区樱桃园小学	公办	1314	虞河路3317号	武法亭
26	潍坊市奎文区孙家小学	公办	1308	虞河路1981号	刘　涛
27	潍坊市奎文区金宝双语学校	民办	347	潍州路与金宝街交叉路口西200米路南	吴华鹏
28	潍坊市奎文区十里堡小学	公办	431	北海路与卧龙东街交叉口西南200米	蒋德荣
29	潍坊市奎文区南湖小学	公办	367	东风东街与新华路交叉口东北角	王　军
30	潍坊市奎文区宝通街小学	公办	904	宝通街宝通陆号小区东南	马传丽
31	潍坊市奎文区潍州湖小学	公办	785	潍州路与玉泉街路口西200米路南	刘新波

科技

综　述

【概况】 2017年，全区科技工作在提高自主创新能力上下功夫，不断完善科技创新体系，加快新旧动能转换步伐，不断集聚优势科技资源，优化创新创业环境，为全区经济社会发展提供强有力的科技支撑。至2017年年底，全区列入市级以上科技计划项目26项，争取上级无偿科研经费595.3万元，荣获潍坊市科技进步二等奖3项、三等奖1项。

【招院引所（校）】 2017年，与山东省内外20多家高等院校、科研院所进行对接交流。潍坊爱沃森物联网科技有限公司与航天科技集团第五研究院503所共建的“智慧农业联合实验室”、山东理工大学潍坊研究院项目通过市招院引所认定。

【齐鲁创智园建设】 2017年，围绕打造高新技术、新能源新材料、生物医药等一批科技型高端产业项目和集聚一批科研培训、技术转移、高等教育等产学研服务平台为目标，规划建设面积2平方公里的齐鲁创智园。储备入园项目53个，签约入园企业意向书15家，并启动科教创新园区创建申请工作。

【科技孵化中心】 2017年，入孵企业70多家，毕业企业3家；落户中科院山东综合技术转化中心等11家技术转移机构；引进博士9人；与上海科学院、复旦大学、山东大学、潍坊学院等近20家高校及科研机构签署战略合作协议。潍坊市科技孵化中心升格为省级科技孵化器。

2017年4月13日，区科技局在潍坊市科技孵化中心举办科技政策解读培训会

【众创空间建设】 2017年，全区共打造众创空间3家，其中，国家级1家、省级2家。山东珠联天下企业管理有限公司的“珠联天下创客空间”通过国家备案，成功创建为国家级众创空间。潍坊嗨创业企业管理有限公司的“嗨创公社”和潍坊天恒企业管理有限公司的“天恒创客基地”为省级众创空间。

【高新技术企业】 2017年，发挥高新技术企业对新旧动能转换的支撑带动作用，实施高新技术企业培育工程和小微企业“小升高”计划，提升企业创新和科技成果转化能力。全年申报（复审）高新技术企业5家。

【“产学研”平台】 2017年，通过向孵化器在孵企业发放调查问卷、在辖区内多个企业走访调研，了解企业自主创新情况，帮助解决在技术、合作等方面的难题。为企业申报建立企业研发中心，重点实验室，推动技术进步，新认定市级工程技术研究中心2个，市级重点实验室2个。

【开展高新技术企业申报调研】2017年，开展产业转型升级调研活动，先后完成高新技术企业年报统计、科技服务业统计、科普统计、科研机构统计、计划项目统计、地方财政拨款统计、国防科技调查统计等科技调研和统计工作，为推动产业转型升级提供第一手资料和依据。至2017年年底，奎文区高新技术企业产值占工业总产值的32.3%，比上一年增长46.9%。

【承办山东省创新竞技行动】2017年，承办山东省中小微企业创新竞技行动计划先进制造领域现场晋级活动，来自山东省及国内外共256家企业报名参加，113家企业成功晋级。其中奎文区8家企业晋级，数量为潍坊市各县市区并列第4。

知识产权

2017年，全区完成发明专利申请302件，发明授权78件。为专利权人争取省、市专利补助，发明专利维持费共计27.6万元。开展知识产权专题培训18场，培训人数3000人。依法开展专利行政执法工作，集中执法6次，查处并整改假冒专利3项。做好首家知识产权企业（山东潍坊精鹰医疗器械有限公司）贯标工作。做好专利奖评定工作，2017年专利奖评定工作实现“零突破”，山东海恒消防科技有限公司荣获市级专利三等奖，山东兆源智能科技有限公司获市级外观专利奖。

防震减灾

【概况】2017年，全区防震减灾工作以“作风建设年”为引领，以创建“全国防震减灾基层基础示范区”为目标，大力加强“地震监测预报、震害防御、应急救援”三大工作体系建设，突出重点，开拓创新，全区防震减灾总体能力得到全面提升。全年对6个建设工程进行抗震设防要求审批工作。2017年，区地震局获得“区级文明单位”荣誉称号。

【健全地震监测网点体系】2017年，制定震情跟踪工作方案，掌握震情动态。强化震情值班工作，执行24小时值班制度，关注周边震情和社会舆情。根据人员变动情况，对各街道防震减灾助理员，社区的观测员、速报员、宣传员组成的“三网一员”队伍进行调整。根据《潍坊市地震群测群防观测点管理办法》，对全区的群测群防观测点进行调整并重新审核登记，确定Ⅲ类观测点1个，Ⅳ类观测点6个。

【震害防御管理】2017年，将全部审批事项纳入政务服务中心窗口办理，完善行政审批事项清单。推进第五代《中国地震动参数区划图》落实，执行《地震安全性评价管理办法（暂行）》，对建设工程抗震设防情况进行定期检查。推进防震减灾法制建设，树立法治观念。加大行政执法力度，建立“双随机”制度并在网

2017 年 11 月 29 日，国家防震减灾示范县（市、区）考评验收工作会议在奎文区召开

上公开，开展行政审批、行政执法案卷评查工作，强化事中事后监管。

【应急救援体系建设】 2017 年，按照中国人居环境奖和全国文明城市复审要求，结合全区旧城改造和新区建设，利用已有的公园、绿地、广场、体育场馆、停车场、学校操场、人防工程、疏散地域和其他空地对辖区内的地震应急避难场所进行重新规划建设。地震应急避难场所由原来的 40 处增加到 50 处，应急避难场所面积由 89.1 万平方米增加到 104.5 万平方米，可容纳 51.3 万人，应急避难场所的布局更加合理。修订《奎文区地震应急救援装备库管理制度》，对发电机、背负式电台、手持单兵设备、卫星电话等应急设备定期检查维护并作好记录。奎文区地震现场工作队积极参加潍坊市地震局组织的地震应急演练。组织开展奎文区第九届地震应急救援技能培训，来自各街道、有关部门的 40 名地震救援队员和地震志愿者参加培训。

2017 年 7 月 21 日，奎文区举行地震应急救援技能实践训练

【科普宣传】 2017 年，发挥潍坊防震减灾科普馆的教育基地作用，组织机关干部、学校师生、社会团体、社区群众等参观 20 次，参观人员 1500 多人次，宣传影响力不断扩大。“5.12”防灾减灾日、“7.28”唐山地震纪念日、科技活动周和国际减灾日等活动期间，组织各种形式的“五进”宣传活动 30 多场次、发放资料 4 万多册。发挥报纸、电视、新闻网站等媒体和政府门户网站的优势，做到电视上有节目、报刊上有文章、网络上有内容，不断扩大宣传效果。

文化 卫生 体育

文化事业

【概况】 2017年，全区街道有综合文化站8个，其中，国家一级综合文化站2个（广文街道综合文化中心、大虞街道综合文化中心），二级综合文化站1个（梨园街道综合文化中心），三级综合文化站2个（廿里街道综合文化中心、潍州路街道综合文化中心），其他街道综合文化中心均达到国家三级以上建设标准。全区有社区综合文化服务中心67个，每个按照文化活动广场、特色文艺表演队伍、多功能文化活动室、公共电子阅览室、图书室、培训室、书画室、文化夜校、文化长廊等九位一体的功能要求，规划和建设文化中心，建成达标率为100%。实现各类公共文化服务全覆盖，为居民免费提供丰富的文化资源和文化设施，让居民就近享受到免费的公共文化服务。奎文区将“百姓书房”工程提升建设纳入政府工作报告，列入年度重要工作目标，全区建有“百姓书房”100家，其中装有卫星数字书屋64个；连续多年投资提升“百姓书房”藏书量；2016年至2017年，为各社区免费配送图书1万多册、报刊130多份，为方便群众阅读提供保障。连续多年超额完成数字化公益电影放映工作，将固定放映和流动放映相结合，增加在敬老院、军营、建设工地等场所的放映场次，让大家享受到高品质的数字电影服务。

2017年，全区培育各类素质优良、充满活力的基层文化服务队伍150多支，其中，管理服务队伍8支、广场舞队伍136支、庄户剧团2支、民间艺术团2支、志愿者队伍2支，参与人数5000多人。同时，开办各类培训班，对基层各类文化队伍分层次、分类别举行专题培训。每年组织举办各类文化活动300多场次、相关培训200多场次、展览30多场次，惠及群众60万多人次。在“送福进社区，欢乐进万家”文化惠民活动中，先后走访8个街道20多个社区，现场写春联、福字共计6000多件，送演出150多场次，受益群众20万多人，为社区群众营造良好的节日气氛。在“在当代”奎文油画双年展中，40多名艺术家的油画作品，集中展示奎文区建区之后社会发展变化的崭新风貌。

2017年6月15日，奎文区举办文化旅游新闻出版系统安全生产培训

【文化执法】 2017年，奎文区文化市场综合执法局（以下简称区文化执法局）加大文化执法力度，深入组织“扫黄打非”行动，严厉打击和查处图书报刊、电子音像、印刷复制、网吧网咖、游艺娱乐、电影放映等经营领域和网络信息中的违法违规活动，取得潍坊市“扫黄打非”量化考核

第一名的优异成绩。区文化执法局被潍坊市“扫黄打非”工作领导小组授予“全市‘扫黄打非’工作先进单位”，被潍坊市文化市场综合执法局、潍坊市“扫黄打非”工作领导小组办公室授予“‘2017—忠诚卫士’行动先进单位”，被奎文区委、区政府授予“事业单位绩效考评先进单位”“文明城市创建工作先进单位”等荣誉称号。

参与执法改革　2017年8月30日，印发《潍坊市奎文区综合行政执法体制改革方案》，整合15个领域的执法职能和机构，并入新成立的奎文区综合行政执法局。全区设人力资源和社会保障、交通运输、文化执法、卫生和计生、安全生产监督、市场监管、环境保护、综合行政执法8支执法队伍，区文化执法局执法职能单独保留。

强化文化执法　2017年，将日常检查作为执法常规手段，采取划片包靠、错时检查、重点巡防、技术监控、社会监督“五项措施”，开展卫星地面接收设施、文明城市复审等文化市场专项整治行动。检查文化经营单位970个，取缔非法出版物经营摊点26个，收缴各类非法出版物1460多件，处理群众举报26起，查办案件44件。

组织“扫黄打非”行动　2017年，履行奎文区“扫黄打非”办公室职责，封堵查缴各类有害出版物和非法出版物，区文化执法局配合有关部门对出版物集中经营场所突击检查，查获侵权盗版出版物300多册；联合潍坊市文化执法局开展“私人影院”新领域执法检查；联合有关部门对校园周边文化环境进行综合整治，取缔校园周边200米内的网吧和游戏厅；协同公安奎文分局加大网上“扫黄打非”力度。

承担重大活动　2017年，连续四年承办“潍坊市暨奎文区侵权盗版及非法出版物集中销毁活动”现场会，参加活动现场会的各级领导和群众代表200多人。承担、参与山东省文化厅、潍坊市文化执法局组织的系列文化市场“双随机一公开”执法检查活动。按照《酒泉市文化广播影视新闻出版局、潍坊市文化市场综合执法局关于开展县市区级文化市场综合执法对口交流协作活动的通知》要求，为中西部地区文化市场综合能力提升提供观摩现场。

助力“文化名市”　2017年，按照新旧动能转换的要求，引导网吧向网咖式服务场所转型、小歌舞厅向大型“绿色”量贩式KTV提升、普通电影院向巨幕3D影剧院升级，完成率约占总数量的30%，提升全区的文化软实力。参与全区文化产业文明提升、文化惠民、文化产业培育、文化传承发展、文化品牌“五大工程”建设，支持优质企业发展壮大，引领都市文化消费新时尚。

开展普法宣传　2017年，通过文化、科技、卫生“三下乡”、“4·26”世界知识产权日、“五区党风政风热线”及广播、电视、报纸等形式大力开展普法宣传，宣传群众理解、支持和参与文化

2017年6月8日，奎文区开展第十二个非遗日宣传展示活动

执法及“扫黄打非”工作。走进潍坊日向友好学校开展“文化执法进校园”暨“扫黄打非·护苗2017”专项行动，教授盗版出版物基本辨别知识，开展以“抵制有害读物、拒绝侵权盗版、远离网吧危害、促进健康成长”为主题的千人师生宣誓、签名活动。

【传统文化】 开发利用全区各类文化资源，把资源优势转化为文化发展优势。举办“走进经典”等展演讲座50多场。举行“文化志愿服务进校园暨市民文明素养提升工程”4期，在6所试点学校授课300多场，培训人员达1000多人次，推进传统文化进校园、进课堂。开展“文化名市”建设“九名”（名人、名胜、名牌、名品、名馆、名典、名企、名事、名论）系列评选推荐工作，有1件“名事”、1位“名人”、1处“名胜”、2件“名品”入选潍坊市“九名”目录。完成《中国民间故事全书·山东省潍坊市奎文区卷》样书编纂。打好群众文化、道德建设、文化传承“三张牌”，坚持力量向下、重心下移，形成“品质广文”“北海大明星”“最美梨园”“幸福潍州”“德兴北苑”“和美东关”“大虞文化小镇”“壮美城南”等8个街道文化品牌，坚持“文化名市”为民所享、为民所乐的建设理念。

【城市文化】 加大文艺精品创作力度，挖掘地方丰富文化资源，推出具有“奎文风格”的精品力作，推荐的10件文艺作品、2名个人、1家企业荣获“第四届风筝都文化奖”。推荐的1篇长诗和1篇散文荣获“潍坊市文艺作品征集一等奖”。奎文区美术家协会会员在国家级展览中获奖6项。举办“印象·写奎文”征文比赛活动，面向全市征集作品50篇并结集成册，进一步打造“崇文尚德·大美奎文”城市文化品牌。按照潍坊市对奎文区提出的“提升‘创意设计’品牌”的要求，推动文化与“互联网”、创意设计、商贸等业态融合发展，在全市率先成立文化产业电商联盟，制订《奎文区“互联网+文化产业”行动方案》，搭建“文星网”、京广传媒O2O青年艺术平台等载体，全影网络、发生影业、无觉映画等互联网文化企业发展迅速。抓住文展会、山东文化惠民消费季等时机，举办文展会分会场、中国紫砂高峰论坛等各类会展活动80多场次，繁荣辖区文化市场。

2017年11月7日，奎文区举办的核雕技艺公益培训现场

【文化产业】 文化产业扩大规模 把文化教育旅游业作为全区“十个重点产业”之一，推动形成中部文化创意中心区、南部文化旅游融合发展区、北部非遗传承聚集发展区“三大文化产业聚集区”。加大对文化产业发展的扶持力度，设立奎文区文化产业扶持资金。发展创意设计、文化商贸、互联网、文化旅游、会展拍卖等重点文化产业，打造“创意设计”之区。2017年，全区文化产业增加值实现14.02亿元，占GDP比重的5.88%。

产业主体发展壮大 实施重点带动战略，通过扶持引导、调度协调、招商推介等方法，充

2017 年 7 月 11 日，在奎文区举办的刺绣培训班上，传承人李银凤为学员讲解刺绣知识

分挖掘现有文化资源，培育打造一批在全省乃至全国有影响力的项目、园区和龙头企业。潍坊国际创意港提升项目纳入“文化名市”建设关键支撑项目，1532 文化产业园、全影婚嫁产业园、文化教育创意产业园、京广图书馆一体化平台、京广文化广场 5 个项目纳入“文化名市”建设重要支撑项目，项目总投资额超过 17 亿元。1532 文化产业园对大英烟公司百年旧址进行保护性改造和功能重塑，开展“一园”“五区”“三基地”“两空间”规划建设，园区一期工程已招商入驻 176 家企业。全影婚嫁产业园 2017 年 10 月开园，建设行业一流的大数据中心、婚嫁文化体验中心等，成为全国婚嫁产业的“风向标”。文教创意产业园入驻市图书馆奎文分馆等知名文创机构 60 多家，聚集效应明显。京广图书馆一体化平台项目在潍坊辖区开设商业图书馆 3 家，建成社区图书馆 11 家，农家书屋 1 家，高校漫悦美文创空间 1 家。

融合发展形成态势 推动文化与“互联网”融合：在全市率先成立文化产业电商联盟，制订《奎文区“互联网 + 文化产业”行动方案》，搭建“文星网”、京广传媒 O2O 青年艺术平台等载体，全影网络、无觉映画等互联网文化企业发展迅速；推动文化与创意设计融合：依托潍坊国际创意港、世纪环球中心等园区、楼宇发展文化总部经济，引进孵化、做大做强一批以创意设计为支撑的现代文化实体；推动文化与商贸融合：举办中国紫砂高峰论坛、俄罗斯油画交流展、非遗展演等各类活动，推动文化产品“走出去”，增强文化品牌的知名度和影响力。京广传媒、全影网络两家企业在“新三板”挂牌。

广播影视

【概况】 奎文区广播电视媒体设有一个电视频道“奎文电视”（潍坊有线电视 11 频道）和一个广播栏目“奎文新闻”（与潍坊人民广播电台合办，100.2 新闻频率）。奎文区广播电视站下设新闻部、专题部、总编室、技术（播出）部等 4 个部室，主要负责新闻和专题节目的采、编、制、传、播，主要栏目有：电视新闻栏目《奎文新闻》，电视专题栏目《奎文在线》和《活力奎文》，电台新闻栏目《奎文新闻》。

【平台建设】 2017 年 2 月，根据潍坊市文广新局同意设立奎文区广播电视站的批文。是年4月，与潍坊电视台合作结束，自办电视节目不再通过潍坊电视台图文频道播出。是年 5 月至 8 月，《奎文新闻》节目通过网络视频方式播出。是年9月，与潍坊有线网络公司合作，开通潍坊有线电视11频道即奎文频道，结束了奎文建区之后无自有广播电视平台的历史。

【栏目创新】 围绕全区中心工作和新闻立台的定位，认真策划栏目，对节目进行全新设计包装。2017年9月1日，推出新闻栏目《奎文新闻》，通过权威报道传递党委政府声音，栏目周一至周五每晚19:40播出，每期10分钟。是年9月10日和10月14日，先后推出专题栏目《活力奎文》和《奎文在线》，以专题报道形式深度反映全区经济社会发展和民本民生保障等方面的成就。《活力奎文》每周日晚19:40播出，每期10分钟，《奎文在线》每周六晚19:40播出，每期10分钟。电视栏目《奎文新闻》安全播出80期，《奎文在线》安全播出10期，《活力奎文》安全播出15期。电台栏目《奎文新闻》安全播出156期。奎文区广播电视站制作、播出社会主义核心价值观、低碳出行等公益广告53条，累计播出时间达1.73万分钟。

【区内宣传】 围绕“作风建设年”活动、“四个城市”建设、“征迁清零”、拆违、重点项目、学习贯彻中共十九大会议精神、提升群众满意度等主题，先后策划推出“汇集正能量·展现新作为”“弘扬四种精神 建设四个城市”“学习贯彻十九大”“重点项目巡礼”“加快征收拆迁 建设美丽奎文”等专栏10多个，组织记者深入一线采访报道，全面反映奎文发展新成就。各栏目共制作、播出时政新闻300多条，“四个城市”建设新闻专题和新闻消息100多条，“作风建设年”新闻专题和新闻消息70多条，征迁清零、棚改、拆违工作先进事迹和先进个人类新闻专题和新闻消息50多条。特别是对作风建设人物访谈、棚改8步工作法、“四小镇两园区”等工作进行集中宣传取得了良好效果。

【区外宣传】 做好同中央和省、市级广电媒体的协调沟通，邀请上级媒体记者来奎文采访，外宣发稿数量和质量不断提升。从2017年9月建站后，在中央电视台发稿2篇，山东电视台发稿1篇，市级广播电视媒体发稿200多篇。中央电视台新闻联播播出的《“砥砺奋进的五年”筑实立教之本 办好人民满意教育》，山东电视台播出的《雷锋党支部：为民服务 接续奋斗》，潍坊电视台播出的《奎文：以作风大转变助推发展大跨越》《奎文区颁出首张“三十一证合一”营业执照》等一批新闻稿件，全方位、多角度展现奎文区以“四个城市”建设为统领，加快建设现代化中央活力区新作为、新成效和新突破。

文物保护

2017年，潍县东关城墙、廿里堡火车站古建筑群文物修缮工作被入选省级重点项目数据库，并列入山东省重点专项文保资金扶持对象。孙吕家古墓、武家遗址等3处省级文保单位获得省级文物巡护员资金2.1万元扶持。从各街道选聘6名兼职文物巡护员，采取定期与不定期相结合的巡查方式，加强对奎文区各级文物保护单位的巡查和保护；结合各文物保护单位的实际，印制“户口本”，对巡查发现的问题及时列出隐患清单。建立“挂号销号”机制，将“挂号”清单随时提交辖区街道，指导和责成产权使用单位采取强力措施，限时办结。全年安全巡查达2000多人次。

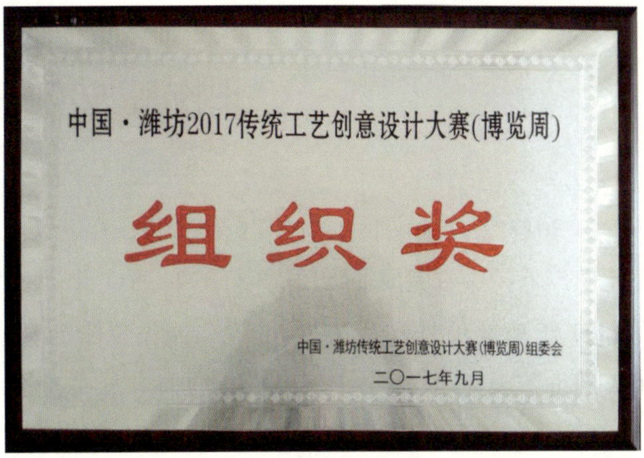

2017年9月，奎文区文化部门组织参加潍坊非遗博览周获组织奖

2017年3月25日，山东省文物局副局长余少平到老潍县东关城墙二期修缮保护工程（奎文门南北段城墙）进行古建筑修缮保护技术指导

2017年11月30日，奎文区政府分管领导到老潍县东关城墙二期修缮保护工程和管理用房规划施工现场调研。区文化旅游新闻出版局及施工单位负责人参加调研

非物质文化遗产保护

【概况】2017年，奎文区非物质文化遗产保护中心完成非物质文化遗产代表性项目和代表性传承人的推荐申报、非遗宣传展示、非遗免费培训等各项工作。奎文区申报并被批准为“第五批山东省民间文化之乡”。

【非遗项目名录申报】2017年4月7日，“红炉锻制技艺”“煎饼制作技艺”“钩针编织技艺”等3个项目录入第三批奎文区级非物质文化遗产名录。是年12月13日，“红炉锻制技艺”和“富郭庄芥末鸡制作技艺”申报为“潍坊市第五批市级非遗名录”。

【非遗知识展演宣传】2017年6月8日，在奎文区胜利东街举行非物质文化遗产知识宣传活动，制作宣传条幅2条、非遗展板22块、宣传页2000份。宣传展示各级别非物质文化遗产项目共18项，其中省级项目2项、市级项目9项、区级项目7项。每个项目代表性传承人在现场宣传演示，解答群众非遗问题。组织非遗项目和非遗传承人参加潍坊市手工艺创意大赛及非遗博览周，推荐报送皮刻、剪纸、布艺、古琴等24件手工艺作品参加创意大赛。组织潍县锣鼓、仿古铜印铸造技艺、古琴制作技艺、红炉技艺、皮刻技艺、恒盛斋点心制作技艺、庄氏正骨等7个非遗项目参加博览周，现场开展宣传展示、制作体验、实物观摩

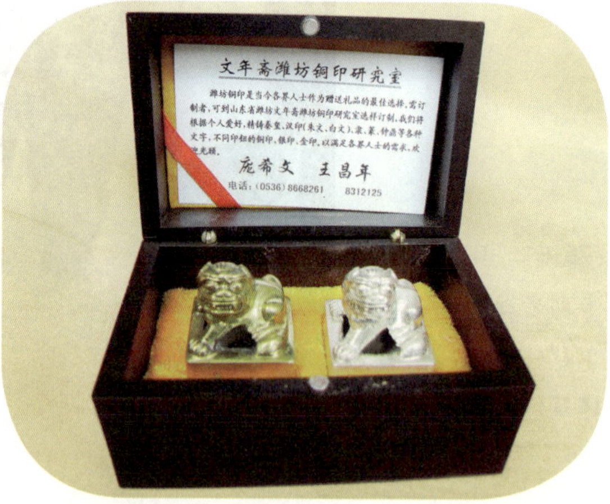

◀潍坊仿古铜印铸造技艺传承人王昌年、庞希文制作的仿古铜印

2017年9月14日，潍坊仿古铜印在非遗博览周上展示

潍坊仿古铜印铸造技艺传承人王昌年（右）、庞希文（左）

2017年8月27日，奎文区2017年第二届古琴演奏公益培训在潍坊市大拙琴韵古琴艺术中心举行结业典礼

和义诊等活动。

【技艺保护传承】 **潍坊仿古铜印铸造技艺保护传承** 潍坊仿古铜印铸造技艺于2009年录入山东省级非遗名录。2017年，建设潍水文化生态保护实验区，在传习所宣传展示潍坊仿古铜印铸造技艺和培养传承人工作，传承和发展非物质文化遗产。潍坊仿古铜印铸造技艺传习所位于奎文区北苑街道则尔庄社区10排14号，总面积245平方米。制作专用设备有焦炭炉1台、电炉2台、制模注蜡机1台、组合工具等，有制模原材料、配料、进口铸造用石膏、焦炭等，总资产额为50万多元。潍坊仿古铜印铸造技艺项目有学员7名，每年传习时间在1000多小时，学员都能独立完成全部操作。传承人改进铜印印钮的样式、印章大小、造型结构等，创新出“十二生肖印章、人物造型印钮、中空套印”等形式，使铜印铸造古老艺术焕发新活力。是年9月，潍坊仿古铜印铸造技艺参加潍坊手工艺创意大赛及非遗博览周活动，现场进行宣传展示、制作体验、实物观摩等活动。

中国古琴制作技艺保护传承 中国古琴制作技艺于2013年11月录入奎文区级非遗名录，于2014年12月录入潍坊市级非遗名录，保护单位为“潍坊石琴山房古琴艺术中心”。2017年，奎文区拨付专项非遗保护资金约15万元，用于支持古琴传习所建设、宣传展演、传习、公益培训等活动。是年9月，古琴项目参加潍坊手工艺创意大赛及非遗博览周活动，现场进行宣传展示、制作体验、实物观摩等活动，马荣盛制作的无底古琴“大拙式古琴”荣获“优秀创意奖”。是年，奎文区联合大拙琴韵古琴艺术中心开办古琴公益培训班4期，共计72课时，培训学员约80人，被潍坊市文广新局评为“非遗保护亮点工作先进单位”。

在奎文区2017年第二届古琴演奏公益培训班上，马荣盛为学员进行讲解

卫　生

【概况】2017年，奎文区各级各类医疗卫生机构有293家（含医院32家，社区卫生服务机构26家，专业公共卫生机构2家，其他含诊所、卫生室等233家），卫生技术人员3878人，床位2612张；门诊、急诊142.98万人次，出院病人5.27万人；价值1万元以上的医疗设备有1283台（套），总价值为2.68亿元；医疗卫生机构资产总值13.67亿元，房屋建筑面积26.87万平方米。2017年，区卫生和计划生育局（以下简称区卫计局）获得“部门科学发展综合考核先进单位”“招商引资工作先进单位”“文明城市创建工作先进单位”“宣传思想工作先进单位”“市政务服务热线工作先进单位”“安全生产先进单位”“区级文明单位”等荣誉称号；被潍坊市授予“全市重大疾病防控及突发公共卫生事件应急处置工作先进集体”“全市招医引院工作先进单位”等称号。

2017年4月26日，奎文区卫计局在潍坊医学院附属医院举办奎文区脑卒中防治培训班

2017年6月，奎文口腔医院医生到辖区各小学组织学生家长进行牙齿窝沟封闭防龋项目宣教工作

【医疗质量管理】2017年，开展“医疗质量精细化管理年”等活动，加强医疗质量安全管理。以高血压、糖尿病、脑卒中3个病种为重点，建立“基层首诊、双向转诊、急慢分治、上下联动”的分级诊疗制度，形成小病在基层、大病进医院、康复回基层的就医格局，方便群众就医。双向转诊模式推行之后，全区基层医疗机构上转至潍坊市第二人民医院病人共1026人次，下转病人144人次；潍坊市第二人民医院呼吸医联体（除奎文）上转病人1852人次，下转病人728

人次。是年5月，潍坊市第二人民医院依托王辰院士专家工作站优势，成立全国地市级首家呼吸专科医联体，至2017年年底，潍坊呼吸专科医联体成员单位达到111家，向基层医疗单位赠送肺功能仪111台，雾化器60台。2017年6月至2018年1月，开展集中培训6次，到基层会诊、查房、授课、普及呼吸病学科专业知识54次。

【中医药管理工作】 2017年，组织各医疗机构中医药专家及志愿者“进社区、进家庭、进乡村、进企业、进机关、进学校”，通过举办讲座、义诊等形式普及中医“治未病”理论和养生保健知识。加强基层中医适宜技术推广，以潍坊市中医医院培训基地为载体，对奎文辖区基层医疗机构医务人员进行全员培训。是年9月，制定出台《奎文区基层中医药服务能力提升工程“十三五”行动计划实施方案》。

【基层卫生】 2017年，完善社区卫生服务机构功能定位和服务能力，引入第三方组织进行考核，保证项目落实和资金安全；实施家庭医生签约服务，重点人群签约服务率达到60%；开展居民健康档案复核升级行动，确保居民健康档案的真实性和规范性；从房屋建设、设备配置、人员配备、服务功能和运行管理5个方面，达标建设社区卫生服务机构；基本药物制度实现全覆盖，提高基层用药灵活性，社区卫生服务机构可以配备使用采购金额占30%非基本药物；加强基层医疗机构信息化建设，完善HIS系统和家庭医生签约服务信息系统，实现基本公共卫生、基本医疗和家庭医生签约服务的互联互通，推行“互联网+公卫+医疗+家医”服务新模式。

【计划生育服务管理】 2017年，全区出生人口数为5755人，其中男性2930人，女性2825人，出生人口性别比为103.7，人口自然增长率为6.37‰，死亡率为9.68‰。落实免费婚检、孕前优生健康检查、唐筛、新生儿“四病筛查”和免费PKU患儿特殊食品补助“五免”制度，全年有7700多人次享受到“五免”服务。开展人口关爱募捐活动，募集捐款共13.4万元，全部用于救助计生困难家庭。走访帮扶计生困难家庭61户，发放帮扶资金12.2万元；救助贫困大学生23人，发放救助资金4.68万元。

【公共卫生服务】 2017年，加强重点传染病预防控制，落实疫情研判、监测和干预等综合性防控措施，全区无重大传染病暴发流行。做好免疫规划工作，奎文区国家免疫规划“八苗”全程、及时接种率为92.02%，获得“潍坊市免疫预防规范区”称号。开展精神疾病调查摸底和精神卫生宣传工作，利用“世界精神卫生日”等时机，组织新华医院举办健康教育讲座、入户宣讲、设

2017年7月11日，北海路街道南胡社区工作人员在“7·11”世界人口日期间举行宣传活动

立宣传栏等，向患者家属宣传精神卫生知识和医疗保险政策，让更多的严重精神障碍患者得到及时、有效、规范的治疗，奎文区精神疾病综合防治能力得到提升，荣获“潍坊市精神障碍综合防治示范区”称号。组织人员参加潍坊市卫生应急技能大赛，获得团体三等奖，有9人获得个人奖。在潍坊市寄生虫病防治工作岗位技能大赛中，获得三等奖，有8人获得优胜奖。在潍坊市结核病防治工作岗位技能大赛中，获得二等奖。开展卫生计生综合监督规范年活动，提升监督执法能力，全年对460多家医疗机构进行检查，取缔“黑诊所”8家。在省级督导医疗机构依法执业、医疗美容整治、社会资本办医疗机构依法执业专项行动中，奎文区代表潍坊市迎接山东省卫计委的督导检查，督导结果位次列山东省前列。在全国2017年度卫生计生执法监督微课优秀作品评选活动中，申报的《如何查处互联网上销售无卫生许可批件涉水产品案例》获得全国二等奖。组织廿里堡街道申报省级卫生乡镇并通过评审，山东广潍集团有限公司通过省级卫生单位评审，廿里堡街道崇文街社区、新茂社区，潍州路街道星河社区，广文街道东上虞社区通过省级卫生社区评审。印发奎文区《关于健康城市健康村镇建设的实施意见》，启动全区健康城市健康村镇建设工作。在春、秋两季开展除“四害”集中行动，全区鼠药投放率、覆盖率和有效性为96%，累计投放鼠药5200公斤，清除鼠类滋生地130多处，新建毒饵站2660处。

奎文区获得2017年度山东省第七届全民健身运动会先进单位

【计生宣传工作】 2017年，成立卫计网络舆情监控工作领导小组，构建实时监测，及时反馈和资源共享的工作机制。成立卫计宣传工作信息群，各单位明确专人负责牵头工作。围绕国家、省、市重大政策出台和重点工作宣传要求，通过宣传车、上门宣讲、张贴标语、培训等方式，广泛开展政策宣传活动。

2017年5月7日，潍坊市第二人民医院承办的由山东省内外呼吸病治疗专家参加的第三届潍坊呼吸论坛在潍坊富华大酒店举行

·重点医院选介·

【潍坊市第二人民医院（潍坊呼吸病医院）】 潍坊市第二人民医院（以下简称潍坊二院）位于奎文区院校街7号，是一所学科设置齐全、医疗设备完善，以呼吸疾病诊治为特色，集医疗、科研、教学、预防、保健、康复、急救为一体的三级甲等综合医院。医院占地面积6.70万平方

潍坊市第二人民医院

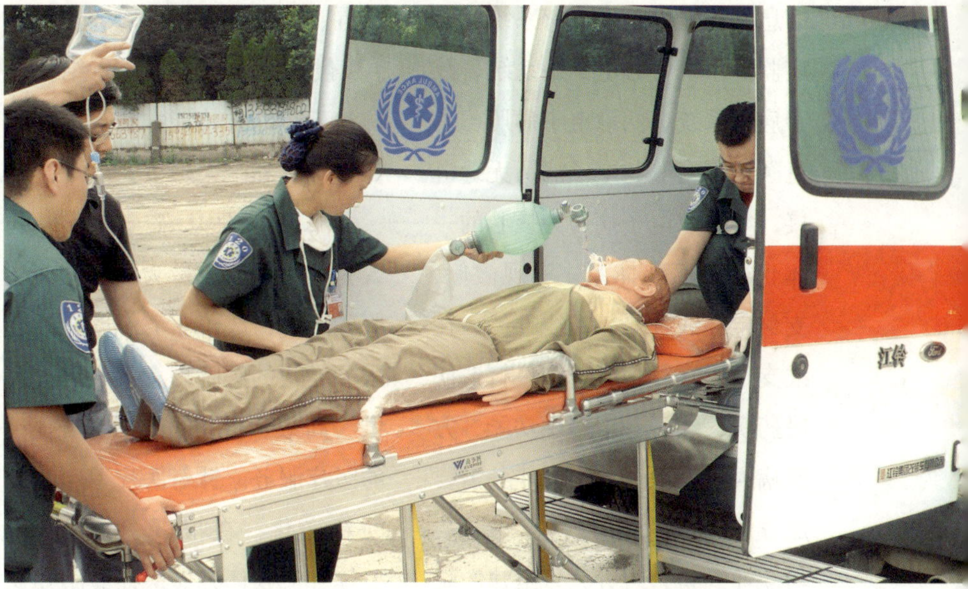

2017 年 7 月，潍坊市第二人民医院医生进行紧急医学救援演练

米，总建筑面积 5.10 万平方米。截至 2017 年年底，医院有大型医疗设备（器械）604 台（套），有编制病床 1000 张，开放病床 1006 张，全年门诊接诊量 20.90 万人次。在专职医务人员中具有正高职称的 29 名，副高职称的 77 名，各类专家人才共 106 名。2017 年，潍坊二院先后荣获“潍坊市卫生计生系统工会工作先进集体”“潍坊市医疗器械不良事件监测报告先进集体”“工会工作先进单位”“诚信建设示范单位”“全市改善医疗服务示范医院”“潍坊市女职工工作先进集体”等荣誉称号。

医药卫生体制改革　深化医药卫生体制改革，构建基层首诊、双向转诊、急慢分治、上下联动的诊疗模式。通过开展双向转诊绿色通道、派出专家坐诊、查房带教、预约挂号、专业培训和免费进修、配合基层开展慢性病管理、信息化建设等工作，扎实推进双向转诊、分级诊疗工作的落实。按照医改要求，控制药品费用增长，促进临床合理用药。

医疗业务提升　2017 年 5 月，成立全国首家地市级呼吸专科医联体，成员单位 111 家，开展集中培训 6 次，到基层会诊、查房、授课、普及呼吸病学科专业知识 54 次，提升基层医疗卫生机构呼吸病规范诊治水平。医院在国内呼吸病治疗领域享有较高声誉，呼吸病学科和胸外科是市重点学科、潍坊医学院硕士研究生培养点。是年 7 月 31 日，医院召开首届理事会成立大会，按程序产生首届理事会和监事会。扎实推进院士专家工作站建设，成功举办第三届潍坊呼吸论坛，以信息系统为支撑，打造大数据中心。医院投入 600 万多元用于

2017 年 9 月 7 日，潍坊市第二人民医院在门诊楼五楼会议室举办青年医师沙龙

信息化建设，手术麻醉系统、重症监护系统、心电网络系统、数字病理系统、门诊电子病历、手机医信平台等与电子病历无缝链接，实现以电子病历为核心的一体化数字医院体系。实现微信、支付宝在线挂号、在线预约、在线支付、在线报告查询；打造便民药房，实现一卡多用功能，方便病人看病取药。根据业务需要成立呼吸与危重症医学科八部，与职业病科合署办公。组建医院文化建设办公室，有力推动潍坊呼吸病医院专科特色发展。参加国家、省、市级多项比赛，并获得优异成绩。其中，王世波、于晓莉代表医院参加京港感染论坛影像大观园比赛取得第一名；刘兰志参加“潍坊援藏肝包虫病筛查医疗队”，圆满完成工作任务；严琨、贾江萍、程娟、邱银伶等4人代表潍坊市参加全省结核病防治工作岗位技能大赛，荣获团体二等奖和个人二等奖。

医院文化建设 坚持以病人为中心、以质量为核心，美化服务环境，改善服务态度，改革服务模式的医院理念，为病人提供“高效、便捷、优质、热情”的医疗服务。针对医疗卫生政策的新变化，在报纸、电视、广播等主流媒体开展医疗健康知识宣传教育，全年发表学术论文83篇，其中SCI收录期刊论文9篇；北大核心期刊发表论文10篇；省级及以上学术期刊发表论文64篇。参编著作45部，获得发明专利9项，实用新型专利13项。

基层卫生工作 2017年，新建居民家庭档案4372份，建立规范化电子档案35288份，建档率占总服务人口的86%。年度高血压患者健康管理2432人，完成高血压随访11781人次；糖尿病患者健康管理1056人，完成随访5771人次；冠心病患者健康管理781人，完成随访3103人次；脑卒中病患者健康管理307人，完成随访1213人次。2017年，0岁—6岁儿童健康管理4231人，完成儿童健康发育指导10161人次，其中新生儿984人，进行入户新生儿访视941人次，新生儿访视率95.63%。全年完成一、二类疫苗接种40730针次，比上一年增长10451针次，增幅25.65%；为辖区内65岁以上老年人免费体检2436人次；同时开展中医保健服务，进行中医体质辨识和自理能力评估共管理2392人；根据季节变化、疾病发病情况，制作宣传栏12期；制作针对常见病、慢性病、传染病防治、食品安全等健康教育宣传折页12种；主题日期间进行结核病防治、高血压、糖尿病等宣传咨询活动9次，发放各种宣传资料5000多份，受益人数约2万人；开展健康讲座12期，向居民讲解常见病、多发病、慢性病、中医中药等健康常识。根据不同主题日开展健康讲座，接受服务居民456人次。加强各类传染病的管理，全年未发现传染病疫情。对辖区结核病

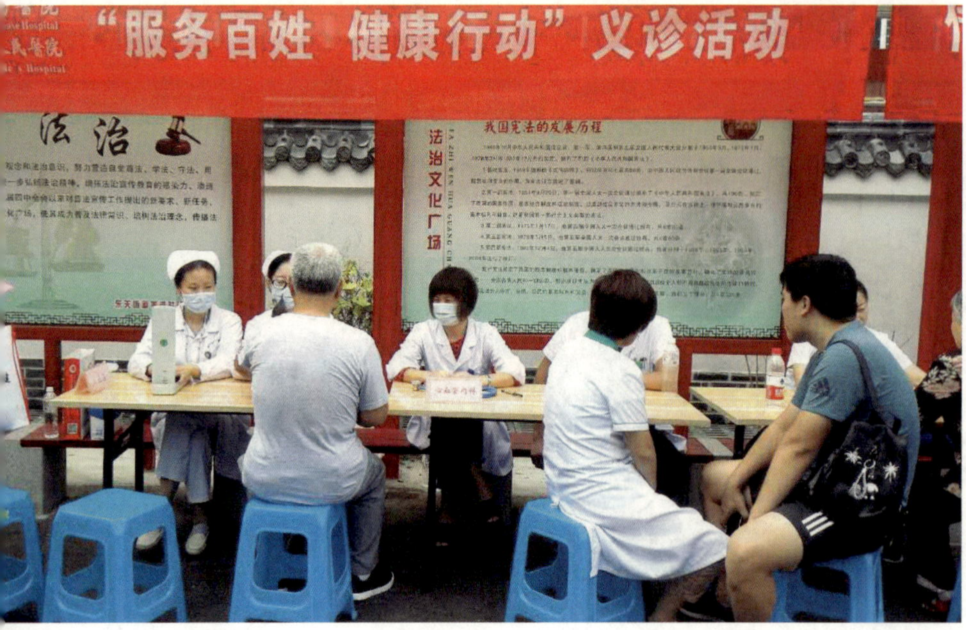

2017年9月9日，潍坊市第二人民医院医生到东关街道苇湾社区举行义诊活动

患者进行定期随访，管理结核病患者 8 人，管理率为 100%。按照区疾控中心要求对辖区内手足口病患儿进行随访，共管理采集标本 20 人。开展艾滋病健康讲座 1 次，制作宣传栏 1 个，艾滋病日开展健康咨询活动 1 次，对农民工艾滋病情况进行干预，发放避孕药具，艾滋病宣传折页等材料。

体　育

【概况】 2017 年，奎文区把增强人民体质、提高健康水平作为根本目标，实现群众体育、竞技体育和体育产业的协调发展。全年组织参加上级体育赛事，开展全民健身活动，兴建全民健身工程，免费开展国民体质监测，开展健身志愿服务活动，推动体育事业发展，圆满完成各项任务。2017 年，奎文区荣获“山东省第七届全民健身运动会先进单位”“山东省县级体育总会组织建设先进单位”“潍坊市第 34 届国际风筝会潍坊县市区风筝放飞大赛团体二等奖”“潍坊市第五届老年人运动会组织奖”；奎文区体育局获得“潍坊市文明单位”“潍坊市县市区体育总会工作突出贡献奖”等称号。

【赛事成绩】 2017 年，参加潍

2017 年 5 月 28 日，奎文区全民健身运动会登山大会在潍坊浮烟山森林公园举行

2017 年 4 月 29 日，奎文区全民健身运动会青少年围棋升级升段邀请赛在奎文区早春园小学举行

2017 年 6 月 4 日，奎文区全民健身运动会毽球邀请赛开幕式在潍奥健身综合馆举行

坊市体育局组织举办的潍坊市青少年系列锦标赛，共获得奖牌112枚，其中，金牌44枚、银牌31枚、铜牌37枚；5支参赛代表队获得“体育道德风尚代表队”称号。

【主要赛事】2017年，组织举办奎文区年度全民健身运动会系列项目比赛、山东省第九届“百千万”三项赛事（潍坊赛区）预赛、潍坊市第七届全民健身运动会系列项目比赛、潍坊市2017年度中小学生体育联赛各项目比赛；承办潍坊市体质达人争霸赛及趣味夺冠赛、全国第二届“万步有约”职业人群健走激励大奖赛活动、2017潍坊市首届自行车城市联赛奎文站暨奎文区全民健身骑跑赛活动、潍坊市足球大联盟主办的冬季室内5人制足球联赛、潍坊市第七届全民健身运动会气排球比赛，确保做到“每月有活动、月月有比赛”。

【全民健身工程】2017年，加快建设城市“十分钟健身圈”，满足社区居民就近、就地参与健身的愿望，为辖区14处公共区域及社区争取配建全民健身工程24套，室外健身器材138件（其中，新建6处社区健身场地，对8处公共区域健身设施进行淘汰更新）。

【国民体质监测】2017年，邀请潍坊市国民体质监测中心检测车及专家，分别在樱南、庄家、梨园等社区，免费为居民进行亚健康、骨密度、糖基化、听力等项目的监测，监测人数约500多人。通过监测和体育健身专家的讲解，使广大居民了解自身的身体素质现状，掌握科学健身和运动的方法。

【健身志愿服务活动】2017年，动员辖区各级社会体育指导员和社会力量积极开展全民健身志愿服务活动；丰富全民健身的内容，扩大竞技体育的群众基础；普及健身项目相关知识，提高全民健身志愿服务队伍的专业化水平和服务质量。

【社体指导员队伍】2017年，发挥各级社会体育指导员在进行日常指导、服务方面的作用，做好社会体育指导员管理服务工作，提高社会体育指导员综合素质和指导能力。全年审批注册区三级社会体育指导员105人，形成完善的社会体育指导员培训体系。

【体育社团组织】2017年，徒步协会举办徒步大赛，参赛人数1000多人；毽球协会举办山东省毽球邀请赛，参赛队伍34支；足球协会举办中小学生体育联赛足球大赛，参赛队伍33支，是规模最大和参加人数最多的一次；国际象棋协会、登山协会，乒乓球、围棋俱乐部也先后举办不同形式的比赛。至2017年年底，全区有体育产业类民办体育社团、俱乐部（奎文区青少年体育培训基地）23家，其中，体育社团7家、单项体育俱乐部16家，涉及开展各类项目。吸引广大市民和社会各界的广泛关注和参与，推动全民健身活动的开展，为推行政府购买服务、管办分离等工作打下基础。

社会民生

人力资源和社会保障

【技术人才队伍建设】2017年，实行网上在线学习模式，加大继续教育力度，全区已有4800多人完成公共科目继续教育。加强对卫生、审计、统计、社会工作者等专业技术考试报名资格审查工作，累计办理各项考试报名资格审核达2132人次。加大专业技术人才培养力度，做好聘请外国专家单位资格认可工作，及时为区内双语学校申办聘请外国专家单位行政许可证，对口引进外国文教专家。截至2017年年底，共引进外国专家6名（万达铂尔曼酒店引进荷兰籍总经理柯风云、潍坊丽怡酒店管理有限公司引进法国籍经理马涛，潍坊沃尔得国际英语学校与潍坊德润双语学校引进外教4名）。

2017年11月17日，奎文区人社局在潍坊市第二人民医院门诊楼五楼会议室进行全区人社系统工伤预防专项培训

【技能人才队伍建设】2017年，培养选拔技能人才，组织3125人进行技能鉴定考试工作，评选出5名“奎文区首席技师”并推荐参加省级首席技师评选活动，有1人获得“齐鲁首席技师”称号。在广潍集团有限公司设立技能人才评价平台，拓宽全区技能人才成长通道。发展民办职业培训，全区各类职业培训机构达40家，其中会计工种培训全年突破1.5万人，按摩师培训辐射全国，逐步成为全国按摩师培训主要地区。

2017年12月14日，奎文区社保中心进行社会保险公共服务“三化”建设综合培训

【阳光公开考录】各项考录工作严格程序、阳光公开。严格按照规定程序，对公务员和事业单位人员进行考录工作，通过网上报名初审、现场资格复审、笔试面试、政审考察及选岗等程序，新录用公务员14名和事业单位工作人员44名。

【人员年度考核】严格按照规定程序，实事求是、公平公正地组织全区2016年度机关事业单位工作人员考核工作。对全区74个街道和部门的1724名工作人员进行了民主评议，共推荐出优秀等次人员611名，发放年度考核奖金51.89万元。

【职务职级并行】根据中组部、国家公务员局相关要求，在全区实行国家公务员职务职级并行试点工作，经过充分调研、多方论证，按照干部管理权限进行摸底统计，准确掌握全区公务员数量，夯实公务员职务职级并行的前期准备工作。根据《奎文区建立公务员职务与职级并行制度实施办法》规定，完成符合条件的机关公务员职务与职级并行审核审批工作，截至2017年6月5日前，完成符合条件的机关公务员73人审核审批职务与职级并行，并按照晋升的职级兑现相应工资待遇。

【灵活就业管理】档案室整体迁至新政务大厅，新增档案密集架9组，档案库容量由原来的4万份增加到6万份，对原有4万多份档案进行规范整理，实现“一人一档一卷”管理；加强流动党员管理，利用微信群、区“党建云平台”和“灯塔在线”等党建平台，组织175名流动党员进行中共十九大精神在线学习、答题，使每个流动党员都能及时接受党组织的教育、管理和监督，更好地发挥先锋模范作用。

【劳动用工管理】推进劳动用工备案制度，督促企业合法用工。成立区劳动关系三方协调委员会，制定下发《关于进一步加强和谐劳动关系建设的意见》，会同区总工会指导、协调各类已建工会依法落实集体合同制度。以落实企业劳动用工备案为抓手，指导监督企业与职工依法签订劳动合同，维护职工合法权益。全区劳动用工备案企业达3627家、职工5.04万人。

【劳动保障监察执法】开展专项检查，提高智能执法效能。加强劳动保障监察执法工作，组织开展劳务派遣用工专项检查、农民工工资支付专项检查行动和劳动用工、社会保险法律法规遵守情况专项检查活动，以保障农民工工资的足额支付。及时处理日常举报投诉案件，共受理各类举报投诉案件445件，涉及职工达1480人，结案率达99%以上，为劳动者追回工资、押金达222.53万元。应用省级信息系统，实现案件办理全网运行、预防预警便捷高效、上下联动一体化执法。

【劳动争议仲裁】实行阳光仲裁，维护劳资双方合法权益。立案受理各类劳动人事争议案件235件，已审结案件217件，出具不予受理通知书案件15件，

2017年6月20日，奎文区社保中心工作人员到辖区建筑工地宣传工伤保险有关政策

其中依法移送1件，调解结案73件，裁决结案143件（一裁终局结案54件）。为劳动者赢得合法权益469.45万元。实现仲裁案件当期结案率100%，一裁终局率37.76%。

就业创业

【概况】围绕稳增长、惠民生、保稳定的工作大局，以创新创业带动就业工作为重点，细化工作措施，紧抓政策落实，服务“活力城市”建设，区人力资源和社会保障中心就业创业工作取得新突破，为建设现代化中央活力区做出新贡献。奎文区荣获“全市大学生创新创业工作先进区”称号。

【“证卡合一”改革】全省“证卡合一”（就业创业证与社会保障卡合一）试点工作会议在潍坊召开，奎文区梨园街道为“证卡合一”试点工作会议提供观摩现场，在全市率先开展“证卡合一”工作。奎文区通过社保卡发放失业保险待遇5080人次、金额达500万多元；通过自主一体机打印就业登记凭证2600多份。

【就业工作】全区实现新增就业5285人，完成全年目标任务的120.1%，城镇登记失业率为2.25%，城镇失业人员再就业1246人，完成全年任务的103%，就业困难人员就业410人，完成全年任务的102.5%。开展“四型就业社区”（集充分就业、积极创业、智慧就业、标准服务为一体的社区）创建工作，公布的省级“四型就业社区”中，全区入选6个社区（樱园社区、孙家社区、中和园社区、苇湾社区、李家街社区、则尔庄社区），在全市名列前茅。

【创业孵化平台建设】潍坊市首家“股权＋孵化”新型创业孵化器——歌德创业园，自2017年7月正式开园之后，共招商448家创业企业入驻园区，有68家企业已正式入驻园区，带动就业367人。是年8月，奎文区被纳入省级创业型城区创建范围，齐鲁创智园、金宝大厦和京广文化广场与市主管部门签订市级大学生创业孵化基地建设协议。陆续建成奎文区伟伟则尔庄社区大学生创业合作社、小晴天北苑街道大学生创业互联网农贸合作社等多家大学生返乡创业平台，伟伟则尔庄社区大学生创业合作社被认定为“潍坊市2017年大学生农村回乡创业特色示范平台”，在潍坊市创建创业型城市动员大会上，则尔庄社区作为全市社区的典型作了发言。廿里堡街道被评为“市级创业型街道”，东关街道苇湾社区和梨园街道樱园社区被评为“市级创业型社区”，歌德创业园被评为“市级创业孵化示范基地”，潍坊市科技孵化中心被评为“市级创业孵化示范园区”。

【公共就业创业服务】制定《奎文区创业型城市建设五年规划》《创业型城市建设三年行动计划》《2017年创建工作重点任务目标》，明确创建标准要求、时间进度和任务目标；举办“广潍杯潍坊市奎文区大学生创新创业大赛”，为9位优秀选手颁发奖金5.9万元，推荐优秀选手张伟参加全市大学生创业大赛并获得第一名。组织“新型农民创业大赛奎文选拔赛”，经初审、复赛、决赛等选拔环节，最终推选“智能云共享冷库”和“英雄的秘密”两个项目参加全市比赛，“智能云共享冷库”项目获全市20强；宣传并实施一次性创业补贴和一次性创业岗位开发补贴优惠政策，两项补贴共计发放金额41.5万元；组织创业培训169

人，创业活动参与人数 1.05 万人，发放鸢都创业证 1939 个，完成全年任务的 107.7%。组织职业技能提升培训和创业培训人数 3863 人，完成全年目标任务的 101.66%，发放职业培训补贴 316.41 万元，人均补贴额 1097.12 元。

【创业大学奎文学院】 经市创业大学审批，依托赛伯乐集团优势，联合潍坊市城市创新投资有限公司成立创业大学奎文学院。结合辖区创业大学学员及山东智慧金融产业园入驻企业的实际需求，对接优势资源，开发、引进一系列课程，开展特色培训——邀请“友品集·全球购”创始人林裕坤讲授“跨境电商政策解析及解密新零售如何带动营销”课程；邀请《阿里铁军》的作者宋金波，深度剖析与分享阿里铁军的团队建设、销售技巧、文化与价值观的创建与传播，揭秘阿里铁军锻造史；邀请韩都衣舍资深设计师、韩都动力视觉负责人杨潇为潍坊电商企业以及想要从事电商行业的企业带来韩都的最新视觉设计方案——NVF 新视觉公式。借助潍坊市创业大学的课程、师资优势和奎文创投公司及赛伯乐集团的平台资源优势，对“创业培训 + 创业服务”全过程进行创业辅导，设置财富人生、沙盘对抗、模拟企业、实战经营等课程内容，通过“创造实景，导师引导，学员参与”培养学员最实用的企业创业能力，为企业提供高层次的导师资源及金融创投服务。在路演大厅组织路演，吸引投资人对突出项目进行投资，依托创投公司优势和赛伯乐投资集团的资源、品牌、产业联盟及运营模式，借助创新金融（证券）、大健康产业、赛伯乐跨境电商、华为 SAP 工业 4.0 等山东智慧金融产业园入驻企业。2017 年共组织各项创新创业活动 500 多场次。

社会保障体系建设

【养老保险】 稳步推进机关事业单位养老保险制度改革，及时下发省市相关政策文件，调整机关养老保险政策，完善信息系统，全区已复核确认单位 193 个，基础数据登记入库 9600 多人，重新对 490 名编外人员的缴费基数进行核定，并与市中心的信息系统实现信息对接。2017 年，继续完善养老保险待遇调整机制，连续第 13 年提高企业退休人员养老金，全区企业退休人员 1.30 万人，月人均增长养老金额 144.4 元；同步调整提高机关事业单位养老保险待遇，全区 2823 名机关事业单位退休人员月人均增长养老金 212.7 元。推进被征地农民养老保险工作，对 17 个社区 2.38 万人次进行系统录入工作，涉及补贴资金额 3917 万元。

【失业保险】 失业保险金扩面征缴额 1999.23 万元，完成全年目标任务的 111.69%；参保人数完成 3.37 万人，完成全年目标任务的 101%。为 9212 人次发放失业保险金额达 931.96 万元。

【医疗保险】 完善医疗保险制度，完成城镇职工和城镇居民基本医疗保险政策调整工作，落实职工和居民大病保险政策，推进跨省异地就医直接结算工作，配合市中心深化医疗保险支付制度改革，提高医疗保障水平。2017 年，及时调整城镇职工和城镇居民基本医疗保险政策，城乡居民基本医疗保险财政补助标准由 2016 年的 420 元提高到 450 元。开展职工长期护理保险试点工作，严格按政策进行审核，全年有 83 人申请办理了长期护理，自制度实行以来，奎文区参保人员已有326人次享受职工长期护理保险待遇。

【工伤保险】 完善以工伤保险为主体、商业保险为补充的多层次工伤保险体系，将从事房屋建筑和市政基础设施工程建设的建筑企业纳入工伤保险范围。开展工伤预防培训工作，根据职业特点，分别对各类机关企事业职工和用工人群进行消防安全培训和交通道路安全培训，培训人数2095人，超额完成工伤预防培训年度目标1800人，不断强化劳资双方安全用工、个体防护意识，促进工伤预防、保障体系进一步完善健全。

【保险业务平台建设】 全民参保登记试点工作 通过户籍比对、物业协助、单位配合等方式做好全民参保登记失联人员搜寻排查工作，全区户籍人员登记信息有效入库率达99.11%。

社会保险公共服务“标准化、信息化、一体化”建设 制定《奎文区社会保险公共服务“三化”建设实施方案》，对参保缴费、职工养老保险、居民养老保险、医疗保险、工伤保险、生育保险、社会保障卡和资格认证等8大类、300多个大项、1000多个小项业务流程进行全面梳理和流程再造，协助市社保中心形成《潍坊市社会保险公共服务标准》。组织全体干部职工和各街道社保所工作人员75人进行两期4天的综合柜员制专题培训。按照全市统一部署要求，开展业务流程梳理再造，认真组织全体干部职工和街道社保所工作人员开展《潍坊市社会保险公共服务标准》培训，新业务系统培训调试运行，从优选配综合柜员制工作人员，实现以服务大厅综合柜员制改革为重点、以经办流程标准化为基础、以“同城通办”（不按户籍、不按属地，只要是奎文区的参保人，就可以在潍坊市任何一个社保经办机构办理业务）一体化服务为目标的社会保险经办服务新模式。

“互联网+社保”便民模式 拓展“奎文社保中心”微信公众号功能，提供通知公告、参保缴费信息查询、在线缴纳居民养老医疗保险费、“人脸识别”生存认证等功能，使群众足不出户就能办理社会保险业务，使社保经办服务更加方便快捷。2017年12月，社保微信应用在奎文政务微信矩阵部门统计中排名第三。区社保处与建设银行合作，在街道、社区的门诊和超市推广应用“智能POS”移动终端，实现居民医疗、养老保险参保人员参保登记、保费缴纳、待遇领取、权益记录查询“四个不出街道”，将社保服务全面延伸至“最后一公里”。

大厅服务优化 结合综合柜员制改革，对大厅工作人员进行服务礼仪、服务制度及经办业务培训，提高服务意识，规范业务经办方式。为缓解窗口拥挤现象，启用电子排队叫号系统，并安排工作人员进行政策解答和业务引导。推行大客户预约服务、参保单位使用网上服务系统、无人员变化的参保单位就近到银行网点缴费等措施，有效分流了办事群众，解决了窗口排队拥挤、插队、找熟人等现象，让窗口服务规范和透明，提升了服务质量和办事效率。

仲　裁

【仲裁工作】 2017年，奎文区劳动人事争议仲裁委员会推行阳光仲裁，共依法立案受理劳动人事争议案件235件，涉及劳动者251人，其中人事争议案件1件，劳动者申请案件228件，劳务派遣案件 14 件；不予受理案件 15 件；全部案件均依法结案，其中依法移送 1 件，调解结案 81 件，裁决结案 153 件（一裁终局结案 54 件），案件当期结案率为 100%，一裁终局率为 35.29%，维护当事人合法权益并挽回经济损失 538.02 万元；全部案件及时录入全省统一调解仲裁办案系统；参与全市疑难案例、政策性案例研讨及庭审观摩现场会；劳动者合法权益得到维护，促进全区劳动关系和谐稳定。

【调解工作】 2017 年，新增企业基层调解组织 72 家，全区有基层调解组织 500 多个，达到覆盖辖区全部街道、社区及学校、医院、科技系统、文化系统、较大规模企业。将劳动争议纠纷以调解的形式化解，防止矛盾扩大和蔓延。将调解工作贯穿于仲裁办案全过程，有效杜绝“民转刑”的情况发生。区劳动人事争议仲裁院向省人力资源社会保障厅、省工商业联合会推荐潍坊市第二人民医院为“劳动人事争议预防调解示范合格单位”，经检查验收被评为“山东省第三批劳动人事争议预防调解示范合格单位”。

【劳动者权益维护】 2017 年 1 月，区劳动人事争议仲裁院介入处理振华超市因产业转型进行的大规模裁员，妥善处理 56 名职工离职待遇补偿问题，补偿金额达 100 万多元。是年 5 月，为某公司拖欠 16 名劳动者劳动报酬问题开辟绿色通道，快立快审，一个月内完成立案到结案，为劳动者挽回损失共计 13.95 万元。

【专项行动开展】 2017 年，相继开展“万人下基层”化解信访积案和矛盾纠纷活动、排查安全隐患防范四类风险专项行动、影响社会稳定矛盾问题摸排调研工作、矛盾纠纷大排查大调处百日专项行动、中共十九大会议安保维稳工作，制定针对性措施，及时上报各项工作情况，化解和消除各类不稳定因素，推进基层矛盾纠纷依法及时就地化解。是年 12 月，区劳动人事争议仲裁委员会新聘任 5 名兼职仲裁员，充实仲裁员队伍。开通奎文区劳动人事争议仲裁院官方微博，并通过官方认证，实时解答网友对于劳动纠纷方面相关问题的咨询。

老龄工作

2017 年，全区养老事业快速发展，初步构建起以居家养老为基础，社区养老为依托，机构养老为补充的社会养老服务体系。推进社会福利机构建设，至 2017 年年底，全区 60 岁以上老年人 5.3 万人，有养老床位 1816 张，每千名老年人拥有养老床位 34 张。加强养老机构消防安全监管，多次开展养老机构服务质量和安全管理检查，提高养老机构安全管理和服务水平。发挥潍坊吉祥养老服务信息化平台作用，录入老年人信息 4 万多条，招募加盟企业 38 家，为全区失能老年人、重度残疾人等 300 多人提供政府购买居家养老服务。发放各类基本生活费和补贴，为 452 名困难残疾人按每人每月 120 元标准，发放生活补贴 68.81 万元；为 1374 名重度残疾人按每人每月 90 元标准，发放护理补贴 141.84 万元。同时，为 38 名城市“三无人员”发放生活费 44.26 万元，为 4 名失能老年人发放护理补贴 3840 元。

民政工作

【社会救助体系建设】2017年，完善低收入家庭信息核对平台，实施第三方参与低保审核，清理不符合条件的低保家庭49户。城市低保标准为每人每月520元，全区有低保户782户、1439人，全年发放低保金725.3万元。加强业务知识培训，举办社会救助、救灾业务培训班，组织街道、社区民政干部集中学习《社会救助暂行办法》，推动全区低保工作有序进行。开展临时救济工作，救助237户临时困难家庭，发放救助资金68万多元。开展居民重特大疾病救助工作，凡是自付住院费超过2万元的低收入家庭，均按照50%救助，超过3万元的符合居民家庭核对标准的给予40%的救助，全年救助26人，救助资金39万元。开展防灾减灾工作，出台《奎文区自然灾害预案》，为全区11.4万户、45万人参投民生保险56.4万元。推进慈善事业发展，设立慈善基金4500万元，发展慈善义工3820人，慈善义工累计活动时间7000小时；组织“慈心一日捐”活动，已募集慈善捐款101.5万多元，开展慈善救助127人次，发放慈善救助款34万多元。

【社区建设】2017年，印发《奎文区关于在全区开展社区“结对共建、均衡发展”活动的通知》，着力提升社区建设整体水平。印发《奎文区关于深化提升社区二级网格建设实施方案》，深化社区网格化管理，每个街道确定1个至2个试点社区，为二级网格提供联络站点，负责收集居民、辖区单位和商业网点信息、处理网格事务。推进社区协商工作，打造“由民做主”社区典型，每个街道打造3个示范单位，年底集中验收点评。开展“四社联动”工作，重新申报4个市级试点社区，并在全区所有社区普及。加强社会工作人才队伍建设，提供全国社区社会工作论坛现场会现场。组织全区社会工作职业资格考试报名和考前培训，有106人新取得社工师证书。开展奎文区第三批优秀社会工作人才评选活动，评选出5名区级优秀社工人才。参加潍坊市“潍坊和谐使者”评选，推荐5人入围。推进社区治理工作提升，社区治理工作成为全国示范。

【社会组织管理和党建】2017年，启用山东省社会组织管理平台对区管社会组织进行登记管理，换发社会组织统一社会信用代码证书，完善区管社会组织法人单位信息资源库。全区注册登记社会组织273家，其中，社会团体37家，民办非企业单位236家。实行行业协会商会类、科技类、社区服务类、公益慈善类四类社会组织直接登记，落实社区社会组织登记备案双轨制。开展社会组织年检和评估活动，年检社会组织202家，新评估社会组织4家。成立奎文区益民社会组织服务中心、奎文区弘德社会组织服务中心，作为区级社会组织孵化器的运营主体，召开社会组织培育发展座谈会，推动街道、社区共同打造“三级”社会组织孵化体系。争取省级财政资金支持，获得4万元的专项扶持资金，推动社会组织综合服务平台建设，实现项目化运作。加强社会组织党建工作，配合组织部门理顺社会组织党建管理体制。

【专项社会事务管理服务】2017年，推进地名服务工程建设，健全完善地名档案，对街路巷牌破损情况进行调查。推进全国地名普查工作，落实专项普查资金71.9万元，完成地名普查信息5176条，并审核上报。加强婚姻登记管理，开展心理辅导咨询，完成 3A 登记机关复审，办理结婚登记 2057 对，离婚登记 935 例，登记合格率为 100%。落实殡葬惠民政策，为辖区去世人员减免殡葬费用共 70 多万元。加强流浪乞讨管理，完善区、街、社区三级联合救助网络，形成无缝隙、全覆盖流浪乞讨救助管理体系，救助流浪乞讨人员 10 人。严格收养登记管理工作，办理收养登记 30 宗。

民族宗教

【概况】 2017 年，全区有少数民族 23 个，少数民族人口 1528 人。宗教活动场所 11 处，其中，基督教教堂和固定活动场所 10 处，信教群众 2263 人；佛教寺庙 1 处，信教群众 890 人。奎文区人民政府民族宗教事务局（以下简称区民族宗教局）围绕外来少数民族流动人口服务管理、民族团结创建工作以及宗教活动规范化建设等方面开展工作，维护民族宗教领域的和谐稳定。

【全区工作会议】 召开全区统战暨宗教工作会议，传达学习全市统战部长会议及全市宗教工作会议精神，就奎文区贯彻落实情况作安排部署。区委区政府研究制定《关于加强和改进新形势下宗教工作的实施意见》，准确把握宗教工作和任务，坚持中国特色社会主义宗教理论，提高宗教工作法制化水平，着力解决宗教领域突出问题，支持宗教界加强自身建设，加强党对宗教工作的领导，全面加强全区新形势下的宗教工作。出台《奎文区宗教重点任务分工方案》，完善各项工作机制。

【服务外来少数民族流动人口】 坚持寓管理于服务之中的工作理念，各街道、社区把少数民族服务管理纳入社区网格化管理体系，依托街道、社区数字化工作平台，大力宣传各民族的风土人情和风俗习惯，普及民族知识，教育社会大众尊重各民族的风俗习惯，避免发生矛盾纠纷。建立信息化服务系统，将少数民族居民信息建档立册，全面涵盖少数民族居民的居住、婚姻、社保、就业等基础信息，实现区、街、社区三级联网，使信息交流更加快捷，把矛盾纠纷化解在萌芽状态。在中学街社区成立少数民族流动人口服务中心和民族权益维护服务站，聘请专职法律工作人员走进社区开展“普法”教育宣传活动，全年开展法律知识讲座和宣传 5 次，帮助解决少数民族务工人员劳资纠纷 2 起。

【民族团结进步创建工作】 以街道、社区、学校为重点深入开展民族团结进步教育，推进民族工作进社区，建立起相互嵌入式的民族关系，全区有省级示范点 2 处，市级示范点 12 处。潍坊中学设立民族团结展示室，展出少数民族同胞的艺术作品、手工艺品及民族团结书画等，进一步交流、培养、融洽各民族群众感情。区民族宗教局在 2017 年全市民族宗教局局长会议上做典型发言，荣获“全市民族团结进步创建工作先进单位”称号，东关街道在城区民族宗教工作现场推进会议上做典型发言，东关街道中学街社区被省委宣传部、省委统战部、省民委命名为全省民族团结进步创建示范单位。开展民族团结创建工作，推荐辖区 2 名居民参加潍坊市“民族团结之星”评选。

【宗教活动规范化建设】 坚持宗教的中国化方向，引导宗教与社会主义社会相适应，进一步规范宗教活动。组织宗教界开展以“爱国爱教、正信正行、服务社会、为现代化中央活力区做贡献”为主题的学习中共十九大精神培训班，取得良好学习效果。对全区11处宗教活动场所就制度建设、消防器材、饮食管理等方面进行安全检查，确保无遗漏、无死角、不留盲区。区民族宗教局与公安奎文分局国保大队共同对宗教活动场所进行检查，与各宗教活动场所负责人签订《宗教活动场所安全管理责任书》，增强安全意识，确保各个宗教活动场所安全稳定。同时加强各活动场所的安全管理，定期开展消防、食品安全、生产安全等各项检查，保障宗教活动有序开展，维护宗教领域的和谐稳定。

街道

廿里堡街道（奎文经济开发区）

【概况】 廿里堡街道位于奎文区城区的南部，东起虞河，西至白浪河，南起白浪河水库，北至宝通东街。2017年，辖区面积25.70平方公里，有耕地面积151.80公顷，居民1.49万户，户籍人口约5万人。辖10个社区（新茂社区、南屯社区、宝通街社区、鑫叶社区、凤凰街社区、崇文街社区、广潍社区、南家社区、金沙窝社区、涧头院社区）。2017年，街道完成地方财政收入2.27亿元；完成规模以上工业销售收入32.50亿元、完成工业利税1.50亿元；完成限额以上贸易企业销售总额77.80亿元。2017年，荣获“省级文明单位”“市级创业型示范镇街”“2017年度街道科学发展综合考核一等奖”等荣誉称号。

奎文经济开发区，前身为潍坊城南工业园区，2006年经山东省政府批准升级为省级开发区，2010年经省政府批准更名为奎文经济开发区。奎文经济开发区与廿里堡街道实行街区合一的管理体制，开发区管理委员会与廿里堡街道办事处合署办公，实际辖区与廿里堡街道辖区重合。2017年，位列全省省级开发区综合指数排名（2016年度）第88名，比上一年度提升5个名次。

奎文经济开发区发布

【机构设置】 廿里堡街道办事处（奎文经济开发区管理委员与其合署办公）内设党政办公室、经济发展办公室、社会事务办公室、社会管理综合治理办公室等4个行政办公室，核定行政编制41人，实有35人；设有社区综合服务站、计划生育服务站、社会保障服务站、财经工作站等4个服务站，核定事业编制39人，实有25人。奎文经济开发区管理委员会设有经济发展局、社会事业局、建设局、市场监督管理局、党政办公室等5个事业局（办），核定事业编制35人，实有27人。

【经济和社会事业发展状况】 *棚户区改造* 棚户区改造是改善群众居住条件和城市面貌，加快“四个城市”建设、推进“作风建设年”活动的重要内容。2017年，街道创新实施棚户区改造“八步工作法”，在3个月时间内，完成仉家片区、检疃田家片区、董家片区四期、南家北片区、郭家涧头院片区等5个片区整体拆迁，拆迁居民726户，清理养殖户、加工作坊等不符合产业定位的企业、业户84家。实施征迁清零活动，用减法加速推进征迁项目逐渐归零，剔除阻碍发展的顽疾，激发发展的新活力。完成王家工业园、爱雷特会所等项目征迁清零11个，腾空土地133.34多公顷，全力推进“征迁清零”项目，为产业发展提供广阔空间。2017年，街道被评为“奎文区‘征迁清零’工作先进单位”。

违法建设治理 2017年，奎文区以廿里堡街道为试点，开展拆除违法建设专项整治行动，成立全区违法建设治理试点拆除行动指挥部，对街道辖区内的违法建筑进行全面摸底排查。按照“先难后易、以点带面、集中攻坚、全面突破”的原则，对违法建设进行全面整治。根据印发的《城市违法建设治理试点拆除行动工作方案》，通过动员部署、宣传发动、排查认定、通知

2017年6月30日，廿里堡街道举行庆“七一”表彰晚会

整改、分类处置等阶段，对辖区内的重点项目、重点道路、重点工程和社区范围内的违章建筑、违法用地、乱栽乱植等全部列出清单，逐个分析，依法拆除。对董家、王家片区内的违法建设先行清理拆除，由点到面，全面开启辖区违法建设治理工作。2017年，共拆除违法建设222处，拆除违法建筑面积12.5万平方米，用1年时间完成2年的拆违任务，占奎文区拆违总量的80%。

特色小镇（园区）建设 按照加速培育一批新生小城市和特色小镇，打造镇域经济新版块的要求，科学规划布局，高标准规划建设齐鲁创智小镇、潍坊1532文化产业园、潍坊壹号仓现代物流项目。聚焦小镇、园区重点产业领域，开展精准化招商，重点引进科技型、龙头型战略投资项目和区域总部、研发机构，加快引进培育一批有自主知识产权的“专精特新”企业。2017年，共引进富骏科技、瑞翔无人机、诚鸿3D打印等科技型、创新型企业87家，完成招商引资到位资金约13亿元。齐鲁创智小镇智慧半岛一期主体完工；诺正检测、兆源智能科技等企业签约入驻；潍坊1532文化产业园，按照一园五区三基地两空间的目标定位，规划设计为文创艺术、消费体验和创客办公三大片区。已经签约入驻的客户60多家，涵盖众创空间、艺术教育、美术学校等文创产业；3D打印、VR设计等高科技产业，打造成为山东半岛具有影响力的文创产业集聚区和潍坊城市文化的会客厅，助力潍坊“四个城市”建设。1532文化产业园一期文创艺术区、创客办公区、创意空间等主体工程已建成，文化创意企业入驻76家；潍坊壹号仓现代物流项目业务增长迅速，年销售额50亿元。亮好企业服务“保姆牌”、健全营商环境“新保障”，深入开展“十百千万大走访”工程，对51家四上企业和部分限下企业制定“1+N”人员包靠联系机制，定期走访解决企业困难问题。2017年，共帮助企业解决各类遗留问题60多个，招聘职工300人；组织银企对接会5次，境内外培训21次，同质企业座谈会7次，拓展融资渠道，提升经营能力，促进辖区资源共享。

“文化城市”建设 2017年，廿里堡街道高度重视“文化名市”建设，议定街道“文化名市”建设三年行动计划和2017年重点工作，确立18项重点行动和10项年度任务。有序推进潍坊1532文化产业园和虞河文创小镇建设，片区棚户区改造有序推进，已完成仉家、田家、检疃3村旧村拆除，凤凰街两侧拆迁清零和部分企业的搬迁，拆除片区内违建约4万平方米，供暖管道改造已开始施工。整合文化旅游优势资源，打造以金宝乐园、金泉寺、明清水街等为主要景点的民俗风情游路线；依托白浪河生态资源，打造以医养健康、农业观光、民宿体验、亲水娱乐为特色的南苑生态科创小镇，培育乡村休闲游品牌；依托德式铁路，串联整合齐鲁创智小镇、文创小镇、南屯小镇，打造铁路观光游路线，争创省级旅游度假区。

2017年9月30日，位于廿里堡街道的潍坊1532文化产业园项目和潍坊壹号仓项目举行合作签约仪式

2017年2月10日，廿里堡街道在潍坊1532文化产业园举办闹元宵文艺展演

社区换届 学习贯彻中共十九大精神，明确社区换届选举的流程、要求，严格按照换届选举工作规程开展各项工作，严肃社区“两委”换届选举“十个严禁、十个一律”纪律要求，按照“精准研判、严肃纪律、细致把关、及时化防”原则，选出政治过硬、能打硬仗、群众拥护的基层组织领导班子，包靠社区的领导干部以身作则，下沉一线，靠前指挥，抓实抓细各项工作，确保换届选举平稳、有序、高效。2017年，圆满完成社区“两委”换届工作，一批有激情、有干劲、有经验的高素质人才进入社区“两委”，实现社区干部队伍年龄、知识结构全面优化。

非公企业党建 引导非公企业党员发挥先锋模范作用，努力把党建工作转化为看得见的生产力，推动非公企业又好又快发展。山东广潍集团高举旗帜，党建引领，将党建融入生产经营管理中，打造完善广潍集团“红色引擎·四轮驱动”非公党建品牌。2017年9月，山东广潍集团为全省非公企业党建推进工作会议提供观摩现场，得到山东省委组织部的高度认可。

文体活动 加快发展繁荣文化事业，在每个居民区建立文体大院。北王露天广场、金宝老年人活动中心、车站社区生态文化广场等一批集宣传科技文化、休闲娱乐健身于一体的群众文体活动场所相继建成。组织开展“庆春节”“闹元宵”“庆建党96周年”等系列文化活动，举办大型演出活动20多场次，开展秋千大赛、象棋比赛、书法笔会等各类文体活动30多场次，极大丰富群众的文化生活。

2017年3月4日，廿里堡街道南屯社区召开妇女第一次代表大会

【社区简介】 **新茂社区** 新茂社区位于东至规划四平路，西至白浪河东岸，南至民航机场，北至宝通东街，社区面积6.09平方公里。有居民小区4个，居民楼30幢，居民1071户，人口约3532人，有驻辖区单位4个。社区主要姓氏有王、马、胡、吕、武、徐等。2017年，新茂社区荣获“山东省卫生村”荣誉称号。

南屯社区 南屯社区位于东至潍州路，西至规划四平路，南邻飞机场，北至宝通东街，社区面积1.70平方公里。有居民小区3个，居民楼36幢，居民1667户，人口约6268人，有驻辖区单位11个。社区主要姓氏有崔、蒋、汤、田、成、赵、卢、于、戴等。社区内设调委会、社区矫正协管工作站、群众诉求工作室、生育关怀服务室等组织。培养和造就“有理想、有道德、有文化、有纪律”的新型居民，社区投资280万多元，建起居民文化活动中心、图书阅览室、棋牌室、党员活动室、健身休闲广场，配备先进的电教设备，组织开展丰富多彩的文艺活动，不断充实居民的精神文化生活。主要产业有工业、商业、旅游业、文化产业。有面积3500平方米的社区办公楼1幢，有文娱健身广场2个。2017年12月，南屯社区获评“2017中国名村影响力排行榜第87位”。

宝通街社区 宝通街社区位于东起虞河，西至潍州路，南到金宝街，北至宝通东街，社区面积0.82平方公里。有居民小区6个，居民楼56幢，居民1502户，人口约4103人，有驻辖区单位18个。社区办公地点设在东范家村的东北部，内设调委会、治保会、人口和计划生育委员会等组织。

鑫叶社区 鑫叶社区位于东起虞河，西至潍州路，南起龙泉街，北至金宝街，社区面积0.97平方公里。有居民小区15个，居民楼80幢，居民3891户，人口约9740人，主要姓氏有张、刘、李、赵、孙、王、田、武、陈、杨。社区办公地点设在鑫叶公司宿舍院的东北部，内设调委会、治保会等组织。辖区主要大型企业有潍坊泰山壹伍叁贰实业有限公司、青啤（潍坊）公司等。主要驻区单位有潍坊市育华学校、公安奎文分局廿里堡派出所。社区有500平方米广场1个，600平方米老年活动中心1个。2017年12月，召开社区党委换届全体党员组织生活会，签订社区“两委”换届选举党员“五带头五抵制”承诺书，强化党员的

2017 年 3 月 5 日，廿里堡街道鑫叶社区工作人员走访敬老院

组织纪律观念和责任意识，为换届选举工作顺利开展奠定思想基础。

凤凰街社区　凤凰街社区位于潍州路以东、虞河以西、龙泉街以南、凤凰大街以北，社区面积 2.45 平方公里。有居民小区 4 个，居民楼 8 幢，居民 1818 户，人口约 5773 人，有驻辖区单位 28 个。主要姓氏有武、汤、刘、丁、王、仉、郑、邵等。社区内有千年树龄松柏 1 棵，石碑 1 块。2017 年，凤凰街社区仉家小区率先完成棚户区拆迁工作，拆迁居民 104 户，拆除房屋约 460 间，清理外围小企业 23 家，腾出土地约 12 公顷。

崇文街社区　崇文街社区位于文化南路以东、虞河以西、凤凰大街以南、潍胶路以北，社区面积 1.5 平方公里。有居民小区 2 个，居民楼 35 幢，居民 1114 户，人口约 4119 人，有驻辖区单位 2 个。社区有 300 平方米办公场所，位于兴华园小区，有面积 800 平方米的居民活动中心和日间照料中心。2017 年 10 月，奎文经济开发区第十届社区文化艺术节暨“魅力潍坊，激情四季”系列文化活动在崇文街社区举行。

广潍社区　广潍社区位于东邻文化南路，西至机场路，南至潍胶路，北至凤凰大街，社区面积 2.80 平方公里。有居民小区 4 个，居民楼 11 幢，居民 1092 户，人口约 3960 人，有驻辖区单位 17 个。主要姓氏有庄、李、刘、张、徐、王、韩等。社区内设调委会、治保会等组织。社区以工业、服务业为主，农业主要作物为玉米、小麦。2017 年，完成广潍社区田家、检疃小区棚户区整体拆迁改造，共拆迁居民 286 户，拆除房屋约 1100

2017 年 1 月 24 日，廿里堡街道崇文街社区召开“年度好婆婆好媳妇”表彰大会

2017 年 8 月 19 日，廿里堡街道广潍社区居民到棚改现场签署协议

间，清理外围小企业 47 家，腾出土地约 32.67 公顷。是年 6 月 13 日，广潍社区开展“关爱困境儿童，书香传递真情”图书捐赠活动，组织发动广大家庭捐赠一本图书、奉献一颗爱心。

南家社区　南家社区位于白浪河以东、广潍社区以西、新茂社区以南、涧头院社区以北，社区面积 0.6 平方公里。有居民小区 2 个，居民 490 户，人口约 2023 人，有驻辖区单位 20 个。主要姓氏有于、郭、张、邓、南、王、李等。2017 年，完成南家北小区棚户区整体拆迁改造，共拆迁居民 156 户，拆除房屋约 670 间，清理小企业 5 家，腾出土地约 30.67 公顷。

金沙窝社区　金沙窝社区位于东起南苑路，西至白浪河，南起潍胶路，北至飞机场，社区面积 2.47 平方公里。有居民小区 4 个，居民 1038 户，人口约 3355 人，有驻辖区单位 18 个。辖区有汉族、回族、满族构成，主要姓氏有刘、王、李、杨、姜、房、于、郭、哈、安、韩等。社区有象棋协会等社区组织 5 个、马拉松等各类兴趣小组 6 个，成立以共产党员为骨干的敬老、助残、治安、文体等志愿服务队 5 支。

涧头院社区　涧头院社区位于西至白浪河水库，东、南与坊子区毗邻，北至潍胶路，社区面积 6.30 平方公里。有居民小区 4 个，居民 844 户，人口约 3315 人，有驻辖区单位 1 个。主要姓氏有武、宋、孙、吕、于、郭、刘、高、王、李、张、梁等。社区设有民事调解、低保评审委员会、民兵等组织。有占地面积 930 平方米的社区服务中心，有小学 1 所，卫生室 1 间。2017 年，完成郭家涧头院小区棚户区整体拆迁改造，拆迁居民 168 户，拆除房屋约 620 间，清理小企业 5 家，腾出土地约 20 公顷。

大虞街道

【概况】　大虞街道位于奎文区东北部，东到新华路，西至鸢飞路，南接东风东街，北临青银高速公路，辖区面积 7.88 平方公里，有居民 3.66 万户，人口 8.3 万人。辖 9 个社区（东庄社区、孙家社区、大虞社区、陈家社区、东园社区、虞中社区、北虞社区、福寿街社区、玄武东街社区）。2017 年，完成公共财政收入 19326 万元；招商引资到位资金 17.41 亿元，比上一年

大虞发布

增长69%，位列全区各街道第一；完成固定资产投资额10.36亿元，比上一年增长15.6%；限额以上批零住宿餐饮业销售额8.19亿元，比上一年增长6%；规模以上服务业企业营业收入1.02亿元，比上一年增长21%。获得“省级文明单位”复查合格、“潍坊市劳动保障监察先进中队”“潍坊市理论大众化示范点”“潍坊市学习型党组织建设示范点”“潍坊市油区和管道保护先进单位”等称号。

【机构设置】 大虞街道办事处内设党政办公室、社会事务办公室、经济发展办公室、社会管理综合治理办公室等4个行政办公室，核定行政编制43人，实有35人；设有网格化综合管理中心、市民文化活动中心、民生保障服务中心等3个事业单位，核定事业编制39人，实有35人。

【经济和社会事业发展状况】 2017年，大虞街道“征迁清零”取得圆满成功，8个拆迁项目全部“清零”。其中，田家项目区实施全民拆迁，在拆迁总量、拆迁速度方面位居全区前列。拆除违建项目32处，拆违总量位列全区各街道第二位。在项目建设工作中，恒信御园项目成为全区第二个新开工项目，至2017年年底，一期6幢住宅楼完工，二期5.47公顷土地完成招拍挂手续；德润兰庭等项目顺利开工；玫瑰熙园、盛世香榭里等续建项目按期完工。

东盛双创产业园引进临商银行项目，至2017年年底开业运营。以创新招商提升房地产业，对在谈的北虞、陈家9.34公顷土地正在筛选开发商；对拟建的转播台旧址、刘家旧货市场等13.34公顷土地，重点发展商业地产、养老地产、教育地产和城市综合体项目。繁荣发展商务楼宇，依托虞水康养小镇的打造，重点围绕“双创”，对7幢商务楼宇进行包装策划，加快结构调整和产业培育，重点发展电子商务、商贸服务、医药科技等产业。推进产业跨界融合，探索发展互联网+文化创意、互联网+智慧养老、互联网+便民医疗、互联网+教育培训以及互联网+特色旅游，推动孙家智慧养老产业园、大虞文化创意园等实现产业智慧化、智慧产业化。

▼2017年4月15日，大虞街道举行大虞文化村文展会分会场开幕式

大虞街道与东庄社区共同打造的“东盛26”党群服务中心，探索实施“一支带多元、多元联多企、多企同发展”的共建共联机制。坚持以“信息化提速、标准化提效、专业化提质”为主要路径，探索推进“互联网+社区服务+生活服务”，推行首问负责、一窗受理、一网统办社区服务模式，在孙家社区试点推行社区标准化服务，提高社区服务准确度；福寿街社区深化“由民做主”，在二级网格设立“民情议事会”，调动居民议事、决策的积极性和参与度；大虞社区探索“党建+参与+互联+协商+共享”工作机制，建立社区“能人库”，组建红太阳宣讲团等服务团队。

2017年12月9日，大虞街道召开社区“两委”换届选举动员部署会

【社区简介】 东庄社区　东庄社区位于东至文化路，西临虞河景观带，南接东风东街，北至福寿东街。社区面积0.98平方公里，有居民小区31个，居民楼166幢，写字楼3幢，居民6441户，人口约2.2万人，有驻辖区单位7个。东庄社区推进服务型党组织建设，推行“大党委”和网格化管理、“由民做主”“四社联动”工作模式，完善和创新发展社会治理服务。开展文体培训活动，发展壮大社区文体队伍，邀请专业的老师到社区，每周一次或每月两次举办歌唱、文明礼仪培训班，丰富居民的文化生活；搜集挖掘社区和共建单位文化人才资源，并整理入库，继续保持扩大原有文体队伍；全年开展各类文化活动60场次。开展安全社区创建活动，加大监督检查力度，及时消除安全隐患，认真落实组织建设各项防范措施，做好居民矛盾纠纷和信访问题的排查化解工作，努力将不稳定因素化解在萌芽状态。

孙家社区　孙家社区位于东至新华路，西依虞河，南至卧龙东街，北接玉清东街。社区面积1.12平方公里，有居民小区7个，居民楼87幢，写字楼1幢，居民约4853户，人口约1.2万人，有驻辖区单位6个。社区推行1234阳光党建工作机制，圆满完成社区“两委”换届选举工作。编印20万字的《社区党建标准化制度化工作指引》《社区社会工作服务标准化制度化工作指引》《社区居民自治标准化制度化工作指引》等，为全国社区社会工作服务标准化论坛和全国社区治理能力建设培训班提供观摩现场，社区社会工作服务标准化做法和“三改三治三提升”（改造人居环境、改善服务设施、改革治理机制；文化引领倡德治、由民做主推自治、联动服务促共治；信息化提速、标准化提效、专业化提质）社区治理成果得到充分肯定，获评奎文区2017年“改革创新优质项目”。社区获得“全国城市社会工作示范社区”“全国妇联基层组织建设示范社区”“全国综合减灾示范社区”“全国社区服务先进社区”“全国科普示范社区”“全国社会工作服务示范社区”“暖心工程优秀服务站”“暖心工程贡献奖”、首批“省级四型就业社

2017年8月31日，全国城乡治理现场会的参会人员到大虞街道孙家社区现场观摩

区”等称号。

大虞社区　大虞社区位于东至文化路，西至虞河，南至福寿东街，北至通亭街。社区面积约1.06平方公里，有居民小区10个，居民楼70幢，别墅楼213幢，平房218间，居民约3887户，人口约1万人，有驻辖区单位6个。建成面积1200平方米的社区服务中心，内设一站式服务大厅、调解室、党建活动室、乐融书院、志愿者服务站、文体活动室等功能室，为居民提供沟通交流、学习阅读、休闲娱乐的平台，便于为居民提供精细化服务，打造十分钟服务圈。开展非遗讲堂、技艺培训、非遗体验等项目，通过项目的开展，调动居民参与其中，传承非遗文化。

陈家社区　陈家社区位于东至新华路，西至文化路，南至东风东街，北至福寿东街。社区面积约0.89平方公里，有居民小区11个，居民楼53幢，写字楼3幢，居民3425户，人口约8916人，有驻辖区单位3个。社区打造校社联动、商居联动、党群联动三个联动服务平台，以联动平台为载体，提升社区“共建联动，和谐陈家”亮点品牌。社区继续坚持每月的民情领航员例会制度，每月最后一周的星期五下午2点召开民情领航员碰头会，对发现问题进行集中讨论解决，全年完成农科院小区防盗门安装和陈家小区摄像头安装等为居民办实事项目2个。

东园社区　东园社区位于东至新华路，西至文化路，南至北宫东街，北至通亭街。社区面积0.46平方公里，有居民小区9个，居民3344户，常住人口1.01万人，有驻辖区单位3个。

虞中社区　虞中社区位于东临虞河，西至鸢飞路，南至福寿东街，北起北宫东街。社区面积0.32平方公里，有居民楼53幢，居民1781户，人口6234人，有驻辖区单位4个。

北虞社区　北虞社区位于东起新华路，西至虞河，南至通亭街，北至卧龙东街。社区面积1.17平方公里，有居民小区23个，居民楼98幢，常住居民6159户，人口约1.6万人。社区通过网格全覆盖，汇总居民急需解决的问题，协调多方资源，解决网格事件38件。社区引进培育发展社会组织11家，开展为民服务项目7个，参与群众1万多人次。调动居民参与环境卫生整治，清运厦子屋顶堆放木头、清除楼道内乱摆乱放物品、拆除院内乱搭乱建2000多处，清运垃圾80车、约1100立方米，销售环保型煤112吨。社区被评为“潍坊市文明社区”。

福寿街社区　福寿街社区位于东起新华路，西至文化路，南起福寿东街，北至北宫东街。社区面积0.67平方公里，有居民小区7个，居民楼74幢，居民4123户，人口约1.2万人，有驻辖区单位4个。社区全年开展关爱帮扶、环境卫生维护、不文明行为劝导、政策法规宣传等方面志愿服务活动30多次，参与人员200多人次。走访慰问各类困难群体100多人次。开展各项文化活动30多次，举办专题文艺晚会5场。

玄武东街社区　玄武东街社区位于东至虞河路，西至虞河，南至玉清东街，北至青银高速公路。社区面积约1.21平方公里，有居民小区4个，居民楼71幢，写字楼1幢，居民约5442户，人口约1.01万人，有驻辖区单位2个。2017年，社区获得“市级文明社区”“奎文区妇女儿童工作先进集体”称号。

梨园街道

【概况】 梨园街道位于奎文区东南部，东起北海路，西至鸢飞路，南临宝通东街，北至健康东街，辖区面积5.6平方公里，有居民3.37万户，户籍人口10.13万人。辖10个社区（樱北社区、西英社区、张家庄子社区、樱南社区、梨园社区、樱园社区、九龙山社区、栾家社区、庄家社区、龙源社区）。2017年，街道完成公共财政收入1.39亿元，实现固定资产投资额14.8亿元。

梨园发布

【机构设置】 梨园街道办事处内设党政办公室、经济发展办公室、社会事务办公室、社会治安综合治理办公室、安全生产和环境保护监督管理办公室（加挂道路交通安全监管办公室牌子）、社区规划建设监督管理办公室等6个党政工作机构。核定行政编制39人，实有30人；设有社区综合服务站、计划生育服务站、社会保障服务站、财经工作站等4个事业站所，核定事业编制39人，实有36人。

【经济和社会事业发展状况】 2017年，梨园街道以“作风建设年”和“四个城市”建设为契机，围绕“四三一”（“土地征收、项目建设、产业招商、民生改善”四个重点，“安全生产、信访维稳、基层党建”三项保障，“工作项目化、项目责任化、责任扁平化”一个工作机制）工作思路，建设高端、和谐、幸福新梨园。2017年，街道完成公共财政收入全年任务的109.5%，实现工业销售收入2.45亿元，实现服务业营业收入7677万元，比上一年增长27.1%，实现招商引资13.9亿元。2017年，

2017年9月1日，山东省委政研室副主任王玉河（前排左三）到梨园街道樱园社区调研社区网格化管理工作

2017年3月20日，团省委调研组到梨园街道调研“青年之声”创建工作

街道获得“省级文明单位”“省‘平安家庭’示范街道”“市劳动保障监察先进中队”“市思想政治工作示范点和政治关爱之家”“区重点项目先进单位”“区招商引资工作先进单位”“区‘征迁清零’工作先进单位”“区生态环境综合整治工作先进单位”等称号。

【社区简介】 **樱北社区** 樱北社区东起文化路，西至虞河路，南至樱前街以南，北临健康东街。社区面积约0.6平方公里，有居民小区13个，居民楼78幢，居民4377户，人口1.2万多人，有驻辖区单位4个。社区服务大厅设有党建、宣传、综合治理等服务窗口，开放二楼、六楼文化活动场所，社区文化广场设施齐全。在辖区内设立网格工作站4个，建立由17人组成的网格管理员队伍，管理网格编码，定期巡查自管区域，每月对社区内门

▼梨园街道辖区的虞河景观

店进行安全隐患排查。2017年，社区与沿街商户签订“门前三包”（包卫生、包绿化、包秩序）责任书76份，续签契约化管理服务协议书108份，完成小微企业调查登记80多个，更新社区短信服务平台号码库150多条。建设社区警务室、微型消防站，更换小区宣传栏及宣传版面等为民服务项目，开展志愿服务活动95次，开展文化活动42场次，社区内奎文民族乐团、樱北百合艺术团参加市区文艺汇演10多次。社区获得“市级文明单位”称号，社区内曹秋玺、郝金凤被评为“最美梨园人物”。

西英社区　西英社区南起清溪街，北至健康东街，西临鸢飞路，东接虞河路。社区面积约0.9平方公里，有居民小区15个，居民楼97幢，居民4034户，人口1.2万多人，有驻辖区单位2个。2017年，继续提升改造社区服务中心，划分5个二级网格站点，配备医药箱、服务联系卡、便民工具箱。成立由居委会成员、小区保安、民兵组成的群防群治队伍40多人，维护居民区治安稳定。走访企业商务楼宇54户，社区87户门店商铺建立一户一档，开展安全检查12次。社区与沿街门店、商铺签订门前三包协议87份，与物业签订责任书9份。以“茶人会馆”为重点，结合“糗猴子喜乐汇”、核雕、泥塑等民间传统技艺，开展民俗

2017年2月7日，梨园街道召开2016年度合作社、社区工作述职评议大会

2017年4月10日，潍坊市召开市、区联合巡察组巡察奎文区梨园街道党工委工作动员会

2017年11月24日，梨园街道举行“最美梨园”活动颁奖典礼

特色文化系列活动 36 次。开展文明创建宣传活动 200 多次，社区有为民服务志愿者 60 多人，有直管党员 110 人，完善党员档案，抓好党员培训学习和“两学一做”学习教育等工作。更新社区短信用户数据 300 多条，用户覆盖率 90%，各级新闻媒体投稿及发稿 200 多条。社区获得“年度楼宇经济发展先进单位”“年度计划生育工作先进单位”等称号。

张家庄子社区　张家庄子社区位于奎文区东南角，东起梨园路，西至虞河，南接宝通东街，北至健康东街。社区面积约 0.5 平方公里，有居民小区 7 个，居民楼 75 幢，居民 3055 户，人口 1.1 万多人，有驻辖区单位 2 个。2017 年，社区内非公企业 77 家，社区党校开展宣传讲座 13 次，开设老年类、青少年类等 12 种课程，有社区志愿者老师 7 人。社区在市级刊物发表宣传稿件 3 篇。进行群众满意度走访工作，收集群众意见建议并及时处理。

樱南社区　樱南社区东至庄樱东路，西到虞河路，南到清溪街，北至樱前街。社区面积约 0.6 平方公里，有居民小区 7 个，居民楼 86 幢，居民 3989 户，人口 0.75 万多人，有驻辖区单位 1 个。社区第二届“两委”换届，社区党委、居委会于 2017 年 12 月 11 日完成换届工作，选举产生党委委员 7 人，其中党委书记 1 人，副书记 2 人，委员 4 人；选举产生居委会委员 5 人，其中主任 1 人，副主任 1 人，委员 3 人。樱南社区、华安物业、易邻里三方联合，社区投入引导资金 9 万元，三方共投资 80 万多元，对华安世纪樱园小区进行改造，解决老旧小区门禁设施安全隐患、流动人口管理难等问题，打造成智慧、安全的品质小区样板。协调华安锦绣樱园小区物业公司改造地下停车位，将固定车位改造为立体停车位，车位比原来增加 80%，解决了居民停车难的问题。社区与沿街门店签订“门前三包”责任书、续签契约化管理服务协议书各 93 份。完成“你我心连心 · 社区一家亲”

▼梨园街道辖区的梨园路

党员志愿服务联盟，其中联合邮政储蓄樱园分行开展志愿服务活动3次，惠及居民200多人。开展文化宣传活动20多场，居民参与500多人。新闻媒体发表稿件17多篇，在各类报纸发稿数量累计100多篇。2017年社区获得“奎文区三八红旗集体”“奎文区第三届广场舞大赛三等奖”“市级文明社区”等称号，在2017年度梨园街道先进单位评选中获得“科学发展综合考核二等奖”“环境保护工作先进单位”“‘三资’管理工作先进单位”“综治信访维稳工作先进单位”“社区建设工作先进单位”。

梨园社区　梨园社区东邻北海路，西邻梨园路东侧，南邻樱前街，北邻健康东街。社区面积约0.7平方公里，有居民小区6个，居民楼67幢，居民4871户，人口1万多人，有驻辖区单位90个。2017年，梨园社区根据各自包片情况，每天巡访片区2小时，征求群众意见建议，以“奎文区社区党组织为民服务”活动为契机，综合各方建议，合理提出为民办事服务项目。依托社区文艺队伍，举办多场文艺汇演活动。建立安全稳定工作台账，制定安全稳定应急预案，成立应急队伍。建立网格管理台账，由小区网格员负责台账管理。改善小区物业管理工作，集中整治卫生环境、治安保障、车辆停放等热点难点问题。开展安全隐患排查整改，对辖区内存在的安全隐患随时发放限期整改单，做到安全达标。

樱园社区　樱园社区东起庄樱路，西至虞河路，南至樱前街，北至宝通东街。社区面积约0.6平方公里，有居民小区8个，居民楼107幢，居民4603户，人口1.15万多人，有驻辖区单位6个。2017年，社区划分7个二级网格，24个子网格。“华韬生物社区关爱基地”项目落户樱园社区。建设社区妇女儿童发展基地，启用“善·爱课堂”爱心助残基地。推进社区组织建设，落实社区“四社联动”（社区、社工、社会组织、社区志愿者）机制。实施改造老旧小区、樱园西区自来水户表等工程，联合前栾经济合作社为前栾玲珑府小区更换监控设备，实施“四全一特”（社区功能配套齐全、生活服务周全、基础设施安全、治理机制健全和特色品牌）东广场改造。社区承接民政部现场会1次，接待外地参观考察调研49次。组织开展大中型文化活动45次，为社区居民免费播放电影20场，社区宣传投稿280多篇，上报舆情报告150篇，民

▼梨园街道樱园社区综合服务中心

政部《中国社区报》及《社区杂志》刊登介绍社区文章3篇，全年微信推送信息约800条，至2017年年底，微信公众号关注人数达820人。社区获得“中央综治委‘青少年零犯罪零受害社区（村）’第一期试点单位”“山东省四德工程建设示范点”“山东省社区宣传思想文化工作示范点”“山东省2017年度优秀家园服务项目”“山东省家庭教育示范基地”“2017年度省级四型就业社区”“潍坊市学雷锋活动示范点”“2017年度市级创业型示范社区”“奎文区十佳示范党支部”“梨园街道2017年度最美梨园团队”等称号。

九龙山社区　九龙山社区东起北海路、西至梨园路、南接宝通东街、北到樱前街。社区面积约2平方公里，有居民小区5个，居民楼97幢，居民3960户，人口1.2万多人，有驻辖区单位3个。2017年，九龙山社区设有二级网格党支部4个，形成社区网格化管理模式。建立数字化管理服务平台、微信公众平台，提报社区党建活动动态信息120条。社区与沿街80多家门店重新签订“门前三包”责任书，加强对龙山街流动摊贩的管理，清理乱摆乱放门店20多家，拆除不合格广告牌10多处。清理卫生死角，处理各类垃圾，修复硬化小区路面2600多平方米，新增绿化面积600平方米。开展“除四害”活动，树木花草打药面积2.5万多平方米。

栾家社区　栾家社区东至虞河、西至文化路、南至翰林街、北至健康东街。社区面积约0.5平方公里，有居民小区8个，居民楼68幢，居民2693户，人口约0.88万人，有驻辖区单位133个。2017年，集中培训社区党员干部，发挥党员先锋模范作用。新成立天佑、天晟两家企业党组织，扩大党组织覆盖面。社区定期组织志愿服务公益活动，每月25日为便民理发日，每周六上午开展电子琴培训，为社区80岁以上的老年人送生日祝福和生日蛋糕等。开展系列文体活动，建设舞乐年华艺术团、铁樱乒乓球俱乐部等文体队伍，投入1万多元为艺术团配备服装、道具、乐器等。结合中国传统节日，丰富居民文化生活，开展端午节包粽子活动、迎中秋包月饼活动、特色消夏晚会等。在翔天园教师公寓小区制作以社会主义核心价值观、中国传统文化为主题的手绘墙，建设特色文化小院。新闻宣传稿件在国家级媒体发表7篇，省级媒体发表20多篇，市区级媒体发表50多篇。

庄家社区　庄家社区东至虞河，西至东王社区，南至宝通东街铁路桥两侧，北至清溪街。社区面积约1.22平方公里，有居民小区4个，居民楼29幢，居民2358户，人口约0.6万多人，有驻辖区单位3个。2017年，社区搬至新社区服务中心，设有党建工作室和活动室。开展铁路沿线环境卫生整治工作，共种植绿化苗木260多棵，清运垃圾280吨，整平铁路两侧沿线高洼不平土地4662平方米。投入1.1万元疏通、维修辖区受损自来水管道及污水排水沟。组织辖区居民、文化艺术爱好者参加系列文体活动。开展安全隐患排查整改工作，社区与临街商户、门店签订管理服务协议书。

龙源社区　龙源社区东起北海路，西至虞河东岸，南接胶济铁路，北到宝通东街。社区面积约0.6平方公里，有居民小区3个，居民楼57幢，写字楼1幢，居民2358户，人口约0.71万人，有驻辖区单位3个。龙源社区创立“五携三联”（社区工作携手抓、服务设施携手建、社区治安携手治、环境卫生携手搞、文化活动携手办；网络联心、社会联动、志愿者联盟）工作法，建立三级社区党组织网络服务体系，成立社区议事会和监督委员会，协调解决社区居民反映的热点难点问题。加强社区警务建设，建设“法治社区”，化解信访积案，开展“幸福生活、远离犯罪”社区普法创新项目，建立“法律咨询进社区”和“一社区一法律顾问”制度，引导居民通过法律途径维护合法权益。通过“四社联动”，整合社会资源，关爱帮扶特殊群体、困难群体。在儒学讲堂、市民学校开展学习活动8次。建立龙源社区“心连心”志愿服务联盟，设有志愿服务队伍6支，有志愿者198名，开展志愿服务活动30多次，总计时长约100小时，志愿者人数达150人，受益人数约700人。组织义务巡逻队辅助做好夜间巡逻。全年共调解各类矛盾、纠纷10起，结案率100%。

潍州路街道

【概况】潍州路街道位于奎文区城区的中西部，东起鸢飞路，西至白浪河，南起宝通东街，北至民生东街。2017年，辖区面积6.10平方公里，有居民约2.50万户，常住人口约7.80万人。辖10个社区（道口社区、黄家社区、北王社区、东王社区、西王社区、马少野社区、幸福街社区、健康街社区、潍柴社区、星河社区）。2017年，街道完成地方财政收入1.58亿元，比上一年增长16.70%；完成固定资产投资额12.82亿元，比上一年增长11%；实现贸易企业消费品零售额1.81亿元，比上一年增长10.50%；实现贸易企业消费品销售额3.78亿元，比上一年增长5.80%；完成规模以上工业总产值1.18亿元，比上一年增长7.20%；完成商品房销售面积11.91万平方米。2017年，街道荣获“中国青年创业社区”“山

潍州路发布

2017年7月28日，潍州路街道在金御皇廷中心广场举办“魅力潍坊·浓情四季”系列文化活动

东省安全生产工作先进乡镇（街道）”“山东省‘扫黄打非’先进示范街道”等称号。

【机构设置】 潍州路街道办事处内设党政办公室、经济发展办公室、社会事务办公室、社会治安综合治理办公室、安全生产监督管理办公室、社区规划建设监督管理办公室等6个行政办公室，核定行政编制39人，实有36人；设有社区综合服务站、计划生育服务站、社会保障服务站、财经工作站等4个服务站，核定事业编制39人，实有22人。

【经济和社会事业发展状况】 重点片区开发 2017年，潍州路街道践行力量整合、制度规范、凝聚共识、榜样引导、矛盾调解、作风锤炼在一线的“一线工作法”，全力攻坚、加快推进“三王一马”（东王社区、西王社区、北王社区和马少野社区）片区棚户区改造。“三王一马”片区总占地面积206.67公顷，总规划建筑面积330万平方米，其中未改造开发区域占地79.8公顷，涉及居民1785户、人口6849人。至2017年年底，东王鸢飞路两侧储备地块征迁任务已基本完成，完成拆迁236户，腾空土地约10公顷；签订东王宅基地房屋拆迁协议400多户，已进行交钥匙并有组织的进行房屋拆除。

项目建设 2017年，潍州路街道统筹项目建设，实现经济接续发展。完成金御皇廷、水岸公馆、翠湖美墅、鸢飞路南段拓宽改造、恒易紫园、水岸名居二期、马少野居民安置楼等7个项目征迁清零；实现翠湖美墅、金御皇廷、荔枝公馆、和扬万悦城、恒易紫园等5个新项目开工建设；兴源国际城（一期）、伯爵庄园、信园金融服务中心、国网潍坊变配电服务中心、奎文潍医医院等5个项目完工。

产业转型发展 坚定产业转型发展导向，瞄准主导产业精准招商，实施建链、补链、强链工程，以商业模式的改变和新兴业态的拓展培育，促进主导产业转型升级。优势电商产业园挂牌运营，成功引进支付宝口碑网、蚂蚁快跑等优质电商企业入驻办公30多家；优化发展商贸商务业，以纺织服装为突破口，以中国（潍坊）纺织服装电商产业园

潍州路街道“三王一马”片区（鸢都湖康养小镇）改造概念性城市规划图

2017年12月28日，潍州路街道举行年度幸福潍州文明创建系列评选活动“最美潍州人”颁奖典礼

为载体，推进纺织服装与互联网深度融合，拓展产业链条，推动纺织产业向智能化、高端化、服务化方向转型发展。中国（潍坊）纺织服装电商产业园新招引阿里UC浏览器鲁中区域总部、山东网商集团等多家知名企业入驻，传统纺织品批发交易与互联网深度融合。持续打造潍坊智慧产业园区，成功引进华为（潍坊）物联网创新中心、微医互联网医院、赛伯乐产业公司、美的等知名企业90多家。成功打造澳大利亚博士沙龙顾问委员会潍坊工作站，依托海内外人才优势助推园区繁荣。创新服务模式，实现医疗健康产业与互联网融合发展；推进旅游服务、金融中介服务业集聚发展；加速推进市旅游集散中心、浩信永拓金融中介产业园等两大园区建设，

城市品质提升 聚焦老旧小区、背街小巷、便民市场整治提升，加大投入力度，有效改善居民生活居住条件，提升城市品质。加快完成黄家旧小区改造提升，统筹解决周边三无小区物业管理问题；道口老旧小区改造工程全面收尾；潍棉老旧小区改造工程地上工程收尾。投入资金额100万多元，清运垃圾600多车，拆除违建1100平方米，圆满完成铁路沿线绿化美化集中整治任务；集中开展背街小巷整治、拆违征迁、露天烧烤整治、卫生死角整治、城市“亮化”、生态环境综合整治、深化“美丽家园”建设专项整治行动；结合文明城市创建，持续加大“四街两路”综合执法整治力度。规范理顺街道城市管理力量，深化网格化管理，全面加强集贸市场、摊点群规范管理，有效改善市容市貌，提升城区功能品质，切实改善辖区生态环境，城市品质明显提升。

民生事业发展 深入推进“由民做主”“四社联动”（幸福街、星河、健康街、潍柴等4个社区）落实，引导社会组织和居民共同参与社区管理和服务。建立健全社区“五化”（网格化、法治化、社会化、市场化、信息化）服务机制，增强社区自治和服务能力。确定幸福街、潍柴、星河等社区服务品牌；高标准进行低保家庭核查，严格发放低保金和各类救助、补贴资金，民生保障水平不断提高。打造年度“最美潍州人”“幸福潍州”“潍州路街道群众文化艺术节”等一批特色品牌和“幸福潍州”说唱舞动秀系列文化活动。宣传和表彰先进事迹，弘扬正气，营造文明风尚。高标准推进综治中心、微型消防站等服务站点打

造，平安建设持续推进，集中化解一批信访积案，加强重点领域安全生产监管，保持辖区和谐稳定。用好为民服务短信平台、党建云平台和共产党员微信等服务平台，建立“三个清单”（社区即时办理、代为办理、指导办理），提升为民服务水平。持续加大民生投入，全面做好群众就业、社会保险、困难救济、民政优抚、教育卫生、群众文化等工作，不断提升群众获得感。着力推进“两学一做”学习教育常态化、制度化，深入开展“作风建设年”活动，全面实施基层服务型党组织建设，建立健全街道党工委及党工委书记党建问题清单制、科级干部德廉才绩量化考核、全员绩效考核机制、社区党委书记抓党建测评考核、党员考核评价管理等工作机制，严格落实管党治党职责。精心筹备并妥善抓好社区“两委”换届工作，建设一支过硬的社区工作班子。

【社区简介】 **幸福街社区** 幸福街社区位于东起鸢飞路，西至潍州路，南起健康东街，北至潍柴社区。社区面积约0.29平方公里，有居民小区6个，居民楼188幢，居民4635户，人口约1.25万人，有驻辖区单位9个。2017年，幸福街社区坚持“两学一做”党员教育学习常态化、制度化。重点打造“服务千万家，幸福一家人”社区品牌，坚持“以人为本，服务居民”的宗旨，进一步完善社区服务机制。广泛动员辖区党员、干部和志愿者，对孤寡老人、残疾人、特困户、低保对象等群体提供利民、便民服务。打造“和事佬”“快乐艺术团”等8支志愿者服务队伍。优化专职“守夜人”队伍，配齐电动巡逻车、对讲机等设施设备，建立健全电子巡更考核系统。整合专职“守夜人”、小区物业保安、内部单位保卫、社区群防群治力量等各方面资源，建立协同联动机制，加强信息沟通和协调配合，形成“三统一”大巡防格局。组织开展以“我们的节日”为主题的各类联欢会，为辖区居民提供丰富多彩、健康有益的文化、体育、科普、教育等活动。

健康街社区 健康街社区位于潍州路以东、鸢飞路以西、健康东街以南、光明街以北。社区面积约0.70平方公里，有居民小区7个，居民楼157幢，居民4569户，人口约1.27万人，社区服务中心面积1800平方米，有驻辖区单位6个。2017年，社区以“健康、和谐、友爱、奉献”为理念，全面推动社区各项工作有序开展。充分发挥社区党建优势，迎接德州市齐河县组织部、东营市垦利县胜坨镇、桓台县委组织部和滨州市邹平县委组织部等省内考察团到社区调研参观党建工作。向上级部门申请纺织小区为老旧小区改造项目，有效改善纺织小区“脏乱差”局面。开展“喜迎十九大”志愿服务活动，组织社区党员及志愿者统一佩戴“喜迎十九大志愿者”袖箍，在社区开展义务巡逻、清理乱贴乱画等行动。依托已成立的夕阳红艺术团、领秀舞团、领秀华城腰鼓队、领秀华城太极队等文艺团体，开展“辞旧迎新庆新年”等各类联欢晚会活动，丰富居民的业余生活。

星河社区 星河社区位于东起潍州路，西至白浪河，南起健康东街，北至民生东街。社区面积约0.80平方公里，有居民小区8个，居民楼27幢，居民1492户，人口约0.43万人，居民小组6个，有驻辖区企事业单位3个。2017年，社区以“六心”（爱心、诚心、放心、关心、开心、暖心）解民忧为服务理念，以网格化管理工作为基础，构建起“三网”（针对弱势群体生活需求的社会帮扶网、针对群众精神文化需求的社区文化网、针对防范化解矛盾纠纷和维护治安秩序的社区安全网）格局。推行社区"四位一体"（社区居委会、社区服务中心、社区业主委员会、社区物业管理单位）管理模式，实现党群同心、干群同心、群众同心，凝聚共建和谐的强大合力,形成齐促共创的工作局面。

潍柴社区　潍柴社区位于东起鸢飞路，西至潍州路，南起幸福街社区，北至民生东街。社区面积约0.19平方公里，有居民小区3个，居民楼98幢，居民2966户，人口约1.10万人，有驻辖区单位4个。社区打造出“快乐文化园”社区品牌，设立24孝文化长廊展板和论语的“仁义礼智信”及治家格言展板，激励居民传承民族传统美德。成立老年艺术团协会、台球协会、乒乓球协会、门球协会、棋类协会、书画协会、钓鱼协会、花鸟奇石协会、太极拳协会等，定期组织开展由辖区居民参与的各类活动，丰富居民的业余文化生活。

道口社区　道口社区位于东起四平路(规划中)，西至白浪河，南起胶济铁路，北至健康东街。社区面积约0.49平方公里，有居民小区11个，居民楼97幢，居民3318户，人口约0.98万人，有驻辖区单位2个。社区服务中心占地面积约2400平方米，内有一站式服务大厅，设有社区党建、民政残联、劳动保障、宣传教育、城管城建等服务窗口，为居民提供便捷、优质的服务。2017年，社区坚持“心系社区群众，着力改善民生”服务理念，集中力量打造日间照料中心、社区卫生服务站、社区文化活动站等便民活动场所，为社区群众高质量的生活方式提供服务保障。社区坚持政府指导和社会共同参与相结合，加强党的组织和居民自治组织建设，整合社区资源，大力发展社区事业，不断提高居民的素质和文明程度。2017年，社区荣获“省级文明单位”“奎文区三八红旗集体奖”“奎文区党的十九大安保维稳工作先进基层单位”等称号。

2017年11月25日，奎文区委副书记、区政府区长高志秀到潍州路街道道口社区召开学习中共十九大精神贯彻落实情况座谈会

黄家社区　黄家社区位于东至潍州路，西至四平路，南至胶济铁路，北至健康东街。社区面积约0.40平方公里，有居民小区21个，居民2132户，人口约0.64万人，有驻辖区单位5个。社区党委下设7个基层党支部，有中共党员109人。2017年，社区确立以服务居民为宗旨，以和谐、便捷、满意为目标的工作思路，着力营造“零距离沟通，心贴心服务”的良好氛围。黄家社区服务中心设有综合救助、劳动保障、综治维稳、社区党建、文体、宣传等岗位，面向社区居民开展救助保障、医疗卫生、婚育指导、环卫保洁、治安维稳等各类服务，努力建成秩序良好、环境优美、治安稳定、人际关系和谐、居民安居乐业的文明社区。

东王社区　东王社区位于西靠潍州路，南临宝通东街，东与梨园街道庄家社区搭界，北与北王社区相邻。社区面积约0.47平方公里，有居民小区1个，居民楼10幢，居民732户，人口约0.25万人，有驻辖区单位5

个。2017年，社区以“和谐东王，温馨家园”为理念，成立市旧机动车交易中心、钢材市场、维修中心、加油站、社区文化活动中心、社区文化艺术指导中心等各类便民服务网点，重点打造农家书屋、书法室、道德讲堂、多功能媒体室等配套设施的社区综合性文化服务中心。组织开展公益讲座、消防安全知识普及、再就业技能培训等各类活动，调动居民参与社区文体活动的兴趣，丰富群众文体生活，提高群众幸福感和满意度。

西王社区 西王社区位于东起潍州路，西至白浪河，南起宝通东街，北至宏伟南路南侧。社区面积约1平方公里，有居民小区3个，居民楼82幢，居民913户，人口约0.29万人。有驻辖区单位4个。社区内有西王小区、北王茶城、禾翔阳光、天润浅水湾等大型居民区，是一个集商贸、居住于一体的大型综合性社区。社区服务中心总面积600平方米，并以此为依托，配备各项便民服务设施，重点打造“倾情西王，益民兴商”的社区服务品牌。

北王社区 北王社区位于东起鸢飞路，西至潍州路，南起东王社区，北至前进街。社区面积约1.25平方公里，有居民小区6个，居民楼42幢，居民2757户，人口约1.13万人，有驻辖区单位3个。2017年，社区坚持“以人为本，服务居民”的理念，努力打造文明幸福、和谐稳定的新型城市社区。全面落实“两学一做”学习教育常态化、制度化，落实党员日常积分管理，与广潍社区“结对帮扶”，在党建工作、社区建设等各个方面进行深层次的交流学习。组织党员参观孟良崮战役遗址和纪念馆。打造“网格居民一家亲微信群”特色服务，及时了解社区群众的困难和需求，传达上级的各项惠民政策。联合北王经济专业合作社投入资金额10万多元整治铁路沿线环境卫生，清理胶济铁路沿线两侧垃圾5000多立方米，拆除违建260多平方米，组织志愿服务300多人次，铁路沿线绿化植树500多棵，清除社区东侧的垃圾场，彻底改善胶济铁路沿线环境状况。打造南楼文化活动中心，开办“国学大讲堂”，社区有600多位老年人参加“第二届幸福陪伴茱萸行”敬老活动，有100多名志愿者参加重阳节志愿服务。

马少野社区 马少野社区位于鸢都湖东岸、潍州路以西、胶济铁路以南、玉泉街以北。社区面积约0.51平方公里，有居民小区5个，居民楼52幢，居民1501户，人口约0.46万人，有驻辖区单位25个。社区服务中心建筑面积480平方米，为社区居民提供“一站式”服务，全面提升服务水平。社区服务中心设有警务室、老年活动室、市民学校、劳动保障和救助服务站、卫生服务站、志愿服务站，文体活动室等，设立民政救助、劳动保障、公共卫生、公共安全等岗位，为社区居民开展救助保障、医疗卫生、婚育指导、环卫保洁、治安维稳等各类服务。

东关街道（潍坊市泰华城商务园区管委会）

【概况】 东关街道位于奎文区中部，所辖区域东起虞河、西至白浪河、南至民生东街、北接北宫东街，辖区面积5平方公里，有居民3.6万户，户籍人口12.2万人，辖9个社区（中和园社区、苇湾社区、奎文门社区、新华社区、民生街社区、工福街社区、中学街社区、院校街社区、李家街社区）。2017年，街道完成地方财政收入2.46亿元，完成固定资产投资额10.26亿元，招商引资实际到位资金额 9 亿元。街道（园区）先后荣获“国际安全社区”“中国街道之星”“全国服务型党组织建设示范街道”“全国人口和计划生育依法行政示范街道”“省级文明单位”“山东省重点服务业园区”等称号。街道连续 6 年荣获全区街道科学发展综合考核一等奖。

东关发布

【机构设置】 东关街道办事处（潍坊市泰华城商务园区管委会与其合署办公）内设党政办公室、经济发展办公室、社会事务办公室、社会治安综合治理办公室、安全生产监督管理办公室、社区规划建设管理办公室 6 个行政办公室，核定行政编制 41 人，实有 27 人；设有社区综合服务站、计划生育服务站、社会保障服务站、财经工作站 4 个事业服务站，核定事业编制 39 人，实有 32 人；潍坊市泰华城商务园区管委会核定编制 20 人，实有 4 人。

【经济和社会事业发展状况】 园区建设 2017 年，在原齐鲁饭店区域建设 1.2 万平方米的新能源汽车研发展示中心；对总建筑面积 6 万平米的原振华商厦进行业态转型，打造以家居生活体验为主体、休闲娱乐一体化的城市中心家居 Mall；全影婚嫁产业园已开园运行，并入驻阳光 100 二期 13 号楼，总面积为 5600 平方米；金融创新服务中心核心区落户阳光 100 二期 13 号楼，总面积为 4800 平方米。签约申万宏源证券、山西证券等金融企业 6 家，在阳光 100 城市广场二期 9、10、11 号三幢商务楼宇建设文教创意产业园，入驻市图书馆奎文分馆、海峡美术馆、梦工场、希望美术等知名文创机构 60 多家。

社区建设 推行“由民做主”“四社联动”治理模式，工福街社区为全国宣传贯彻《社区社会工作服务指南》现场会提供观摩点。完善二级网格治理结构，收集、解决、反馈群众反映的热点难点问题 600 多件。提升社区便民服务设施，苇湾社区服务中心于 2017 年 6 月投入使用，总面积为 2300 平方米，实现网格化与由民做主、网格化与互联网 +、网格化与物业管理“三融合”网格化管理模式。街道辖区有社会组织 73 家，平均每万人拥有社会组织 6.1 个，社工师占全部社区工作人员的 48.9%。先后派出 5 名社工师参加全国社会工作督导培训，社区工作者专业化水平得以提升。

社会事业 城市管理围绕“建设现代化中央活力核心区”的工作目标，巩固“四城同创”工作成果，开展“和美东关，你我共建”城市环境综合整治活动，推动城市管理向城市治理转型，打造“品质城市示范街道”。配合全国文明城市、食品安全城市复审工作，建立起街道、社区、网格上下联动的三级创建体系。推进拆违治理行动，采取“徒步排查”的方式，共排查违法建筑 73 处，面积 7028 平方米，完成年度目标任务。开展涉及居民楼 55 幢、居民 2456 户的奎文门老旧小区改造提升工程。

党建工作 街道与所属 14 个科室站所、9 个社区签订《2017 年度全面从严治党及党风廉政建设责任书》，组团包靠 9 个社区、21 个重点项目。发布党建吉祥物“匠心”“力量凝聚在党旗下”党建品牌，从名称、Logo、理念、形象、架构到运行机制、平台实体，形成一套完整体系，首创《东关街道区域化党建共建章程》。新扩建总面积 2300 平方米的苇湾社区党群服务中心和总面积 3100 平方米的泰华、万达、益民、梦想产业园 4 处两新组织党群服务中心。“创益为民”“阳光百分百”等党建品牌引领服务升级，开展“金融创新主题党日”等共建活动30多场次，承接山东省两新组织党建工作推进会，市级两新组织党建示范点增至4个。开展作风建设年系列活动，建立“青年干部读书会”和“微课堂”。新增“全国专业社会工作领军人才”1名、“省金融高端人才”1名、“齐鲁金融之星”2名、“鸢都产业领军人才”1名、“潍坊和谐使者”3名，社工师总数为54人。落实81个基层党支部“三会一课”和“支部生活日”制度，利用基层党校开展“党员进党校”集训4100多人次，“党旗”微信平台全年发布信息1408条，关注群体覆盖全国27个省（市、自治区）。开展“‘作风建设年’服务零距离”主题活动，走访群众1万多户，确立为民办实事项目205个，群众满意度成绩列全区各街道第一位。

创新创业　发展主题楼宇、专业楼宇，加大资源整合力度，培育支柱产业，打造阳光100二期四幢，突出互联网+和文教创意产业为主题的特色楼宇及泰华中心企业总部楼宇。探索第三方专业化管理运营新模式，全影婚嫁产业园、潍坊文教创意产业园、金融创新服务中心等园区已由专业公司管理运营。利用社会化招商、产业园区和特色楼宇打造等优惠政策，引进企业100多家，打造总部企业聚集的特色产业园区。按照“政府主导、专员聘任、企业参与”的三方合作模式，完善阳光100、万达、泰华三大商圈楼宇服务平台机制，楼宇服务专职工作者服务企业的能力水平不断提升。阳光100省级创业示范园、HI创业公社、潍坊大学生创业电商产业园等“三创”平台孵化入驻企业200多家，开展“创青春·创富中国行”“创业沙龙”“创业培训进校园”等主题活动50多场。

2017年3月2日，东关街道苇湾社区举办潍坊市暨奎文区“春晖敬老”青少年志愿服务活动

【社区简介】中和园社区　中和园社区位于东起潍州路，西至四平路，南至胜利东街，北起东风东街。社区面积0.26平方公里，有居民小区4个，居民楼62幢，居民3384户，人口1.02万人，有驻辖区单位16个。各类大小商业网点366个，是集商贸、金融、文化、餐饮于一体的老社区。2017年，获得“山东省首批四型社区”等称号。

苇湾社区　苇湾社区位于东起潍州路，西至四平路，南至东风东街，北至福寿东街。社区面积0.36平方公里，有居民小区12个，居民楼127幢，居民4859户，人口约1.8万人，有驻辖区单位8个。有商业网点468个，是潍坊市商住较集中的社区。2017年，社区获的“理论大众化示范点”“潍坊市政治关爱之家”“全省社区戒毒康复工作示范点”“文明和谐物业小区”“山东省四型就业社区”“市级创业型社区”“‘无小耳朵’社区”“十佳示范党支部”“青少年专业指导基地”、中国图书馆协会颁发的“书香社区”等称号。

奎文门社区　奎文门社区位于东起四平路，西至白浪河，南接民生东街，北至东风东街。

2017 年 3 月 5 日，东关街道奎文门社区开展雷锋志愿者活动

社区面积 1.6 平方公里，有居民小区 5 个，居民楼 68 幢，居民 6120 户，人口 2.3 万人，有驻辖区单位 7 个。2017 年，社区获得“2017 年度全区综治维稳工作先进单位”“2017 年度全区人口计划生育工作先进单位”等荣誉称号。

新华社区 新华社区位于东起鸢飞路，西至潍州路，南接福寿东街，北至北宫东街。社区面积 1.01 平方公里，有居民小区 7 个，居民楼 60 幢，居民 2630 户，人口 8090 人，有驻辖区单位 2 个。

民生街社区 民生街社区位于东起鸢飞路，西至四平路，南起民生东街，北至胜利东街。社区面积 1.21 平方公里，有居民小区 37 个，居民楼 160 幢，居民 4647 户，人口 1.86 万人，有驻辖区单位 10 个。2017 年，社区获得“奎文区先进民兵连”“潍坊市森林村”“潍坊市五好四点半学校”“潍坊市四德示范社区”等称号。

工福街社区 工福街社区位于东起潍州路，西至白浪河，

2017 年 1 月 10 日，东关街道工福街社区爱心企业参与社区慰问环卫工人活动

2017 年 2 月 10 日，东关街道李家街社区举行最美先模人物颁奖典礼

2017 年 8 月 21 日，东关街道院校街社区在佳乐家金融街店广场举办消夏文艺晚会

南起福寿东街，北至北宫东街。社区面积0.9平方公里，有居民小区22个，居民楼97幢，居民3880户，人口1.23万人，有驻辖区单位3个。社区有直管党员85人，下设5个网格党支部，2个非公党支部。社区工作经验被省、市、区多家媒体报道。2017年，社区获得“潍坊市五好‘四点半学校’”、中国社会福利基金会社区发展基金授予的“服务先进社区”、中央综治委预防青少年违法犯罪专项组办公室授予的“‘青少年零犯罪零受害社区（村）’第一期试点单位”等称号。

中学街社区　中学街社区位于东起虞河，西至潍州路，南至东风东街，北至福寿东街。社区面积0.62平方公里，有居民小区17个，居民楼95幢，居民5260户，人口1.43万人，有驻辖区单位12个。2017年，社区获得“山东省第四批民族团结进步创建示范单位”“最美志愿服务社区”、东关街道万达商圈综合党委获得“潍坊市非公有制企业和社会组织党建工作示范点”“全省社区戒毒社区康复工作示范点”“2017年度智慧城市建设先进单位”“省级四型就业社区”等称号。

院校街社区　院校街社区位于东起虞河，西至潍州路，南接胜利东街，北至东风东街。社区面积0.91平方公里，有居民小区17个，居民楼80幢，居民5907户，人口1.21万人，有驻辖区单位6个。辖区的金融街有高层商务楼3幢，聚集潍坊主要银行、保险、电子、科技等400多个单位，是集金融商贸和高档住宅小区为一体的城市中心社区。2017年，社区获得“2017年度智慧城市建设先进单位”“奎文区三八红旗集体”“工会工作先进单位”“无‘小耳朵’社区（村）”等称号。

李家街社区　李家街社区位于东至四平路，西接白浪河，南至东风东街，北起福寿东街。社区面积0.28平方公里，有居民小区4个，居民楼29幢，居民2812户，人口8721人，有驻辖区单位4个。有商业服务网点600多个，是城区商住集中的社区。2017年，社区获得“奎文区2017年度人口与计划生育先进单位”“山东省首批”四型就业社区”等称号。

北苑街道

【概况】北苑街道位于奎文区城区的西北部，东至虞河，西起白浪河，南临北宫东街，北至青银高速公路，鸢飞路、潍州路、四平路纵穿南北，北宫东街、卧龙东街、玉清东街、乐川东街、玄武东街横贯东西。2017年，辖区面积6.13平方公里，有居民2.38万户，户籍人口6.8万人。辖5个社区（则尔庄社区、丁家社区、沙窝社区、卧龙社区、金

2017年7月28日，北苑街道在街道办事处会议室举办消防安全知识讲座

都社区）。2017年，街道确定重点项目17个，总投资额160亿元，总建筑面积320万平方米，完成固定资产投资额18.6亿元，比上一年增长47.3%，实现地方财政收入9033万元，超全年计划10.1个百分点。

北苑发布

【机构设置】北苑街道办事处内设党政办公室、经济发展办公室、社会事务办公室、社会治安综合治理办公室、安全生产监督管理办公室、社区规划建设监督管理办公室等6个行政办公室，核定行政编制39人，实有31人；设有社区综合服务站、计划生育服务站、社会保障服务站、财经工作站等4个事业服务站，核定事业编制39人，实有26人（另有内退1人）。

【经济和社会事业发展状况】2017年，街道坚持产业立街、产城融合，构筑起以特色街区、楼宇经济、市场集群为支撑的产业体系，重点做优做强卧龙幸福养老、玉清家装建材、乐川优质教育三大产业街区。发挥市场集群龙头带动作用，推进招商荣商、业态升级，君泰商城等8大专业市场，累计入驻商户1000多家、出租面积9万平方米、年交易额超过2亿元。推进楼宇经济发展，居然之家、紫金花园、金鼎双子座等商务楼宇建成达效，歌德产业园入驻各类企业800多家，纳税额2000万多元，辖区商机人气日渐浓厚。加大招商力度，以实现经济发展新突破为目标，变招商引资为招商选资，先后组建3支招商小分队到深圳、杭州等城市，引进歌德中小微企业孵化器、瑞喜达商务酒店等3个项目。全年完成签约100户，拆除障碍物2.8万平方米，清空土地12万平方米，对辖区内3处近4000平方米的违章建筑进行拆除，在全区率先完成拆违任务。

深入实施“四通一治”、城乡环卫一体化等整治共建活动，投入350万元，修建卧龙南巷、玉苑街2条背街小巷。结合文明城市复审工作，开展散煤治理活动，加大环境整治力度，累计出动2000多人次，整治卫生死角16处。先后投入520万元，完成丁家社区和则尔庄社区的社区服务中心提升改造；投入1200万元，对建筑面积约11.7万平方米的华光精工西、则尔庄片区等12个小区、40幢居民楼、1780户居民进行老旧小区提升改造，完成丁家馨园天然气及则尔庄南、华光精工西等7个小区、30幢居民楼、1208户居民的“一户一表”改造。以则尔庄“道德文化”为引领，成功举办“砥砺奋进·活力北苑”先模颁奖文艺晚会等各类群众文化活动

2017年12月29日，山东省书协第七届百县千村书法文化下乡活动（潍坊）启动仪式在北苑街道则尔庄社区文化礼堂举行

2017 年 10 月 26 日，北苑街道举办“砥砺奋进活力北苑”先模颁奖晚会

50 多次，做实深耕辖区 43 个二级网格管理，金都社区“四社联动”、社区治理等经验做法，为国家民政部等市级以上单位提供交流现场 70 多次。

【社区简介】 则尔庄社区　则尔庄社区位于白浪河以东，潍州路以西，南起北宫东街，北至卧龙东街。社区面积 1.8 平方公里，有居民小区 23 个，居民楼 120 幢，居民 6310 户，人口约 1.80 万人，有驻辖区单位 8 个。社区有管理和服务工作人员（社区两委和专职工作者）14 人。则尔庄社区服务中心建筑面积 1300 平方米，分上、下两层，内设“一站式”便民服务大厅、增能工作室、青年之家、心理咨询室、手工室、图书室、棋牌室、书画室、党员活动室等服务场所。根据社区地域面积大、居民多的特点，完善二级网格，将辖区划分为 10 个网格片区，每个片区设 1 名网格长，从居民代表中推荐产生楼长，实行网格长区域负责制、楼长楼栋负责制。则尔庄社区依托市场党支部、君德党支部、学雷锋志愿服务党小组，打造“党旗红 · 市场兴”市场党群服务中心品牌和“一老一少”志愿服务品牌。以文明户评选和“四星家庭”评选为载体，倡树社区“格物明德，知行合一”的核心文化理念，打造“润德则尔庄”社区文化品牌。

丁家社区　丁家社区位于北临青银高速公路，南至玉清东街，东起虞河，西至潍州路。社区面积 2 平方公里，有居民小区 6 个，居民楼 52 幢，居民 3695 户，人口 1.11 万人，有驻辖区单位 11 个。

沙窝社区　沙窝社区位于白浪河以东，四平路以西，青银高速公路以南，玄武东街以北，是奎文区与潍城区和潍坊市经济开发区的结合部。社区面积 0.25 平方公里，有居民 272 户，人口 610 人。社区设有占地面积 4 公顷的工业园区，内有各类企业 17 家，全年实现经营收入 1 亿多元，每年可为社区增加效益 140 万多元。社区旧村改造已建居民楼 5 幢，建筑面积 1.9 万平方米，入住 180 户。完成城中村改造控制性规划和改造综合方案，并与圣达房地产开发有限公司签订城中村改造协议。

卧龙社区　卧龙社区位于

白浪河以东，潍州路以西，南邻卧龙东街，北至玄武东街。社区面积 0.98 平方公里，有居民小区 17 个，居民楼 146 幢，居民 7870 户，人口 2.2 万人，有驻辖区单位 6 个。社区有管理和服务工作人员 9 人，是奎文区创建和谐社区示范点之一。

金都社区 金都社区位于潍州路以东，虞河以西，南邻北宫东街，北至玉清东街。社区面积 1.1 平方公里，有居民小区 16 个，居民楼 128 幢，居民 5676 户，人口 1.6 万人，有驻辖区单位 9 个。社区有管理和服务工作人员 12 人。2017 年，接待上级和外地到社区调研参观、交流学习的团队达 300 多人次。社区获得山东省“民主法制示范社区”、潍坊市“法制文化建设示范基地”等称号。

广文街道

【概况】 广文街道位于奎文区的中心位置，所辖区域东至北海路，西至鸢飞路，南至健康东街，北至东风东街。辖区面积 4.22 平方公里，有居民 35438 户，人口 8.6 万人，辖 6 个社区（李家社区、东上虞社区、中上虞社区、西上虞社区、文化路社区、松鹤园社区）。2017 年，完成固定资产投资额 12.5 亿元，比上一年增长 18.5%；完成公共财政收入 1.66 亿元，完成年度计划的 110.8%，实现连续 24 个月持续增长，增幅居全区各街道首位；完成社会消费品零售总额 4116 万元，比上一年增长 10.5%；商品房销售面积 19.3 万平方米，比上一年增长 29.1%；完成规模以上服务业营业收入 19544 万元，比上一年增长 15.2%；完成招商引资 11.44 亿

2017 年 9 月 27 日，全省“两新”组织党建现场推进会第二观摩组到广文街道创新创业活力商圈党群服务中心观摩指导

2017年9月19日，广文街道召开商会第三次代表大会

元，完成年度任务的127%；新引进总部分支机构8家，新发展市场主体1121家，累计6852家。

2017年，街道“省级文明单位”复查合格，被潍坊市人社局授予“潍坊市第一批特色创业街区”，被奎文区委、区政府授予“街道科学发展考核一等奖”“重点项目建设先进单位”“招商引资工作先进单位”“楼宇总部经济发展工作先进单位”“‘征迁清零’工作先进单位”“使用外资工作先进单位”“服务业发展工作先进单位一等奖”“生态环境综合整治工作先进单位”“就业创业工作先进单位”“文明城市创建工作先进单位”“宣传思想工作先进工作”“学习型党组织建设工作先进单位”“市政服务热线工作先进单位”“智慧城市建设先进单位”“信访工作先进工作”“安全生产先进单位”等称号。街道新华路创新创业活力商圈综合党委被中共潍坊市委非公有制经济组织和社会组织工作委员会授予“第二批潍坊市非公有制企业党建工作示范点”称号。

广文发布

【机构设置】 广文街道办事处内设党政办公室、经济发展办公室、社会事务办公室、社会管理综合治理办公室、安全生产监督管理办公室、社区规划建设监督管理办公室等6个行政办公室，核定行政编制32人，实有28人；设有社区综合服务站、计划生育服务站、社会保障服务站、财经工作站等4个事业服务站，核定事业编制39人，实有32人。

【经济和社会事业发展状况】 加快新旧动能转换 2017年，建成和在建商务楼宇22幢，引进楼宇企业2252家；启用保险峰汇产业园，举办金融产业融合发展高峰论坛。率先完成4个“征迁清零”专项行动项目，征迁13幢居民楼、5幢公建楼、6座厂房过程，没有发生一起群体性事件和安全责任事故。大有公馆三期、潍坊国际创意港等7个项目建设全部赶超时序时进度，在奎文区组织的两次重点项目观摩点评中均取得第二名的好成绩。

全面保障改善民生 开展“百姓畅谈中国梦”宣传教育活动，在文化路社区试点“微治理”幸福提升工程，完成西上虞社区集体资产经营管理体制改革；启动东上虞社区沿民生东街1万平方米商业项目建设，举办

2017年2月8日，广文街道举办新年"幸福活力新广文"文艺汇演

各类主题文化活动100多场次；开展"蔷薇花开"公益服务项目、"李家多彩训练营"等志愿活动，登记注册备案社会组织41家。开展棚户区、老旧小区改造提升，有效改善2640户居民生活条件；清理卫生死角90处，清运垃圾1200多立方米，营造整洁的市容环境。开展邻里纠纷化解、安全生产隐患排查、食品药品安全监管，维护辖区的安全稳定。

不断加强基层党建 开展"两学一做"学习教育，组织社区"两委"换届，配齐配强"两委"班子，高标准打造700平方米的创新创业活力商圈党群服务中心，为省、市"两新"组织党建工作推进会提供会议现场。

【社区简介】 **李家社区** 李家社区位于东至文化路、西至鸢飞路、南至健康东街、北至虞河。社区面积0.9平方公里，有居民小区40个，居民楼180幢，居民8039户，人口2.2万人，有驻辖区单位6个。2017年，围绕"建设一流社区、提供一流服务"的工作标准，提升网格化管理、均等化服务力度，着力打造"和畅家园·幸福李家"品牌。参与街道开展的"幸福活力新广文""百姓畅谈中国梦"等主题文体活动、开展弱势群体帮扶、爱心送温暖等一系列惠民实事，让发展成果惠及社区每个家庭，不断提升居民生活舒适感和满意度。2017年获得"无'小耳朵'社区""潍坊市优秀基层综合性文化服务中心"等称号。

东上虞社区 东上虞社区位于东至北海路，西至文化路，南至健康东街，北至民生东街。社区面积1.06平方公里，有居民小区30个，居民楼116幢，写字楼1幢，居民约5000户，人口约1.5万人，有驻辖区单位7个。2017年，社区组织在职党员开展进社区献爱心活动12次，先后开展大型文化活动10多场，不断丰富居民的文化生活。对辖区内"老旧小区""三无小区"进行改造，带领社区干部群众拆除盘踞多年的违规建筑，使困扰小区居民多年的问题得到解决。对辖区内253个门店进行安全隐患排查，签订"门前三包"责任书；对65家餐饮店进行环保督查，督促其安装油烟净化设备；对小区内脏乱差现象进行拉网式清理，共清理垃圾50车。2017年，获得"全国科普示范社区""山东省级绿色社区""山东省防灾减灾示范社区""山东省先进卫生村"等称号。

中上虞社区 中上虞社区

位于东至北海路，西至文化路，南至民生东街，北至胜利东街（张面河段）。社区面积0.74平方公里，有居民小区20个，居民楼115幢，居民7039户，人口约1.38万人，有驻辖区单位10个。2017年，社区组织认真学习中共十九大报告精神，加强作风建设，利用信息群发送学习材料、信息160多条，送学12人，“党建云”平台参学率和学习成绩全年始终保持在奎文区前列。开展红色主题教育活动等群众性文体活动8次。重阳节为百岁老人送生日蛋糕，为辖区老人送足浴盆，增强居民对社区的认同感、归属感，凝聚社区民心。

西上虞社区 西上虞社区包涵西上虞居委会和虞虹桥居委会。西上虞居委会位于东至文萃巷，西至虞河路，南至民生东街，北至胜利东街。辖区面积0.15平方公里，有居民小区2个，居民楼49幢，泰华领域商住楼1幢，居民约3488户，人口约1.03万人。2017年，采取社区行政大厅、社区物业大厅一体化管理的方式，让居民实现“一趟腿办完生活事”；开展健康体检、养老服务的无偿与抵偿相结合，满足辖区居民的健康需求；实现教育培训与学校教育的对接，文翠巷教育培训一条街集“四点半学校”、课业辅导、英语、书法、乐器、舞蹈等各项培训。2017年，社区完成集体资产改制。虞虹桥居委会位于东至文化路，西至虞河，南至虞河景观带，北至胜利东街。辖区面积0.26平方公里，有居民小区8个，居民楼55幢，居民3167户，人口约1.11万人，有驻辖区单位6个。2017年，先后进行潍坊学院电大宿舍旧小区提升改造、轴承厂宿舍2号楼供电问题、轴承厂宿舍旧小区改造等民生工程，推进创建品质社区的步伐；打造“和馨家园”和“心连心”品牌文化活动，组织开展各类文化活动30多场，辖区居民积极融入；坚持机制创新、环境创优，全面落实“青少年零犯罪零受害社区”创建，连续5年无青少年犯罪，打造青少年教育工作特色品牌，入围全国“青少年零犯罪零受害社区（村）”第一期试点单位；结合辖区灾害风险特点和工作实际，开展“全国综合减灾示范社区”创建工作，被国家减灾委员会、民政部授予“全国综合减灾示范社区”称号；开展全国文明城市创建，美丽家园建设，环境卫生综合整治等重点工作，连续保持“省级文明社区”称号。

文化路社区 文化路社区位于东至新华路，西至文化路，南至胜利东街，北至东风东街。社区面积0.53平方公里，有居民小区26个，居民楼99幢，居民3500户，人口1.5万人，有驻辖区单位11个。2017年，根据社区实际，从细微处着手，尊重“微心愿”，搭建“微平台”，完善“微机制”，大力发展“微组织”，开展“微服务”，初步探索出一条以社区“微治理”推动基层社会治理创新的有效途径。通过培育壮大守护家园义务巡逻队、丁大妈调解工作室、“红线姻缘”、拍客记者团、“百事帮”便民服务队等16个“微组织”，社区工作者由社区治理的“包办人”转变为社区治理的“服务者”，让社区居民成为自治的真正“主力军”。建立书记工作室，为青年后备干部、社区工作者、网格管理员的培养带教搭建培训基地，为书记间交流分享经验提供平台。全年建立完善合作共享、疑难共商、共育互学、项目运作四项微机制，成功处理国贸宿舍自来水改造、三产小区违建拆除等事项。通过搭建微平台，不断创新居民参与社区治理载体，使居民意识到“我们的家需要我们共同建”的理念。逐步形成“有问题大声说，有困难大胆讲，有意见大胆提，问题共同解决”的社区自治氛围”，实现“小会议，大能量，齐人心”。通过圆梦小屋、心愿树等渠道，收集居民的微心愿70多个，组织开展“蔷薇花开贫困母亲救助”“温情陪伴最美孝心”评选等项目18个。开展微治理实施之后，参与人数达3000多人，服务居民500多人次，解决居民需求100多件。

松鹤园社区 松鹤园社区位于东至文化路，西到虞河，南至胜利东街，北至东风东街，社区面积0.55平方公里，有居民小区18个，居民楼91幢，居民6116户，人口约1.65万人，有驻辖区单位8个。2017年，进一步细化社区网格管理工作，解决宝鼎花园小区的供热问题、张面河小区污水管道不通和供暖不热的问题、第四干休所与康馨培训学校的租赁纠纷等等，在打造张面河片区和康桥水岸片区两个网格点的基础上，又打造服务技校片区二级网格活动点。成功完成康桥水岸、张面河、东方名苑、宝鼎花园、潍京水岸公馆等小区的业主委员会选举；发挥以党员为主体的“社区群众顾问团”的作用，提高社区议事决策能力，在加强社区党建、处理社区事务、化解社区矛盾、发展社区文化等方面调查研究、出谋划策，共提出意见和建议200多条，社区采纳利用116条；积极参与街道开展的幸福活力新广文“魅力潍坊 浓情四季”系列文化活动，成功举办“情满松鹤园 献礼十九大”表彰晚会；松鹤之春艺术团荣获潍坊市“群众文化活动优秀组织团体”“最佳志愿服务组织”，奎文区第三届广场舞大赛三等奖。

北海路街道（北海路商贸经济发展区）

【概况】 北海路街道位于奎文城区东部，东起北海路，西至新华路，南接张面河景观带，北至通亭街。辖区面积3.1平方公里，有居民2.8万户，户籍人口5.3万人。辖7个社区（十里堡社区、赵疃社区、北宫东街社区、北胡社区、胡西社区、南湖社区、南胡住东社区）。2017年，街道完成地方财政收入8809万元，完成固定资产投资额6.17亿元。

北海路发布

【机构设置】 北海路街道办事处（北海路商贸经济发展区与其合署办公）内设党政办公室、经济发展办公室、社会事务办公室、社会治安综合治理办公室、安全生产监督管理办公室、社区规划建设监督管理办公室等6个行政办公室，核定行政编制39人，

2017年7月26日，潍坊市委常委、市委组织部部长林红玉（左二）到北海路街道创客汇调研

2017 年 4 月 7 日，潍坊市委副书记、市政府市长李宽端（前排右四）到北海路街道辖区的市科技孵化中心调研。奎文区委书记李辉（前排右五），区委副书记、区政府区长高志秀（前排右一）等市、区有关负责人参加调研

实有 29 人；设有社区综合服务站、社会保障服务站、计划生育服务站、财经工作站等 4 个服务站，核定事业编制 39 人，实有 23 人；北海路商贸经济发展区核定事业编制 16 人，实有 6 人。

【经济和社会事业发展状况】 2017 年，北海路街道公共财政收入完成 8805 万元，完成固定资产投资额 6.17 亿元，贸易企业商品零售额完成 2016 万元，招商引资到位资金额 13.4 亿元。

项目建设工作 2017年，新开工项目 3 个，“双 50” 重点项目顺利进展，浙鑫广场等 13 个续建项目均赶超计划进度。完成区级（含 4 个市级）“征迁清零”项目 10 个，累计拆迁面积 1.34 万平方米。楼宇经济方面，成泰大厦等 4 幢在建楼宇已签约企业 37 家；财富国际商务大厦等 11 幢已建成楼宇签约企业 683 家；招商证券、山东陆海风动能电力集团有限公司、和谐健康保险潍坊中心支公司等 8 家市级以上总部分支公司落户辖区。

城市管理工作 推进棚改旧改工作，北胡银领国际棚改一期项目开工，北胡经济合作社增加居民安置面积 8 万平方米，安置胡西浙鑫一期项目拆迁户 42 户。推进赵疃文化路地块棚改建设，安置居民 57 户。十里堡回迁区建成多层回迁楼房 3 幢，安置回迁居民 144 户。改造提升北胡片区、山东信息技术学院家属楼等老旧小区住宅楼 9 幢。引入潍坊清新物业管理有限公司，解决东方天韵小区物业管理问题。通过购买服务，胡西社区正邦物业签订共同管理相关协议，组建由 20 多人构成的综合执法队伍，开展重点区域专项整治行动。

社会治理工作 落实“包保”（“包”是指业务分包、业务包干、分地区块包干，“保”指

2017 年 4 月 7 日，奎文区委副书记、区政府区长高志秀（前排右二）到北海路街道调研社区发展情况

2017年7月4日，奎文区拆迁清零观摩会在北海路街道赵疃社区召开

2017年6月9日，北海路街道老干部先进事迹报告会在市科技孵化器会议室召开

2017年6月14日，北海路街道召开综合工作会议

确保落实、保证落实）责任制，实现重大会议期间辖区零上访。完善《北海路街道安全生产和环境保护网格化体系建设实施方案》。委托专业安全公司对辖区所有经营单位进行安全排查。建立南湖社区“由民做主”社区协商典型，培育社区社会组织29家。建立社区级微信便民服务平台试点——胡西社区微信群，建立12个微信便民服务群、配套服务类专业微信群。开展“北海大明星”评选活动。

党建引领工作　依托街道楼宇商圈党群服务中心，指导42家“两新”（新经济组织和新社会组织）组织建立党组织13个。设立专题专栏，举办专题活动20多次，利用党小组会、支部会、社区班子会等时机开展集中学习，组织大讨论、学习测试等各类活动50多次。确立“11344”楼宇商圈党建工作思路，突出“红色印记”和“两新”组织第一书记工作室两大亮点，突出“先锋力量、青春家园、人才高地、发展联盟”4个品牌。

【社区简介】十里堡社区　十里堡社区东至北海路，西至新华路，南至卧龙东街，北至玉清东街。社区面积约0.60平方公里，有居民小区8个，居民楼91幢，写字楼2幢，居民6594户，人口1.24万多人。十里堡社区建有高标准社区“一站式”便民服务中心，设立“社区议事亭”、建立社区微信群，通过网上议事等多种方式收取群众意见，调整提高社区服务质量和效率。

赵疃社区　赵疃社区东至北海路，西至新华路，南邻福寿东街，北接卧龙东街。社区面积约0.12平方公里，有居民小区5个，居民楼61幢，居民4008户，人口约1.01万人。社区引进动漫产业基地、智能化数字社区、高档商务楼宇等新型高端产业。获得街道“2017年度‘四个城市’建设先进单位”“2017年度‘征迁清零’工作先进单位”“2017年度社会治安综合治理先进单位”等称号。

北宫东街社区　北宫东街社区东至北海路，西至新华路，南至福寿东街，北至北宫东街。社区面积约0.8平方公里，有居民小区14个，居民楼110幢，居民6491户，人口1.63万人。社区党委下设8个党支部，有党员118人。2017年，完善社区网络管理，以党建工作为龙头，以先进文化为抓手，以温馨服务为宗旨，打造成居民温馨家园。社区获得“奎文区文明单位”“‘征迁清零’先进单位”“潍坊市城乡社区老年协会示范点”等称号。

北胡社区　北胡社区东至北海路，西至新华路，南至东风东街，北至福寿东街。社区面积0.57平方公里，有居民小区25个，居民楼95幢，居民3387户，人口1.36万人，有流动人口约1200人。社区党委下设北胡住经济合作社党总支、老年党支部、企业联合党支部等4个党支部，有党员170人。2017年，社区建立工作人员“日记”制度，记录居民急事、难事、烦心事，组建多支特色志愿者服务队，开展社区志愿活动。

胡西社区　胡西社区东起新华路，西起北海路，南接南湖社区和南胡住东社区，北至东风东街。社区面积约0.45平方公里，有居民小区4个，居民楼22幢，居民1476户，人口0.32万人，党员186人，有驻辖区单位736个。2017年，建立“一站式”便民服务大厅，为社区居民提供低保、就业、扶贫帮困等各种公共服务和便民服务。创建“四型就业”社区，建立微信平台，推进在建项目攻坚扫尾、棚户区拆迁改造等工程。2017年，社区获得“经济发展工作先进单位”“推进‘四个城市’建设先进单位”“社会治安综合治理先进单位”“‘征迁清零’工作先进单位”“生态环境综合整治工作先进单位”“安全生产先进单位”等称号。

南湖社区　南湖社区东与南胡住东社区相邻，西至新华路，南至张面河，北至胡西南巷。社区面积1.50平方公里，有居民小区6个，居民楼22幢，居民4626户，人口1.39万人，有驻辖区单位218个。社区党委下设3个党支部，有党员207人。2017，社区投入资金额1087万元对辖区老旧小区进行改造，建立“一站式”便民服务大厅，为社区居民提供低保、就业、扶贫帮困等各种公共服务和便民服务。建立“四议一评一档两公开”（四议：村党组织提议，村“两委”会商议，村党员大会审议，村民代表会议或村民会议决议；一评：社区工作人员通过电话回访、入户交流等形式及时收集来自服务对象的评价；一档：建立在职党员到社区报到台帐档案；两公开：实行决议公开、实施结果公开）工作法，推进基层民主政治建设。建立藏书约3000册的图书馆。组建各类业余文艺骨干队伍，参加各类社区文艺活动20场次，丰富社区居民文化生活。

南胡住东社区 南胡住东社区东至北海路，西与南湖社区相邻，南至张面河，北至胡西南巷。社区面积0.07平方公里，有居民小区2个，居民楼23幢，居民1065户，人口0.16万人。社区“两委”班子成员6人，有党员57人。2017年，社区综合各种资源，通过社区大讲堂、劳动技能培训班、文明评比等形式，提高社区居民道德素质、文化素质、技能素质，打造和谐宜居社区。

附录

街道荣誉

省级文明单位（廿里堡街道）

省级文明单位、省级平安家庭示范街道（梨园街道）

中国青年创业社区山东省安全生产工作先进乡镇（街道）、山东省‘扫黄打非’先进示范街道等荣誉称号（潍州路街道）

国际安全社区、中国街道之星、道全国服务型党组织建设示范街道、全国人口和计划生育依法行政示范街道、山东省重点服务业园区（东关街道）

省级文明单位（广文街道）

社区荣誉

全国城市社会工作示范社区、全国妇联基层组织建设示范社区、全国综合减灾示范社区、全国社区服务先进社区、全国科普示范社区、全国社会工作服务示范社区、暖心工程优秀服务站、暖心工程贡献奖、首批省级四型就业社区（大虞街道孙家社区）

山东省社区宣传思想文化工作示范点、山东省家庭教育示范基地、2017 年度省级四型就业社区（梨园街道樱园社区）

全国民主法治示范社区、服务先进社区、‘青少年零犯罪零受害社区（村）’第一期试点单位（东关街道工福街社区）

山东省首批四型社区（东关街道中和园社区）

全省社区戒毒康复工作示范点、山东省四型就业社区、书香社区（东关街道苇湾社区）

山东省第四批民族团结进步创建示范单位、全省社区戒毒社区康复工作示范点、省级四型就业社区（东关街道中学街社区）

山东省首批四型就业社区（东关街道李家街社区）

山东省民主法治示范社区、全省民主法治示范社区（北苑街道金都社区）

全国科普示范社区、山东省级绿色社区、山东省防灾减灾示范社区、山东省先进卫生村（广文街道东上虞社区）

全国综合减灾示范社区称号、省级文明社区（广文街道西上虞社区）

企事业单位荣誉

山东省实验幼儿园（潍坊市奎文区直机关幼儿园）

山东省家庭教育示范基地（潍坊市育才学校）

山东省交通安全示范点学校（潍坊中新双语学校）

山东名牌企业（京广传媒股份有限公司、潍坊全影网络有限公司等企业）

山东省先进民营企业（潍坊千业色纺有限公司）

省级守合同、重信誉企业（潍坊港峰纺织有限公司）

山东省高新技术企业（潍坊盛德石油机械制造有限公司）

山东省服务业重点园区（泰华城商务园区）

2017 年度省、市表彰名单

2017 年富民兴鲁劳动奖状获得者

潍坊市奎文区国税局

2017 年富民兴鲁劳动奖章获得者

潍坊神舟重工机械有限公司　刘明涛

2017 年富民兴潍劳动奖状获得者

潍坊天泰能源有限公司

2017 年富民兴潍劳动奖章获得者

山东丽波日化股份有限公司　潘新明

潍坊市奎文区潍州路街道幸福街社区　李倩倩

山东万邦国际物流有限公司　刘文军

2017年度奎发、奎办发文件目录一览表

表10

序号	发布文号	文件名称
1	奎发〔2017〕1号	转发潍坊市委、潍坊市政府《关于激励改革创新干事创业建立容错纠错尽职免责机制的实施意见（试行）》的通知
2	奎发〔2017〕2号	关于认真学习贯彻市第十二次党代会精神的通知
3	奎发〔2017〕3号	关于建立区委巡察制度的实施意见
4	奎发〔2017〕4号	印发《关于在全区开展“作风建设年”活动的实施方案》的通知
5	奎发〔2017〕5号	关于实行一线考察使用干部的意见（试行）
6	奎发〔2017〕6号	印发《中共奎文区委常委会开展“作风建设年”活动实施方案》的通知
7	奎发〔2017〕7号	印发《奎文区关于激励改革创新干事创业建立容错纠错尽职免责机制的实施意见（试行）》的通知
8	奎发〔2017〕8号	关于印发《2017年奎文区党风廉政建设和反腐败工作实施意见》的通知
9	奎发〔2017〕10号	关于加快构建和谐劳动关系的实施意见
10	奎发〔2017〕11号	关于印发《奎文区特色小镇和园区建设工作意见（试行）》的通知
11	奎发〔2017〕12号	关于加快“四个城市”建设加速现代化中央活力区目标的决议
12	奎发〔2017〕13号	印发《关于加快推进生态文明建设的实施方案》的通知
13	奎发〔2017〕14号	关于成立奎文区环境保护督察工作领导小组的通知
14	奎发〔2017〕15号	转发《中共山东省委关于认真学习宣传贯彻习近平总书记在省部级主要领导干部专题研讨班上重要讲话精神的通知》的通知
15	奎发〔2017〕16号	关于印发奎文区“四个城市”建设五年规划和三年行动计划的通知
16	奎发〔2017〕17号	关于印发《十四届奎文区委巡察工作规划（2017-2021年）》的通知
17	奎发〔2017〕18号	关于认真学习宣传贯彻党的十九大精神的通知
18	奎发〔2017〕19号	转发《中共中央关于认真学习宣传贯彻党的十九大精神的决定》的通知
19	奎发〔2017〕20号	转发《中共山东省委关于深入学习贯彻党的十九大精神的决议》的通知
20	奎发〔2017〕21号	转发《中共潍坊市委关于深入学习宣传贯彻党的十九大精神的决议》的通知
21	奎发〔2017〕22号	关于深入学习宣传贯彻党的十九大精神的决议
22	奎发〔2017〕23号	印发《关于落实市委第七巡察督导组反馈意见的整改方案》的通知
23	奎发〔2017〕24号	转发《中共山东省委山东省人民政府关于推进新一轮高水平对外开放的意见》的通知
24	奎发〔2017〕25号	转发《中共山东省委山东省人民政府关于做好人才支撑新旧动能转换工作的意见》的通知
25	奎发〔2017〕26号	印发《关于进一步深入学习贯彻习近平总书记视察山东重要讲话和重要指示批示精神具体措施及责任分工》的通知

续表 10

序号	发布文号	文件名称
26	奎办发〔2017〕1 号	转发潍坊市委、潍坊市政府《关于激励改革创新干事创业建立容错纠错尽职免责机制的实施意见（试行）》的通知
27	奎办发〔2017〕2 号	印发《关于加强企业家队伍建设的意见》的通知
28	奎办发〔2017〕3 号	印发《关于进一步加强领导干部联系服务非公有制企业构建新型政商关系的实施意见》的通知
29	奎办发〔2017〕4 号	关于印发《"奎文英才"系列管理办法》的通知
30	奎办发〔2017〕5 号	关于对全区经济工作会议确定事项进行立项分解督查的通知
31	奎办发〔2017〕6 号	关于印发《区委中心组 2017 年理论学习安排意见》的通知
32	奎办发〔2017〕7 号	关于印发《2017 年全区宣传思想文化工作要点》的通知
33	奎办发〔2017〕8 号	印发《关于加强全区社区人民调解组织建设的实施意见》的通知
34	奎办发〔2017〕9 号	奎办发〔2017〕9 号关于贯彻落实市委常委会 2017 年工作要点做好全区重点工作的意见
35	奎办发〔2017〕10 号	关于印发《区委常委抓党建促发展攻坚项目实施方案 》的通知
36	奎办发〔2017〕11 号	印发《关于推进"两学一做"学习教育常态化制度化实施方案》的通知
37	奎办发〔2017〕12 号	关于印发《2017 年度奎文区科学发展综合考核办法》的通知
38	奎办发〔2017〕13 号	关于印发《奎文区深化公共资源配置改革实施方案》的通知
39	奎办发〔2017〕15 号	关于印发《奎文区寻标对标提标达标工作计划》的通知
40	奎办发〔2017〕16 号	印发《关于加强全区各级综治中心标准化建设与管理的实施意见》的通知
41	奎办发〔2017〕17 号	印发《关于加强和改进公安基层基础工作》的通知
42	奎办发〔2017〕18 号	印发《关于全面推行"1+2+N"城区社区警务模式的实施意见》的通知
43	奎办发〔2017〕19 号	关于印发《奎文区第四批包居联户和选派社区挂职书记工作方案》的通知
44	奎办发〔2017〕20 号	印发《关于加强社区集体经济组织党的建设工作的实施意见（试行）》的通知
45	奎办发〔2017〕21 号	关于印发《奎文区"四个城市"建设协调推进机制总体方案》的通知
46	奎办发〔2017〕23 号	关于印发《奎文区生态环境损害责任追究暂行办法》的通知
47	奎办发〔2017〕24 号	关于开展品质社区创建活动的实施意见
48	奎办发〔2017〕26 号	关于推进"一社区一法律顾问"工作的实施意见
49	奎办发〔2017〕28 号	印发《关于推进落实国家机关"谁执法谁普法"普法责任制的实施意见》的通知
50	奎办发〔2017〕29 号	印发《关于加强国土资源执法监管建立共同责任机制的实施意见》
51	奎办发〔2017〕30 号	转发《中共潍坊市委办公室、潍坊市人民政府办公室关于进一步完善法律援助制度的实施意见的通知》的通知
52	奎办发〔2017〕31 号	印发《关于创建创业型示范城市实施方案》的通知
53	奎办发〔2017〕32 号	印发《关于做好城市社区"两委"换届选举工作的实施意见》的通知

2017年奎文区政府、政府办公室重要文件目录一览表

表11

序号	发布文号	文件名称
1	奎政发〔2017〕1号	关于印发2017年《政府工作报告》的通知
2	奎政发〔2017〕2号	关于印发《潍坊市奎文区人民政府重大行政决策事项清单和年度目录管理办法》的通知
3	奎政发〔2017〕3号	关于印发《潍坊市奎文区人民政府重大行政决策年度目录（2017）》的通知
4	奎政发〔2017〕4号	关于印发《潍坊市奎文区2017年国民经济和社会发展计划》的通知
5	奎政发〔2017〕5号	关于印发《潍坊市奎文区人民政府重大行政决策听证程序规定》的通知
6	奎政发〔2017〕6号	关于公布区政府规范性文件清理结果的决定
7	奎政办发〔2017〕1号	关于印发《潍坊市奎文区规范性文件实施情况后评估办法》的通知
8	奎政办发〔2017〕2号	关于印发《潍坊市奎文区扶持总部经济和重点产业发展的实施意见》和《潍坊市奎文区扶持总部经济和重点产业发展的实施细则》的通知
9	奎政办发〔2017〕3号	关于印发奎文区社会化招商奖励办法的通知
10	奎政办发〔2017〕4号	关于进一步促进金融业发展的意见
11	奎政办发〔2017〕5号	关于印发《潍坊市奎文区教学成果奖励办法》的通知
12	奎政办发〔2017〕6号	关于印发《奎文区公安机关警务辅助人员管理办法（试行）》的通知
13	奎政办发〔2017〕7号	关于刘鹏等同志职务任免的通知

奎文区2017年制发规范性文件目录一览表

表12

序号	制定单位	发文单位	文件名称	编号	有效期	规范性文件登记通知书编号	备案报告文件编号
1	法制服务局	政府办	《奎文区规范性文件实施情况后评估办法》奎政办发〔2017〕1号	KWDR-2017-0020001	2017.5.2至2022.5.2	奎府法登字〔2017〕1号	奎府规备字〔2017〕1号
2		区政府	《潍坊市奎文区人民政府重大行政决策事项清单和年度目录管理办法》奎政发〔2017〕2号	KWDR-2017-0010001	2017.5.18-2020.5.18	奎府法登字〔2017〕2号	奎府规备字〔2017〕2号
3		区政府	《潍坊市奎文区人民政府重大行政决策听证程序规定》奎政发〔2017〕5号	KWDR-2017-0010002	2017.7.30至2020.5.18	奎府法登字〔2017〕3号	奎府规备字〔2017〕3号
4	教育局	政府办	《潍坊市奎文区教学成果奖励办法》	KWDR-2017-0020002	2017.12.16-2022.12.16	奎府法登字〔2017〕4号	奎府规备字〔2017〕4号
5	法制服务局	区政府	潍坊市奎文区人民政府关于公布区政府规范性文件清理结果的决定	KWDR-2017-0010003		奎府法登字〔2017〕5号	奎府规备字〔2017〕5号

2017 年奎文区委任免人员文件目录一览表

表 13

序号	发布文号	文件名称
1	奎委〔2017〕3 号	关于付向华同志任职的通知
2	奎委〔2017〕16 号	关于曹瑞升等同志职务任免的通知
3	奎委〔2017〕21 号	关于杨鹤强等同志职务任免的通知
4	奎委〔2017〕23 号	关于杨鹤强等同志职务任免的通知
5	奎委〔2017〕28 号	关于郜风琴、李明阳同志挂职的通知
6	奎委〔2017〕31 号	关于侯效刚等同志职务任免的通知
7	奎委〔2017〕37 号	关于李莉等同志职务任免的通知
8	奎委〔2017〕39 号	关于郝清华等同志职务任免的通知
9	奎委〔2017〕44 号	关于郭潇同志任职的通知
10	奎委〔2017〕51 号	关于吕光玲等同志职务任免的通知
11	奎委〔2017〕52 号	关于梁振涛等同志职务任免的通知
12	奎委〔2017〕55 号	关于金凤国同志职务任免的通知

2017 年区政府任免人员文件目录一览表

表 14

序号	发布文号	文件名称
1	奎政任〔2017〕1 号	潍坊市奎文区人民政府关于李飞等同志职务任免的通知
2	奎政任〔2017〕2 号	潍坊市奎文区人民政府关于吴侃宗等同志职务任免的通知
3	奎政任〔2017〕3 号	潍坊市奎文区人民政府关于公布任命李晓华等政府组成人员职务的通知
4	奎政任〔2017〕4 号	潍坊市奎文区人民政府关于李明阳同志职务任命的通知
5	奎政任〔2017〕5 号	潍坊市奎文区人民政府关于郝清华等同志职务任免的通知
6	奎政任〔2017〕6 号	潍坊市奎文区人民政府关于公布任命郜风琴同志职务的通知
7	奎政任〔2017〕7 号	潍坊市奎文区人民政府关于梁振涛等同志职务任免的通知
8	奎政任〔2017〕8 号	潍坊市奎文区人民政府关于金凤国同志职务任免的通知

奎文区 2017 年省级以上媒体发稿情况一览表

表 15

媒体	题目	时间
	省级报纸	
《大众日报》9 版	潍坊创建国家森林城市实现生态惠民	1 月 6 日
《大众日报》19 版	奎文区靠创新激起发展活力　调结构促发展　撸起袖子加油干	1 月 13 日
	东关街道借力“互联网 +”谋转型	1 月 13 日
	“最美梨园”评选活动颁奖	1 月 13 日
	奎文发布春节餐饮安全消费提醒	1 月 13 日
	昔日活动无人问津，如今越来越多居民融入　社区事儿“留住”社区人	1 月 13 日
	公共服务事项清单编制基本完成	1 月 13 日
	奎文强化安全生产管理	1 月 13 日
	严查非法收运餐厨废弃物行为	1 月 13 日
	社区免费查体居民受益良多	1 月 13 日
	文化科技卫生“三下乡”活动举行	1 月 13 日
	工福街社区为特殊家庭送温暖	1 月 13 日
《大众日报》17 版	李家街社区开展“烟花不点雾霾再见”环保公益活动（图）	1 月 20 日
《农村大众》A3 版	则尔庄社区开展“送福进社区 · 欢乐进万家”活动	1 月 10 日
	北苑街道“三项落实”推进计划生育特殊困难家庭扶助工作	1 月 11 日
	则尔庄社区对准群众“口味”　做实文化惠民	1 月 16 日
	北苑街道三手齐抓努力推动产业加快发展	1 月 17 日
	北苑街道三举措把握宣传重点提升舆论监督引导力	1 月 18 日
《大众日报》23 版头条	奎文着力打造现代化中央活力区	2 月 10 日
《大众日报》23 版	民生街社区为辖区 90 岁以上老人过生日	2 月 10 日
	市场监管局组织开展食品安全大检查（图）	2 月 10 日
	广文街道节后上班先调研项目	2 月 10 日
	先进典型选树引领社会风尚	2 月 10 日
	民生“大礼包”提高群众幸福感	2 月 10 日
	奎文交通运输局做好艺考服务保障	2 月 10 日
	梨园街道新春文化活动暖民心	2 月 10 日
	东关街道颁奖晚会颁先进	2 月 10 日

续表 15

媒　体	题　　目	时　间
《大众日报》23 版	北海路街道开展综合整治集中行动	2 月 10 日
《大众日报》14 版	近半岗位不要学历	2 月 17 日
	全力攻坚促建设培育发展新引擎	2 月 24 日
	奎文区春风行动大型招聘会举行（图）	2 月 24 日
	北苑加强小饭桌和校园周边监管	2 月 24 日
	奎文扎实开展“作风建设年”活动　让新风正气成常态	2 月 24 日
	事业单位法人年度报告公示开始	2 月 24 日
	2017 年第一批食品安全监督抽检结果出炉	2 月 24 日
	建设开放型经济先行区	2 月 24 日
	农行潍坊廿里堡支行与街办联合举办春节文化展演活动	2 月 24 日
《农村大众》A3 版	北苑街道三举措加强思想学习积聚和谐发展向心力	2 月 13 日
	北苑街道“五个加强”进一步深化宣教引领工作	2 月 14 日
	北苑街道召开 2016 年度社区书记党建工作述职评议会	2 月 22 日
	北苑街道念好“四字诀”加强机关作风建设	2 月 24 日
	北苑街道机关“周五讲堂”专题讨论：我心目中的街道好干部标准	2 月 27 日
《大众日报》15 版	农行潍坊分行奎文居民医疗保险代收项目投产上线	3 月 3 日
	农行潍坊奎文支行建立和谐温馨老干部群	3 月 3 日
《大众日报》18 版	农行潍坊奎文支行拾金不昧获好评	3 月 10 日
《大众日报》20 版	20 个过亿元重点项目集中开工	3 月 10 日
	“智慧民生”效应逐渐显现	3 月 10 日
	电梯事故应急救援演练举行	3 月 10 日
	奎文区潍州路小学社会活动基地落户苇湾社区（图）	3 月 10 日
	奎文安全生产隐患大排查大整治活动启动	3 月 10 日
	奎文区开展结核病防治知识网络竞赛	3 月 10 日
	华韬生物社区关爱基地落户樱园社区	3 月 10 日
	北苑街道向民生“加码”	3 月 10 日
	学雷锋见行动	3 月 10 日
	养老院搬到哪里，老人们跟到哪里	3 月 10 日
《大众日报》18 版	农行潍坊奎文支行助客户识诈骗	3 月 17 日
	农行潍坊廿里堡支行电子银行进校园	3 月 17 日

续表 15

媒　体	题　　目	时　间
《农村大众》A3 版	金都社区开展普法宣讲活动	3 月 9 日
	北苑街道打造“一镇一园三片区”产城互动新格局	3 月 10 日
	北苑街道“三抓三促”奋力推进北部城区蝶变发展	3 月 23 日
	北苑街道则尔庄妇女代表大会成功召开	3 月 08 日
《大众日报》9 版	最是一年春好处（图）	4 月 7 日
《大众日报》17 版	潍坊市区两级人社部门待客奎文民生会客厅“12333 全国统一咨询日”情系民生话社保	4 月 14 日
《大众日报》18 版	开展“弘扬文明祭祀倡导绿色生活”主题活动	4 月 14 日
	李家街社区爱心捐献春满园	4 月 14 日
	提前做足功课　潍坊新华中学获奎文区风筝比赛一等奖	4 月 15 日
《大众日报》17 版	以好的作风用权律己谋事创业	4 月 21 日
《大众日报》19 版	奎文区以廿里堡街道办事处为试点开展违法建设专项治理	4 月 21 日
	老旧小区接收物业公司有难度，看苇湾社区如何推进——特色服务打通物业管理“最后一公里”	4 月 21 日
	着力打造公共服务 2.0 模式	4 月 21 日
	奎文门美食文化街环境秩序改善	4 月 21 日
	地条钢专项整治展开	4 月 21 日
《农村大众》A3 版	北苑街道积极开展“我们的节日・清明节”主题实践活动	4 月 7 日
	北苑街道三举措实干迎春　各项工作迈上新台阶	4 月 11 日
	北苑街道召开学习贯彻市、区党代会精神宣讲报告会	4 月 10 日
	借力四月读书日　则尔庄社区掀起读书热	4 月 18 日
	卧龙社区居民喜领“爱心菠菜”	4 月 19 日
《大众日报》13 版头条	抢抓宝贵发展机遇，奎文区以作风建设推动老市府等四大片区开发　重点片区开发推动城市升级	5 月 5 日
《大众日报》17 版头条	推动文化产业技术进步、效率提升和模式变革，提升文化创新力和发展力　文化上网，为生活添彩	5 月 12 日
《大众日报》17 版	李家街社区母亲节举办亲子插花活动	5 月 19 日
	情满奎文门感恩母亲节	5 月 19 日
	苇湾社区让母亲留下倩影	5 月 19 日
	奎文区梨园街道樱园社区“善・爱课堂”的孩子们迎来了第一次残健儿童手拉手活动	5 月 26 日
	民生街社区为九十岁老人祝寿	5 月 26 日

续表 15

媒 体	题 目	时 间
《大众日报》20 版头条	奎文区开展作风建设年活动　全区上下涌动实干之风作风建设带动区域发展	5 月 26 日
《大众日报》20 版	奎文区推进城市违法建设治理行动，建立容错机制和问责机制 8 年的违建被依法拆除	5 月 26 日
	潍坊市 12343 慈善义工团到奎文区李家街社区开展了一场公益便民活动	5 月 26 日
	中和园社区解决热点难点问题	5 月 26 日
《大众日报》20 版倒头条	周伟科把敬业奉献当做人生信条，不论哪个岗位都爱岗敬业——用辛勤劳动扮靓美丽城乡	5 月 26 日
《大众日报》20 版	民生速递巡逻队维护小区安全	5 月 26 日
	奎文公安破案会战行动破获案件 120 余起	5 月 26 日
	北海路街道推动拆违再获新突破	5 月 26 日
	为民办事获赠锦旗	5 月 26 日
	梨园社区举办篮球赛	5 月 26 日
《大众日报》15 版	喜迎省第十一次党代会特刊	6 月 11 日
	以“主动作为、主动担当、依法作为”为主题，以“汇集正能量·展现新作为”为主线　潍坊市奎文区：以作风建设促新一轮发展	6 月 11 日
	奎文打造区域化党建品牌体系　已成为城市基层党建工作先行区、引领区、示范区	6 月 11 日
	抓住项目建设、产业发展牛鼻子，抢占转型发展宝贵机遇　奎文区：推进“四大片区”开发带动转型升级	6 月 11 日
《大众日报》县域版	这里的干部缘何勇担当　奎文区千余名干部深入一线，“四大片区”改造、拆迁清零进展迅速	6 月 24 日
《大众日报》19 版	奎文区将文明创建融入居民生活，成为城市发展持久动力　文明体现在细节	6 月 23 日
	南部新城建设进入“加速度”	6 月 23 日
	厨房搬进社区　比味道拼健康	6 月 23 日
	网安大队民警在街头向群众介绍电信网络诈骗的特点及防范对策	6 月 23 日
	傅树林担任小区业委会主任，在“不好干”的岗位上获好评，靠的是——换位思考　体谅各方	6 月 23 日
	“幸福奎文”微信便民服务平台试点推行	6 月 23 日
	民建法律公益服务进社区	6 月 23 日
	省食药监局到奎文调研农贸市场规范化管理	6 月 23 日
	2017 年度“最美家庭”创评活动启动	6 月 23 日
	奎文狠抓运输企业安全生产	6 月 23 日
	李家街社区为 96 岁老人过生日	6 月 23 日

续表 15

媒　体	题　　目	时　间
《大众日报》19 版	潍坊治理外卖乱象有实招　送餐车“挂牌”上路	6 月 30 日
《大众日报》潍坊新闻版头条	“八步工作法”顺民意得民心——这里的棚改“静悄悄”	7 月 14 日
《大众日报》15 版	党建课程化激发教育新活力	7 月 21 日
《大众日报》潍坊新闻版头条	奎文区召开违建治理暨征迁清零工作现场会，全力推进违建治理 影响桐荫街畅通的违建拆除了	7 月 21 日
《大众日报》15 版	《老潍县记忆》出版发行	7 月 21 日
	奎文区文化馆针对不同人群需求，提供丰富多彩的公益文化服务	7 月 21 日
《大众日报》潍坊新闻版倒头条	奎文区人大专题调研法院案件执行难，建议——全社会形成合力“老赖”无处遁形	7 月 21 日
《大众日报》15 版	省铁路沿线综合治理检查组到奎文考核验收	7 月 21 日
	角膜塑形镜专项检查展开	7 月 21 日
	李家街社区党员及志愿者上街清除小广告	7 月 21 日
	梨园街道举行广场舞大赛	7 月 21 日
	“爱的握手”健康中国百城行启动	7 月 21 日
	奎文区直机关幼儿园迎来 20 岁生日	7 月 21 日
	30 余种鸟类栖息白浪河湿地公园	7 月 28 日
《大众日报》18 版	整治非机动车交通违法罚抄交通法规	7 月 28 日
《农村大众》山东新闻版头条	仉家村带领群众算好棚改明白账	7 月 31 日
《农村大众》A3 版	则尔庄社区开展消防疏散演练	6 月 12 日
	北苑街道“三力”齐进开创统战新局面	6 月 14 日
	北苑街道三举措深入开展“大、快、严”安全整治行动	6 月 15 日
	潍坊市奎文区北苑街道“抓攻促”全面推进项目建设	6 月 21 日
	北苑街道召开党建群团工作会议	6 月 13 日
	北苑街道四措并举加强党风廉政建设	7 月 5 日
	破局之折：北苑实验学校全部征迁完毕	7 月 11 日
	北苑街道开展“奉献爱心　无偿献血”活动	7 月 12 日
	潍坊市奎文区北苑街道三举措扎实推进重点工作	7 月 25 日
	潍坊市奎文区北苑街道开展公共场所和医疗机构专项督导检查	7 月 26 日
《大众日报》15 版	103 户居民，100% 签订棚改协议——奎文经济开发区仉家经济专业合作社棚改侧记	8 月 11 日

续表 15

媒 体	题 目	时 间
《大众日报》15 版	“一站式”新政务服务中心投入使用	8 月 11 日
	整改问题 400 余个 每天督查通报	8 月 11 日
	筑建中央厨房为中小学生提供配餐	8 月 11 日
	金融治赖 重拳出击	8 月 11 日
	地震应急救援技能培训举办	8 月 11 日
	奎文积极推动公立医院法人治理结构建设	8 月 11 日
《大众日报》21 版	潍坊新华中学 2016 级 1 班的学生开展暑期社区志愿者活动	8 月 25 日
《农村大众》A3 版	北苑街道开展消防安全知识讲座	8 月 1 日
	潍坊市奎文区北苑街道卧龙社区开展“环保酵素——厨房里的公益”宣传活动	8 月 2 日
	北苑街道重拳抓好环保整治	8 月 18 日
	北苑街道组织参观警示教育基地筑牢廉政防火墙	8 月 22 日
《大众日报》32 版头条	新旧动能转换的“奎文路径”	9 月 8 日
《大众日报》32 版	奎文区全力推动文化产业提质增效	9 月 8 日
	2017 第 26 届潍坊（金宝）汽车文化博览会在金宝国际会展中心开幕	9 月 8 日
	奎文创新社区治理打造品质社区	9 月 8 日
	奎文区完成对“僵尸”事业单位集中清理	9 月 8 日
	安全生产隐患排查治理专项行动开展	9 月 8 日
	十里堡加油站征迁清零行动有序推进	9 月 8 日
	潍坊市暨奎文区 2017 年“全国科普日”活动启动	9 月 22 日
《农村大众》A3 版	北苑街道开展“三小”宣传和食品摊点备案讲解	9 月 18 日
	北苑街道“以商荣商”全力推进歌德创业园快速发展	9 月 26 日
	北苑街道举办消防安全知识讲座	9 月 27 日
	歌德创业园举办秋季大型专场招聘会	9 月 28 日
	卧龙社区举办第一届全民健身运动邀请赛	9 月 29 日
《大众日报》17 版	笑脸绽放群众获得感	10 月 13 日
《大众日报》19 版头条	打造重点项目 助力“文化名市”建设	10 月 27 日
《大众日报》19 版	“欢庆十九大 喜迎重阳节——银龄之声”关爱服务进社区活动在奎文区东关街道工福街社区举行	10 月 27 日
	“楼长”精准服务提升“品质楼宇”	10 月 27 日
	“三零”“二一”服务便民助企	10 月 27 日

续表 15

媒　体	题　　目	时　间
《大众日报》19 版	奎文拆除违规广告牌	10 月 27 日
	环卫工慈善救助基金举行募捐仪式	10 月 27 日
《农村大众》A3 版	北苑街道则尔庄社区打造三大载体激发创业活力	10 月 18 日
	北苑街道召开秋冬季大气污染治理会议	10 月 23 日
	北苑街道四措并举全力推进创城工作	10 月 25 日
	则尔庄社区组织开展物业知识培训讲座暨消防演练活动	10 月 27 日
《大众日报》18 版	老年大学不再一座难求	11 月 3 日
	“庆祝党的十九大胜利召开”楹联书画作品展在潍坊市奎文区北王茶城开展	11 月 3 日
	网售商品标识不全成投诉热点	11 月 3 日
《大众日报》3 版	既有理论高度　又有情感温度	11 月 10 日
《大众日报》14 版	“电 e 宝”人脸及指纹识别功能上线	11 月 17 日
《大众日报》13 版	重点工程助推品质城市建设	11 月 24 日
《大众日报》2 版	一场特殊的集体生日	11 月 27 日
《农村大众》A2 版	社区爱心义诊　为居民健康助力	11 月 13 日
《农村大众》A3 版	北苑街道积极开展计生特殊家庭免费健康查体	11 月 23 日
	则尔庄社区推进老旧小区改造提升居住环境	11 月 24 日
《大众日报》21 版	北海路街道胡西社区为社区居民戴建建举办了一场爱心募捐活动	12 月 8 日
《大众日报》24 版	重点项目建设助推城市发展	12 月 8 日
	“活力城市”点燃发展引擎	12 月 8 日
	滨海飞地产业园项目签约	12 月 8 日
	奎文区开展“我为‘四个城市’添光彩”主题演讲比赛	12 月 8 日
	动过两次大手术，吃着抗肿瘤的药，仍坚持在一线工作。李顺廷——“有生之年，想多做点贡献”	12 月 8 日
	十九大精神宣讲团深入基层宣讲	12 月 8 日
	“金融法庭”结案 1510 件	12 月 8 日
	推进社区证明材料清单落地生效	12 月 8 日
	北海路街道“三力合一”创新发展	12 月 8 日
《大众日报》18 版		
《大众日报》7 版	优秀志愿者和环卫工元旦获邀免费游	12 月 26 日
省级网络		
新华网山东频道	潍坊奎文环卫服务成 2016 年度山东省服务名牌	1 月 1 日

续表 15

媒　体	题　　目	时　间
新华网山东频道	中国共产党潍坊市奎文区第 14 次代表大会开幕	1 月 16 日
	中国共产党潍坊市奎文区第 14 次代表大会闭幕	1 月 17 日
	山东省潍坊市奎文区政协六届一次会议开幕	1 月 23 日
	山东省潍坊市奎文区十八届人大一次会议开幕	1 月 23 日
	山东省潍坊市奎文区政协六届一次会议闭幕	1 月 26 日
	山东省潍坊市奎文区十八届人大一次会议闭幕	1 月 26 日
	山东潍坊市奎文区强化措施提升消费维权效能	2 月 22 日
	山东潍坊奎文推进交通运输领域综合执法改革	2 月 22 日
	山东潍坊奎文区积极推动社区品牌调解室建设	2 月 23 日
	潍坊奎文试点推进社区公共服务事项清单编制	2 月 23 日
	山东省潍坊奎文区加强小饭桌和校园周边监管	2 月 23 日
	潍坊奎文区“春风行动”招聘会圆妇女就业梦	2 月 23 日
	潍坊奎文北海路街道突出两重点　打造发展引擎	2 月 23 日
	潍坊奎文：学习党代会加油实干建强市	2 月 27 日
	潍坊奎文：学习党代会精神　从我做起	2 月 27 日
	山东潍坊市奎文区：加快建设现代化中央活力区	2 月 28 日
	山东潍坊奎文公证处鸡年春节假期不“打烊”	2 月 28 日
	山东潍坊市奎文区实施项目攻坚　增强发展后劲	2 月 28 日
	奎文热议潍坊 12 届党代会：感受到了力量和信心	2 月 28 日
	奎文居民心声：愿潍坊的文化名牌打得更响亮	2 月 28 日
	潍坊奎文基层干部：筑牢老百姓幸福的“根基”	2 月 28 日
	山东潍坊奎文区环卫工捡钱包　官微发声寻失主	2 月 28 日
	潍坊奎文 2017 年首批食安抽检合格率达 98.47%	2 月 28 日
	清理绿化带不留死角　潍坊奎文园林处率先行动	2 月 28 日
	山东省潍坊市奎文区城管整治烧烤店露天经营	2 月 28 日
	潍坊奎文：孕妇破羊水　交警护送十分钟到医院	2 月 28 日
	山东潍坊奎文区政协：助力改革发展再上新台阶	2 月 28 日
	奎文人大常委会：聚焦民本民生　增强监督实效	2 月 28 日
	山东潍坊奎文区廿里堡深入校园把关食品安全	2 月 28 日
	潍坊奎文幸福街社老人自掏腰包建社区艺术团	2 月 28 日

续表 15

媒体	题目	时间
新华网山东频道	潍坊奎文：丰富文化载体　提升文化生活	3月9日
	山东潍坊奎文举办庆三八健步走活动	3月9日
	山东潍坊市奎文区开展殡葬用品市场专项整治	3月10日
	山东潍坊奎文做好事业单位法人年度报告公开	3月10日
	山东潍坊市奎文区集中整治保健食品市场秩序	3月10日
	潍坊奎文大虞街道加速打造“四全一特”社区	3月10日
	山东潍坊奎文区北海路街道全力增进民生福祉	3月10日
	山东潍坊奎文潍州路街道力促城管再上新台阶	3月10日
	山东潍坊奎文区推进证明盖章类材料清理工作	3月11日
	潍坊市奎文区法制服务局执法人员旁听法院庭审	3月11日
	山东潍坊市奎文区全面启动露天烧烤整治工作	3月11日
	山东潍坊奎文落实党代会精神　为民服务走在前	3月15日
	奎文贯彻潍坊12次党代会：以新理念引领新跨越	3月15日
	山东省潍坊市奎文区义务植树增绿“森林潍坊”	3月15日
	山东潍坊奎文：撸袖实干建设现代化中央活力区	3月15日
	山东潍坊奎文区：绿色环保从我做起	3月15日
	潍坊区奎文开展证照年检及政府指定培训清理	3月16日
	潍坊奎文区800余名环卫工人享受免费眼部检查	3月16日
	潍坊奎文妇女儿童发展“十三五”规划颁布实施	3月16日
	山东省潍坊市奎文区拆违试点工作会议召开	3月23日
	突破难点全面整治　潍坊奎文向违法建设“动刀”	3月23日
	什么是违法建设	3月23日
	怎样治理违法建设	3月23日
	为什么要治理违法建设	3月23日
	潍坊奎文区梨园街道积极推进志愿服务常态化	3月24日
	潍坊奎文区潍州路街道道口社区抓党建惠民生	3月24日
	山东潍坊奎文区推进服务事项整链条优化工作	3月30日
	山东潍坊奎文区整修30余座一体化村居垃圾房	3月30日
	山东潍坊学院法学院大学生社会实践基地揭牌	3月30日
	山东潍坊奎文推进农村公路安全生命防护工程	3月30日

续表 15

媒　体	题　　目	时　间
新华网山东频道	山东潍坊奎文区全面实施新一轮提升市区行动	3 月 31 日
	山东潍坊奎文区着力打造便民利民公共服务 2.0	3 月 31 日
	山东潍坊奎文加强作风建设　创新突破主动作为	3 月 31 日
	潍坊奎文：“蔷薇花开”项目启动　关爱困难母亲	3 月 31 日
	山东潍坊奎文区启动志愿者“四季关爱”活动	3 月 31 日
	山东省潍坊市奎文区成立教育事业发展促进会	3 月 31 日
	潍坊奎文摸底辖区 19 条主干道　拆除绿化带牌匾	3 月 31 日
	山东潍坊市奎文区专项抽检辖区学校食堂食品	3 月 31 日
	山东潍坊市奎文区志愿者进社区跟达人学节水	3 月 31 日
	山东潍坊奎文环卫发起旧衣物“爱心交换”活动	3 月 31 日
	潍坊奎文大虞国税局树党建品牌：党员啃硬骨头	3 月 31 日
	潍坊奎文区 2017 年为妇女儿童办教育等 5 件实事	3 月 31 日
	山东潍坊奎文环卫处组织首次旧衣“爱心交换”	3 月 31 日
	潍坊奎文交警护送就医：40 分钟车程 12 分钟赶到	3 月 31 日
	山东潍坊奎文“民生会客厅”情系民生对话社保	3 月 31 日
	山东省潍坊市奎文区将打造现代化中央活力区	3 月 31 日
	潍坊奎文经济开发区打造半岛创业“生态系统”	3 月 31 日
	潍坊奎文区北海路街道加强城市管理　改善环境	3 月 31 日
	潍坊奎文北苑街道加快项目建设　推进蝶变发展	3 月 31 日
	潍坊奎文：引导科学消费维护合法权益	3 月 31 日
	山东潍坊奎文：以法维权　公证护航	3 月 31 日
	山东潍坊奎文：文明祭扫倡导良好风气	3 月 31 日
	奎文国税局三措并举便民办税	4 月 1 日
	奎文打造现代化中央生活区	4 月 4 日
	潍坊奎文区：社区百姓文化书屋　丰富居民文化生活	4 月 6 日
	奎文环卫清理油污死角	4 月 6 日
	潍坊奎文区文化强区建设步伐坚实有力	4 月 10 日
	潍坊市奎文区第三届读书朗诵大赛成功举办	4 月 10 日
	山东潍坊：奎文物价局进企业开展价格法律知识培训	4 月 12 日
	奎文城管部门开展清理整治行动　违规占绿广告牌全拆	4 月 13 日

续表 15

媒 体	题 目	时 间
新华网山东频道	奎文区打击涉老洗脑式营销	4 月 13 日
	潍坊奎文区抢机遇促供给　全面建设文化名区	4 月 16 日
	潍坊奎文区举办“读懂法律　规划人生”公益活动	4 月 17 日
	潍坊奎文区搭建供需平台　推进公共就业服务	4 月 18 日
	奎文区学习潍坊市“作风建设年”动员大会精神	4 月 19 日
	奎文区委办公室学习潍坊“作风建设年”动员会	4 月 20 日
	潍坊市奎文区推行备案项目网上办理制度	4 月 21 日
	潍坊：奎文开展养老机构安全检查	4 月 22 日
	奎文区疾控中心通过资质评审　提供准确结果	4 月 24 日
	潍坊奎文发布建设现代化教育强区 3 年行动计划	4 月 25 日
	潍坊奎文妇联深入开展反家暴工作　提高妇女维权意识	4 月 25 日
	潍坊奎文政务服务中心办公室讨论“作风建设年”	4 月 26 日
	潍坊市奎文区严查露天烧烤	4 月 26 日
	潍坊奎文区书记李辉：以作风建设带动振兴发展	4 月 27 日
	潍坊被评为第二届“山东省全民阅读示范市”	4 月 27 日
	督查组赴潍坊市奎文区德润学校周边检查	4 月 28 日
	潍坊：奎文区探索普法宣传与社区工作深度融合	4 月 28 日
	奎文城管推行路段包靠责任制提升管理质量水平	5 月 4 日
	奎文区广文街道“快细实”抓作风干实事创佳绩	5 月 4 日
	奎文环卫开展专项活动　沿街废弃杂物大清理	5 月 12 日
	山东潍坊奎文区发改局推行备案项目网上办理	5 月 22 日
	潍坊奎文经济开发区部署“作风建设年”活动	5 月 23 日
	潍坊奎文区人大常委会研究落实“作风建设年”	5 月 23 日
	潍坊常委统战部部长到奎文指导“作风建设年”	5 月 24 日
	山东省潍坊市副市长吴磊到奎文调研作风建设	5 月 24 日
	山东潍坊市奎文区青年积极融入“作风建设年”	5 月 24 日
	落实“作风建设年”　潍坊奎文区“亮剑”城市违建	5 月 24 日
	奎文区委党校培育良好家风促进党风政风建设	5 月 24 日
	山东省潍坊奎文经济开发区扎实锤炼干部作风	5 月 24 日
	山东潍坊市奎文区全面加快重点片区开发建设	5 月 24 日

续表 15

媒　体	题　　目	时　间
新华网山东频道	潍坊奎文区出台建设现代化教育强区三年计划	5 月 24 日
	潍坊奎文基层党员认真学习“作风建设年”会议	5 月 24 日
	山东潍坊干部群众收看“作风建设年”大会直播	5 月 24 日
	潍坊奎文开展“520”计量宣传活动	5 月 24 日
	潍坊奎文：作风建设年　我们怎么干	5 月 24 日
	潍坊奎文廿里堡街道违法建设治理首战传捷报	5 月 24 日
	山东潍坊奎文区北苑街道：作风建设一直在路上	5 月 24 日
	潍坊奎文广文李家合作社改革用人促作风建设	5 月 24 日
	潍坊奎文区北海路街道锤炼过硬作风　服务发展	5 月 24 日
	潍坊奎文廿里堡街道广潍社区开展“结对共建”	5 月 24 日
	潍坊奎文广文街道严格建章立制　规范集体经济	5 月 24 日
	潍坊奎文廿里堡街道崇文街社区学“智慧社区”	5 月 24 日
	山东省潍坊市六处路口试行红灯“12 秒倒计时”	5 月 27 日
	潍坊开展城区道路交通秩序集中整治大会战行动	6 月 4 日
	山东省潍坊市免费为小微企业提供标准托管服务	6 月 5 日
	山东省潍坊市颁出首张食品小作坊餐饮登记证	6 月 5 日
	山东潍坊奎文区委党校举办消防安全知识讲座	6 月 11 日
	山东潍坊奎文区开展“诚信建设示范单位”评选	6 月 11 日
	山东潍坊奎文区 2017 年“最美家庭”创评启动	6 月 11 日
	潍坊奎文宣传第十二个全国文化与自然遗产日	6 月 12 日
	山东潍坊市奎文区开展组歌传唱集中展示活动	6 月 12 日
	中国潍坊在新西兰拓展商贸投资新机遇	6 月 16 日
	山东潍坊奎文区多举措推进社会信用体系建设	6 月 19 日
	潍坊奎文广文街道探索社区经济特色发展之路	6 月 19 日
	山东省潍坊奎文经济开发区项目建设加速推进	6 月 20 日
	潍坊：看见“牙签弩”马上举报　城区走访未见有售	6 月 20 日
	山东潍坊市奎文区开展打击无证行医集中行动	6 月 21 日
	山东省潍坊市奎文区开展规范性文件清理工作	6 月 21 日
	山东省潍坊市奎文区为机构编制管理保驾护航	6 月 21 日
	2017 年代理人员社保集中缴费 6 月 23 日开始	6 月 23 日

续表 15

媒　体	题　　目	时　间
新华网山东频道	山东潍坊奎文外卖送餐车挂“牌”上路文明出行	6 月 25 日
	潍坊奎文地税局“党建 +”引领开创工作新局面	6 月 30 日
	潍坊奎文区委党校开展“寻标对标提标”活动	6 月 30 日
	潍坊奎文地税创新推进协同共治税收征管机制	6 月 30 日
	山东潍坊奎文以长效机制助推文明创建常态化	6 月 30 日
	潍坊丁学宇：邻里“大管家” 居民“主心骨”	6 月 30 日
	全国特级优秀警察周军华：甘做社区群众孺子牛	6 月 30 日
	山东省潍坊奎文区微信“微平台”服务大民生	6 月 30 日
	山东潍坊奎文区：征迁一线锻造“奎文铁军”	6 月 30 日
	潍坊奎文梨园街道“五轮驱动”提升城市品质	6 月 30 日
	山东潍坊奎文潍州路街道全方位做活楼宇经济	6 月 30 日
	不破不立：征迁攻坚中的潍坊奎文“广文速度”	6 月 30 日
	潍坊奎文区廿里堡街道打造南部生态经济新区	6 月 30 日
	潍坊奎文北苑街道：“三动法”让招商引资跑起来	6 月 30 日
	潍坊奎文梨园街道着力提高群众幸福感获得感	6 月 30 日
	山东潍坊奎文梨园街道举行“慈心一日捐”活动	6 月 30 日
	山东潍坊奎文区中上虞社区：建设平安和谐社区	6 月 30 日
	潍坊奎文廿里堡街道广潍社区为儿童捐赠图书	6 月 30 日
	潍坊奎文西王艺术团团长：舞出幸福　浇灌文明	6 月 30 日
	山东潍坊奎文广文街道举办文明出行知识讲座	6 月 30 日
	潍坊奎文廿里堡街道董家村获评山东书香之村	6 月 30 日
	潍坊奎文梨园街道启动第四届“最美梨园”评选	6 月 30 日
	山东潍坊奎文廿里堡街道多举措推进文明创建	6 月 30 日
	潍坊奎文区梨园街道提升青少年思想道德素质	6 月 30 日
	潍坊奎文东关街道开展“金融创新　结对共建”	6 月 30 日
	潍坊奎文北海路街道十里堡社区征迁获新突破	6 月 30 日
	潍坊奎文：礼让斑马线文明伴我行	6 月 30 日
	潍坊奎文党员群众学习山东省党代会精神	6 月 30 日
	潍坊奎文：维护交通秩序　争做文明市民	6 月 30 日
	潍坊奎文加强农贸市场规范化管理	6 月 30 日

续表 15

媒 体	题 目	时 间
新华网山东频道	山东潍坊奎文：志愿者倡导文明出行	6月30日
	山东潍坊奎文：节约用水 从我做起	6月30日
	潍坊车站推出便民服务 预计7月上旬迎客流高峰	7月3日
	山东潍坊奎文建立完善权力清单动态调整制度	7月6日
	山东“潍坊公益摄影”义工组织在奎文区成立	7月6日
	潍坊奎文区开门办案 打造化解行政争议主渠道	7月6日
	山东潍坊奎文扎实推进“双随机一公开”工作	7月6日
	潍坊三区普通公办义务教育学校首次网上报名	7月6日
	山东潍坊市奎文区社会工作人才孵化基地成立	7月7日
	潍坊奎文园林部门开展枝叶修剪树木补种行动	7月13日
	山东省潍坊市奎文区引导“食品安全社会共治”	7月13日
	山东潍坊奎文区物管专题培训在东关街道举办	7月13日
	潍坊奎文开发区：干部担当挺起“南部新城”	7月13日
	潍坊奎文开发区：绘好发展蓝图 保障棚改有力	7月13日
	潍坊奎文齐鲁创智园：大步迈进产业园4.0时代	7月13日
	潍坊奎文书记李辉：打造城市人才工作引领区	7月13日
	山东潍坊奎文：文明创城青春同行	7月20日
	山东潍坊奎文：安全检查除隐患	7月20日
	山东潍坊奎文：积极营造文明创建氛围	7月20日
	山东潍坊奎文区北海路街道胡西社区“翻身”记	7月20日
	潍坊奎文赵疃合作社棚改实现“征迁清零”突破	7月20日
	山东潍坊市奎文区廿里堡街道拆违又获新突破	7月20日
	潍坊奎文区广文街道赴威海开展对标学习活动	7月20日
	山东潍坊奎文区廿里堡街道加强干部作风建设	7月20日
	山东潍坊市奎文区大虞街道强力整治背街小巷	7月24日
	山东潍坊市奎文区东关街道打造楼宇经济新高地	7月24日
	潍坊奎文东关街道抓“三支点”提升群众满意度	7月24日
	潍坊城区日食万斤小龙虾 过敏体质最好别吃	7月24日
	潍坊奎文北海路街道组织观看文明出行宣传片	7月24日
	潍坊奎文区大虞街道：实干担当凝聚发展正能量	7月24日

续表 15

媒　体	题　　目	时　间
新华网山东频道	潍坊奎文区北海路街道助推项目建设提速增效	7月24日
	山东潍坊奎文区广文街道：在指挥部高扬起党旗	7月24日
	山东潍坊奎文北海路街道谱写经济发展新乐章	7月24日
	潍坊奎文区梨园街道创新模式推进关工委工作	7月24日
	潍坊奎文广文街道开展情满七月四大主题活动	7月24日
	潍坊奎文开发区：干部担当挺起"南部新城"	7月24日
	潍坊奎文书记李辉：打造城市人才工作引领区	7月24日
	潍坊奎文齐鲁创智园：大步迈进产业园4.0时代	7月24日
	山东潍坊市奎文区廿里堡街道拆违又获新突破	7月24日
	潍坊城区暂停安装自动售水机　要有效利用尾水	7月25日
	潍坊奎文：齐心协力干　文明创城忙	8月14日
	山东省潍坊奎文区老党校片区变身新发展摇篮	8月14日
	山东省潍坊奎文区顺利完成57个部门年检任务	8月14日
	山东省潍坊奎文区破解教育党建"两张皮"难题	8月15日
	潍坊"礼让斑马线　文明伴我行"巡演在奎文举行	8月15日
	山东省潍坊市奎文区人民法院向"执行难"宣战	8月15日
	山东省潍坊奎文经济开发区开展安全生产托管	8月15日
	山东潍坊奎文"万名党员进党校"首期培训开课	8月15日
	山东省潍坊市奎文区政务服务中心"搬新家"	8月15日
	山东潍坊奎文北海路街道消防安全培训进楼宇	8月15日
	潍坊奎文区民生街社区日夜坚守做好全面防汛	8月15日
	山东省潍坊奎文区梨园街道助推楼宇经济发展	8月15日
	潍坊奎文区广文街道积极推进公积金归集扩面	8月15日
	山东潍坊奎文北海路街道紧抓创城复审不放松	8月15日
	山东省潍坊奎文区广文街道加快动能转换步伐	8月15日
	潍坊奎文大虞街道创新楼宇党建　延伸党建触角	8月15日
	山东潍坊奎文区北苑街道开展散煤清洁化治理	8月15日
	潍坊奎文区大虞街道强力推进拆违治违见成效	8月15日
	潍坊奎文大虞街道构筑全方位动能转换大格局	8月15日
	潍坊奎文：维护公共设施　共建美好家园	8月15日

续表 15

媒 体	题 目	时 间
新华网山东频道	山东潍坊奎文：整治环境 扮靓家园	8月15日
	山东潍坊奎文：暑假生活丰富多彩	8月15日
	潍坊市委常委 统战部部长王兆辉到奎文区调研	8月15日
	山东省潍坊市各级党委政府迅速开展环保督察	8月16日
	赠送的钥匙扣里有追踪器？山东潍坊公安辟谣	8月25日
	潍坊奎文：暑期实践传递文明新风	8月30日
	潍坊奎文：用清洁能源 为品质城市作贡献	8月30日
	山东潍坊奎文：清理杂草净化家园	8月30日
	潍坊奎文：社区开设公益书法课堂	8月30日
	潍坊奎文“万名党员进党校”培训教育扎实有效	8月30日
	潍坊奎文加强南下河市场监管 建诚信批发市场	8月30日
	潍坊奎文广文街道联合执法综合整治市容环境	8月30日
	潍坊奎文区广文街道多举措开展普法宣传教育	8月30日
	山东潍坊奎文北苑街道开展消防安全知识讲座	8月30日
	潍坊奎文广文街道提升12345政务热线办理质量	8月30日
	潍坊奎文东关街道瞄准“四个城市”谋跨越发展	8月30日
	潍坊奎文区北苑街道“三修”摊点有了“身份证”	8月31日
	潍坊奎文大虞街道四发力助推“四个城市”建设	8月31日
	潍坊奎文广文街道针对占道经营开展联合执法	8月31日
	山东潍坊奎文大虞街道推动经济发展提质增速	8月31日
	山东潍坊奎文东关街道开展卫生死角专项整治	8月31日
	山东潍坊奎文梨园街道加快“四个城市”建设	8月31日
	山东潍坊奎文区北苑街道奏响转型发展最强音	8月31日
	山东潍坊奎文北海路街道十里堡社区“蝶变”记	8月31日
	潍坊奎文梨园街道全力推进“中央活力区”建设	8月31日
	潍坊新华中学党支部：强作风 抓落实 惠万家	8月31日
	潍坊奎文潍州路街道抓项目引领 推动经济发展	8月31日
	潍坊奎文经济开发区建设局长拆违治违在一线	8月31日
	潍坊廿里堡司法所所长心装百姓事 胸怀为民情	8月31日
	山东省潍坊奎文经济开发区拆违工作再传捷报	8月31日

续表 15

媒　体	题　　目	时　间
新华网山东频道	潍坊奎文经济开发区全面打好散煤治理攻坚战	8月31日
	潍坊奎文区抓“软环境”建设提升发展“加速度”	8月31日
	山东潍坊活力城市主题活动现场会在奎文召开	8月31日
	加快新旧动能转换　潍坊奎文迈进创新4.0时代	8月31日
	山东省潍坊奎文区南下河市场周边将抓拍违停	8月31日
	山东省潍坊奎文经济开发区：华丽巨变耀新城	8月31日
	山东潍坊奎文：整治环境　美化家园	8月31日
	山东潍坊奎文规范气瓶充装单位充装行为	8月31日
	山东潍坊奎文：志愿服务送清凉	8月31日
	潍坊奎文：孩子用画笔描绘美好家园	8月31日
	潍坊奎文“多彩训练营”助孩子健康成长	8月31日
	潍坊城区供热管网大规模改造　施工路段公布	9月1日
	山东省潍坊市奎文区对十里堡加油站进行拆除	9月2日
	山东省潍坊市启动中心城区照明设施专项整治	9月4日
	山东潍坊公示小饭桌名单保障学生校外就餐安全	9月8日
	山东省潍坊奎文区推进党员进党校培训常态化	9月11日
	潍坊出管理流程细化要求　提高井盖规范化水平	9月13日
	广潍集团和中华保险启动“一路有爱”扶贫项目	9月15日
	山东潍坊市奎文区创新社区治理　打造品质社区	9月15日
	山东省潍坊奎文区全力推动文化产业提质增效	9月15日
	潍坊奎文书记李辉：以大招商推动经济社会发展	9月15日
	强作风　抓整肃　潍坊奎文区纪委推进监督执纪	9月15日
	山东省潍坊市奎文区积极营造良好营商环境	9月16日
	潍坊奎文工业企业开展安全生产隐患排查治理	9月16日
	潍坊奎文区完成对“僵尸”事业单位集中清理	9月17日
	山东潍坊县市区开展“清河行动”　恢复河流生态	9月18日
	山东潍坊开展“三修一平”　保市民出行安全畅通	9月19日
	潍坊奎文聚焦四新推进四化　加快新旧动能转换	9月20日
	潍坊奎文广文街道举行“万名党员进党校”培训	9月20日
	2017年山东潍坊秋季国际教育展10月28日举行	9月21日

续表 15

媒　体	题　　目	时　间
新华网山东频道	潍坊奎文广文街道举行山东省党代会精神宣讲	9月22日
	潍坊奎文东关街道："微治理"撑起"大平安"	9月22日
	潍坊奎文广文街道科学设置网格　强化安全监管	9月22日
	潍坊奎文北苑街道宣传"三小"和食品摊点备案	9月22日
	潍坊奎文区北海路街道践行"四个城市"建设	9月22日
	潍坊奎文潍州路街道凝心聚力建设"幸福潍州"	9月23日
	潍坊奎文梨园街道拓展"四个品牌"助力城建	9月23日
	山东潍坊奎文：社区老人上"大学"	9月23日
	山东省潍坊市出台财税政策30条支持创新创业	9月23日
	国庆邻近潍坊蔬菜反而便宜　"一元菜"重出江湖	9月28日
	山东潍坊："千人笑脸墙"喜迎国庆	9月29日
	潍坊民生支出占财政支出八成　幸福指数节节高	9月29日
	潍坊发放首批《网络预约出租汽车驾驶员证》	9月30日
	10月1日起　山东潍坊这五条公交线调整线路	9月30日
	山东潍坊2017供暖价格不变居民仍是23元/平方米	9月30日
	山东潍坊市奎文区广文街道扎实锤炼干部作风	10月8日
	山东潍坊市奎文区创新社区治理　打造品质社区	10月8日
	实施"汽改水"改造　山东潍坊两段路暂时变单行	10月9日
	潍坊：民生东街新华路至北海路主路面恢复通车	10月10日
	潍坊节后海鲜价格大幅"跳水"　螃蟹价拦腰斩	10月10日
	冷空气挟风带雨　13日潍坊最低气温将降至8℃	10月11日
	山东潍坊：建校舍引师资　创新改革打造特色教育	10月17日
	山东省潍坊2017年冬季供暖城区热水供暖占7成	10月23日
	潍坊城区道路11处正施工　奎文区7处	10月24日
	潍坊：看病拿药家门口就能办　居民享便利和实惠	10月24日
	临商银行潍坊分行开业　举行政银企合作签约	10月27日
	山东潍坊奎文区编办多举措强化人才服务保障	10月31日
	潍坊奎文推进注册登记便利化促就业　成效明显	10月31日
	山东潍坊市奎文区扎实推进"文化名市"建设	10月31日
	山东省潍坊市奎文区加快推进"品质城市"建设	10月31日

续表 15

媒　体	题　　目	时　间
新华网山东频道	潍坊奎文多措并举推进网上政务服务平台建设	10 月 31 日
	山东省潍坊市奎文区外向型经济取得更快发展	10 月 31 日
	山东潍坊市奎文区吹响品质社区创建活动号角	10 月 31 日
	奎文在潍坊第三届巾帼家政技能大赛中获佳绩	10 月 31 日
	潍坊奎文推动产城融合　加快“四个城市”建设	10 月 31 日
	潍坊奎文全面实施“三十一证合一”登记制度	10 月 31 日
	潍坊“信用奎文”建设助推经济社会健康运行	10 月 31 日
	山东潍坊奎文编办切实做好事业单位绩效考评	10 月 31 日
	山东省潍坊市奎文区住建局多管齐下惠民生	10 月 31 日
	山东潍坊奎文齐心协力做好活力城市建设工作	10 月 31 日
	山东省潍坊奎文区政务服务中心开展消防演练	10 月 31 日
	山东潍坊奎文大力实施巾帼创新创业创优工程	10 月 31 日
	潍坊奎文廿里堡街道掀“文化名市”建设热潮	10 月 31 日
	向楼宇要效益　潍坊奎文大虞街道发力楼宇经济	11 月 6 日
	潍坊：市民送检政府埋单　小窗口撬动大监管	11 月 13 日
	潍坊交警市民面对面聊 3 个小时　谈谈礼让斑马线	11 月 13 日
	山东潍坊：年底主城区建 300 家阳光厨房	11 月 14 日
	山东潍坊第五批普及学前教育先进镇街 13 处上榜	11 月 17 日
	潍坊城区各路段“汽改水”改造工程均进入尾声	11 月 22 日
	潍坊奎文广文街道组织党员参观廉政教育基地	11 月 24 日
	潍坊奎文按“四个城市”要求拆除违规广告牌	11 月 24 日
	山东潍坊奎文“三零”“二一”服务便民助企	11 月 24 日
	潍坊奎文“楼长”精准服务提升“品质楼宇”	11 月 24 日
	潍坊奎文打造重点项目助力“文化名市”建设	11 月 24 日
	潍坊奎文区环卫工慈善救助基金举行募捐仪式	11 月 24 日
	山东省潍坊市奎文区发力聚焦品质社区创建	11 月 30 日
	山东省潍坊市奎文区简化优化政务服务流程	11 月 30 日
	潍坊奎文推进“21 项社区证明清单”落地生效	11 月 30 日
	潍坊奎文民政局学习十九大精神全力保障民生	11 月 30 日
	潍坊奎文区滨海飞地产业园合作签约仪式举行	11 月 30 日

续表 15

媒 体	题 目	时 间
新华网山东频道	潍坊奎文：齐鲁创智园吹响新旧动能转换冲锋号	11 月 30 日
	山东潍坊奎文区国税局扎实开展党风廉政建设	11 月 30 日
	山东潍坊奎文区审计局加大老旧小区改造审计	11 月 30 日
	山东潍坊奎文区扎实推进十九大精神落地落实	11 月 30 日
	潍坊奎文区新华路商圈综合党委抓党建促发展	11 月 30 日
	山东省潍坊市奎文区：便民助企　优化营商环境	11 月 30 日
	山东潍坊奎文抓好涉审中介服务清理规范工作	11 月 30 日
	山东潍坊奎文区成立新的社会阶层人士联谊会	11 月 30 日
	潍坊奎文：贯彻十九大精神建设美丽新家园	11 月 30 日
	山东潍坊奎文：送温暖　送健康　送文化	11 月 30 日
	潍坊奎文：筑牢冬季消防安全“防火墙”	11 月 30 日
	潍坊奎文：冬日送健康　爱心促和谐	11 月 30 日
	山东潍坊奎文“特色小镇”建设引领绿色发展	11 月 30 日
	潍坊市中心城区“汽改水”让居民吃上“定心丸”	11 月 30 日
	潍坊奎文开发区：聚势谋远　打造南部生态新城	11 月 30 日
	潍坊奎文区为创业青年打造婚嫁产业服务平台	11 月 30 日
	山东省潍坊市奎文区：自来水户管改造暖民心	11 月 30 日
	山东潍坊市奎文区北海路街道奋力开创新局面	11 月 30 日
	潍坊奎文梨园街道扎实推进“平安梨园”建设	11 月 30 日
	潍坊奎文潍州路街道学十九大精神谋求新作为	11 月 30 日
	潍坊奎文大虞街道以项目助力“产业强市”建设	11 月 30 日
	潍坊奎文廿里堡街道推动从严治党向纵深发展	11 月 30 日
	潍坊奎文北苑街道“四个一”推进党风廉政建设	11 月 30 日
	潍坊奎文北海路街道三个坚持贯彻十九大精神	11 月 30 日
	潍坊奎文区广文街道组织十九大精神宣讲学习	11 月 30 日
	山东省潍坊奎文区梨园街道助推城市品质提升	11 月 30 日
	山东潍坊奎文：以十九大精神引领发展新跨越	12 月 11 日
	潍坊巴士游 2018 年元旦公益活动在奎文区启动	12 月 20 日
	山东潍坊奎文以实干作风推进“四个城市”建设	12 月 26 日
	山东潍坊奎文区：重点项目建设助推城市发展	12 月 29 日

续表 15

媒　体	题　　目	时　间
新华网山东频道	山东潍坊奎文区："活力城市"点燃发展引擎	12 月 29 日
	山东潍坊奎文：十九大精神宣讲团深入基层宣讲	12 月 29 日
	山东省潍坊市奎文区："金融法庭"结案 1510 件	12 月 29 日
	山东潍坊奎文推进社区证明材料清单落地生效	12 月 29 日
	潍坊广文中学坚持"四种制度"夯实党建基础	12 月 29 日
	潍坊奎文：1532 文化产业园打造历史文化名片	12 月 29 日
	山东省潍坊市奎文区争创省级双拥模范城	12 月 29 日
	山东潍坊奎文韩立新：社区　大家长　群众贴心人	12 月 29 日
	山东省潍坊奎文区公布最新中介服务收费清单	12 月 29 日
	山东潍坊广文中学凝心聚力办人民满意的教育	12 月 29 日
	山东省潍坊奎文区审计局三规范强化工作质量	12 月 29 日
	山东潍坊奎文北海路街道"三力合一"创新发展	12 月 29 日
	潍坊奎文潍州路街道改老旧小区动真格得民心	12 月 29 日
	潍坊奎文区大虞街道党建引领激活发展新动能	12 月 29 日
	潍坊奎文北海路街道社区办园交温暖民生清单	12 月 29 日
	潍坊奎文广文街道开启"微党建"服务新模式	12 月 29 日
	潍坊奎文北苑街道推进老旧小区一户一表改造	12 月 29 日
	山东省潍坊奎文区北苑街道加快推进北部振兴	12 月 29 日
	"知己"若比邻　服务"零跑腿"	12 月 31 日
省级电视		
中央电视台法治在线	奎文警方侦破 18 年前命案	8 月 16 日
中央电视台新闻联播	"砥砺奋进的五年"筑实立教之本　办好人民满意教育	9 月 10 日
山东卫视新闻联播	雷锋党支部：为民服务　接续奋斗	11 月 26 日

索引

主题索引

说明：

1. 本索引为综合性主题索引。
2. 索引款目按汉语拼音字母（同音字按声调）顺序排列。
3. 款目后的阿拉伯数字表示内容所在的页码。
4. 同一主题的内容在文中多处出现的，在其款目后用不同的页码标明。

J

K

L

M

N

P

Q

R

W

X

Y

Z

供稿人员

（按姓名笔画排序）

丁　帅	丁　坤	于洋洋	于　涛	马兴业	王凤波	王凤娟	王　平	王　刚	王　伟
王名娇	王　冰	王远志	王　芳	王明月	王学刚	王倩倩	王淑娟	方　芳	尹德珍
田连军	田希峰	史立章	毕宙丹	刘文平	刘　伟	刘传明	刘欢欢	刘　峰	刘　敏
刘　童	刘　鹏	闫　斌	许　宏	孙　凯	孙　涛	孙淑敏	孙婷婷	牟晓青	纪文忠
李　伟	李昊阳	李明娟	李法兴	李振宁	李　峰	李爱伟	李清军	李黎明	杨文静
杨　淼	吴明涛	吴洪磊	邱元博	宋　驰	宋　姗	宋　焘	宋程程	张代凯	张　宁
张延滨	张红娟	张志春	张英杰	张金文	张学三	张建荣	张居凤	张　洋	陈九如
陈义鑫	陈　鸣	陈　佳	陈宝恒	陈炫伊	陈娅竹	陈静文	明浩利	庞　东	郑德阳
郎咸波	郎咸涛	赵　元	赵　珉	赵恒正	赵海萍	赵　菲	郝　琳	胡冬梅	胡　冰
秦立升	耿　斌	贾清刚	徐东伟	徐宝成	高　杨	高　萍	郭克晓	郭爱娟	唐福平
黄　强	曹瑞杰	董　建	韩传义	韩晓冰	程吉亮	程建民	蒯　磊	谭绪刚	潘虹帆